高等学校计算机基础综合应用能力培养规划教材

信息系统与数据库技术

Xinxi Xitong yu Shujuku Jishu

（第 2 版）

上海市教育委员会 组编

刘晓强 主编

黄雅萍 车立娟 孔丽红

贺 琪 江 红 闫 昱 编

张 芊 杭开甲 袁科萍

施伯乐 主审

高等教育出版社·北京

HIGHER EDUCATION PRESS BEIJING

内容提要

本书是上海市教育委员会组织编写的“高等学校计算机基础综合应用能力培养规划教材”之一。作者从信息系统与数据库技术综合应用的角度讲述了信息系统的基本原理、分析设计方法以及实现技术。

本书主要包括信息系统基础知识篇、开发技术篇、系统分析设计篇三大部分。内容包括信息系统基本知识、系统分析和设计方法、关系数据库知识、关系数据库管理系统和T-SQL、Web信息系统开发等。本书以应用案例驱动，采用SQL Server和ASP.NET为技术实验环境，详细介绍了信息系统设计、开发、实施与应用的过程。每章附有习题，并提供电子教案、教学和实验案例数据库。本书有配套辅导教材《信息系统与数据库技术实验指导与习题解析》（第2版），书中配有实验指导、学习指导、习题解析、实验辅导与解析等。

本书通俗易懂、内容实用、技术先进，可作为计算机基础教育较高层次课程的教材，是上海市高校计算机三级考试的指定参考书。本书也是一本实用的信息系统开发技术参考书。

图书在版编目（CIP）数据

信息系统与数据库技术 / 刘晓强主编；上海市教育委员会组编. --2版. --北京：高等教育出版社，2012.8

高等学校计算机基础综合应用能力培养规划教材

ISBN 978-7-04-035882-7

Ⅰ. ①信… Ⅱ. ①刘… ②上… Ⅲ. ①信息系统-高等学校-教材②数据库系统-高等学校-教材 Ⅳ. ①G202②TP311.13

中国版本图书馆CIP数据核字（2012）第167296号

策划编辑 耿 芳　责任编辑 耿 芳　封面设计 张 志　版式设计 马敬茹
插图绘制 尹 莉　责任校对 杨凤玲　责任印制 韩 刚

出版发行 高等教育出版社
社 址 北京市西城区德外大街4号
邮政编码 100120
印 刷 高教社（天津）印务有限公司
开 本 787mm × 1092mm 1/16
印 张 22.5
字 数 540千字
购书热线 010-58581118
咨询电话 400-810-0598

网 址 http://www.hep.edu.cn
http://www.hep.com.cn
网上订购 http://www.landraco.com
http://www.landraco.com.cn

版 次 2008年7月第1版
2012年8月第2版
印 次 2012年8月第1次印刷
定 价 32.00元

物 料 号 35882-00

教材编写指导委员会

教材编写委员会

序　言

胡锦涛主席在庆祝清华大学建校 100 周年大会上的讲话中指出："创新成为经济社会发展的主要驱动力，知识创新成为国家竞争力的核心要素"。作为人们获取、评价、加工和利用知识资源的手段，信息技术已成为知识创新的重要推动力量。高等学校计算机基础教育承担着大学生信息素质培养的重任，直接影响国家各行各业的知识创新能力。

不同于计算机专业人才，一个既掌握领域专业知识又具有信息素养的复合型创新人才应该具备以下信息素质:

（1）敏锐的信息应用意识。包括对所从事领域的信息发现意识、信息组织意识、应用意识和技术以及良好的信息法律道德意识。

（2）正确的信息决策能力。具有对信息利用目标合理性、信息技术应用可行性的分析和判断能力，对业务处理需求的分析能力，对信息处理结果的利用能力。

（3）有效的项目配合能力。具有计算机应用系统项目管理知识，了解主要开发技术和开发过程，有效配合信息技术专业人员分析需求、设计解决方案和实现项目开发。

（4）基本的实践应用能力和持续的自主学习能力。具有提高工作绩效的基本信息技术实践应用能力，以及对快速发展、纷繁的信息技术的辨识和学习能力。

针对上述培养目标，早在 2007 年，上海市教育委员会就在对全市高校教学状况调查和广泛听取计算机基础教学、研究专家意见的基础上，提出重点建设"面向计算机综合应用能力培养"系列课程，引导全市高校计算机基础课程体系、教学内容和培养模式的改革，并汇集全市多所高校富有一线教学经验的教师，于 2008 年、2009 年编写并出版了系列教材《计算机系统与网络技术》、《信息系统与数据库技术》和《多媒体应用系统技术》及其配套的学习辅导教材，共 6 本。

该系列教材定位在复合型创新人才培养的较高层次的计算机基础课程。从培养学生综合应用信息技术分析和解决实际问题的能力出发，重点讲述计算机应用系统的分析、设计和实现方法，以"系统观"推动学生从信息意识、信息知识到信息能力的构建。在教材的支持下，该系列课程已在全市试点的基础上逐步推广，受到广大师生的欢迎。

本版教材在第 1 版的基础上进行了全面修改，吸收了各高校 4 年多教学实践应用的意见反馈和更多高校的课程建设成果，使教材内容不断完善。主要体现在以下几个方面:

（1）教材内容组织方面更加注重知识的系统性，围绕计算机应用系统整体目标实现过程中对非计算机专业人才知识和能力的需求，以系统思维组织和融合多领域相关支撑知识模块，环环相扣，随着认知过程逐步展开知识体系。

（2）注重理论与实践的密切结合，精炼了一些过于深入的理论论述，删减了一些技术发展脉络，直接切入当前技术，深入浅出地从应用视角介绍技术特性，突出计算机综合应用能力培养。在讲解基本理论知识的基础上，将思维方式、知识、技术和应用贯穿在一起，体现基于案例、小组探究、突出实践等教学方法。

（3）替代了一些即将过时的技术，选择典型的流行系统设计和开发工具作为教学实践原型系统，体现了系统应用模式的先进性和技术的典型性，切合当前的技术现状和实际应用需求。

（4）引入最新的科研项目经验和系统综合应用实例，介绍从需求分析、系统设计到关键技术实现的完整过程，体现较强的工程应用参考价值。

本版教材凝聚了众多高校教授的专业智慧，体现了他们先进的教学思想，也得到了高等教育出版社的大力支持，形成了课程建设的共建共享平台，在此一并表示衷心感谢。

希望广大师生在教材使用中继续提出宝贵意见和建议，以不断完善课程体系和教学内容，为计算机基础教学水平的提高共同努力，为我国在各行各业实现创新驱动发展培养更多的具备优秀信息素质的复合型人才。

上海市教育委员会副主任

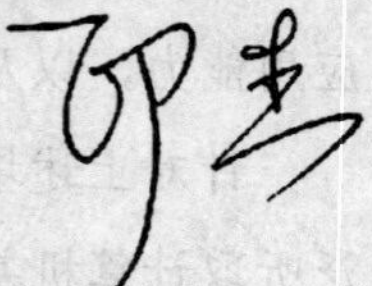

2012 年 2 月 20 日

前　言

本书是上海市教育委员会组织编写的“高等学校计算机基础综合应用能力培养规划教材”系列中的一本，是在2008年第1版基础上经全面修订而成的，并配有配套辅导教材《信息系统与数据库技术实验指导与习题解析》（第2版）。

信息系统是计算机应用的一个重要方面，已经成为各领域、各行业信息化的基础支持技术。本书从信息系统的分析、设计、实现和应用等方面讲述综合应用信息技术实现信息资源管理和利用的知识、技术和方法。

经过4年多的教学实践应用，在第1版的基础上，本书主要有以下修改：精减了信息系统基础知识，扩充了信息系统分析与设计的内容，突出信息分析能力的培养；以B/S架构系统开发技术ASP.NET替代C/S架构系统开发技术VB.NET，更符合当前流行的信息系统应用模式；增加了应用案例。

本书主要包括信息系统基础知识篇、开发技术篇、系统分析设计篇三大部分，共分为11章，采用Microsoft公司的SQL Server 2005和ASP.NET 2005为教学技术原型和实验环境。前两章介绍信息系统和数据库的基本知识；第3～5章介绍关系数据库管理系统SQL Server、关系数据库查询语言T-SQL；第6章介绍ASP.NET技术基础；第7～9章介绍Web数据库应用程序开发技术ADO.NET和数据报表；第10、11章介绍信息系统的分析、设计和管理方法。每章都附有习题。

本书虽然包含多个知识模块，但围绕知识的综合应用进行组织，脉络清晰，注重对实用方法和先进技术的介绍。书中以一个教务系统的设计和开发案例贯穿各个章节，包含丰富的例题，力求使读者以应用和实践带动对基本知识的理解和掌握，并且能够将所学的知识融会贯通，具备计算机综合应用能力。

本书是上海市高等学校计算机等级考试（三级）的指定参考书，附有上海市高等学校计算机等级考试（三级）《信息系统与数据库技术》考试大纲。

选用本书作为教材时，可根据教学时数和学生基础有选择地使用教材各个章节。由于教材面向知识的综合应用，将理论知识和实践密切结合，实例丰富，可读性强，因此，如果教学时数紧张，一些章节的内容可以要求学生作为一般知识了解，或安排学生自学掌握。读者如果学习过ASP.NET程序设计，可以跳过第6章。本书建议教学时数为32～64学时，要求学生已经掌握任意一种高级程序设计语言。

建议读者加强实践，通过模仿实例逐步过渡到自行设计和开发。本书的教学案例数据库和实验案例数据库、教学讲义等相关教学资料可以通过高等教育出版社网站（http://computer.cncourse.com）下载。

本书配套辅导教材为《信息系统与数据库技术实验指导与习题解析》（第2版），书中配有实验指导、学习指导、习题解析、实验辅导与解析等。

本书汇集了东华大学、上海中医药大学、同济大学、华东师范大学、上海海洋大学、上海工程技术大学、上海第二工业大学、上海建桥学院等多所高校教学一线教师的教学实践经验和项目开发实践体会，采用最新的开发环境为教学和实验原型，力求通俗易懂、内容实用、技术先进。

复旦大学施伯乐教授在百忙之中仔细审阅了全书，并提出了中肯的修改建议；上海交通大学徐安东、上海财经大学刘鹏、上海立信会计学院刘念祖、华东政法大学金惠芳、华东师范大学余青松等也参与了本书部分内容的整理和指导工作，在此一并表示感谢。

由于时间紧张，加之作者水平有限，书中不当之处，衷心希望各位读者批评指正。

本书编写委员会
2012年3月5日

教学组织建议

1. 适用对象

财经、理工、人文、医学、农林等类学生。

2. 先修课程

任意一种高级程序设计语言。

3. 教学和实验环境建议

（1）局域网和性能较高的计算机。

（2）联机广播教学环境或多媒体投影教室。

（3）软件环境

- 网络数据库管理系统 SQL Server 2005。
- 系统开发环境 Visual Studio 2005。
- 系统文档制作工具：Word 2003、Visio 2003 以上版本。

4. 建议学时

32～64 学时，最好保证 48 学时以上。参考教学时数安排如下表。

表　参考教学时数

教 学 内 容	48 教学学时分配			32 教学学时分配		
	课堂教学	实验教学	课外作业	课堂教学	实验教学	课外作业
第 1 章　信息系统基本知识	1			1		
第 2 章　关系数据库基本知识	2		1	2		1
第 3 章　关系数据库的创建与维护	2	2	2	2	2	2
第 4 章　T-SQL 与可编程对象	5	4	2	4	4	2
第 5 章　数据库管理与保护	2	2	2	2	1	2
第 6 章　ASP.NET 程序设计基础	2	2	2	2	2	2
第 7 章　ADO.NET 数据库应用程序初步	4	4	2	4	2	2
第 8 章　ADO.NET 程序设计	4	4	2			
第 9 章　数据报表与数据图表	1	2	1	1	1	2
第 10 章　信息系统分析与设计	2	2	2	2		2
第 11 章　信息系统管理	1					1
合计	48		16	32		16

5. 考核

（1）基本理论知识。

（2）数据库管理系统应用。

（3）信息系统应用程序开发。

（4）课外信息系统项目作业。

目 录

第一篇 基础知识篇

第二篇 开发技术篇

第三篇 系统分析设计篇

第一篇
基础知识篇

第1章 信息系统基本知识

进入信息时代，人类社会经济活动日益依赖信息系统，信息系统也不断改变着组织管理模式和人们的行为方式。同时，信息化水平体现了一个国家的现代化程度。因此，信息系统不仅关乎信息技术人员，它与每个组织和个人都息息相关。只有掌握信息系统的基本知识、具备信息资源利用意识和信息资源分析能力，才能更好地规划、开发和实现信息系统，满足信息应用需求和获得竞争优势。

本章介绍信息系统的基本概念、信息系统的组成和应用类型，并举例说明了几种常见的职能信息系统，帮助读者对信息系统有个总体的了解。

1.1 信息系统概述

1.1.1 信息系统的概念

1. 认识一个信息系统

首先通过一个教务系统案例来认识信息系统，进而对信息系统包含的内容有个基本了解。读者可以按照本书所配的电子材料中的教务系统安装说明，安装运行本系统。

教务系统是高校进行教学活动管理的信息系统，它将教学计划、课程、学生、教师等有关信息采用数据库进行集中存储，通过基于网络的应用程序为教师、学生、教务员等用户提供信息服务。

一个基于 Internet 的浏览器/服务器（Browser/Server，B/S）架构的教务信息系统的系统结构如图 1.1 所示。在学校网络信息中心建立数据库服务器用来存储和管理数据，建立 Web 服务器发布 Web 应用程序，用户在能够接入 Internet 的计算机上使用 Web 浏览器就可以访问 Web 网站，使用系统提供的各种管理和服务功能。

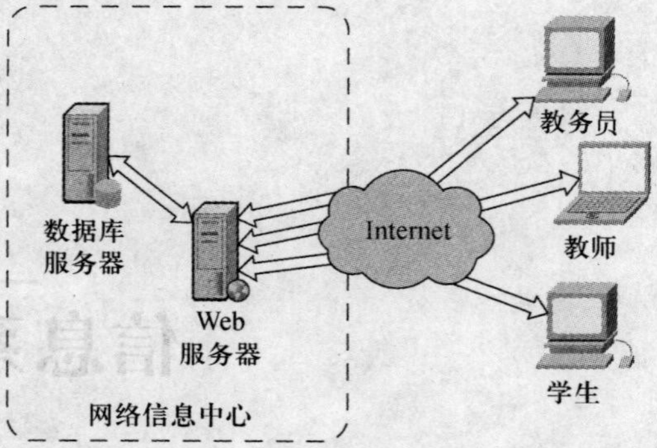

图 1.1　教务信息系统的系统结构

如图 1.2 所示为各类用户登录系统后所使用的各功能模块：图 1.2(a)为学生模块，支持课程信息查询、选课和退课、成绩查询等功能；图 1.2(b)为教师模块，支持打印班级名册、录入考试成绩、成绩分析等功能；图 1.2(c)为教务员模块，支持对课程、教师、班级、学生的基本信息维护，专业名册、班级名册，优秀生选拔等功能。

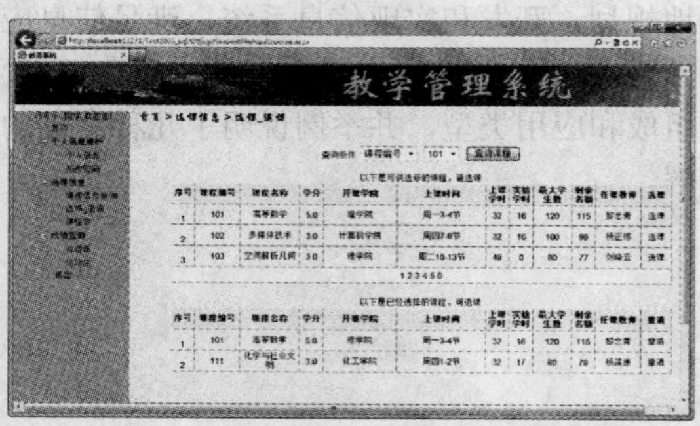

(a) 学生模块

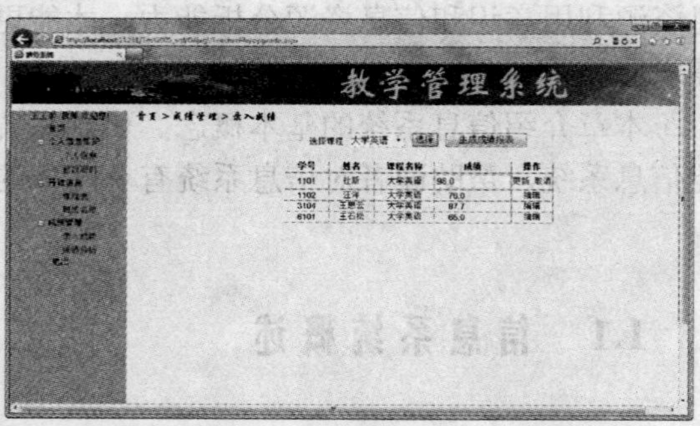

(b) 教师模块

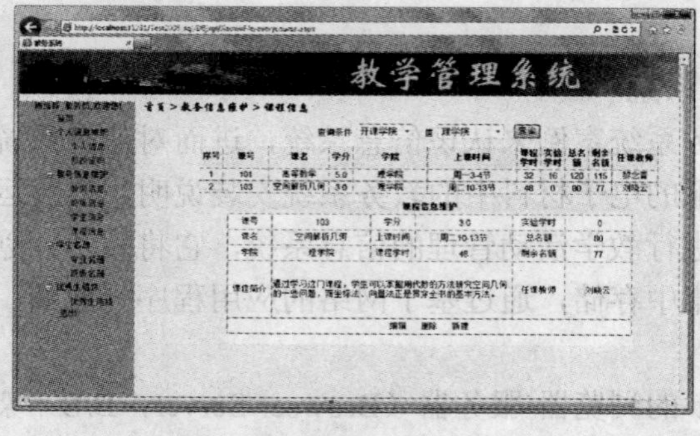

(c) 教务员模块

图 1.2　教务系统的几个主要功能页面

教务信息系统保证了教师、学生、教务员等各类用户及时、准确地获得教学活动中的有关信息，按照日常教学活动流程参与教学活动，使教学管理井然有序，管理工作效率提高，服务质量稳定，还可以帮助领导做出明智的决策。所以教务系统已经成为学校信息化必不可少的信息系统之一。

在教务系统中，核心要素是信息资源，它通过计算机硬件、网络和软件提供各种信息服务，支持由各类用户参与的以信息为中心的教学管理活动。

2．信息系统的概念

关于信息系统，目前还没有严格标准的定义。系统的概念在信息系统开发和利用工作中非常重要。从控制论的观点看，系统是一些部件为了某种目标而有机结合的一个整体。这里从信息系统的要素、要素关系、作用和目标出发，将其描述为：信息系统是一个以人为主导，利用计算机硬件、软件、网络通信设备以及其他办公设备，进行信息的收集、传输、处理、存储和利用，以达到特定目标的人机系统。

信息系统的基本含义可以从系统的信息资源、系统组成以及整个系统支持的信息活动几个不同的角度去认识和理解。

1.1.2　信息和信息资源

信息是信息系统最重要的组成部分，拥有丰富的、高质量的信息是一个信息系统成功的基础。在设计信息系统时，首先要对信息和信息资源有准确的认识，才能从现实世界繁杂的信息中进行取舍、抽象，获得满足应用需求的信息描述。

1．数据和信息

数据与信息是两个不同的概念，但又互相联系，数据是信息的载体，信息是数据的表现形式。

数据是反映客观事物的性质、属性及其相互关系的一种表示形式，它可以是文本、数字，甚至图像、声音等各种可以识别的符号。数据可以按使用目的组织成某种数据结构。数据本身并没有什么价值。当数据经过加工和处理，能够为人所用时，数据就成为信息。

信息泛指包含于数据之中的内容和含义，是一个相对抽象的概念。信息是经过加工后的数据，具有特定的意义，它对接收者的决策或行为具有现实或潜在的价值。

信息系统是将对某种应用需求有意义的信息以数据形式进行描述、组织和利用的一种信息利用手段。因此，在一些对信息系统的描述中，数据和信息两个概念常被赋予相同含义，从存储和处理的角度看，它是数据；从管理和利用的角度看，它是信息。

2．信息的特性

了解信息的特性可以帮助人们有效获取和利用信息。信息具有以下特性。

（1）普遍性。各种各样的事物存在于自然界、人类社会和思维领域并且不断变化，在如今的信息社会中，可以说事事有信息，时时有信息，处处有信息。

（2）动态性。客观事物总是在不停地运动和变化，而信息存在于客观事物的运动和变化中，信息的内容和数量不断变化。

（3）依附性。信息依附性又称为信息的寄载性，即信息必须依附在一定的实物上，如依附在声波、纸张、电磁波、磁性材料等物质上。

（4）可传递性。信息的传递性也称为转移性，即信息可以在空间上从一个地点转移到另一地点，或者在时间上从某一时刻保存到另一时刻。信息可以通过多种渠道（政府、组织、团体、朋友等），并采用多种方式（报纸、电台、电视、网络等）进行传递。

（5）可共享性。信息可以在相同或不同的时间、地点，为多个使用者所获取、占有和使用，并且不会因被分享而减少。

（6）可加工性。加工性也称为变换性，即信息可以变换描述形式，并在信息加工过程中保持或增加一定的信息量。

（7）时效性。信息的时效性是指信息在一定的时间内是有价值的，应该出现在需要它们的时刻，过时的信息可能会失去价值。

3．信息的价值

信息系统的目的是发挥信息的价值，达到特定的服务目标。信息的正确性（信息的内容与实际情况相符）和时效性是度量信息价值的基本要素，但对应用需求有用是度量信息价值的最关键要素。

信息的价值与能源和材料的价值度量方法不同，不能简单地用数据量多少来计算，恰恰相反，过滥和冗余的信息会降低信息的价值。

4．信息资源

随着信息社会的发展，信息资源已经成为继材料和能源之后人类社会不可或缺的第三大战略资源。信息资源意识是发展信息化的基础，它要求每个人尤其是组织机构的管理者在对信息的重要性和价值深刻理解的基础上，主动结合组织的信息服务需求进行信息资源的开发和利用。

狭义地讲，信息资源就是指信息本身，是人类社会经济活动中产生的、经过加工处理后的有序化信息的集合，如教务信息、科技信息、市场信息、金融信息等。

广义地看，信息资源包括信息源、信息服务和信息系统三部分（如图 1.3 所示）。信息源是信息资源本身以及信息来源和信息渠道；信息服务是信息搜集和信息系统的功能和目的；信息系统是按照信息服务的要求，利用信息技术对信息资源进行处理的方法和工具。

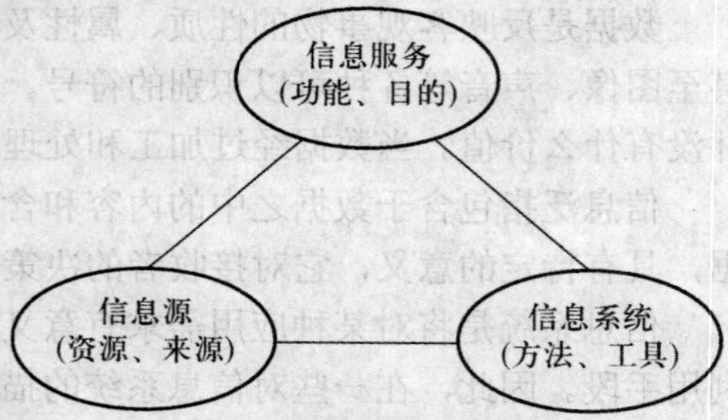

图 1.3　信息资源的构成

信息源、信息系统和信息服务构成了信息资源管理的总体。对于组织而言，信息源与实际的管理对象和任务相关，信息系统与组织采用的信息技术相关，信息服务与组织中的人员的信息服务需求相关。总之，信息资源管理就是以最有效的模式管理、利用一个组织的信息资源的各种要素，以支持一个组织能正确、高效地进行管理和决策。

1.1.3　信息系统的组成

信息系统融合了信息、技术和人来满足信息服务需求。因此，它不只是一个单纯的技术系统，而是一个人机系统，可以分为技术组成部分和社会组成部分。

1．信息系统的技术组成部分

信息系统的技术组成部分是指系统工作的基本硬件和软件环境，主要包括以下几部分。

（1）硬件设备。包括计算机、网络、存储设备以及办公自动化等硬件设备，它们构成了信息系统的基础设施。

（2）系统软件及开发环境。包括操作系统、数据库管理系统、软件开发工具与环境等提供信息系统的开发和运行的软件环境。

（3）数据库。数据库集中存储和管理信息系统中的数据信息，应用程序访问数据库实现信息服务功能。数据库管理系统可以对数据库进行创建、维护和管理。

（4）模型库和算法库。存储用来实现决策、支持等高级系统功能的处理模型和分析方法。

（5）信息系统应用软件。面向特定用户群的信息管理与信息服务需求所开发的应用软件，是用户进入系统的入口。

（6）信息系统文档。信息系统开发过程中形成的技术文档，信息系统维护的规章制度，是系统使用和维护的依据。

2．信息系统的社会组成部分

信息系统的社会组成部分是指信息系统开发和使用过程中的组织或人员，主要包括以下几部分。

（1）组织。指信息系统的拥有者，信息系统直接为组织的业务目标服务。

（2）最终用户。组织中各层次的工作人员，根据其业务职责使用信息系统提供的功能，包括高层决策人员、中层管理人员和基层业务人员。

（3）系统开发者。信息系统建设和开发的参与人员，包括专业开发人员，例如系统分析员、系统管理员、应用程序员等，也包括参与开发的组织的管理人员和业务人员代表。

（4）系统管理者。保障信息系统正常运行和数据安全的专职或兼职管理人员，例如系统管理员、数据库管理员等。

由于信息系统是一个复杂的人机系统，系统设计者不应该期望机器全权处理一切问题，而是要合理地分析什么工作交给机器做，什么工作由人做比较合适，人和机器如何联系等，建设人与机器的和谐应用环境。

1.1.4　信息系统的功能

信息系统以计算机、网络、数据库等技术为基础，融合了现代管理思想，通过提供业务功能来辅助人们的工作和生活。针对不同的应用目标，信息系统提供的功能不同，但所有功能主要以下面的信息活动为基础。

（1）信息采集。每个信息系统都需要输入数据。输入的内容可以是原始数据、其他系统的输出数据等，信息采集必须注意数据本身的正确性和时效性。

（2）信息存储。将采集到的数据和处理数据产生的信息按其特征进行有序化，以某种数据结构保存起来，用作查询、处理、利用和输出的数据来源。

（3）信息传输。在系统内部各子系统和部件之间、系统内部与外部之间传输和交换信息。

（4）信息处理。信息处理是一个对数据进行转换和利用的加工过程。处理的方法可以是数据排序、更新、检索等基本操作，也可以是计算、统计汇总、逻辑判断等辅助决策的操作。

（5）信息输出。输出是指以文档、报告或业务数据等形式报告信息。输出目的地可以是打印机、显示器和文件。

（6）信息反馈。反馈是指为了校核和控制的目的，将计算机的部分输出信息返回给计算机作为输入。例如，将库存控制中的存货清单反馈给系统，作为缺货报警和订货的依据。

（7）信息管理。对信息的完整性、信息使用的安全性等进行管理。

1.1.5 信息系统的作用

随着信息技术的发展，信息系统不只是辅助业务活动的一种技术系统，还是一种管理理念和竞争战略，是现代企业和组织机构不可或缺的组成部分。信息系统对组织机构的主要影响表现在以下几个方面。

1．提高办事效率，获取竞争优势

信息系统可以提高办事效率、提高对市场的响应速度，为节约资源、降低成本、提高效益发挥作用。如果一个现代企业不具备业内通行的信息系统，就会被无情地淘汰。

2．提高组织机构的管理水平，提高文化氛围

信息系统引进先进管理思想，并在结合组织机构现状的情况下，强化职能责任、规章制度、业务流程和数据规范，统一文档格式；借助系统进一步理顺关系，规范管理，精细核算，提高了组织的管理水平。同时，信息系统的应用促使组织结构重新设计、工作重新分工和职权重新划分，促进组织机构变革和部门的功能互相融合、交叉，可以随时根据环境的变化做出统一的、迅速的整体行动和应变策略。信息系统还可以改变组织机构的工作作风，它的可查询、可追溯性是反腐倡廉的利器，提高了组织机构的文化氛围。

3．信息资源共享，提高决策的科学性

信息系统可以把组织生产经营中人、财、物、产、供、销等方面基础的原始数据，用数据仓库保存起来，形成组织机构的主营业务数据、行业数据、与社会有关的综合数据，三者结合形成数据资源平台。当管理层需要做出经营决策时，可以运用数据挖掘、分析技术，做出有关的分析图表，为决策提供依据。

1.2 信息系统的类型

信息系统已经成为现代社会组织开展业务活动的基础，直接为组织的战略目标服务。从层次化管理的角度看，一个组织一般涉及三个管理层次：业务层、管理层和决策层，各层次人员面临着不同的管理问题，有不同的信息系统需求，需要不同的信息系统类型提供信息管理和服务支持（如表 1.1 所示）。

表 1.1 不同管理层次的信息系统需求

管理层次	人员职责	信息管理需求	典型的信息系统
决策层	面向中长期目标的规划和战略制定	辅助决策	知识处理系统
管理层	面向短期目标的计划、管理和调控	业务管理	分析处理系统
业务层	日常业务处理	业务处理	事务处理系统

1．业务层

业务层人员主要负责组织日常的业务处理工作，工作流程明确，单调重复。该层需要信息系统支持业务处理，替代烦琐的手工重复劳动，提高业务处理效率和准确性。例如，教务系统中教师成绩登记、学生选课、教务员排课等功能；其他如工资发放、车票订购、档案调阅、超市收银等功能。

2．管理层

管理层人员负责计划、管理和调控组织的业务活动，从而实现组织的短期战略目标。该层要求信息系统结合管理学理论来辅助业务管理，为管理行为提供信息依据和管理方法。例如，教务系统中的管理人员通过汇总课程开设和选修情况、教师工作量、教室利用情况等了解教学管理活动中的资源需求和利用情况，以改进教学安排或扩充教学资源；企业内的供应计划管理系统，可以及时平衡人力、设备、资金、材料等资源条件以获得较好的生产效益。

3．决策层

决策层人员负责制定组织的面向中长期的总体发展规划和战略；该层要求信息系统根据历史业务处理信息，得到分析汇总结果或进行趋势预测，从而辅助决策。例如，教务系统中对优培班政策的实施效果评价；对延迟毕业学生学习状态进行分析，以便了解关键因素，确定改进教学组织方法等；超市货品的摆放对顾客购买率的影响；利率的变化对新建工厂的投资影响等。

1.2.1　事务处理系统

支持业务层活动的信息系统类型是联机事务处理（OnLine Transaction Processing，OLTP）。事务是完成某一特定业务的一个程序逻辑单元，执行完成后可以保证数据的完整性。

1．事务处理系统的结构

OLTP 系统结构简单，一般由数据库和业务处理程序构成（如图 1.4 所示）。

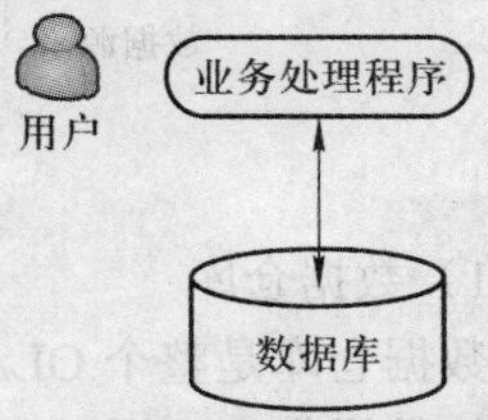

图 1.4　OLTP 系统基本结构

1）数据库

数据库是目前信息系统的基本数据组织方式。数据库是存储在计算机中的有结构的、大量的、共享的数据集合。数据库可以实现对数据资源的统一规划和集中管理，它将经过抽象的业务信息以周密的数据结构描述并集中成为资源，数据冗余少，并通过事务逻辑保证数据的完整性、安全性，支持多用户并发访问。因为集中管理，使应用程序与数据独立，不受存储格式的影响。

OLTP 系统的数据库是其他类型信息系统的信息源。

2）业务处理程序

业务处理程序完成数据库的访问和数据处理，实现数据的采集、存储、检索、加工、变换和传输。OLTP 系统的信息结构化强，处理步骤比较固定，应用流程明确。业务处理一般包括 5 个阶段：数据输入、数据库查询、数据处理、数据库更新、结果输出或报表生成。

2．事务处理系统的特点

OLTP 系统是辅助完成组织机构业务活动的基础信息系统，一般用于专门性业务，帮助用户减轻处理原始数据的负担，实现日常业务活动的自动化，以提高工作效率和服务质量。例如，教务系统中的学生选课子系统、成绩登记子系统、航空公司的订票系统、银行的存取款系统、宾馆的客房预订与结算系统等都是OLTP系统。

由于OLTP系统支持组织机构的日常业务处理，要求系统具有较高的可靠性、一定的实时性、保证数据完整性。OLTP系统一旦出现故障，就有可能导致组织机构无法正常运作。

1.2.2　分析处理系统

支持管理层活动的信息系统类型是联机分析处理（OnLine Analytical Processing，OLAP）。OLAP通过对预先存在的历史数据进行分析来辅助管理和决策。

1．分析处理系统的结构

OLAP系统一般由数据源、数据仓库、OLAP服务器和前端工具构成（如图1.5所示）。

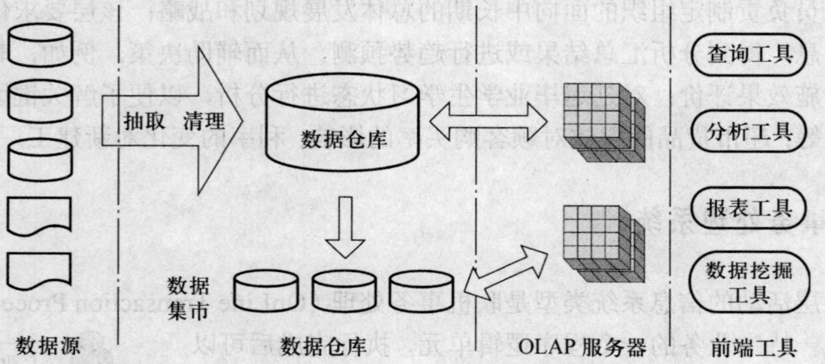

图1.5　OLAP系统基本结构

1）数据仓库

数据仓库是整个OLAP系统的核心。数据仓库是面向主题的、集成的、稳定的、反映历史变化的数据集合，用以支持管理决策。数据仓库是一种只读的、用于分析的数据库，它的数据来源可以是多个事务型数据库，也可以是文件。它从大量的历史数据中抽取面向主题决策分析需要的数据，并将其清理、转换为新的存储格式，其突出特点是对海量数据的支持和满足决策分析需要。数据仓库按照数据的覆盖范围可以分为企业级数据仓库和部门级数据仓库（通常称为数据集市）。

与数据库相比，数据仓库中的数据具有以下主要特性。

（1）面向主题。事务型数据库的数据组织面向事务处理任务，各个业务系统之间各自分离，而数据仓库中的数据是按照一定的主题域进行组织。主题是指用户使用数据仓库进行决策时所关心的重点，一个主题通常与多个事务型信息系统相关。例如，保险公司的主要分析对象有保险项目、客户、索赔等；零售超市的主要分析对象是商品、顾客、厂家、促销活动等。

（2）数据集成。面向事务处理的操作型数据库通常与某些特定的应用相关，数据库之间相互独立，并且往往是异构的。而数据仓库中的数据是在对原有分散的数据库数据进行抽取、清理的基础上经过系统加工、汇总和整理得到的，必须消除源数据中的不一致性，以保证数据仓库内的信息是关于整个组织的一致的全局信息。

（3）数据稳定。事务型数据库中的数据通常随着业务活动实时更新。数据仓库的数据主要供企业决策分析之用，一旦某个数据进入数据仓库，一般情况下将被长期保留。针对数据仓库主要是数据查询，修改和删除操作很少，通常只需要定期加载、刷新。

（4）反映历史变化。事务型数据库主要关心当前某一个时间段内的数据，而数据仓库中的数据通常包含历史信息，系统记录了组织从过去某一时刻到目前各个阶段的信息，通过这些信息，可以对企业的发展历程和未来趋势做出定量分析和预测。

2）数据源

数据仓库的数据来源，可以是多个事务型数据库，也可以是各类数据文件。

3）OLAP 服务器

OLAP 服务器对分析需要的数据进行有效集成，按多维模型予以组织，以便进行多角度、多层次的分析，并发现趋势。

4）前端工具

前端工具主要包括各种报表工具、查询工具、数据分析工具、数据挖掘工具以及各种基于数据仓库的应用开发工具。其中，数据分析工具主要针对 OLAP 服务器，报表工具、数据挖掘工具主要针对数据仓库。

2．分析处理系统的特点

OLAP 系统通过多维的方式对历史数据进行查询、分析和生成报表，支持复杂的分析操作，并且提供直观易懂的查询结果。它主要是进行大量的查询操作，对实时性要求不太高，主要应用在决策支持方面。例如，银行信用卡风险的分析与预测、公司市场营销情况分析、客户的消费模式分析等。

1.2.3　知识处理系统

为决策层提供决策支持服务的信息系统主要是知识处理系统。知识通常被定义为专门技能，是以经验为基础累计的智力资本。知识处理就是帮助组织在信息系统中发现、组织、分配和运用知识。知识处理系统的主要技术是数据挖掘，它关注探索性的数据分析，发现未知的信息关系或模式。

数据挖掘（Data Mining，DM）又称为知识发现，是从存放在数据库、数据仓库或其他信息库中的大量的数据中获取隐含的、未知的，但又具有潜在应用价值的信息和知识的过程。

1．知识处理系统的结构

数据挖掘系统包括以下三个阶段的工作：数据准备、数据挖掘、结果表达和解释（如图 1.6 所示）。首先将从各种数据源获得的数据进行清理、选择和集成后放入数据库或数据仓库，将专家提供的知识和规则存放到知识库；数据挖掘引擎通过一定的分析算法并使用知识库中的规则对数据进行分析，发现数据间潜在的相关性、趋势或模式；系统对分析结果评估后以一定的文字、图、表等形式进行表达，用户进一步对结果进行解释，形成有用的知识。

数据挖掘的主要分析方法如下。

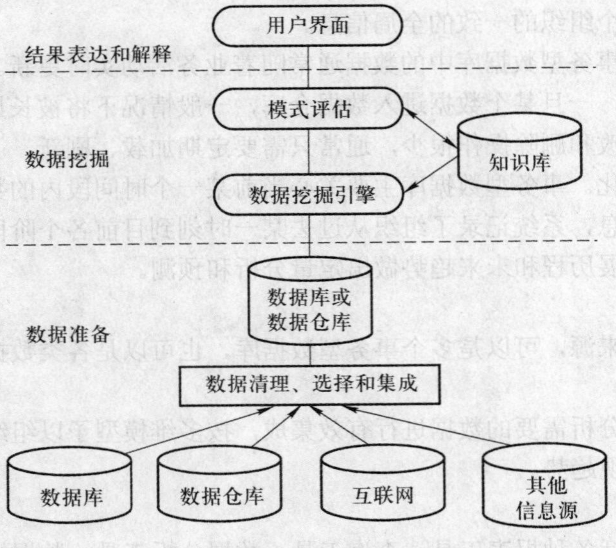

图 1.6　数据挖掘系统基本结构

（1）分类。首先从数据中选出已经分好类的训练集，在该训练集上运用数据挖掘分类的技术，建立分类模型，然后按照固定分类对没有分类的数据进行分类。例如，对信用卡申请者分类为低、中、高风险。

（2）估计。估计一个连续分布的量值。例如，根据购买模式，估计一个家庭的孩子个数，估计家庭的收入。

（3）预测。一般通过分类或估值得出模型，然后用于对未知变量的预测。例如，航空公司通过分析客流、燃油等变化趋势，对不同航线制订精细的销售策略。

（4）关联。发现一个事件导致另一个事件的相关性，确定哪些事情将一起发生。例如，超市中客户在购买商品 A 的同时，经常会购买商品 B，或在购买 A 后，隔一段时间会购买 B。

（5）聚类。聚类是对相似的数据进行分组。聚类和分类的区别是它不依赖于预先定义好的类，不需要训练集。例如，一些特定症状的聚集可能预示了一个特定的疾病；对用户手机上网的行为进行聚类分析，通过客户分群，进行精确营销。

2．知识处理系统的特点

数据挖掘基于数据库与数据仓库、人工智能、数理统计、可视化、并行计算等技术的支持，扩充了 OLAP 并达到策略管理能力，提供预测性而不是回顾性的模型，获得隐藏的和意外的知识，对决策产生价值。知识处理系统的使用效果直接与数据挖掘分析方法的使用、领域知识库的构建相关。

1.3　职能信息系统

不同类型的组织机构，其职能的划分或管理内容都有很大的差别，需要建设与之相应的职能信息系统。下面介绍几个职能信息系统，帮助读者对信息系统及其应用有更多的认识。

1.3.1　企业 ERP 系统

企业发展到一定的规模，必然需要支持整个企业运行和数据管理需求的信息系统。其主要目的是整合企业的业务活动来提高效率、降低成本，并辅助领导做出关键决策。随着现代企业管理思想的进步，企业信息系统在建设方法和内涵上也不断变革，集成化的 MIS 系统、ERP（Enterprises Resources Planning，企业资源计划）系统支持系统化的管理思想和管理方法，成为现代企业的运行模式，是企业在信息时代生存、发展的基石，并且 ERP 应用正从传统的以制造业为主发展到面向所有的行业。

ERP 是整合企业管理理念、业务流程、基础数据、制造资源、计算机硬件和软件于一体的企业资源管理系统。这里的企业资源包括企业的“三流”资源，即物流、资金流和信息流。ERP 系统的主要业务系统包括销售管理、生产管理、库存管理、采购管理、供应链管理、客户关系管理、人力资源管理、财务管理（如图 1.7 所示）。数据在各业务系统之间高度共享，所有源数据只需在某一个系统中输入一次，保证了数据的一致性。由于对企业内部业务流程和管理过程进行优化，主要的业务流程实现了自动化。基于网络的分布式体系结构，使用户在能入网的地方都可以方便地接入到系统中来。

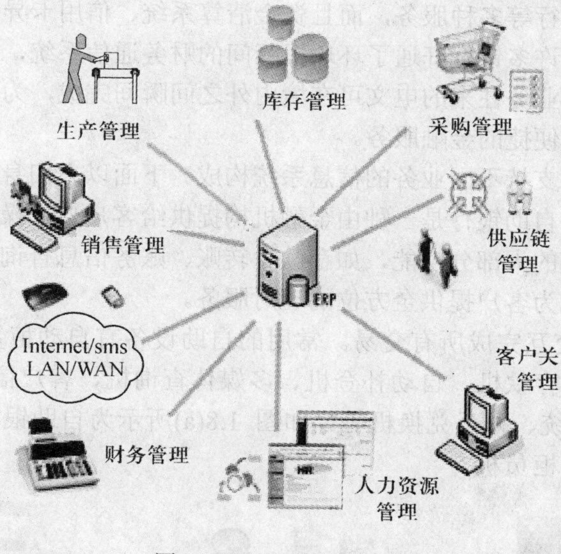

图 1.7　ERP 系统基本功能

ERP 体现了现代企业管理思想。最关键的思想是对整个企业供应链（包括生产经营过程中的有关各方，如企业自身、供应商、制造工厂、分销商、客户等）实施管理，有效地安排企业的产、供、销活动，使它们密切协作形成竞争优势。其次，体现精益生产和敏捷制造的思想，通过不断降低成本、提高质量、增强生产灵活性、实现无废品和零库存等手段保障企业的竞争优势；通过快速组织一个特定的供应商和销售渠道来形成“虚拟工厂”，实现敏捷制造抢先占有市场。再次，体现了事先计划与事中控制的思想，ERP 系统中完善的计划体系与价值控制功能已集成到整个供应链系统中，保证资金流与物流的同步记录和数据的一致性，从而实现了根据财务资金现状，追溯资金的来龙去脉，并进一步追溯所发生的相关业务活动，便于实现事中控制和实时做出决策。

随着信息技术的发展和企业管理水平的提高，ERP 的集成化更强，电子商务、协同商务、知识管理、办公自动化等不断融入 ERP 系统，扩大了 ERP 的管理范围。另外，计算机辅助设计、计算机辅助制造、产品设计管理、产品数据管理系统与之共享数据，不断融合而成为其扩展部分，最终将企业的全部业务纳入到管理范围之中，实现对企业的所有工作及内、外部环境的全面管理。

1.3.2 金融信息系统

金融业是信息密集型行业，也是最早应用信息系统的行业之一。信息和网络技术的发展，使信息流代替资金流和纸质单据不仅成为可能，也成为必需。目前，国内各大金融机构都已利用先进的信息技术实现了综合业务系统，金融系统的业务处理、管理监控、电子商务等各环节的应用都达到了较高水平。

在金融业日益现代化、国际化的今天，我国的各大银行注重服务手段进步和金融创新，不仅依靠电子化建设实现了城市间的资金汇划、消费结算、储蓄存取款、信用卡交易的电子化，开办了电话银行、网络银行等多种服务，而且资金清算系统、信用卡异地交易系统形成了全国性的网络化服务。此外，许多银行开通了环球银行间的财务通信系统，与海外银行建立了代理行关系，各种国际结算和业务往来的电文可在境内外之间瞬间完成，为企业国际投资、贸易以及个人境外汇款，提供了便捷的金融服务。

金融信息系统由很多支持不同业务的信息系统构成。下面以人们身边常见的自助银行为例介绍一个银行交易系统。自助银行是一种由金融机构提供给客户自行操作的无人值守的营业网点，集成了银行柜台提供的大部分功能，如存款、转账、账务信息查询等，是一个比较完善的银行零售业务系统，可以为客户提供全方位的理财服务。

用户通过自助设备交互完成所有交易。常用的自助设备有自动柜员机（Automatic Teller Machine，ATM）、自动存款机、自动补登机、多媒体查询机、客户信息打印机、夜间金库、IC 圈存机、安全监控系统、外币兑换机等。如图 1.8(a)所示为自助银行系统的基本结构，如图 1.8(b)所示为一个自动柜员机。

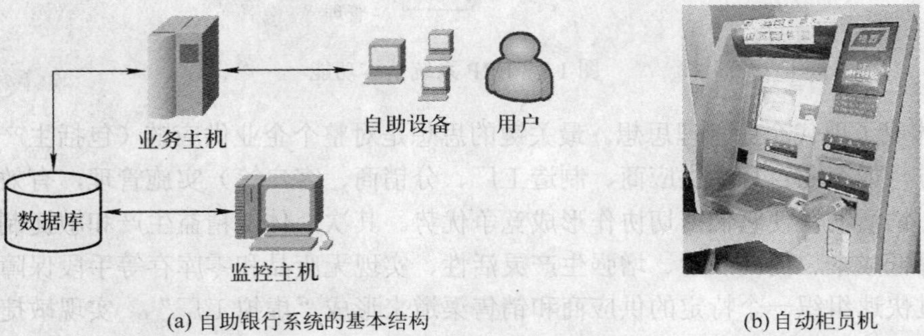

(a) 自助银行系统的基本结构　　(b) 自动柜员机

图 1.8 银行交易系统

自助设备接收用户请求，形成各种交易数据包并发往业务主机，业务主机访问数据库并完成交易，如果交易成功，则数据库中相应的数据信息进行更改；如果交易失败，则返回错误信息，数据库不做任何修改。每一笔交易要同时记入自助设备的交易数据表，设备运行情况数据记入设备运行情况数据表，以供监控主机查询。银行业务主机返回的代码发送给自助设备，自助设备据此完成最后交易。监控主机监控各类交易和自助设备的运行情况和密钥的改变，保证交易安全，并可根据交易情况分析评估各自助银行的运营效益。

1.3.3　电子商务系统

电子商务系统是指在开放的网络环境下，支持买卖双方在不谋面的情况下进行各种商贸活动，实现消费者的网上购物、商户之间的网上交易和在线电子支付以及各种商务活动、交易活动、金融活动和相关的综合服务活动的一种信息系统。它不同于一般组织内部的信息系统，往往涉及消费者、商家、银行、物流、认证中心等多家单位，系统的安全性要求高，系统功能复杂。

电子商务系统按交易的对象主要分为三类：B2B（Business to Business）支持企业间在线交易和产品展示，B2C（Business to Customer）支持顾客网上购物，C2C（Customer to Customer）支持个人之间的交易和拍卖等。如图 1.9 所示为业务跨越 C2C 和 B2C 两部分的淘宝网首页。

图 1.9　电子商务网站

电子商务系统一般由以下几部分构成。

（1）网站系统。包括前台和后台两部分。前台提供客户的交互界面，一般包括企业介绍、客户注册和登录、商品展示、商品查找、在线购买等功能；系统后台提供企业的网站管理，主要包括顾客资料管理、维护商品数据、实施安全交易、交易分析等功能。

（2）电子支付系统。电子支付系统以电子货币方式通过网络完成款项支付。该系统比较复杂，安全性要求高，需要金融机构、认证机构的共同支持，并需要安全高速的网络平台。

（3）客户关系管理系统。客户关系管理（Customer Relationship Management，CRM）是电子商务成功的重要基础。客户关系管理系统主要完成客户信息的搜集、分析和营销决策应用支持。

（4）物流信息系统。物流是电子商务的最后一个环节，电子商务对物流的依赖促进了物流配送的信息化。物流信息系统支持物流仓库、配送中心、运输网络以辅助实现企业和客户之间高效的产品传递。

1.3.4 电子政务系统

电子政务是指政府机构在其管理和服务职能中运用现代信息技术，实现政府组织结构和工作流程的重组优化，超越时间、空间和部门分隔的制约，辅助建设一个精简、高效、廉洁、公平的政府运作模式，如图 1.10 所示为电子政务系统结构示意图。

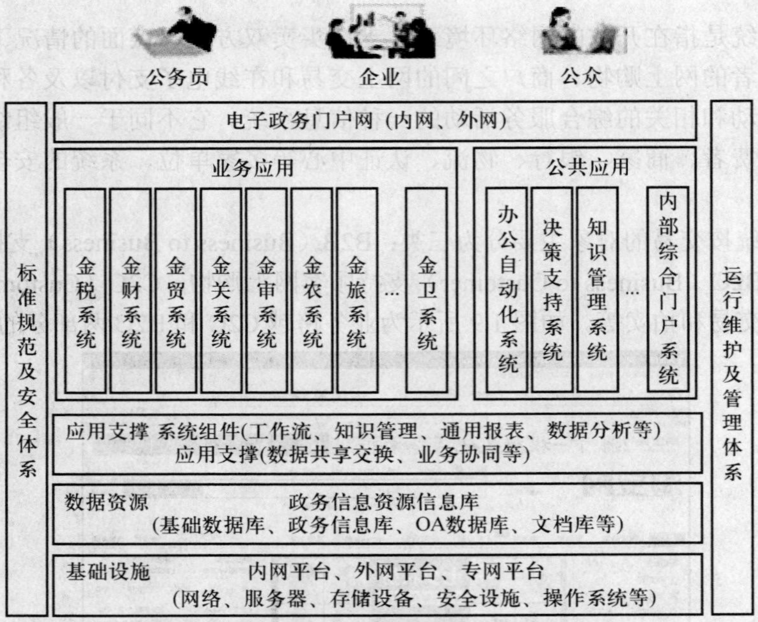

图 1.10 电子政务系统结构示意图

我国电子政务系统采用“三网一库”体系，“三网”是指“外网”、“内网”和“专网”，“一库”是指建立在三网平台上进行交互共享的政府业务信息资源数据库。“外网”是公众信息网，与 Internet 相连，其上运行的系统面向公众提供信息发布和应用服务；“内网”是指政府部门内部的各类关键业务管理信息系统及核心数据应用系统，也包括办公自动化系统；“专网”是政府部门内部以及部门之间的网络，其信息系统主要支持各类公文、一般涉密数据及政务部门之间的数据交换，各层网络之间有隔离措施，以确保数据安全。

我国电子政务重点实施了“金字”工程，建设了金税工程、金财工程、金贸工程、金关工程等一系列系统，目的是建设各行业的信息系统；实现电子化政府，提高政府的服务能力和水平。

办公自动化系统（Office Automation System，OAS）是电子政务的重要组成部分，也是各组织信息化的基本系统。OAS 利用现代信息技术和相应的软硬件设备进行事务管理，其服务对象是办公室的各类管理人员和工作人员，目的是改善办公条件，提高工作效率和质量，及时向管理层提供来自各方的信息。办公自动化的内容主要包括办公文字处理、办公信息管理和数据处理、工作流管理等。

OAS 除具有一定的事务处理系统特征外，还会与办公人员进行多种形式的、频繁的信息交互。信息在系统中的输入、传输、处理和输出具有突发性、随机性。系统一般应具有语音、数据、图像等多媒体输入/输出处理、存储及传输能力，支持办公的工作群体共同参与完成一些任务，例如协调安排和召开电子会议、交流意见、共享文档、审批公文等。

1.3.5　地理信息系统

地理信息系统（Geographic Information System，GIS）通过把其他属性数据显示在地图上，并进行编辑、处理、分析、输出和应用等操作，以分析和处理在一定地理区域内分布的各种现象和过程，解决复杂的规划、决策和管理问题。

GIS 采用高度抽象的方法将空间地物或现象抽象成几种基本类型，即点、线、面和复合对象，空间、地物间的位置关系采用空间拓扑关系来描述。由于地物的空间位置具有客观性，而且地物本身又具有纷繁复杂的特性，除了具有自然特性以外，还具有社会经济特性，因此，描述这些特性的属性数据非常丰富，但都可以通过具有同一坐标参考系统的空间位置进行统一组织，可以直观、便捷地集成各种属性数据。

GIS 对空间数据的管理与操作，是其区别于其他信息系统的根本标志。空间数据包括地理数据、属性数据、几何数据和时间数据。

GIS 的主要用途有支持高效管理各种空间相关的资源，如地籍信息、林业资源、自来水设施、矿产资源、污染源、旅游资源等；提供辅助决策，如疾病、林火等突发事件的监测与预警、设施故障处理，基站选址、企业选址、客户分布管理、房地产管理等；提供和获得与空间位置相关的服务，如位置查询、监控和路线导航等；协助自动化制作地图。如图 1.11 所示是通过百度地图查询公共交通路线的返回结果。

图 1.11　交通路线查询结果

习题 1

1. 数据和信息的区别是什么？
2. 信息有哪些特性？
3. 信息资源管理有哪几个要素？
4. 简述信息系统的概念和组成。
5. 信息系统一般具有哪些常用功能？
6. 一般组织中有哪些信息系统需求？
7. 比较 OLTP 和 OLAP 的特点。
8. 数据挖掘的主要分析方法有哪些？
9. 描述你身边的一个信息系统的主要功能和用途。

第2章

关系数据库基本知识

数据库是信息系统的基本数据组织方式，它将经过抽象的信息以一定的数据结构描述并集中成为资源，支持对这些数据资源进行统一规划和集中管理，实现数据的多用户共享、多应用共享。关系数据库是目前最成熟和应用最广泛的数据库系统。

本章介绍数据库的基本概念和知识，包括数据库技术的发展历程、数据模型和关系数据库，着重讲述关系模型的数据结构、关系操作和关系完整性约束，并简要介绍关系数据库的数学基础——关系代数。

2.1 数据库技术的发展

20 世纪 60 年代后期以来，为了适应日益增长的数据处理需求，克服文件系统的弊病，人们开始探索新的数据管理方法与工具。这一时期，磁盘存储技术取得重要进展，可以支持大容量数据存储和快速数据存取，给新型数据管理技术的研制提供了良好的硬件条件。为了解决多用户、多应用共享数据的需求，使数据为尽可能多的应用服务，数据库技术由此应运而生，出现了统一管理数据的专门软件系统——数据库管理系统。经过 50 多年的发展，数据库已从第一代的网状、层次数据库系统，第二代的关系数据库系统，发展到了第三代以面向对象模型为主要特征的数据库系统，并形成与多学科技术相融合面向不同应用领域的数据库大家族。

1. 第一代数据库系统

20 世纪 70 年代，投入实际应用的数据库以层次数据库和网状数据库为代表。它们已实现了数据管理的“集中控制与数据共享”这一基本目标。

第一代数据库系统发展过程中的突出代表有：1963 年，美国通用电气公司的 Bachman 等人成功开发了世界上第一个数据库管理系统 IDS（Integrated Data Store），奠定了网状数据库系统的基础，IDS 也是数据库系统的先驱，为此，Bachman 于 1973 年获得了美国计算机协会（ACM）颁发的图灵（Turing）奖。1969 年，美国 IBM 公司成功研制出第一个商品化数据库管理系统 IMS

（Information Management System），这是一个层次数据库系统。1969—1970 年，美国 CODASYL（Conference On Data System Language）协会下属的 DBTG（DataBase Task Group）对数据库方法进行了系统的研讨，提出了 DBTG 报告，建立了以网状数据库模型为基础的数据库系统概念。

第一代数据库系统的主要特点是：支持内模式、模式和外模式三级抽象模型的体系结构；用存取路径（指针）来表示数据间的联系；数据定义语言和数据操作语言相对独立，数据库语言采用过程性导航式语言。

2．第二代数据库系统

20 世纪 70 年代初，关系数据模型的提出受到人们的关注。然而，当时也有一些人认为关系模型只是一种理想化的数据模型，用它来实现具有高查询效率的数据库管理系统是困难的。1974 年，数据库界开展了一场分别以 E.F.Codd 和 C.W.Bachman 为首的支持与反对关系数据库的大辩论。这场论战促进了关系数据库的发展，吸引了更多的公司和研究机构对关系数据库原型进行研究，并不断推出研究成果。在这些关系数据库原型中，功能最强、技术上最具有代表性的是 1976 年 IBM 公司宣布的 System R 和美国加州大学 Berkeley 分校的 INGRES 关系数据库系统。这两个数据库原型系统提供了比较成熟的关系数据库技术，为开发商品化的关系数据库软件创造了有利的条件。IBM 公司在 System R 的基础上先后推出了 SQL/DS（1982 年）和 DB2（1985 年）两个商品化关系数据库系统。商品化的 INGRES 关系数据库软件也于 1981 年由 INGRES 公司完成。与此同时，1979 年，美国 Oracle 公司推出了用于 VAX 小型计算机上的关系数据库软件 Oracle v2.0，它被认为是第一次实现了使用 SQL 的商品化关系数据库软件。

通常把支持关系数据模型的关系数据库系统称为第二代数据库系统。关系模型建立在严格的数学理论基础之上，并且概念简单、清晰，易于用户理解和使用，因而在这一时期得到迅猛发展，几乎所有新推出的数据库系统都是关系型数据库系统。

20 世纪 80 年代以后是关系数据库技术逐渐走向成熟的时期，一批性能不断改善、版本不断更新的商品化关系数据库软件相继投入市场，如 Oracle、Sybase、Informix、INGRES、SQL Server 等关系数据库系统开始广泛应用于信息系统建设，也出现了一些桌面数据库管理系统，如 FoxPro、Access 等。

3．新一代数据库系统

随着计算机的广泛应用和信息社会的发展，特别是一些新的应用领域，如 CAD/CAM、办公信息系统、地理信息系统、知识库系统、实时系统等，不断提出新的应用要求，上述传统数据库都表现出不同程度的局限性。新的数据库需要支持以下一些功能。

（1）存储和处理复杂对象。这些对象不仅内部结构复杂，很难用普通的关系结构来表示，而且相互之间的联系也有复杂多样的语义。

（2）支持复杂的数据类型。包括抽象数据类型、半结构或无结构的超长数据、时间和版本数据等。还要具备支持用户自定义类型的可扩展能力。

（3）具有高性能的处理能力。常驻内存的对象管理以及支持对大量对象的存取和计算；支持长事务和嵌套事务的处理。

（4）支持快捷的应用开发。实现程序设计语言和数据库语言无缝集成。

因此，人们在 20 世纪 80 年代后期开始研制新一代数据库。“应用驱动”和“技术驱动”相结合形成了新一代进入商业化应用的数据库管理系统的大家族（如图 2.1 所示）。

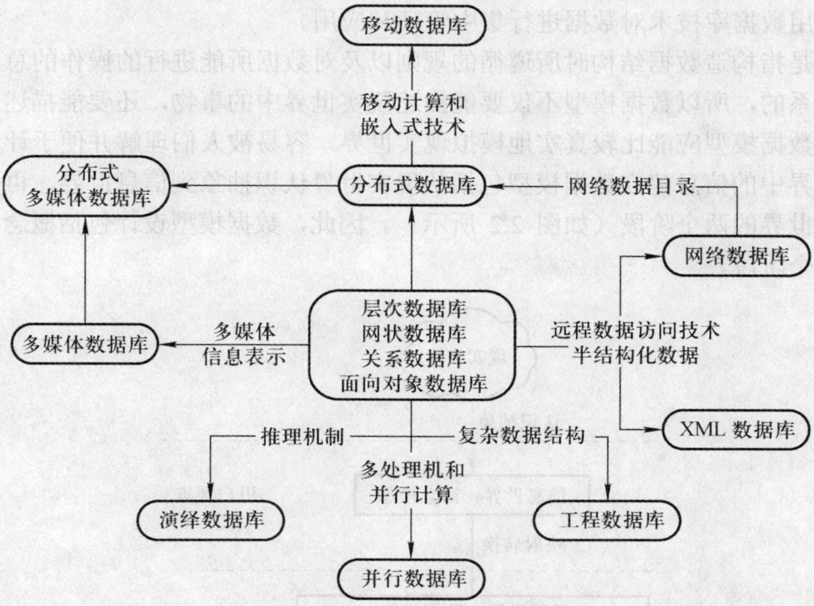

图 2.1 数据库管理系统家族

数据库系统的发展趋势可以归纳为以下三个方面。

1．从数据模型角度看

经典的数据库系统有采用层次、网状和关系数据模型的数据库系统，其中关系数据库是应用最广泛的数据库。随着面向对象技术的发展，面向对象数据库受到关注，融入面向对象的对象关系数据库受到青睐，但商业化应用还不广泛。

2．从技术角度看

数据库技术与其他信息技术的有机结合使数据库理论、应用研究都有重大的发展，并且形成了一系列新型的数据库技术，如 XML 数据库、分布式数据库、并行数据库、演绎数据库、知识库、多媒体库、移动数据库等。数据库系统结构也由主机/终端的集中式结构发展到网络环境下的分布式结构。

3．从应用角度看

网络环境下的数据库应用，尤其是 Internet 环境下和移动环境下的数据库应用迅速发展。多元化的数据库应用要求，促进了各种专门应用领域的数据库技术发展，如工程数据库、实时数据库、统计数据库、科学数据库、空间数据库、地理数据库、Web 数据库等。

2.2 数据模型

模型是对现实世界特征的模拟和抽象。人们对于具体模型一般都不陌生。一张地图、一组建筑设计沙盘、一架精致的航模飞机等都是具体的模型。这些模型使人一眼望去就会联想到现实生活中的事物。这里介绍的数据模型也是一种模型，它用来抽象、表示和处理现实世界中的信息，以便采用数据库技术对数据进行集中管理和应用。

数据模型是指构造数据结构时所遵循的规则以及对数据所能进行的操作的总称。由于现实世界是普遍联系的，所以数据模型不仅要能描述现实世界中的事物，还要能描述事物之间的联系。一个好的数据模型应能比较真实地模拟现实世界，容易被人们理解并便于计算机表达。

为现实世界中的信息建立数据模型包括从现实世界认识抽象到信息世界、再从信息世界映射转换到机器世界的两个阶段（如图 2.2 所示）。因此，数据模型设计包括概念模型设计和数据模型设计两个阶段。

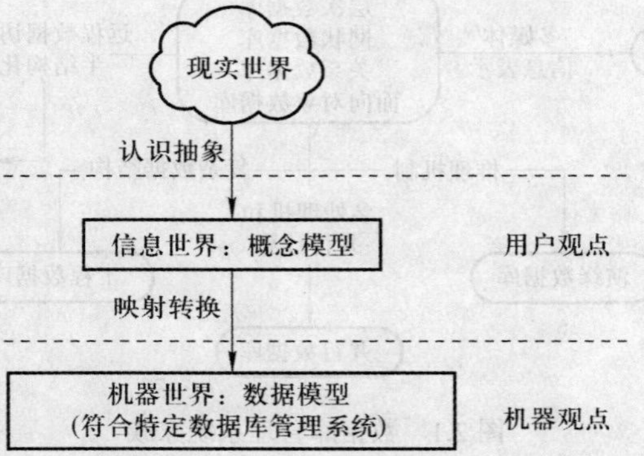

图 2.2　现实世界中客观事物的抽象

1．概念模型

概念模型，又称信息模型，是按用户观点将信息模型化。它把现实世界中的具体事物进行认识抽象，形成信息世界中的概念模型，通常称这一过程为概念模型设计，它是不依赖于特定数据库管理系统的一种信息结构。

2．数据模型

数据模型是按计算机观点将数据模型化，是机器世界中数据之间关系及其操作的描述。根据概念模型，设计者需将其转换为某一个数据库管理系统支持的数据模型（例如关系模型），形成机器可处理的数据结构模型。

2.2.1　概念模型

概念数据模型不依赖于具体的计算机系统和数据库管理系统，它对信息系统所涉及的客观对象的相关信息进行抽象描述，是信息系统分析的有效交流工具，是数据模型设计的基础。

最典型的概念数据模型是实体联系模型，简称 E-R 模型（Entity-Relationship Data Model），采用实体联系图（E-R 图）来表示。E-R 图的优点是比较简单和灵活，可卓有成效地辅助系统开发人员和最终用户针对数据需求进行沟通交流。

E-R 图主要包括实体、实体的属性和实体间的联系（如图 2.3 所示）。

1．实体

实体是指在现实世界中客观存在的具有公共属性并可相互区别的事物对象的集合。例如，学生、课程、教师等都是实体，而具体的某一个学生称为学生实体的一个成员。在 E-R 图中，实体用矩形表示，方框内标出实体的名称。

2．属性

实体内各个成员所具有的特征就是属性。例如，学生实体具有学号、姓名、性别、出生日期、联系电话等属性。每个属性都有一个允许的取值范围，称为域。例如，在学生实体中，性别属性的域为{“男”，“女”}。在 E-R 图中，属性用椭圆形表示，椭圆内书写属性的名称，并用直线与相关的实体连接。

3．关键字

实体中能够唯一标识实体的一组最小的属性集合称为实体的关键字。一个实体可以有若干个关键字，通常选择其中一个作为主关键字。例如，学号可以作为学生实体的主关键字。在 E-R 图中，主关键字属性用下划线表示。

4．联系

联系是实体之间的一种关联。联系也可以具有属性。例如，学生实体与课程实体之间具有“选修”联系，成绩可作为“选修”联系的一个属性。在 E-R 图中，联系用菱形表示，菱形内书写联系名，并用直线将它与关联的实体相连接。联系可以分为以下三种类型。

1）一对一联系（1:1）

实体 A 中的每一个成员最多与实体 B 中的一个成员相关联，反之亦然。如图 2.3（a）所示，学生实体与优培生实体的联系是一对一的联系，因为一个学生最多只能被选拔为优培生一次，而一个优培生只能对应一个学生。

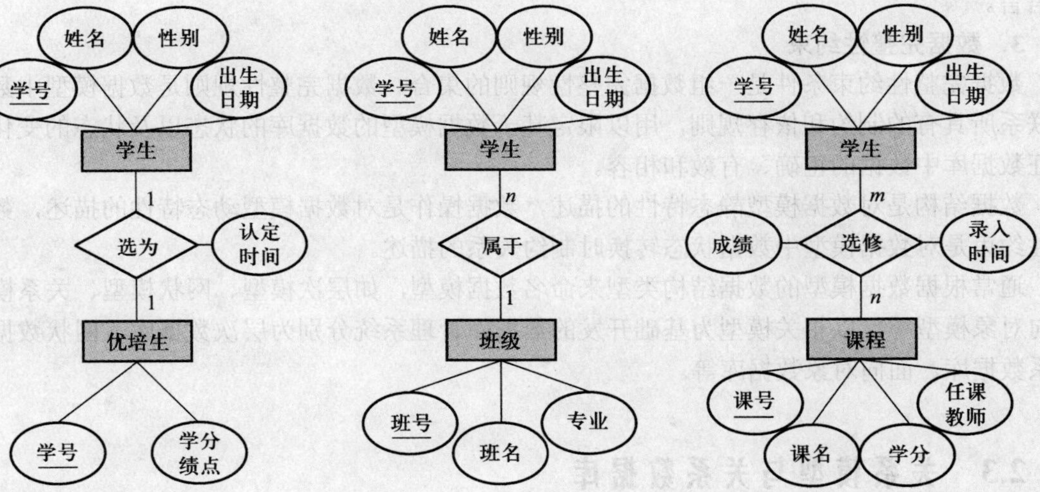

图 2.3　E-R 图及联系类型举例

2）一对多联系（1:n）

实体 A 中的每一个成员可以与实体 B 中的多个成员相关联，反之，实体 B 中的每一个成员最多与实体 A 中的一个成员相关联。如图 2.3（b）所示，班级实体与学生实体的联系是一对多的联系，因为一个班级中有若干个学生，而每一个学生只属于一个班级。

3）多对多联系（m:n）

实体 A 中的每一个成员可以与实体 B 中的多个成员相关联，反之，实体 B 中的每一个成员也可以与实体 A 中的多个成员相关联。如图 2.3（c）所示，学生实体与课程实体的联系是多对多的联系，因为一个学生可以同时选修多门课程，而一门课程可以被多个学生选修。

2.2.2 数据模型

概念模型需要转换为数据模型才能被计算机处理。数据模型由数据结构、数据操作和数据完整性约束三部分组成，是严格定义的一组概念的集合，这些概念精确地描述了系统的静态特性、动态特性和完整性约束条件。

1．数据结构

数据结构是数据模型中最重要的部分，是对所关心的数据对象及其相互关系的描述。数据结构规定了如何把基本的数据项组织成较大的数据单位，以描述数据的类型、内容、性质和数据之间的相互关系。

2．数据操作

数据操作是指对数据模型中的各种对象（如关系模型中的关系）的实例（如关系模型中的数据记录）允许执行的操作的集合，包括操作及其有关的操作规则。数据库中的操作主要有检索和更新两大类。数据模型需要定义这些操作的确切含义、操作符号、操作规则以及实现操作的语言。

3．数据完整性约束

数据完整性约束条件是一组数据完整性规则的集合。数据完整性规则是数据模型中数据及其联系所具有的制约和依存规则，用以限定基于数据模型的数据库的状态以及状态的变化，以保证数据库中数据的正确、有效和相容。

数据结构是对数据模型静态特性的描述，数据操作是对数据模型动态特性的描述，数据完整性约束是对数据模型中数据状态转换时制约关系的描述。

通常根据数据模型的数据结构类型来命名数据模型，如层次模型、网状模型、关系模型、面向对象模型等，以相关模型为基础开发的数据库管理系统分别为层次数据库、网状数据库、关系数据库、面向对象数据库等。

2.3 关系模型与关系数据库

关系数据库是以关系模型为基础的数据库。它与层次数据库、网状数据库相比，具有数据模型简单灵活、数据独立性高、语言接口性能好等优点，并且有着比较坚实的数学理论基础，是目前最成熟的数据库。

关系模型由关系数据结构、关系操作集合和数据完整性约束三部分组成。本节以一个简化的教务系统数据库为例讲解关系数据库的有关概念和基本原理，该库使用 6 个关系表描述了学生、班级、课程、优培生、教师等实体（如图 2.4 所示）。

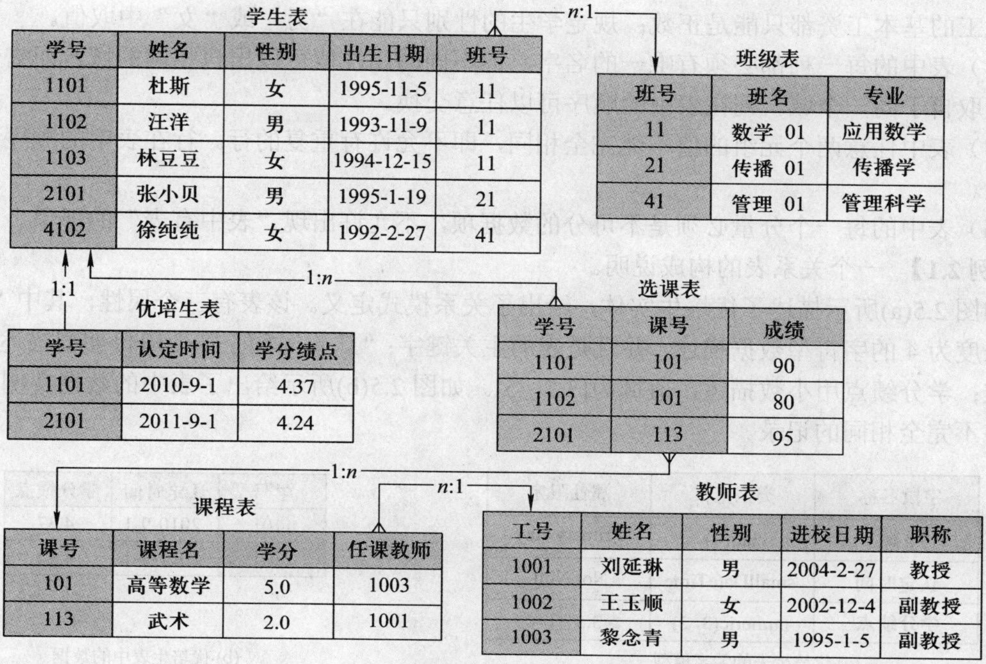

图 2.4　一个简单教务系统数据库示例

2.3.1　关系数据结构

1．基本表结构

基本表对应一个关系模式，包含以下概念。

1）表

关系模型的数据结构单一，采用二维表结构来表示实体以及实体之间的关系。一个关系对应于一张二维表。

2）属性

表中每一列描述实体集的一个特征，在关系数据库中被称为属性（也称字段、数据项）；每一个属性都有自己的取值范围，称为域。

3）元组

表中的每一行由一个实体的相关属性取值构成，称为元组，它相对完整地描述了一个实体。一个元组也被称为一条记录。元组中的一个属性值称为分量。

需要注意的是，关系是二维表格，但这个二维表格有以下一些限制。

（1）表中的每一个属性必须是基本数据类型，例如整型、实型、字符型等，数组或结构等不能作为属性的类型。

（2）表中的每一列的所有值必须是同类型、同语义的。例如，表中的某一列包含学生的学号，则此表中所有行的此列都必须是学生的学号。

（3）属性的值只能是所规定的域中的值。例如，规定工资表中基本工资是正数，那么任何一个职工的基本工资都只能是正数；规定学生的性别只能在“男”或“女”中取值。

（4）表中的每一列都必须有唯一的名字，但不同的属性值可以出自相同的域，即它们的分量可以取自于同一个域。列在表中的顺序可以任意交换。

（5）表中任意两个元组的值不能完全相同，即不允许有重复的行。行在表中的顺序可以任意交换。

（6）表中的每一个分量必须是不可分的数据项，不允许出现“表中有表”的现象。

【例 2.1】 一个关系表的构成说明。

如图 2.5(a)所示描述了优培生实体，给出了关系模式定义。该表有三个属性，其中“学号”使用长度为 4 的字符型数据描述，并且是表的主关键字；“认定时间”则使用日期型描述，不允许为空；学分绩点用小数描述，值域为[3.5，5]。如图 2.5(b)所示给出了表中的数据实例，表中有两条不完全相同的记录。

字段名称	类型定义	属性限定
学号	char(4)	Primary Key
认定时间	smallDateTime	Not Null
学分绩点	numeric(3, 2)	≥3.5 且≤5

(a) 优培生表的关系模型

学号	认定时间	学分绩点
1101	2010-9-1	4.37
2101	2011-9-1	4.24

(b) 优培生表中的数据

图 2.5 一个关系表举例

【例 2.2】 一个表中不同的属性具有相同域。

在如图 2.6 所示的职工表中，职业与兼职是两个不同的属性，但它们的值都取自同一个域集合，即职业＝{教师，工人，辅导员，作家}。

姓名	职业	兼职
丁强	工人	作家
李媛媛	教师	辅导员
于淘	教师	辅导员

图 2.6 职工表

【例 2.3】 表中每一个分量都是不可分的数据项。

在如图 2.7(a)所示的表中，籍贯含有省、市两项，出现了“表中有表”的现象。解决的办法是把籍贯分成省、市两列（如图 2.7(b)所示）或合并为一列（如图 2.7(c)所示）。

姓名	籍贯	
	省	市
丁强	黑龙江	齐齐哈尔
李媛媛	浙江	杭州
于淘	江苏	连云港

(a) 错误的籍贯表

姓名	省	市
丁强	黑龙江	齐齐哈尔
李媛媛	浙江	杭州
于淘	江苏	连云港

(b) 正确的籍贯表一

姓名	籍贯
丁强	黑龙江齐齐哈尔
李媛媛	浙江杭州
于淘	江苏连云港

(c) 正确的籍贯表 二

图 2.7 籍贯表

2．关键字

在一个关系模式中，关键字是保证表中记录具有唯一性的一种机制。

1）候选关键字

候选关键字（Candidate Key）也称候选码，是关系表中按应用语义能唯一标识元组的最小属性的集合。在最简单的情况下，候选关键字只包含一个属性。在极端情况下，关系模式的所有属性的集合是这个关系模式的候选关键字，称为全码。

2）主关键字

主关键字（Primary Key）也称主键，是由用户指定的用来在关系表中唯一标识元组的一个候选关键字。若一个关系有多个候选关键字，则只选定其中一个为主关键字。主关键字的值不能为空、不能重复。

> 提示：一般情况下，每个关系表都要定义主关键字，以保证任意两行数据不完全相同。

【例 2.4】 主关键字的唯一性语义：学生表的主关键字。

对于学生表，如果不允许表中出现姓名相同的学生，则该表中"学号"和"姓名"都是候选关键字，主关键字可以选定"学号"或"姓名"；如果允许表中出现姓名相同的学生，则"姓名"不能作为候选关键字，主关键字只能是"学号"。

要特别注意的是，候选关键字和主关键字可以唯一标识一条记录，它可以是一个属性，也可以是多个属性组成的属性组，由用户根据语义定义。

【例 2.5】 主关键字可以是一个属性组：选课表的主关键字。

选课表的一条记录描述了一个学生选修一门课程及考试成绩。如果用户将"学号"定义为主关键字，那么每个学号只能在表中出现一次，也就是每个学生只能选修一门课程，这显然与一般的选课情况不一致。同理，"课程"、"学分"都不适合作为主关键字。这时，可以定义一组属性来作为主关键字，选择"学号"和"课程"组合作为选课表的主关键字。由此例可以看出，主关键字应该根据现实世界中实体的实际情况确定。

3．表之间的关系

现实世界中的事物是相互联系的，这种联系需要通过数据模型体现出来。联系可分为两种，一是实体内部的联系，它反映了不同属性之间的联系，这在表的关系模式中已经被定义和体现出来；另一种是实体之间的联系，在概念模型中采用 E-R 图描述，反映到关系模型中就是表和表之间的关系。

在关系数据模型中，表和表之间的关系通过表的公共属性来实现。在图 2.4 中，尽管学生数据与班级数据分别存放在不同的表中，但是通过学生表和班级表中的公共属性"班号"就可以建立两个表之间的关联。例如，要查询学生"林豆豆"的班级名称，可先从学生表中查出她的班号是"11"，然后根据班号"11"在班级表中查出对应的班级名称为"数学 01"。

这种在两个表公共属性之间的关联定义实现了两个表的联接运算，它不仅支持对数据库的多表数据操作，而且可以实现相关联的数据表中的数据互相约束，从而保证数据的完整性，并可减少数据冗余。因此，在设计数据库和数据表时，可对复杂的事物进行分解，建立多个表来描述，并通过表之间的关系使信息仍保持整体的逻辑结构。

为了描述表之间的关联，关系数据模型使用了主关键字、外关键字、主表和外表等概念。

1）外关键字

为实现表之间的关系，一个表中的主关键字与另一个表中与该主关键字相同或相容的属性（数据类型相同、语义相同）建立联系，这个起到联系作用的属性在另一个表中被称为外关键字，简称外键。

> 提示：相同或相容的属性是指数据类型相同、语义相同的属性，属性名可以不同。但为了设计和开发方便，在数据库设计时，最好为不同表中的同义属性定义相同的属性名。

2）主表和外表

当两个表关联后，公共属性作为主关键字所在的表称为主表，另一个表称为外表。

分析以上定义，得到在两个表之间建立关系的一般原则如下。

（1）两个表具有能体现实体实际存在关系的公共属性。

（2）该公共属性至少在其中一个表中是主关键字。

图 2.4 中用连线指示了各个表之间的关系，连线有箭头一端的表为主表，主表中用于建立关系的属性是主关键字；连线另一端是外表，外表中用于建立关系的属性是外关键字。下面通过几个小例子说明如何通过外关键字定义表之间的关系。

【例 2.6】 班级表和学生表之间的一对多关系。

学生实体和班级实体存在着属于关系，一个班级由多名学生构成，任何一个学生都属于且仅属于某一个班级。学生表和班级表有共同的属性“班号”，可以利用“班号”建立二者之间一对多的关系，在班级表中的“班号”是主关键字，而在学生表中的“班号”就是外关键字。在这个关系中，班级表是主表，学生表是外表。

> 提示：建立关系的公共属性只是其中一个表的主关键字时，建立的一定是一对多关系。

【例 2.7】 学生表和优培生表之间的一对一关系。

学生实体和优培生实体有包含关系，优培生是学生的一个子集。它们的共同属性是“学号”，可以用来建立关系。但是“学号”在两个表中都是主关键字，那么，在这个关系中，哪个是主表，哪个是外表呢？理论上可以从学生表或优培生表中任选一个作为主表，另一个作为外表。但在关系中，主表对外表的限定作用要强于外表对主表的限定作用，根据对实际的关系分析，选择一般性、主导性信息所在的表作为主表比较合适。因此，在该关系中，定义学生表为主表，优培生表为外表。这样，优培生表中的“学号”即是该表的主关键字，也是用于关联学生表的外关键字。

> 提示：当外键也是外表的主键时，即建立关系的公共属性在两个表中都是主关键字时，建立的一定是一对一关系。

【例 2.8】 教师表和课程表之间的一对多关系。

教师实体和课程实体之间存在授课关系。它们没有名字相同的属性，但教师表中的属性“工号”和课程表中的属性“任课教师”，数据类型和含义相同，且“工号”在教师表中是主关键字，可以用这对属性建立一个一对多关系，教师表是主表，课程表是外表。

【例 2.9】 如何描述学生表和教师表之间的关系？

学生实体和教师实体之间存在师生关系（任课、班主任、指导教师等）。但在如图 2.4 所示所建立的各个表中，没有体现这种关系的公共属性。虽然两个表都有属性“姓名”、“性别”，也可以将其中某一个属性在一个表中设置为主关键字，但是这些在不同的表中的属性分属于不同的实体，它们并不是真正意义上的公共属性，因此使用这些属性建立的关系没有实际意义。如果需要表达以上某种师生关系，可以选择以下设计。

（1）任课关系。如图 2.4 所示可以表达任课关系。通过学生表和选课表、选课表和课程表、课程表和教师表之间的关系，可以找到任课教师信息。

（2）指导教师关系。可以在学生表中增加一个属性“工号”，用来记载该生的指导教师，然后利用“工号”来建立教师表和学生表之间的一对多关系。

（3）班主任。在班级表中增加一个属性“工号”，用来记载该班的班主任，然后在班级表和教师表之间建立关系。由于学生表和班级表之间已经建立了关系，在应用中，用户可以间接获得这种一对多的师生关系信息。

由此可见，尽管数据库中的各个表是独立的，但是表与表之间可以通过外关键字建立相互联系，从而构成一个整体的逻辑结构。从图 2.4 还可以看出，除了外关键字和一些必需的属性外，这些表中尽可能地减少了数据冗余。

4. 关系模式

表中的行定义（即表头）是实体相关属性的集合，称为该表的关系模式。关系模式就是对关系的描述，包括关系名、组成该关系的属性名、属性向域的映像。关系模式通常记为：

关系名(属性名 1，属性名 2，…，属性名 *n*)

属性向域的映像直接说明为属性的类型、长度。例如，在教务系统数据库中几个关系模式表示如下，其中加下划线的属性是关键字。

学生（<u>学号</u>，姓名，性别，出生日期，班号），班号是外键（班级：班号）

优培生（<u>学号</u>，认定时间，学分绩点），学号是外键（学生：学号）

班级（<u>班号</u>，班名，专业）

课程（<u>课号</u>，课程名，学分，任课教师），任课教师是外键（教师：工号）

选课（<u>学号</u>，<u>课号</u>，成绩），学号是外键（学生：学号），课号是外键（课程：课号）

教师（<u>工号</u>，姓名，性别，进校日期，职称）

对应于一个应用的所有关系模式的集合就构成了一个关系数据库模型。关系模式确定后，在数据库物理设计阶段可以用表格来直观地详细描述关系模式的定义。每一个被定义的关系模式包括关系名、属性名，以及属性域的类型和约束、关系模式的主关键字和外关键字。

【例 2.10】 选课表的关系模型的表格描述。

如图 2.8 所示为采用表格描述关系模式。“学号”的类型为长度为 4 的字符串；“课号”是长度为 3 的字符串；“成绩”是精度为 4 且保留 1 位小数的数值型。该表的主关键字为（学号，课号）；该表通过“学号”与学生表建立关系，是学生表的外表，该表通过“课号”与课程表建立关系，是课程表的外表。

属性名称	属性说明	类型定义	属性限定	关系(外键)
学号	学生代号	char(4)	Primary Key	学生表：学号
课号	课程代号	char(3)	Primary Key	课程表：课号
成绩	课程成绩	numeric(4,1)		

图 2.8　选课表的关系模式的表格描述

也可以用关系数据库查询语言 SQL 中的数据定义语句来定义关系模式（参见 4.1.2 节），数据库管理系统执行这些描述命令后就可以建立实际的关系表。

2.3.2　关系完整性约束

一个数据库中往往包含多张表，有些表之间存在一定的关系，不同的表中还可能重复出现相同的属性，这些都给数据维护带来了困难，因为数据库必须保证所有表中的数据值与其所描述的实体的实际状态保持一致。

关系模型通过关系完整性约束规则来保证数据的正确性和一致性。完整性约束规则是指在表和属性上定义的约束条件，数据库管理系统负责使用这些约束条件对进入数据表中的数据值进行检查和限制。关系模型主要包括域完整性规则、实体完整性规则和参照完整性规则。

1．域完整性

域完整性规定了属性的值必须是属性值域中的值。

域完整性又称为用户自定义完整性。它是在关系数据模型定义时，由用户对属性值的数据类型、长度、单位、精度、格式、值域范围、是否允许为“空值”等进行限定。

【例 2.11】 表的域完整性规则应用。

在建立如图 2.9(a)所示的学生表时，对表中各字段的属性定义如图 2.9(b)所示。其中，类型定义限定了属性的取值类型，例如，“学号”取 4 位字符构成的字符串，“出生日期”使用日期型数据等。另外，可以进一步对属性取值的值域进行限定，姓名、性别、班号不允许为空值（记为“Not Null”）；性别限定为“男”或“女”；“出生日期”限定“≥1990-01-01”限制该属性的值不能小于 1990 年 1 月 1 日，意即学生表中的学生不能是 1990 年以前出生的。

学号	姓名	性别	出生日期	班号
1101	杜斯	女	1995-11-5	11
1102	汪洋	男	1993-11-9	11
1103	林豆豆	女	1994-12-15	11
2101	张小贝	男	1995-1-19	21
4102	徐纯纯	女	1992-2-27	41

(a) 学生表

属性名	类型定义	属性限定
学号	char(4)	Primary Key
姓名	nvarchar(20)	Not Null
性别	nchar(1)	Not Null，“男”或“女”
出生日期	datetime	≥1990-01-01
班号	char(2)	Not Null

(b) 学生表关系模式定义

图 2.9 学生表的域完整性限定

> 提示：所谓“空值”就是“不知道”或“未定义”的值。应当注意，空值不等于数值零，也不等于空字符或空字符串，例如没有成绩与成绩为零分显然是不同的。“允许空”表示该属性可以不填写任何值，“不允许为空”要求任何记录在该属性处必须有值。

应根据实际的实体特点和应用语义进行属性限定，实现域完整性。关系数据库系统的域完整性的检查功能，会依据用户设置的规则限制不合法数据的填入，不需应用程序承担检查工作。

2．实体完整性

实体完整性是指关系中的数据记录在组成主关键字的属性上不能有空值，且主关键字的值不能相同。

要注意实体完整性规则是针对基本关系表而言的，目的是为了保证表中记录的唯一性。如果表中定义了主关键字，关系数据库管理系统会强制检查数据以保证实体完整性。

【例 2.12】 表的实体完整性规则应用。

按照图 2.9(b)对学生表的关系模式定义，“学号”是主关键字，那么图 2.9(a)中的数据符合实体完整性规则。假定向学生表中新加一条记录（'1103','王秋水','女','1996-03-04','11'），数据库管理系统会拒绝该记录的添加，因为它违反了实体完整性规则，即学生表中已存在一条主关键字值为“1103”的记录。

3．参照完整性

参照完整性要求一个外表的外关键字的取值必须是其主表主关键字的存在值或空值。

因为数据库的表之间存在关系，而且有些属性在多个表中重复出现，为了保证数据完整性，需要对表之间的数据进行约束。参照完整性是在表间关系的基础上实施的表之间的数据约束。

【例 2.13】 表的参照完整性规则应用。

班级表和学生表之间通过“班号”建立了关系，学生表中的“班号”是外关键字，那么学生表中“班号”的取值必须是空值或在班级表中“班号”属性中出现过的值。如果学生表的班号字段允许为空，它取空值表示该学生还没有被分配班级；否则只能取班级表中出现过的班号值，即班级表中有该班级的记录。

对数据进行修改时，可能会破坏表之间的参照完整性，为了保证数据库中的数据完整性，应该对数据修改加以限制，这些限制包括插入约束、删除约束和更新约束。

1）插入约束

当在外表中插入新记录时，必须保证其中的外关键字值在主表中出现过或者是空值（如果允许为空）。

【例 2.14】 表的参照完整性的插入约束。

如果向学生表中添加一条记录（'8304','王秋水','女','1996-03-04','88'），插入约束会拒绝，因为班级表中不存在“班号”是“88”的班级，该记录违反了参照完整性规则。

2）删除约束

当要从主表中删除记录时，要保持外表数据的完整性，需对主表的删除操作进行约束。删除约束有两种：一是限制删除，即如果要删除记录的主关键字值在某个外表中出现过，则不允许删除；二是级联删除，即在删除主表中记录的同时，将外表中外关键字值与之匹配的记录全部删除。

【例 2.15】 表的参照完整性的删除约束。

如果删除班级表中“班号”是“11”的记录，系统会检查与班级表通过“班号”建立了关系的学生表，发现存在“班号”是“11”的记录（学号是“1101”、“1102”和“1103”的记录），如果设置了限制删除，系统会拒绝从班级表中删除该记录，以免这些学生失去所属班级的信息。如果设置了级联删除，系统会在从班级表删除该记录的同时，将学生表中所有班号是“11”的三个学生记录全部删除。

3）更新约束

如果要修改主表中的主关键字值，要保持外表数据的一致性，需对主表更新操作进行约束。更新约束有两种，一是限制更新，即如果要删除记录的主关键字值在某个外表中出现过，则不允许更新；二是级联更新，即在更新主表中主关键字的同时，将外表中与之匹配的外关键字值全部更新。

【例 2.16】 表的参照完整性的更新约束。

如果将班级表中“班号”是“11”的记录的班号更改为“88”，系统会检查与班级表通过“班号”建立了关系的学生表，发现存在“班号”是“11”的记录（学号是“1101”、“1102”和“1103”的记录），因此，如果设置了限制更新，系统会拒绝该更新操作，以免这些学生失去所属班级的信息。如果设置了级联更新，系统会在班级表上完成班号修改的同时，将学生表中所有班号是“11”的学生的班号全部改为“88”。

提示：本例中“88”必须是班级表中不存在的班号；否则违反实体完整性规则。

通过以上例子可以发现，保证数据的完整性和一致性对数据库是至关重要的。在数据库设计时，必须充分应用关系完整性约束规则，以避免产生数据的不完整和不一致，给应用带来困难。另外，关系完整性约束可以大大减少垃圾数据在数据库中的堆积，合理地利用关系完整性约束还可简化应用程序开发，因为有些数据可以通过级联操作由数据库管理系统自动维护。

目前多数关系数据库都提供了比较完善的约束机制。只要用户在定义表的结构时注意域完整性、实体完整性，建立表之间的关系并进行参照完整性约束方式的设置，数据库管理系统会自动根据这些完整性约束来保证数据的完整性和一致性。

2.3.3 关系操作

关系模型的数据操作是以关系代数为理论基础的。关系表可以看作是记录的集合。传统的集合操作包括并、交、差、广义笛卡儿积等，这些集合操作对应了数据库针对行的基本操作。另外，关系模型还专门定义了针对列的操作，包括选择、投影、联接等。所有这些操作的结果，仍然是一个集合。在 2.4 节中将介绍关系数据库操作的有关理论基础。

在关系模型各种操作运算的支持下，关系数据库主要支持以下一些针对关系表的操作。

（1）插入。在一个表中插入一条或多条新记录。

（2）删除。从一个表中删除一条或多条满足条件的记录。

（3）修改。在一个表中修改满足条件的记录的某些字段的值。

（4）查找。从一个或多个表中提取满足条件的数据、生成计算列或汇总数据。

关系数据库的基本操作语言是 SQL（Structured Query Language）。它以简洁的语法支持上述各类操作。SQL 独立于数据库本身，独立于使用的机器、网络和操作系统。

2.4 关系数据库体系结构

2.4.1 关系数据库体系结构概述

从数据应用的角度来看，与数据库打交道的不同人员，例如用户、应用程序员、系统分析员和数据库管理员等，由于他们对数据库的认识、理解和接触范围各不相同，从而形成了各自的数据库视图。所谓视图是指观察、认识和理解数据的范围、角度和方法。根据各类人员与数据库的不同关系，可把视图分为三种：对应于用户和应用程序员的外部视图，对应于系统分析员以及数据库管理员的逻辑视图，对应于数据库管理员的内部视图。由此形成数据库的三级模式结构，即外模式、模式和内模式，如图 2.10 所示。

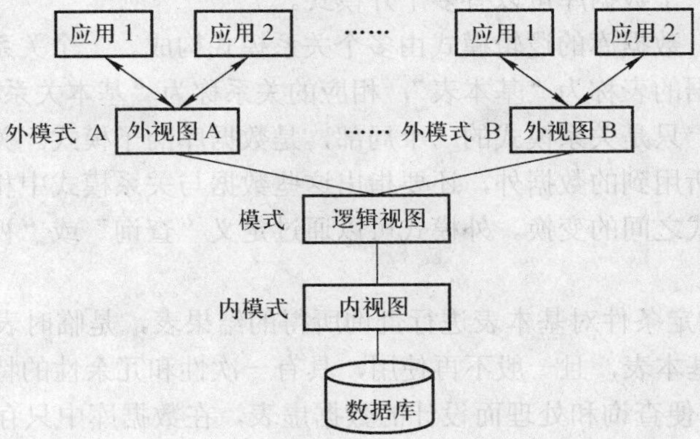

图 2.10　数据库三级模式结构

1．模式

模式又称逻辑模式，对应于一个应用的所有关系模式的集合以及关系完整性约束、所允许的关系操作就构成了关系数据库的逻辑模式。它是由数据库设计者综合所有用户的数据，按照统一的观点构造的全局逻辑结构，是对数据库中全部数据的逻辑结构和特征的总体描述，是所有用户的公共数据视图。它是系统分析员以及数据库管理员所看到的全局数据库视图。一个数据库只有一个逻辑模式。逻辑模式可以采用数据定义语言（DLL）描述。

如图 2.11 所示为教务系统数据库的关系图，反映了教务系统数据库的逻辑模式的概要信息。该图是采用 SQL Server 建立数据库后系统自动绘制的关系图。表中带有图标的字段表示主关键字。表间连接线表示两表之间通过外关键字建立了关系，线两端带有图标的表示一对一关系，线两端分别带有图标和∞图标的表示一对多关系。

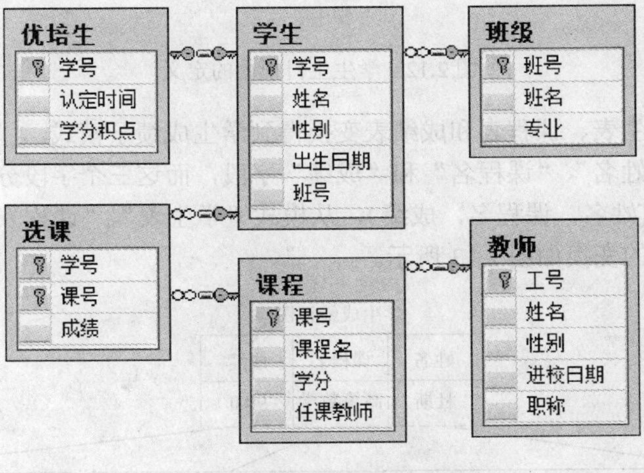

图 2.11　教务系统数据库关系图

2．外模式

外模式又称子模式或用户模式，对应于用户级，是某个或几个数据库用户和应用程序员所看到的数据库的局部数据视图。外模式是从模式导出的子模式，可以利用数据操纵语言（DML）

对外模式进行操作，一个数据库可以有多个外模式。

在关系数据库中，数据库的逻辑模式由多个关系模式构成。一个关系通常对应一个表，在计算机上实际存储数据的表称为“基本表”，相应的关系称为“基本关系模式”。而一个外模式只是用户的一个视图，只是关系模式的一个局部，是数据库的子模式。关系模型的外模式除了指出某一类型的用户所用到的数据外，还要指出这些数据与关系模式中相应数据的关系，即要指出关系模式与外模式之间的变换。外模式可以通过定义“查询”或“视图”从“基本关系模式”导出。

“查询”是根据指定条件对基本表进行查询所得的结果表，是临时表，虽然是实际存在的表，但数据也是来自基本表，且一般不再使用，具有一次性和冗余性的特点。

“视图”是为了方便查询和处理而设计的数据虚表，在数据库中只存储结构的定义，而没有存储对应的数据，数据来自数据库中的基本表。

【例 2.17】 从学生表变换得到学生生日视图。

如果只对学生表中的“姓名”和“出生日期”感兴趣，可定义子模式：学生生日（姓名，出生日期），则形成一个视图，从模式“学生表”导出子模式“学生生日”的变换如图 2.12 所示。

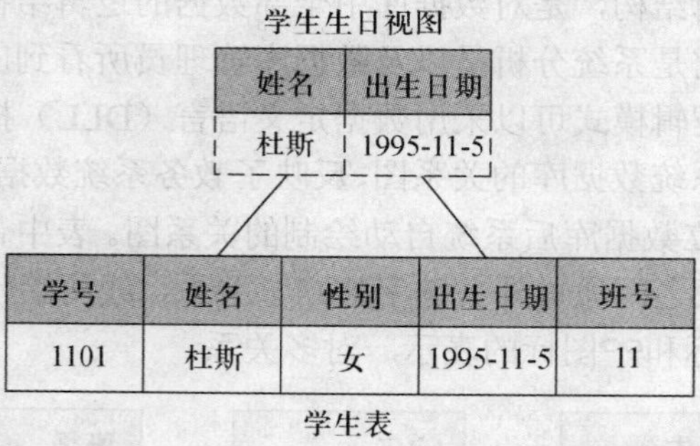

图 2.12　学生生日视图的定义

【例 2.18】 从学生表、课程表和成绩表变换得到学生成绩子模式。

如果希望获得“姓名”、“课程名”和“成绩”字段，而这三个字段分布在三个表中，可定义子模式：学生成绩(姓名，课程名，成绩)，从模式“学生表”、“课程表”和“选课表”导出子模式“学生成绩”的变换如图 2.13 所示。

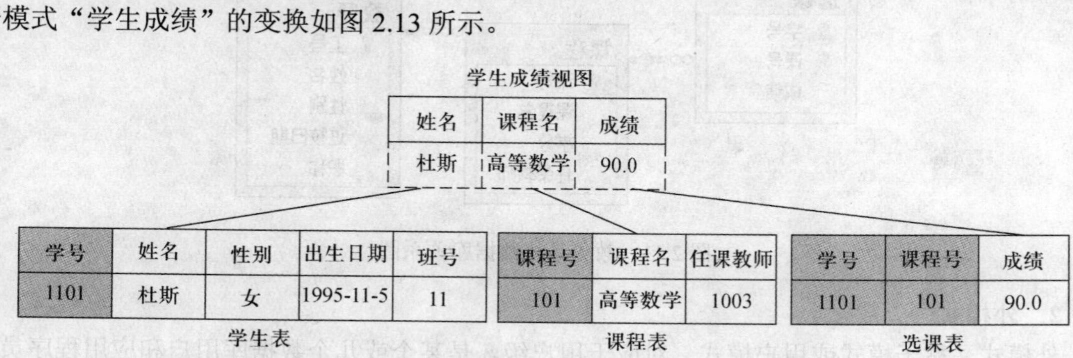

图 2.13　学生成绩视图的定义

3．内模式

内模式又称存储模式，是全体数据库数据的机器内部表示或存储结构描述，是真正存放在外存储器上的物理数据库，它描述了数据记录、索引、文件的组织方式和在存储介质上的物理结构。内模式是数据库管理员创建和维护数据库的视图。一个数据库只有一个内模式。

内模式主要关注以下问题。

1）关系存储

数据库逻辑结构中的关系模式与系统平台无关，但数据库存储模式必须考虑具体的计算机系统和所选定的 DBMS，采用它们所支持的数据类型描述和完整性约束规则来定义数据表，并选取 DBMS 所支持的数据库文件结构存储方法，设计数据库文件的存储位置。

2）关系存取

在数据库管理系统中，关系表中的数据按记录存储。为了提高对数据记录的查询效率，通常采用索引方法来建立数据记录的存取顺序。索引与书的目录或字典检字索引的原理是一样的。数据库管理系统一般集成了多种复杂的快速查找算法，但这些算法基本上都是以数据记录排序为前提的。

（1）索引的概念

索引是由一个表中的一列或者若干列的值与其对应的记录在数据表中的地址所组成。数据库中一个表的存储由两部分组成：数据页面和索引页面。

创建索引的目的是为了改善查询性能，加快依据索引字段对表中数据行的检索，强制保持表的数据唯一性等。索引建立后由系统进行维护和使用，不需要用户干预。索引可以在任一列或者多列的组合上建立，可以在一个表上建立多个索引。例如，在学生表中的“姓名”列建立索引，可以支持将来以“姓名”为检索字段的快速查找；还可以在“生日”、“班号”等列上建立索引。

多个索引互相独立，可以随意增加和删除，可以在数据库建立时就确定，也可以在应用程序开发时建立。用户可以在开发应用程序时指明使用哪个索引，编写依据索引字段的快速查询程序。另外，高性能的数据库管理系统往往带有优化器程序，针对特定类型的检索，系统自动决定使用哪一个索引。

索引虽然能改善查询性能，但也耗费了磁盘空间，并且当对数据表进行数据增加、修改或删除时，系统需要花费一些时间来维护索引，所以通常不在一个表上建立太多索引，也不建立不常使用的索引。一般来说，需要在下面这些地方建立索引。

① 在主键和外键上创建索引。

② 在检索频繁的字段上建立索引。

③ 在经常需要排序的字段上建立索引。

（2）索引的分类

从不同的角度对索引进行分类：根据索引的顺序与表中数据的物理顺序是否相同，将索引分为聚集索引和非聚集索引；根据数据表任意两行中被索引字段值是否允许相同，索引被分为唯一索引和非唯一索引；根据索引字段由一列还是多列构成，将索引分为单列索引和复合索引。

① 聚集索引。聚集索引是对表中的数据行按指定索引字段值进行排序后再重新存储到磁盘上，使数据表的物理顺序与索引一致。聚集索引的优点是它的检索速度比非聚集索引快。缺

点是聚集索引重组了表的物理顺序，维护索引的时间和空间消耗都比较大。每个表只能建立一个聚集索引。

② 非聚集索引。非聚集索引具有完全独立于数据行的结构，建立非聚集索引不需要将数据表中的数据行按索引字段值重新排序。非聚集索引表中存储了组成非聚集索引的字段值和行定位器，其中，行定位器是指向数据行的指针，该数据行具有与索引键值相同的字段值。非聚集索引的优点是不需要改变数据行的存储顺序，而且可以建立多个非聚集索引。

4．数据库的三级模式的关系

数据库的三级模式是数据模型在三个级别的抽象，使用户能够逻辑地、抽象地处理数据而不必关心数据在计算机中的表示和存储，把数据的具体组织交给数据库管理系统。为了实现三个抽象层次间的联系和转换，数据库管理系统在三个模式间提供了两级映像。

（1）外模式与模式间的映像。保证了数据的逻辑独立性，即当数据库的逻辑结构发生变化时，可通过调节外模式与模式间的映像关系，从而保证外模式不变，那么建立在外模式基础上的应用程序也不变。

例如，有关系学生（学号，姓名，性别，年龄，专业），并为计算机专业学生建立了外模式 CS 学生（学号，年龄），应用程序中根据外模式“CS 学生”编写。在后期数据库的应用中，发现数据库中“年龄”字段由于时间变化年龄值不确定，所以将其改为“出生日期”。这时只要通过调整模式/外模式的映像就可以保持外模式不变，即原来外模式中“年龄”直接从学生关系中获得，改为外模式中的“年龄”通过“出生日期”计算得到，外模式不变，建立在外模式上的应用程序也不用修改，这样就实现了数据的逻辑独立性。

（2）模式/内模式的映像。模式/内模式的映像保证了数据的物理独立性，即当数据的存储结构发生变化时可以通过调节模式/内模式之间的映像关系从而保证模式不变。因为模式不变，外模式也就不变，建立在外模式上的应用程序也不变。比如，学生关系的存储位置、存取方式发生变化，这时可以通过调整模式/内模式之间的映像关系从而保证模式不变。

2.4.2 一个教务系统关系数据库

下面给出一个简单的教务系统的逻辑数据库结构和在 SQL Server 下的数据库设计（包括数据库逻辑结构和数据库物理结构），请读者熟悉该数据库并体会数据库基本知识的应用，本书后续章节的例题都以该数据库为基础。

1．教务系统数据库的逻辑数据库结构

该数据库包括 6 张关系表，数据库关系模式和表之间的关系如图 2.14 所示。该图是在 SQL Server 中所建立的数据库关系图，图中带有🔑图标的字段是主关键字。

> 提示：为了在书写命令和编写程序的过程中减少中西文输入法的切换，也为了避免一些开发工具在汉字处理时发生问题，实际应用中，一般采用英文来命名数据库中各种标识符。

Student 表存储学生信息，ExcellentStudent 表存储优培生选拔信息，Class 表存储班级信息，Teacher 表存储教师信息，Course 表存储课程信息，Grade 表存储学生选课及成绩信息。

2．SQL Server 下的数据库物理设计

各个表的数据库物理结构设计如表 2.1～表 2.6 所示。这里只给出各关系表设计和完整性约束设计、索引设计。

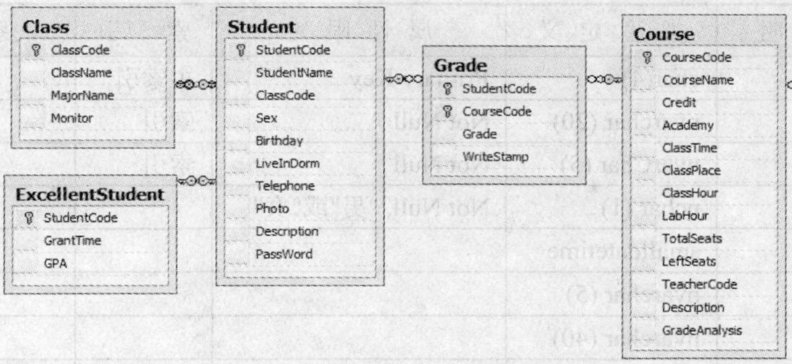

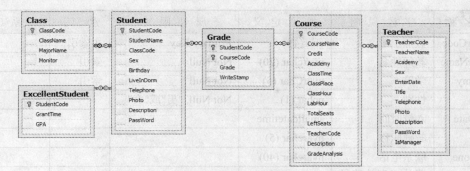

图 2.14　一个简化教务系统数据库

表 2.1　Student 表

字段名称	字段说明	类型定义	属性限定	索引	关系（外键）
StudentCode	学号	char(4)	Primary Key	主索引	
StudentName	学生姓名	nvarchar (20)	Not Null	索引	
ClassCode	班号	char (2)	Not Null	索引	Class: ClassCode
Sex	性别	nchar (1)	Not Null, "男"或"女"		
Birthday	出生日期	smalldatetime			
LiveInDorm	是否住校	bit	Default 1		
Telephone	联系电话	nvarchar (40)			
Photo	照片（存放路径和文件名）	nvarchar(50)			
Description	个人介绍	nvarchar(100)			
PassWord	密码	nvarchar(16)			

表 2.2　ExcellentStudent 表

字段名称	字段说明	类型定义	属性限定	索引	关系（外键）
StudentCode	学号	char(4)	Primary Key	主索引	Student: StudentCode
GrantTime	认定时间	smalldatetime	Not Null	索引	
GPA	学分绩点	numeric(3,2)	Not Null, ≥3.5 且≤5		

表 2.3　Class 表

字段名称	字段说明	类型定义	属性限定	索引	关系（外键）
ClassCode	班号	char(2)	Primary Key	主索引	
ClassName	班级名称	nvarchar(10)	Not Null	唯一索引	
MajorName	专业名称	nvarchar(10)	Not Null	索引	
Monitor	班长	char(4)	取值必须在 Student:StudentCode		

表 2.4 Teacher 表

字段名称	字段说明	类型定义	属性限定	索引	关系（外键）
TeacherCode	教师工号	char(4)	Primary Key	主索引	
TeacherName	教师姓名	nvarchar (20)	Not Null	索引	
Academy	学院	nvarChar (5)	Not Null	索引	
Sex	性别	nchar (1)	Not Null, "男"或"女"		
EnterDate	入校时间	smalldatetime			
Title	教师职称	nvarchar (5)			
Telephone	联系电话	nvarchar (40)			
Photo	照片（存放路径和文件名）	nvarchar(50)			
Description	个人介绍	text			
PassWord	密码	nvarchar(16)			
IsManager	是否是教务员	bit	Default 0		

表 2.5 Course 表

字段名称	字段说明	类型定义	属性限定	索引	关系（外键）
CourseCode	课程号	char(3)	Primary Key	主索引	
CourseName	课程名称	nvarchar(16)	Not Null	索引	
Credit	学分	numeric(3,1)	Default 0, ≥0		
Academy	开课学院	nvarchar(5)	Not Null	索引	
ClassTime	上课时间	nvarchar(20)		索引	“例如：周一 3～4 节”
ClassPlace	上课地点	nvarchar(20)			“例如：一教 220”
ClassHour	上课学时	tinyint	≥0		
LabHour	实验学时	tinyint	≥0		
TotalSeats	最大学生数	smallint	≥0		
LeftSeats	剩余名额	smallint	≥0		
TeacherCode	任课教师	char(4)			Teacher: TeacherCode
Description	课程简介	text			
GradeAnalysis	成绩分析评价	nvarchar(100)			

表 2.6 Grade 表

字段名称	字段说明	类型定义	属性限定	索引	关系（外键）
StudentCode	学号	char(4)	Primary Key	主索引	Student: StudentCode
CourseCode	课程号	char(3)	Primary Key	索引	Course: CourseCode
Grade	成绩	numeric(4,1)	≥0		
WriteStamp	录入时间	datetime	Default GetDate()		

2.5　关系模型的运算理论简介

了解关系模型的数学基础，对于理解关系模型、设计关系模式和实现应用很有帮助。本节通过实例对关系模型的数学理论基础——关系代数做简要介绍。

2.5.1　关系定义

在关系模型中，无论是实体还是实体之间的联系均由单一的结构类型即关系（二维表）来表示。下面首先以关系代数中的集合理论引出关系定义。

1．域

域是一组具有相同数据类型的值的集合。例如，非负整数、整数、实数、长度小于 25 字节的字符串集合、[0，1]、大于 0 且小于 100 的正整数等都可以是域。

【例 2.19】 有下列三个集合表示的域。

D_1={陈佳迪，徐瑶琪}，表示学生的集合。

D_2={男，女}，表示性别的集合。

D_3={上海，浙江，山西}，表示籍贯的集合。

2．笛卡儿积

为了从集合代数的角度给出关系的定义，这里引入笛卡儿积的概念。

给定一组域 D_1，D_2，…，D_n（这些域中可以有相同的域），则定义 D_1，D_2，…，D_n 的笛卡儿积为：

$$D_1 \times D_2 \times \cdots \times D_n = \{(d_1, d_2, \cdots, d_n) \mid d_i \in D_i,\ i = 1, 2, \cdots, n\}$$

从这个定义中可以看出，笛卡儿积得到的也是一个集合，这个集合中的每一个元素称为一个 n 元组，简称元组。元组中的每一个 d_i 称为元组的一个分量，分别取自相应的集合 D_i。

【例 2.20】 求例 2.19 中三个域的笛卡儿积。

$D_1 \times D_2 \times D_3$={（陈佳迪，男，上海)，(陈佳迪，男，浙江)，(陈佳迪，男，山西)，(陈佳迪，女，上海)，(陈佳迪，女，浙江)，(陈佳迪，女，山西)，(徐瑶琪，男，上海)，(徐瑶琪，男，浙江)，(徐瑶琪，男，山西)，(徐瑶琪，女，上海)，(徐瑶琪，女，浙江)，(徐瑶琪，女，山西）}

$D_1 \times D_2 \times D_3$ 共有 12 个元组，它组成了一个以元组为元素的集合，形成一个二维表，如图 2.15 所示。由此可见，笛卡儿积可以表示一个二维表。

3．关系

笛卡儿积 $D_1 \times D_2 \times \cdots \times D_n$ 的任意一个子集称为 D_1，D_2，…，D_n 上的一个 n 元关系，通常用 $R(D_1, D_2, \cdots, D_n)$表示，这里 R 为关系名，n 是关系的度。所以关系也是一个集合，它的元素为元组，通常用 R 表示。关系可以直观地用一个二维表表示，表的每一行对应一个元组，表的每一列对应一个域。由于域可以相同，为了加以区分，应对每列起一个名字，称为属性。显然，n 元关系必有 n 个属性。

姓名	性别	籍贯
陈佳迪	男	上海
陈佳迪	男	浙江
陈佳迪	男	山西
陈佳迪	女	上海
陈佳迪	女	浙江
陈佳迪	女	山西
徐瑶琪	男	上海
徐瑶琪	男	浙江
徐瑶琪	男	山西
徐瑶琪	女	上海
徐瑶琪	女	浙江
徐瑶琪	女	山西

图 2.15 笛卡儿积形成的二维表

【例 2.21】 从例 2.20 中笛卡儿积的一个子集来构造一个关系。

陈佳迪、徐瑶琪是两个学生的姓名，他们的性别都在 D_2 域值内，籍贯在 D_3 域值内，则从如图 2.15 所示笛卡儿积的 12 个元组中必能找出符合他们实际情况的两个元组，用二维表来表示如图 2.16 所示。

姓名	性别	籍贯
陈佳迪	男	上海
徐瑶琪	女	浙江

图 2.16 学生表

这两个元组是图 2.15 中笛卡儿积的一个子集，构成了名为“学生”的关系模式，记为学生（姓名，性别，籍贯）。其中，学生为关系名，姓名、性别、籍贯均为属性名。

在实际应用中，关系往往是从笛卡儿积中选取的有意义的子集。如果在上面的笛卡儿积中选取前 6 个元组或全部 12 个元组来构成学生关系，就不具有任何实际意义了。

2.5.2 关系运算

关系代数是以集合为基础的各种运算，可以支持对关系模型的操作要求，也是关系数据库查询语言的理论基础。通常这类关系运算包括传统的集合运算和面向数据库的专门关系运算。

1. 传统的集合运算

在传统的集合运算中，参加运算的集合都以元组（记录）作为它的元素，其运算是从“水平”的角度，即从行的角度来进行的。这些运算都是二元运算，由两个关系产生一个新的关系，主要包括并、交、差和笛卡儿积。

如果关系 R 和关系 S 具有相同的关系模式或相容（相容指两个关系含有相同属性结构，且对应属性的值域相同），则 R 和 S 可进行并、交、差运算。在图 2.17 中，文学社关系表 R（如图 2.17(a)所示）和合唱团关系表 S（如图 2.17(b)所示）是相容关系。

1）并运算

关系 R 和关系 S 并运算的形式化表示为：$R \cup S = \{t \mid t \in R \vee t \in S\}$，$t$ 是元组变量。

关系 R 和关系 S 并运算由属于 R 和属于 S 的所有元组组成，其结果关系的属性的个数与 R 或 S 相同。并运算实现了数据记录的合并，即向表中插入数据记录的操作。

【例 2.22】 文学社表 R 和合唱团表 S 的并运算。

如图 2.17(d)所示为 R 和 S 并运算的结果，结果关系是文学社和合唱团的所有学生。

2）交运算

关系 R 和关系 S 交运算的形式化表示为：$R \cap S = \{t \mid t \in R \wedge t \in S\}$，$t$ 是元组变量。

关系 R 和关系 S 交运算由既属于 R 又属于 S 的元组组成，其结果关系的属性的个数与 R 或 S 相同。交运算获得两个关系中相同的记录。

【例 2.23】 文学社表 R 和合唱团表 S 的交运算。

如图 2.17(e)所示为 R 和 S 交运算的结果，结果关系是既参加文学社又参加合唱团的学生。

3）差运算

关系 R 和关系 S 差运算的形式化表示为：$R - S = \{t \mid t \in R \wedge t \notin S\}$，$t$ 是元组变量。

关系 R 和关系 S 差运算由属于 R 但不属于 S 的元组组成，其结果关系的属性的个数与 R 或 S 相同。差运算实现了从表中删除数据记录的操作。

【例 2.24】 文学社表 R 和合唱团表 S 的差运算。

如图 2.17(f)所示为 R 和 S 差运算的结果，结果关系是只参加文学社未参加合唱队的学生。

4）广义笛卡儿积

广义笛卡儿积也是二元运算，但和并、交、差运算不同，它不要求参加运算的两个关系模式相同或相容。

关系 R 和关系 U 笛卡儿积运算的形式化表示为：$R \times U = \{t_r t_u \mid t_r \in R \wedge t_u \in U\}$，$t_r, t_u$ 是元组变量。

一个 n 列的关系 R 和一个 m 列的关系 U 的广义笛卡儿积是一个（$n + m$）列元组的集合，元组的前 n 列是关系 R 的一个元组，后 m 列是关系 R 的一个元组。若 R 有 $k1$ 个元组，U 有 $k2$ 个元组，则关系 R 和关系 U 的广义笛卡儿积有 $k1 \times k2$ 个元组，广义笛卡儿积运算获得两个关系中记录的联接。

【例 2.25】 文学社表 R 和课程表 U 的笛卡儿积运算。

如图 2.17(c)所示显示了选课关系表 U。如图 2.17(g)所示为 R 和 U 的笛卡儿积运算的结果，结果关系是文学社表与选课表的联接，但有些联接数据没有意义，因为运算实现的是不同学生的选课记录与所有学生记录的联接。

2．专门的关系运算

这种运算是为关系模型而引进的特殊运算，它主要是从列的角度即属性的角度来进行的，但有时也会对行有影响。专门的关系运算主要包括选择、投影、联接等。

1）选择

选择操作是一元运算，它在关系中选择满足某些条件的元组，即在表中选择满足某些条件的记录行。因此选择结果的关系模式与原关系模式相同，只是数据是原数据的子集。选择操作是对关系的水平分割，实现了依据条件查询数据记录集合。

关系 R 关于选择条件 F 的选择操作记为：$\sigma_F(R) = \{t \mid t \in R \wedge F(t) = \text{True}\}$，$t$ 是元组变量。

【例 2.26】 文学社表 R 的选择运算：找出所有男学生。

若要在文学社表中找出性别是“男”的所有学生，就可以对学生表做选择操作，条件是“性别等于‘男’”，操作记为$\sigma_{性别=“男”}(R)$，如图2.17(h)所示为运算结果。

学号	姓名	性别
1102	汪洋	男
1103	林豆豆	女
2101	张小贝	男

(a) 文学社表 R

学号	姓名	性别
1101	杜斯	女
1103	林豆豆	女
4102	徐纯纯	女

(b) 合唱团表 S

学号	课程名	任课教师
1101	高等数学	黎念青
2101	武术	刘延琳

(c) 课程表 U

学号	姓名	性别
1101	杜斯	女
1102	汪洋	男
1103	林豆豆	女
2101	张小贝	男
4102	徐纯纯	女

(d) $R \cup S$

学号	姓名	性别
1103	林豆豆	女

(e) $R \cap S$

学号	姓名	性别
1102	汪洋	男
2101	张小贝	男

(f) $R-S$

学号	姓名	性别	学号	课程名	任课教师
1102	汪洋	男	1101	高等数学	黎念青
1102	汪洋	男	2101	武术	刘延琳
1103	林豆豆	女	1101	高等数学	黎念青
1103	林豆豆	女	2101	武术	刘延琳
2101	张小贝	男	1101	高等数学	黎念青
2101	张小贝	男	2101	武术	林燕琳

(g) $R \times U$

学号	姓名	性别
1102	汪洋	男
2101	张小贝	男

(h) $\sigma_{性别=“男”}(R)$

姓名	性别
汪洋	男
林豆豆	女
张小贝	男

(i) $\pi_{姓名,性别}(R)$

学号	姓名	性别	学号	课程名	任课教师
2101	张小贝	男	2101	武术	刘延琳

(j) R 和 U 等值联接

学号	姓名	性别	课程名	任课教师
2101	张小贝	男	武术	刘延琳

(k) R 和 U 自然联接

图 2.17 关系运算举例

2）投影

投影操作是一元运算，它在关系中选择某些属性，因此选择结果的关系模式是原关系模式的子集。选择操作是对关系的垂直分割，实现了查询包含部分属性数据记录集合。

关系 R 是 k 元关系，R 在其分量集合 A 上的投影操作记为：$\pi_A(R)=\{t \mid t \in R \wedge t \in A\}$，

t是分量。

【例 2.27】 文学社表 R 的投影运算：查看成员的姓名和性别。

例如，若只要查看文学社学生的姓名、性别，就可以对文学社表做投影操作，选择表中的“姓名”、“性别”列，操作记为 $\pi_{姓名，性别}(R)$，如图 2.17(i)所示为运算结果。

3）联接

联接操作是二元运算，指从两个关系的笛卡儿积中选取满足一定条件的元组。

【例 2.28】 文学社表 R 和课程表 U 的联接运算。

关系 R 和关系 U 做联接操作，联接条件是 R.学号 = U.学号，即在如图 2.17(g)所示的笛卡儿积中选取满足 R 中“学号”属性值和 U 中“学号”属性值相等的元组，得到的结果如图 2.17(j)所示。该联接结果反映了学生及其所选课程的信息，与实际情况相符合。联接运算实现了针对多表的查询操作。

联接条件中的属性称为联接属性，两个关系中的联接属性应该是可比的，即是同一类的数据类型，如都是数字型或都是字符型。联接条件中的运算符为比较运算符，当此算符取“=”时，称为等值联接，如图 2.15(j)所示是关系 R 和 S 做等值联接后得到的结果关系。运算符可以是=、>、>=、<、<=、<>。

如果等值联接中联接属性为相同属性（或属性组），而且在结果关系中去掉重复属性，则此等值联接称为自然联接，如图 2.17(k)所示是关系 R 和 S 做自然联接后得到的结果关系。自然联接是最常用的联接。

习题 2

1．什么是概念模型？举例说明 E-R 图的结构。

2．实体之间的联系有哪几种？分别给出几个自己熟悉的联系的例子。

3．数据模型的三个组成部分是什么？

4．举例说明下列概念：关系、属性、域、元组、分量、主关键字。

5．简述关系、关系模式和关系数据库的概念，试举例说明。

6．关系模型的完整性规则有哪些？

7．叙述在进行插入、删除、更新操作时，数据库管理系统可进行哪些完整性检查。

8．简述外关键字的概念和作用，外关键字是否允许为空值，为什么？

9．集合运算和关系运算有哪些？它们对应了什么样的关系数据库操作？

10．查资料简述以下数据库新技术：分布式数据库，移动数据库，多媒体数据库，并行数据库。

第二篇
开发技术篇

第3章 关系数据库的创建与维护

数据库是信息系统的基础和核心。数据库管理系统提供了集中进行数据组织、存储、维护和检索的功能。Microsoft SQL Server 是运行在 Windows 平台上的一个关系数据库管理系统。本章介绍 SQL Server 常用工具，讲解在 SQL Server 下建立和维护数据库的方法。

3.1 Microsoft SQL Server 2005 概述

Microsoft SQL Server 2005（本书后续省略版本号，简称 SQL Server）是 Microsoft 公司在 Windows 上开发的一个关系数据库管理系统，它支持关系数据库的创建、设计和管理。除了提供数据定义、数据控制、数据操纵等数据库的基本功能外，还提供了系统安全性控制、数据完整性控制、并发控制等管理保护功能，提供了视图、存储过程和触发器等对象支持应用程序开发。由于它易学易用，功能强大，可以很好地支持构建基于网络的应用系统，为企事业单位的数据管理提供了强大的支持，因此深受信息系统设计和开发人员的青睐。

3.1.1 数据库管理系统概述

数据库管理系统（DataBase Management System, DBMS）是数据库系统的一个重要组成部分，是位于应用程序与操作系统之间的一层数据管理软件。如图 3.1 所示，在数据库应用系统中，应用程序不能直接使用数据库中的数据，只能提出数据操作要求，通过 DBMS，才能访问数据库，数据库管理员也是通过 DBMS 对数据库实施管理。DBMS 的主要功能如下。

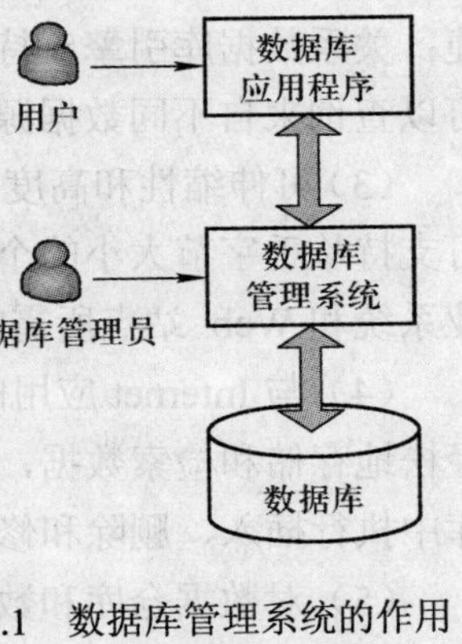

图 3.1 数据库管理系统的作用

1. 数据定义功能

DBMS 可以实现建立数据库，定义数据库的模式结构、数据库的完整性约束规则和安全性控制方式等。这些信息存储在数据库的数据字典中，为数据库的运行管理提供基本依据。

2. 数据操纵功能

DBMS 可以实现对数据库中数据的检索以及更新（包括插入、删除和修改）操作。

3. 数据库的运行管理功能

DBMS 负责完成数据库运行时的控制和管理，包括并发控制、安全性检查、完整性约束条件的检查和执行、数据库的内部管理和维护（如索引、数据字典的自动维护），以保证数据的安全性、完整性以及多用户对数据库的并发使用。

4. 数据库的维护功能

DBMS 提供的数据库维护功能包括数据库初始数据的输入、转换功能，数据库的备份和恢复、导入和导出功能，数据库的重组功能和性能监视、分析功能等。

5. 支持数据库语言

DBMS 支持相关数据库语言来使用和管理数据库，关系型 DBMS 支持 SQL。

3.1.2 SQL Server 的主要特性

SQL Server 是一个高性能的关系型数据库管理系统，可以应用在网络环境下客户机/服务器、浏览器/服务器结构的信息系统中，作为支持联机事务处理系统、联机分析处理系统的数据库服务器。其主要特性如下。

（1）图形化的操作环境，易于学习和使用。

（2）高性能的数据库管理和使用功能。数据库的设计、创建、维护和使用都非常方便和快捷；关系数据库引擎支持高性能的数据库应用，并提供充分的数据库完整性保护；分布式查询可以查询来自不同数据源的数据，从而与 SQL Server 数据库中的数据集成。

（3）可伸缩性和高度可用性。SQL Server 可根据用户访问量动态使用系统的软、硬件资源；可支持从千字节大小的个人数据库到太字节数量级的企业数据库，具有维护 7×24 h 运行的企业系统和 Web 站点所需的可用性级别。

（4）与 Internet 应用的集成。数据库引擎提供了丰富且完整的 XML 支持，利用 XML 可以轻松地存储和检索数据，并将查询结果直接用于各种网页程序。另外，利用 XML 可以在数据库中执行插入、删除和修改等操作。

（5）对数据仓库和数据分析的支持。SQL Server 提供了数据仓库组件和数据分析工具，可有效地支持决策支持处理需求。

3.1.3 SQL Server 主要管理工具

SQL Server 提供了一整套管理工具和实用程序，用户可以方便地进行数据库的管理与维护。

在 SQL Server 2005 安装成功后，打开 Windows 操作系统的“开始”→“程序”→Microsoft SQL Server 2005 菜单即可看到 SQL Server 程序组，该组所包含的主要工具如图 3.2 所示，下面对其中主要工具进行简单介绍。

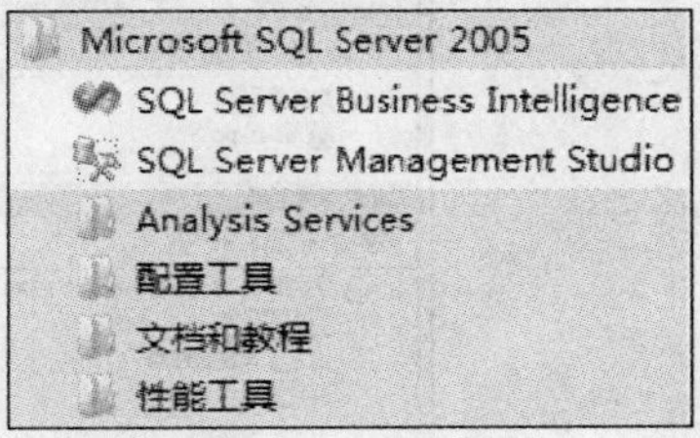

图 3.2　SQL Server 程序组

1．SQL Server Management Studio

SQL Server Management Studio 是一个管理平台，它集成了多个图形工具和丰富的脚本支持，用于建立、访问、配置、控制、管理和开发数据库。使用它可以对 SQL Server 服务器、数据库及数据库对象进行管理。

启动 SQL Server Management Studio 之前需要先连接服务器（即运行着 SQL Server 实例的计算机）。选择“开始”→“程序”→Microsoft SQL Server 2005→SQL Server Management Studio 菜单出现“连接到服务器”对话框（如图 3.3 所示），各个选项的含义如下。

（1）服务器类型：指明要连接的服务。服务选项包括数据库引擎、Analysing Services、Reporting Services 等，如果是管理和访问数据库服务器，选择“数据库引擎”。

（2）服务器名称：选择或输入该服务器的计算机名称或 IP 地址，也可以输入“.”或“（local）”，表示连接到本机服务器。

（3）身份验证：有两种验证方式，一是“Windows 身份验证”，使用 Windows 的系统账户验证，不再需要输入用户名和密码；二是“SQL Server 身份验证”，需输入 SQL Server 的用户名和密码，默认用户为“sa”。

图 3.3　连接到服务器

这里选择服务器类型为“数据库引擎”、服务器名称为“.”、身份验证为“Windows 身份验证”，单击“连接”按钮就可以启动 SQL Server Management Studio（如图 3.4 所示）。它集成了多个以子窗口的形式呈现的工具，启动后默认显示“对象资源管理器”窗口和“摘要”窗口。其他窗口可以通过“视图”菜单选择显示，随着相关操作也会自动显示。

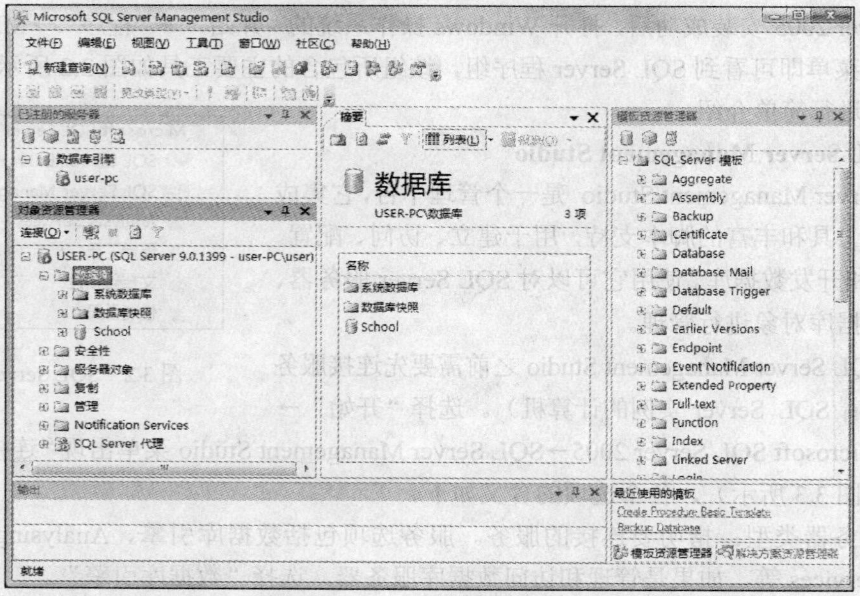

图 3.4 SQL Server Management Studio

1）对象资源管理器

对象资源管理器中以层次结构显示着所有数据库对象的树状视图。使用它可以浏览、管理、维护所有数据库对象。当选择某一数据库对象后，中间的“摘要”窗口自动显示该对象所包含的下一级对象或该对象的详细内容。

2）已注册的服务器

该窗口列出的是已在本 SQL Server Management Studio 下注册的服务器，可以启动或停止服务器，更改连接选项设置。右击窗体可以通过“新建”→“服务器注册”连接管理更多的服务器，这些服务器可以是在本机上也可以是远程服务器。

3）查询编辑器

查询编辑器可用于编辑 Transact-SQL（简称 T-SQL）、XML 等脚本，在工具栏中单击 新建查询(N) 按钮就可打开查询编辑器窗格（如图 3.5 所示），同时，SQL Server Management Studio 会出现“查询”菜单支持更多关于查询的管理和应用。用户以交互方式输入和执行 T-SQL 语句或由 T-SQL 语句构成的程序段或存储过程，可立即看到执行结果，从而实现对数据库的操作和管理。

4）解决方案资源管理器

解决方案资源管理器主要是方便对脚本的集中编辑、保存和管理。可建立一个项目对多个脚本进行管理，多个项目又可作为一个解决方案。

5）模板资源管理器

模板是保存了创建数据库对象所需要使用的基本 SQL 语句段的文件，目的是对频繁进行的复杂脚本定义提供一种快捷支持，可以方便地利用模板创建数据库、数据表、存储

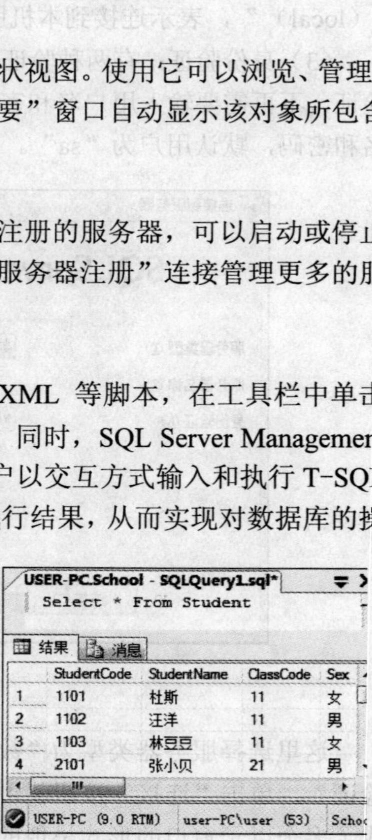

图 3.5 查询编辑器及结果窗口

过程、触发器、视图等各种数据库对象。SQL Server 自带了一些模板，用户也可自己定义。

此外，还有一些窗口会在需要的时候自动出现，用户也可以使用“视图”菜单来打开各窗口，例如“属性”窗口、“输出”窗口等，这里不再一一列举。

用户可以对所有打开的窗口在窗体上进行布局，以方便使用。

2．SQL Server Configuration Manager

该工具用于管理与 SQL Server 相关联的服务。通过“开始”→“程序”→Microsoft SQL Server 2005→“配置工具”→SQL Server Configuration Manager 可以启动（如图 3.6 所示）。

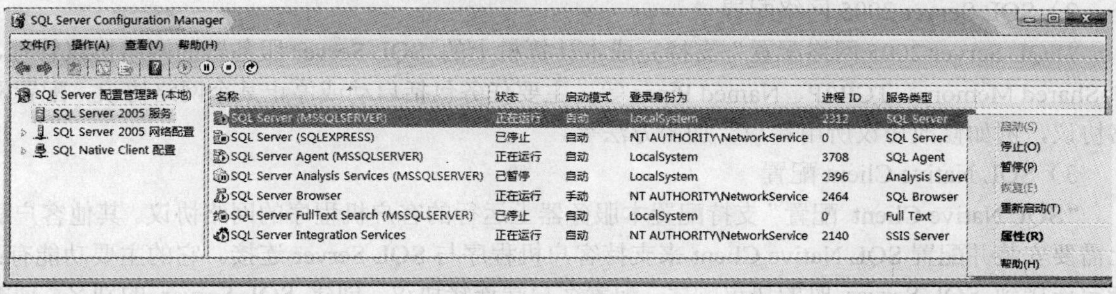

图 3.6 SQL Server 配置管理器

1）SQL Server 2005 服务

单击左边的“SQL Server 2005 服务”选项，右边窗格中将显示所有 SQL Server 服务，包括已注册的不同数据库服务器实例的服务。SQL Server 提供的主要服务如表 3.1 所示，这些服务是 SQL Server 提供各项管理和服务功能的基础，如果服务停止，相关功能就无法使用。

表 3.1 SQL Server 提供的主要服务

服 务 名 称	主 要 作 用	支持主要服务和管理
SQL Server（SQL Server 数据库引擎服务）	SQL Server 的核心服务组件，是实际的数据库服务器，该服务启动后，客户端才可以连接到服务器。一般的数据库功能都由它提供	数据管理（创建、维护数据库等）、T-SQL 处理、并发控制、数据完整性控制等
SQL Server Agent（SQL Server 代理服务）	作业调度和管理，可支持数据库定时、自动备份、维护，监视数据库、异常警告等功能，必须和 SQL Server 服务一起使用	作业、报警、操作员等
SQL Server Integration Services（SQL Server 集成服务）	可用于数据质量管理和数据清洗。通过数据分析和数据挖掘，实现数据提取、转换和加载	数据转换服务（DTS），管理来自于不同的关系型和非关系型数据源的数据
SQL Server FullText Search（SQL Server 全文查找服务）	支持基于全文索引的数据库表的全文搜索服务	全文搜索服务
SQL Server Analysis Services（SQL Server 分析服务）	对数据仓库、商务智能和 line-of-business 解决方案提供分析支持	提供一个统一和集成的商业数据视图，可被用作所有传统报表、OLAP 分析和数据挖掘的基础
SQL Server Browser（SQL Server 浏览器服务）	侦听对 SQL Server 资源的传入请求，提供计算机上安装的 SQL Server 实例的有关信息	SQL Server 浏览器，为数据库引擎和 SSAS 的每个实例提供实例名称和版本号

这些服务有以下三种状态。

（1）停止（红色■）：服务未启动，此时，所有与该服务连接的客户端全部断开。

（2）启动（绿色▶）：服务正常运行，相关管理和服务功能可用。

（3）暂停（蓝色⏸）：暂停状态时，已连接的客户端任务可以完成，不允许新的连接。

“SQL Server 2005 服务”用于监视和管理各项服务的状态，图 3.6 显示的服务是 SQL Server 安装后自动启动的。用户选择某个服务，右击后选择“启动”、“暂停”、“停止”或“重新启动”等菜单可转换该服务的状态。选择“属性”可查看和修改该服务的连接配置。

2）SQL Server 2005 网络配置

“SQL Server 2005 网络配置”支持完成本计算机上的 SQL Server 服务器的网络协议管理，如 Shared Memory、TCP/IP、Named Pipes 等，主要任务包括启动或停止某个网络协议，配置网络协议，例如修改协议所用端口、加密方法等。

3）SQL Native Client 配置

“SQL Native Client 配置”支持配置本服务器上运行的客户机程序的网络协议。其他客户机上需要安装并配置 SQL Native Client 来支持客户机程序与 SQL Server 连接。它的主要功能有：指定连接到 SQL Server 时的协议顺序，配置客户端连接协议，创建 SQL Server 的别名，使客户端能够使用自定义连接字符串进行连接。

3．Analysis Services

分析服务提供了一个统一和集成的商业数据视图，可用作所有传统报表、OLAP 分析和数据挖掘的基础。分析服务对数据仓库、商务智能和业务流程解决方案提供支持。

4．SQL Server 联机丛书

SQL Server 联机丛书提供了 SQL Server 所有功能的使用方法。从 SQL Server 的安装、数据库的管理到 T-SQL 等都可以在其中找到说明和帮助。用户可以用“目录”选择各专题，也可以在“索引”中输入关键字查找所关心的问题。联机丛书可以通过“开始”→“程序”→Microsoft SQL Server 2005→“文档和教程”→“SQL Server 联机丛书”启动，也可通过各管理工具的“帮助”菜单启动，或者把光标停在任何需要帮助的位置，按 F1 键。

5．性能工具

SQL Server Profiler（事件探查器）可以跟踪 SQL Server 服务器上的每个操作，包括用户名、所使用程序名、操作命令和持续时间等，可以实时显示这些操作或保存到一个跟踪文件中，用于分析数据库服务器的运行状态。

数据库引擎优化顾问分析一个或多个数据库的工作负荷和物理实现，为用户的数据库优化提出建议。它使用跟踪文件、跟踪表或 T-SQL 脚本作为工作负荷输入，可以使用 SQL Server Profiler 中的优化模板来创建跟踪文件和跟踪表工作负荷。对工作负荷进行分析后，它会建议添加、删除或修改数据库的物理设计结构，例如聚集索引、非聚集索引、索引视图和分区等。

6．SQL Server Business Intelligence Development Studio

SQL Server 是一个完整的商务智能（Bussiness Intelligence，BI）平台，其中为用户提供了可用于构建分析应用程序所需的各种特性、工具和功能。它支持 BI 平台上所有组件的调试、源代码控制以及脚本和代码的开发。

3.2 SQL Server 数据库基础

数据库在信息系统中用于实现数据的存储和管理，它是 SQL Server 的主要管理对象，本节介绍 SQL Server 中数据库的分类、组成及存储结构。

3.2.1 SQL Server 数据库分类

SQL Server 数据库不仅存储数据，所有与数据处理操作有关的信息也都存储在数据库中。因此，SQL Server 数据库管理的数据库对象有两类：系统数据库和用户自定义数据库。

1．系统数据库

系统数据库存放 SQL Server 工作时所需要的系统级信息，例如数据库信息、账户信息、数据库文件信息等。SQL Server 系统数据库的组成及作用如表 3.2 所示。它们在 SQL Server 安装时自动创建并由系统自动维护（如图 3.7 所示）。这些数据库很重要，它们的损坏或丢失会影响 SQL Server 的正常工作。

表 3.2 SQL Server 系统数据库

数 据 库	主 要 作 用
master	从整体上控制 SQL Server 系统和用户数据库的运行。保存登录标识、系统配置、用户数据库基本信息等。该库非常重要，应设置权限禁止一般用户访问，另外要及时备份
model	是新建数据库的模板，包含每个用户数据库都需要的一些系统表，SQL Server 以它为基础创建新的数据库
msdb	支持 SQL Server Agent 服务，它记录有关作业、警报、操作员等信息
tempdb	是一个临时数据库，它为 SQL Server 的查询、存储过程等的执行提供临时存储

2．用户自定义数据库

用户自定义数据库是用户根据数据管理需要建立的数据库，由用户自行创建和维护。

SQL Server 自带了几个用户数据库，以方便初学者学习使用。如有关一个跨国自行车生产公司的三个数据库：AdventureWorks 示例 OLTP 数据库，AdventureWorksDW 示例 OLAP 数据仓库，AdventureWorksAS 示例分析服务数据库；另外还有示例贸易公司的 Northwind 数据库，示例图书出版公司的数据库 Pubs。读者可到微软网站下载安装后附加到 SQL Server 服务器。

3.2.2 SQL Server 数据库组成

SQL Server 的每一个数据库都是由一组存储、管理和使用数据的对象构成的，观察 SQL Server Management Studio 中对象资源管理器中的 master 数据库（如图 3.7 所示），可看到数据库所包含的主要对象如下。

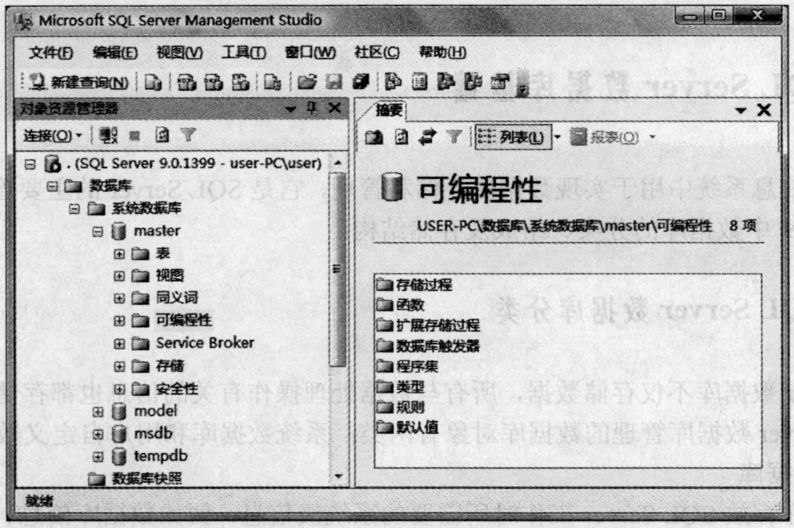

图 3.7　SQL Server Management Studio

1．表

表（Table）是存储数据的二维关系表。

2．视图

视图（View）是通过查询从一个或多个数据表获得的虚拟表，可简化用户数据显示、增强数据库安全性。

3．可编程性

可编程性包括存储过程、触发器、规则、函数、默认值等。

（1）存储过程（Stored Procedure）：为完成特定功能而预先编写并且编译好的一组 T-SQL 语句。使用存储过程可以提高 SQL 语句运行效率。

（2）触发器（Trigger）：是一种特殊的存储过程，它在特定表中的数据发生变化时自动执行。触发器是保持数据完整性的一种重要机制。

（3）规则（Rule）：是对数据表中的列实施数据约束的手段，一般是关系或逻辑表达式。

（4）函数（Function）：用户定义的函数，方便数据库访问或编程。

（5）默认值（Default）：定义的默认常量或表达式用于给表中指定的列提供默认值。

4．安全性

安全性包括用户、角色、密钥、证书等。

（1）用户（User）：对本数据库具有访问权限的用户。

（2）角色（Role）：角色是一组具有相同数据库操作权限的用户的统一名称，可以通过给角色赋予操作权限达到同时给多个用户授权的目的。

3.2.3　SQL Server 数据库的存储结构

SQL Server 数据库包括逻辑存储结构和物理存储结构两种层次上的存储结构形式。

1．数据库的逻辑存储结构

数据库的逻辑存储结构指的是数据库的组成对象及其相关关系。在 3.2.2 节中描述了一个 SQL Server 数据库由表、视图、存储过程、触发器、用户、角色等数据库对象组成，一个数据库包含的所有对象形成了数据库的逻辑存储结构。

2．数据库的物理存储结构

数据库的物理存储结构是指数据库文件在磁盘上的存储方式。

1）数据库文件

SQL Server 数据库在磁盘上是以文件形式存储的，数据库中的所有对象都包含在这些文件中。数据库文件可分为三类：主数据文件、次数据文件和事务日志文件。

（1）主数据文件（Primary Data File）：存储数据库的系统表和所有对象的启动信息，并且存储数据库的数据。每个数据库都有且仅有一个主数据文件，使用.MDF 为扩展名。

（2）次数据文件（Secondary Data File）：用来存储不能置于主数据文件中的其他数据。如果主数据文件可以包含数据库中的所有数据，那么不需要次数据文件；如果数据库非常大，则可以有多个次数据文件。次数据文件使用.NDF 为扩展名。

（3）事务日志文件（Transaction Log File）：记录了 SQL Server 执行的所有事务以及由这些事务操作引起的数据库变化。在数据库损坏时，可以根据事务日志文件恢复数据库。每个数据库至少要有一个事务日志文件，使用.LDF 为扩展名。

SQL Server 根据用户的设置创建和维护这些数据库文件，用户可以在 Windows 磁盘文件列表中查看到这些文件。

提示：每个数据库至少包含两个文件：主数据文件和事务日志文件。

2）数据文件组

为了更好地对数据文件进行管理和实现数据的物理分布存储，用户可以对数据文件（注意不包括事务日志文件）进行分组管理。使用文件组可以提高表中数据的操作性能。例如，将存储在两个不同驱动器上的数据库文件组成一个文件组，然后指定将表创建在该文件组上，这样该表的数据就分布到文件组中的两个数据文件中，当对该表进行查询操作时，可以并行操作，从而提高查询效率。但是一旦将文件添加到数据库中，就不可能再将这些文件移到其他文件组中。SQL Server 提供了以下文件组类型。

（1）主文件组：包含主数据文件和任何其他未放入其他文件组中的文件。

（2）用户自定义文件组：指在创建或更改数据库时，用户明确创建的任何文件组。

在创建数据文件组时，必须要遵循以下规则：一个文件或文件组只能被一个数据库使用；一个文件只能是一个文件组的成员。

【例 3.1】 使用 SQL Server Management Studio 查看 master 数据库的文件存储结构。

在对象资源管理器中展开“数据库”→“系统数据库”文件夹，右击 master 并选择“属性”菜单（如图 3.8 所示），出现 master 数据库属性窗口（如图 3.9 所示），单击“选择页”中的“文件”即可查看数据库文件和事务日志文件的大小、位置等信息；单击“选择页”中的“文件组”可以查看文件组信息（如图 3.10 所示）。

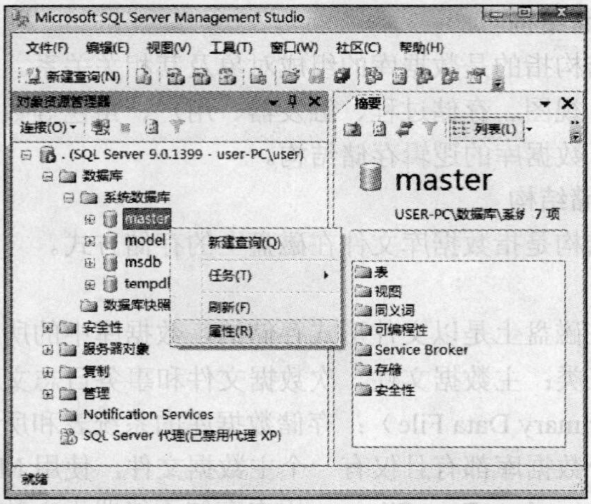

图 3.8 选择 master 的"属性"菜单

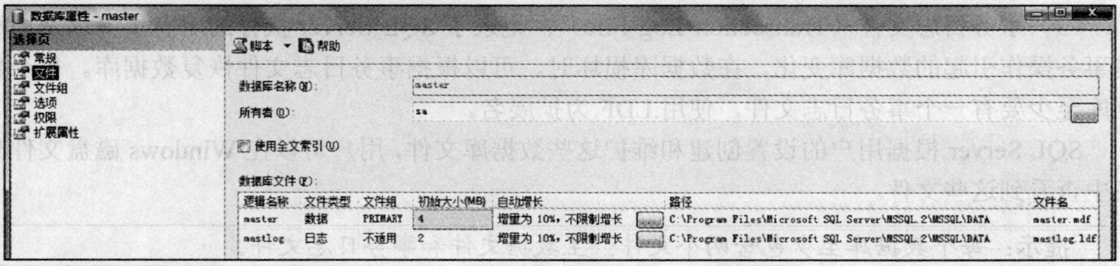

图 3.9 master 数据库的文件信息

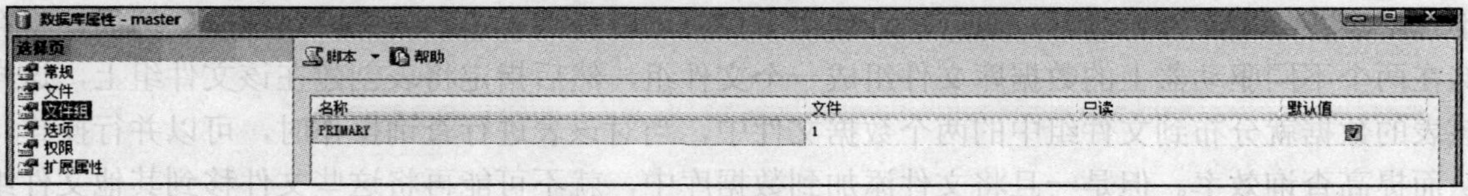

图 3.10 master 数据库的文件组信息

查看结果总结如表 3.3 所示。master 数据库包括两个文件：主数据文件 master.mdf 和事务日志文件 mastlog.ldf，数据文件被分配到主文件组 PRIMARY 中。

表 3.3 master 数据库文件存储结构

文件类型	逻辑名称	路径	文件名	文件组
数据文件	master	C:\Program Files\Microsoft SQL Server\MSSQL.2\MSSQL\DATA	master.mdf	PRIMARY
事务日志文件	mastlog	C:\Program Files\Microsoft SQL Server\\MSSQL.2\MSSQL\ DATA	mastlog.ldf	

3.3　数据库的创建与维护

在 SQL Server 中创建和维护数据库有多种方式：在 SQL Server Management Studio 中可视化实现；使用查询编辑器执行 SQL 语句实现；另外还可利用已有数据库文件或数据库备份文件创建数据库；从其他数据库复制创建；导入数据到数据库中直接创建等方法。本节主要介绍采用 SQL Server Management Studio 创建和维护数据库的方法。

3.3.1　数据库创建

下面通过一个实例介绍使用 Management Studio 创建数据库的步骤和方法。

【例 3.2】　创建数据库 School，它包含主数据文件 SchoolDB.MDF，初始大小为 5 MB，事务日志文件 SchoolDB_log.LDF，并将这两个文件建立在 C:\DBExample 文件夹下，其他按照默认设置不变。

（1）在桌面上选择“我的电脑”，在“C:\”下新建文件夹，命名为“DBExample”。

（2）在“对象资源管理器”窗口右击“数据库”，从快捷菜单中选择“新建数据库”命令，将打开如图 3.11 所示的“新建数据库”窗口。

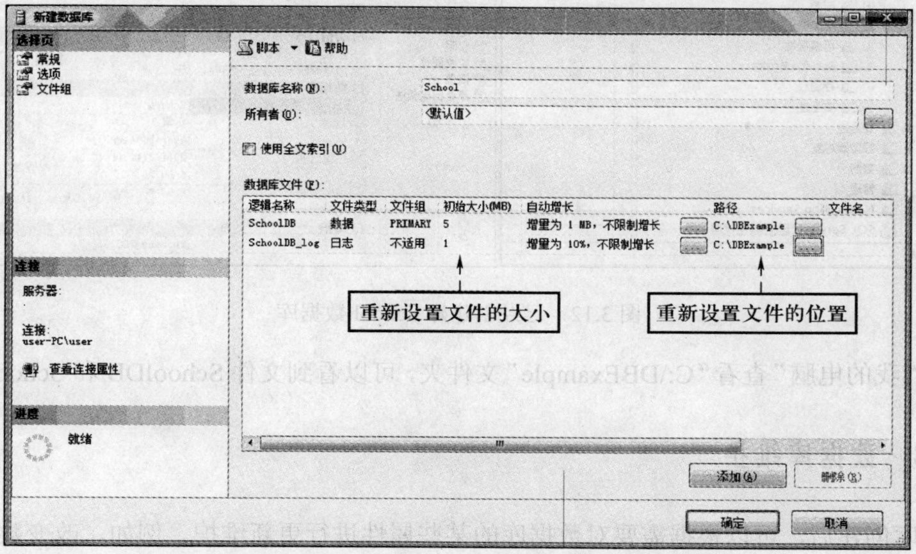

图 3.11　“新建数据库”窗口

提示：SQL Server 以 model 数据库为模板创建一个新的数据库，其数据文件的默认值为：初始大小 3 MB，以 1 MB 自动增长，不限制增长；事务日志文件的默认值为：初始大小 1 MB，按 10%的比例自动增长，不限制增长。

（3）“选择页”默认为“常规”，在“数据库名称”文本框中输入“School”。默认情况下，数据文件的逻辑名称为“School”，日志文件的逻辑名称为 “School_log”。默认路径是 SQL Server 安装路径下的数据文件夹“C:\Program Files\Microsoft SQL Server\MSSQL.2\MSSQL\DATA”。

（4）将数据文件的逻辑名称修改为“SchoolDB”，在“路径”下的文本框中输入或单击其后的“…”按钮选择修改数据库文件的位置为“C:\DBExample”。在“初始大小”下的文本框中把“3”改为“5”。

（5）将日志文件的逻辑名称修改为“SchoolDB_log”，“路径”设置为“C:\DBExample”。

（6）单击“确定”按钮，数据库创建完成。

建好的 School 数据库在对象资源管理器展开的“数据库”下可以看到，并且系统在 School 下自动创建了其包含的相关对象（如图 3.12 所示）。

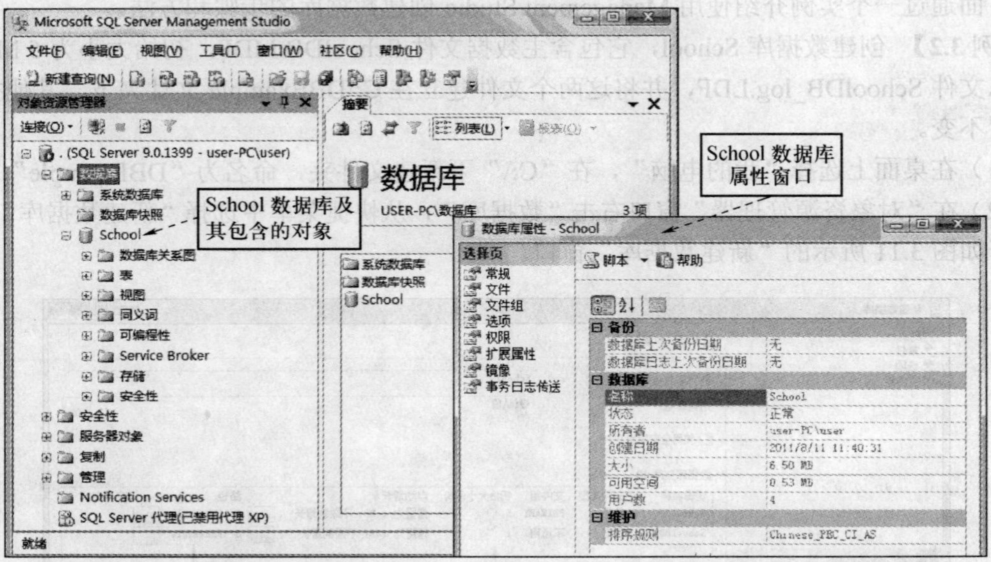

图 3.12 已经创建好 School 数据库

使用“我的电脑”查看“C:\DBExample”文件夹，可以看到文件 SchoolDB 和 SchoolDB_log。

3.3.2 数据库维护

数据库创建后，可以根据需要对数据库的某些属性进行更新维护。例如，改变数据文件或日志文件的大小和增长方式、增加或删除数据文件和日志文件、增加或删除文件组，改变数据文件或日志文件的逻辑文件名称等。但要注意，数据库的数据文件和日志文件的名称不能修改。另外，当数据库中的某些文件不再需要时，可以删除一个或多个文件。

1．修改数据库

在 SQL Server Management Studio 中修改数据库属性的主要操作如下。

（1）在对象资源管理器中右击需要修改的数据库，在快捷菜单中选择“属性”命令，打开“数据库属性”窗口（如图3.12所示），其中包括8个选择页，“常规”页显示了数据库的创建者、所有者、大小和排序规则等数据库描述信息。

（2）“文件”页的页面内容和操作方法与数据库创建时的图3.11类似，可以对数据库大小、位置、增长方式等进行修改。

（3）“文件组”页与图3.10类似，可以创建或删除文件组，并可以设置文件组是否为只读。系统定义了主文件组（PRIMARY），新创建的文件都被加入到该默认的文件组中。要将文件放入用户定义的文件组中可以通过“文件”页来完成。

（4）“选项”页中的各个选项影响着数据库的工作方式和性能。

（5）“权限”页用来设置用户、角色对数据库的访问权限。

2. 删除数据库

在SQL Server Management Studio中删除数据库的操作过程如下。

（1）右击要删除的数据库，在弹出的快捷菜单中选择“删除”命令。

（2）在弹出的“删除对象”对话框中单击“确定”按钮，即可删除要删除的数据库。

> **提示：** 要注意数据库一旦被删除，数据库文件及其数据都被从服务器上的磁盘中删除，该数据库中所有的对象均被删除，即永久性删除，不能恢复，所以删除操作要慎重。

3.4　数据表的创建和维护

3.4.1　数据表创建

数据库建立后接下来的工作就是建立数据库中的各个对象，其中最重要的是建立存储数据的表。数据表的创建也有和数据库创建类似的多种方式，本节介绍在SQL Server Management Studio中进行数据表的创建和维护方法，首先介绍SQL Server数据表创建时可以使用的数据类型。

1. SQL Server数据类型

按照数据库设计要求，数据表中每一列（也称为字段或属性）都需要定义明确的数据类型，字段的数据类型决定了该字段的数据取值类型、范围和存储格式。SQL Server提供了丰富的系统数据类型（如表3.4所示），用户也可以在系统数据类型的基础上，使用用户定义的数据类型对象来建立自己的数据类型。下面对常用的一些系统数据类型进行介绍。

表3.4　SQL Server的系统数据类型

数据类型	主要类型符号标识
整型	bigint、int、smallint、tinyint
浮点型	float、real、decimal、numeric
字符型	char、varchar、nchar、nvarchar
日期时间型	datetime、smalldatetime
文本型	text、ntext
图像型	image
货币型	money、smallmoney
位型	bit
二进制型	binary、varbinary
其他	uniqueidentifier

1）整型

整型数据类型用于存储整数，有 4 种整型分别用于存储不同范围的整数（如表 3.5 所示）。

表 3.5 整型数据类型

数据类型	数据范围	占用存储空间
bigint	$-2^{63}\sim2^{63}-1$	8 个字节
int	$-2^{31}\sim2^{31}-1$	4 个字节
smallint	$-2^{15}\sim2^{15}-1$	2 个字节
tinyint	0～255	1 个字节

2）浮点型

浮点数据类型用于存储含小数的十进制数，有 4 种存储不同范围的小数类型（如表 3.6 所示）。

表 3.6 浮点数据类型

数 据 类 型	数 据 范 围	精 确 度	占用存储空间
float	−1.79E+308～1.79E+308	可精确到第 15 位小数	8 个字节
real	−3.40E+38～3.40E+38	可精确到第 7 位小数	4 个字节
decimal	$-10^{38}+1\sim10^{38}-1$	完整精度	2～17 个字节
numeric	$-10^{38}+1\sim10^{38}-1$	完整精度	2～17 个字节

float 和 real 是近似数值型，采用科学计数法表示数据。decimal 和 numeric 是精确数值类型，以明确、完整的精度（固定精度和小数位数）存储十进制数。两者的区别在于 decimal 不能应用于带有自动增长的 Identity 列。声明精确数值型数据的格式如下：

decimal|numeric(p[,s])，其中：p 为精度，s 为小数位数，s 的默认值为 0。

例如，能表达 345.65 所对应的数据精度的声明为 decimal(5,2) 或 numeric(5,2)。

3）字符型和文本型

字符数据类型用于存储由字母、符号和数字组成的字符串。字符串常量要用单引号为起止界限，例如'9aC'，5 种字符类型如表 3.7 所示。

表 3.7 字符数据类型和文本数据类型

数据类型	定 义 格 式	占用存储空间
char	char(n)，存储 ANSI 字符，n 表示字符串的长度，1≤n≤8 000	定长，最大 8 KB
varchar	varchar (n) ，存储 ANSI 字符，n 表示字符串可达到的最大长度，1≤n≤8 000	变长，最大 8 KB
nchar	nchar(n)，存储 Unicode 字符，n 表示字符串的长度，1≤n≤4 000	定长，最大 8 KB
nvarchar	nvarchar (n) ，存储 Unicode 字符，n 表示字符串可达到的最大长度，1≤n≤4 000	变长，最大 8 KB
text	text, 存储 ANSI 字符	变长，大于 8 KB

char(n)和 varchar(n)存储 ANSI 字符，适合存储英文字符串。char(n)是定长字符类型，如果字符串长度超出 n 时，则超出部分被截掉；如字符串长度不足 n 时，则在串的尾部添加空格以达到长度 n。varchar(n)是变长字符数据类型，它的长度为字段中字符串的实际字符个数。如某字段的数据类型定义为：varchar(50)，当该字段输入“Zhonghua”字符串时，其存储长度为 8

个字节。

nchar(n) 是定长字符串，nvarchar(n)是变长字符串，存储 Unicode 字符集，适合存储中文或中英文混合字符串。

> **提示：** ANSI 和 Unicode 是两种不同的编码标准。ANSI 字符集由 ASCII 字符集扩充而来，它用 1 个字节（8 位）来表示一个字符，每个汉字占两个字节。Unicode 标准使用两个字节（16 位）来表示一个字符。

通常，当某一字段的字符串长度固定或接近一固定值时选用 char 或 nchar 类型；当字符串长度明显不一致时选用 varchar 或 nvarchar 类型。

text 是文本数据类型，用来存储可变长度的大量字符数据，最多达 20 亿个 ANSI 字符。

例如，学生表 Student 中的属性 StudentCode 存储的学号位数是固定的 4 位数字，使用 char(4)；属性 StudentName 存储的姓名长度不同且有中英文两种，使用了 nvarchar(20)。

4）日期时间型

日期时间数据类型用来存储日期和时间数据，默认格式为“YYYY-MM-DD HH:MM:SS”，例如“2012-12-08 12:35:29”。使用时也可只存储日期或时间。两种日期时间类型如表 3.8 所示。

表 3.8　日期时间数据类型

数 据 类 型	数 据 范 围	占用存储空间
datetime	1753 年 1 月 1 日～9999 年 12 月 31 日之间的日期时间	8 个字节
smalldatetime	1900 年 1 月 1 日～2079 年 6 月 6 日之间的日期时间	4 个字节

5）图像型

image 用于存储照片、图片等，实际存储的是可变长度的二进制数据，最大可达 $2^{31}-1$ 个字节。SQL Server 不能显示 image 类型的数据，必须由应用程序来存取和显示。

6）货币型

货币数据类型用十进制数表示货币值。实际上是一种小数，但小数点后只有 4 位，且自动四舍五入，两种货币类型如表 3.9 所示。

表 3.9　日期时间数据类型

数 据 类 型	数 据 范 围	占用存储空间
money	−922 337 203 685 477.580 8 ～ +922 337 203 685 477.580 7 精度为 4 位小数	8 个字节
smallmoney	−214 748.364 8 ～214 748.364 7，精度为 4 位小数	4 个字节

7）位类型

bit 是位数据类型，用来作为逻辑变量使用，其数值有两种取值：0 和 1。当表示真或者假、ON 或者 OFF 时，使用 bit 数据类型。例如在学生表 Student 中的“是否住校”属性选用 bit 数据类型，可以约定 1 表示住校，0 表示不住校。

8）uniqueidentifier

uniqueidentifier 是唯一标识符类型，数据库管理系统会随着记录的加入自动为该类型的字段产生唯一标识符。它是一个 16 字节长的二进制数据。

2．创建数据表

下面以创建 School 数据库中的学生表为例，介绍使用 SQL Server Management Studio 创建数据表的过程和注意事项。

【例 3.3】 在 School 数据库中建立学生表 Student，完成各字段的定义。

（1）在对象资源管理器中，选择“数据库”→School→“表”，右击后从弹出的快捷菜单中选择“新建表”命令，打开“表设计”窗口（如图 3.13 中部所示）。

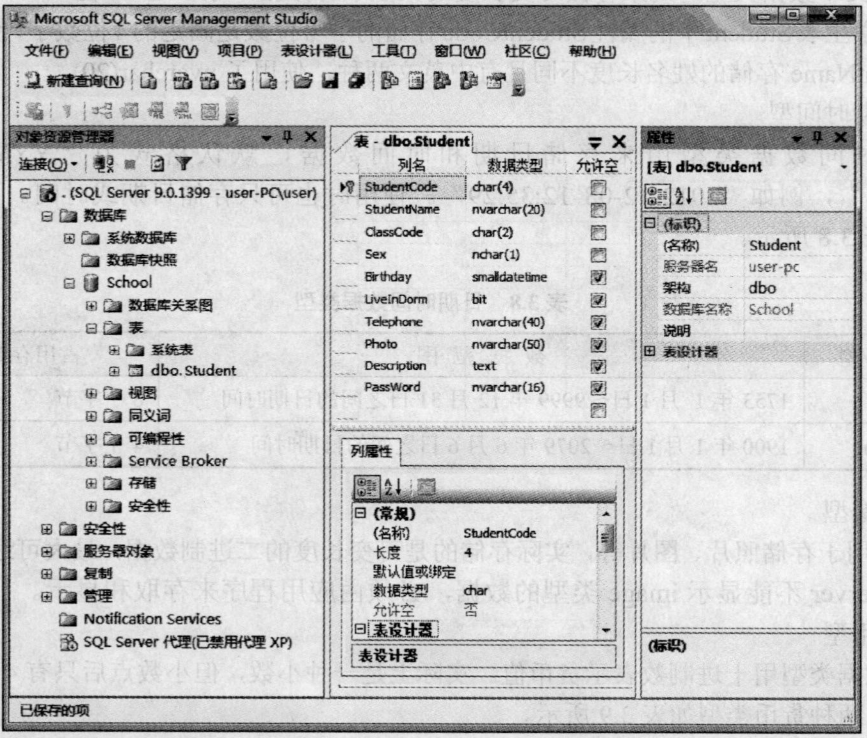

图 3.13 Student 表的设计

（2）在表设计窗口中，根据表的设计结构依次完成每个字段的名称和数据类型设置。例如，在第一行的“列名”处输入“StudentCode”，在“数据类型”处选择 char（4），单击“允许空”去掉“√”表示该字段的值不允许为空。然后可在“列属性”窗格中进行必要的属性设置，在“表设计器”→“说明”处可填写关于当前字段的描述说明“学号”。依次完成其他各字段的创建。

> 提示：“允许空”表示加入新记录时该列的值可以没有，即为 NULL。

（3）在完成所有字段设计后，可在“属性”窗格的“（名称）”处输入表名“Student”，单击工具栏上的按钮或“文件”→“保存”菜单或关闭表设计窗口，数据表就创建完成了。

提示：如果忘了给数据表命名，在保存时会出现如图 3.14 所示的“选择名称”对话框，输入表名后单击“确定”完成创建和保存。

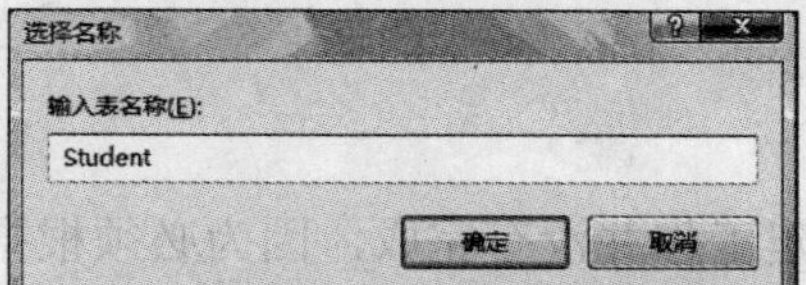

图 3.14 “选择名称”对话框

（4）在对象资源管理器中展开“数据库”→School→“表”可以看到创建好的数据表 dbo.Student。

提示：dbo 是表创建时所属于的默认架构。架构是形成单个命名空间的数据库实体的集合。数据库用户拥有架构，而数据库对象则包含在架构中。用户可使用默认架构，也可创建自命名的多个架构，然后把创建的数据库对象放到不同架构下，注意同一架构中不能有两个同名的对象。本书所有数据库对象都采用默认架构 dbo。

3.4.2 数据表维护

1．修改表结构

在完成数据表的创建后，如果发现表中某些结构或属性达不到要求，可以对表进行修改，例如增加字段、删除字段、修改字段数据类型。操作方法如下。

（1）在对象资源管理器中右击要修改的表，在弹出菜单中选择“修改”命令，出现与图 3.13 相同的“表设计”窗口。

（2）在“表设计”窗口中，选中需要修改的一行，右击后弹出快捷菜单（如图 3.15 所示），可以对表设置主键、插入列、删除列等。也可通过拖动行来调整字段的顺序。

（3）对表的结构修改完毕后，保存对表结构的修改。

图 3.15　修改表结构

2．更改表名

在完成数据表的创建后，允许更改数据表的名称。操作方法如下。

（1）在对象资源管理器中选择要改名的表右击，在快捷菜单上选择“重命名”命令。

（2）在表名位置处输入新的表名即可。

3．删除数据表

当不再需要一个数据表时，可以将它删除，但不能删除系统表及有外键参照约束的表。

（1）在对象资源管理器中，右击要删除的表，在快捷菜单中选择“删除”命令。

（2）在弹出的“删除对象”对话框中，单击“确定”按钮，即可删除该表。

> **提示：**删除数据表要十分谨慎，因为当数据表被删除时，数据表的结构定义、数据、索引和约束等都被永久地从数据库中删除。

3.4.3 数据表记录插入

表的字段建好后，表的创建工作并没有完成，因为必须根据数据库设计实施各项数据完整性控制，以保证将来进入表中的数据具有完整性和一致性；还需要为表创建索引，以支持更快速的表查询。在实际运行的信息系统中，数据表必须在完全创建好后，才添加记录，而且记录的添加和维护操作都是用户通过应用程序进行的。

SQL Server Management Studio 提供了对数据表数据维护的支持，包括数据的查看、插入、删除和修改操作，主要为调试程序或临时操作数据库时使用。主要操作方法如下。

在对象资源管理器中，右击数据表 dbo.Student，在弹出的菜单中选择“打开表”（如图 3.16 所示）。出现数据窗口“表-dbo.Student”（如图 3.17 所示），表中的数据按行显示，每条数据记录占一行。可在此向表中插入记录、删除记录和修改记录。

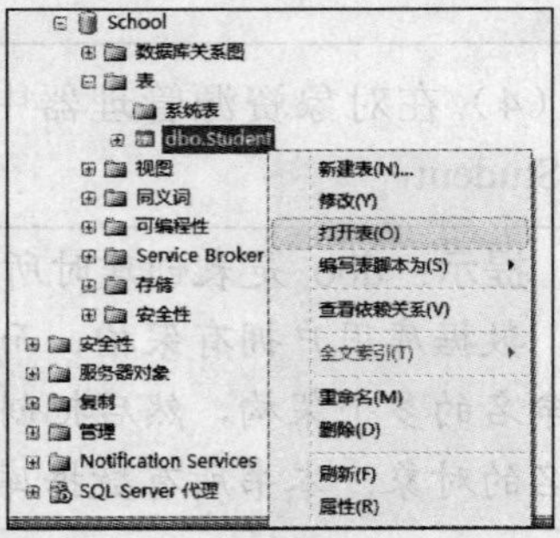

图 3.16 选择要打开的表 Student

表 - dbo.Student 摘要

	StudentCode	StudentName	ClassCode	Sex	Birthday	LiveInDorm	Telephone	Photo	Description	PassWord
	1101	杜斯	11	女	1995/11/5 0:00:00	False	62372383	1101.jpg	校英语演讲比赛第2名	xuejiafei
*	NULL	NULL	NULL	NULL	NULL	NULL	NULL	NULL	NULL	NULL

图 3.17 Student 表的数据窗口

插入记录即将记录添加在数据表的尾部，可以向表中插入多条记录，操作步骤如下。

（1）将光标定位在表尾的下一行，逐字段输入值，每输入一个字段值，按→方向键或 Tab 键可以移向下一个字段。

> **提示：**要注意“不允许为空”的字段必须输入值，其他字段可以不输入值。

（2）当一条记录最后一个字段输入完毕按 Enter 键后，光标将自动转到下一行的第一个字段处，便可插入下一条记录。

（3）输入完数据，单击保存按钮或“文件”→“保存”菜单。或者单击“表-dbo.Student”窗口中的“关闭”按钮，添加的记录就保存到数据表中。

3.4.4 数据表记录维护

1. 修改记录

首先定位将要修改的记录字段，然后对该字段值进行编辑修改。

2．删除记录

（1）定位将要删除的记录，右击后在弹出的快捷菜单中选择“删除”命令。

（2）弹出删除确认对话框，单击“是”按钮即删除选择的记录。

3.5　数据表约束和数据完整性控制

数据的完整性控制是指保护数据库中的数据的正确性、有效性和相容性，防止错误信息进入数据库，并且使数据符合所描述的业务规则。它是衡量数据库设计质量的一项重要指标。

SQL Server 提供了定义约束、检查和保持数据符合约束的完整性控制机制，主要是通过限制表的字段、记录以及表之间的参照数据来保证数据完整性。常用的完整性约束如表 3.10 所示。

表 3.10　SQL Server 常用数据完整性约束机制

完整性	约束	作用
实体完整性	主关键字约束（Primary Key）	保证表中记录行的唯一性
	唯一性约束（Unique）	保证在非关键字字段不出现重复值
域完整性	默认值约束（Default）	对没有插入值的列自动添加表定义时对该列设置的默认值
	非空值约束（Not Null）	限定某一列必须有值，即不允许空值
	检查约束（Check）	限定某一列中可接受的值或数据格式
参照完整性	外关键字（Foreign Key）	通过表间关系约束字段值的有效性

用户在建立数据表时应该实施各项完整性约束，以保证将来表中的数据一致性。另外，用户可通过触发器以及编程方式定义其他完整性约束。

3.5.1　实体完整性约束的定义

实体完整性主要体现在表中记录的唯一性。

1．主关键字约束

主关键字（Primary Key）简称主键，是表中能保证表中记录唯一性的一个或多个字段的组合。主键的值不能重复，且不能为空。一个表只能有一个主键。

【例 3.4】 在 School 数据库中定义 Student 表的主关键字为“StudentCode”。

在 Student 表的“表设计”窗口中，选择要设置主键的行 StudentCode（如需多个字段作为主键，按住 Ctrl 键可同时选中多个字段），右击选择“设置主键”命令（如图 3.18（a）所示），或单击工具栏中按钮，当在该列前出现图标后表示主键设置成功（如图 3.18（b）所示）。

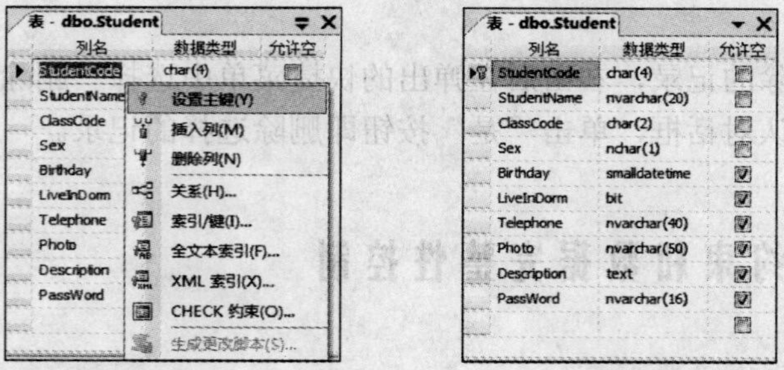
(a) 选择“设置主键”快捷菜单　　(b) 主键设置成功

图 3.18　设置主关键字约束

2．唯一性约束

使用唯一性约束（Unique）可以保证非主键列不输入重复值。尽管唯一性约束和主键都强制唯一性，但在下列情况下，应该使用唯一约束。

（1）对非主键字段或字段的组合强制唯一性。另外，可以为表定义多个唯一性约束，而只能为表定义一个主键。

（2）对允许空值的字段强制唯一性。主键约束虽强制唯一性但不允许空值。

【例 3.5】 在 School 数据库的 Student 表中不允许出现姓名且生日相同的记录，并按姓名升序和生日降序排列，即对 StudentName 和 Birthday 字段组合定义唯一性约束。

（1）打开 Student 表的“表设计”窗口，右击任一字段行，从快捷菜单中选择“索引/键”命令，打开“索引/键”对话框（如图 3.19 所示）。

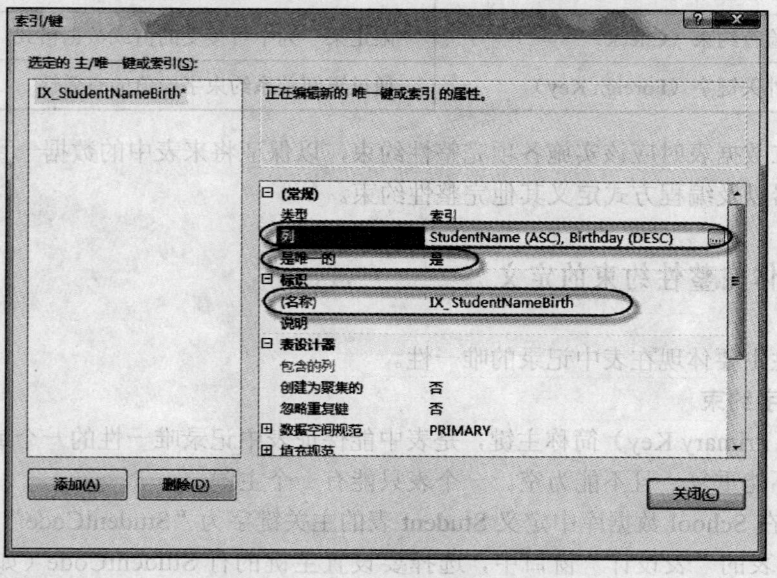

图 3.19　“索引/键”对话框

（2）在“索引/键”页中选择“添加”命令，系统分配的名称出现在“标识”→“（名称）”框中，将名称修改为“IX_StudentNameBirth”。单击“列”后的“…”按钮，打开“索引列”

对话框（如图 3.20 所示），分别在两行中选择 StudentName、Birthday，并选择各列的排序顺序，单击“确定”返回“索引/键”页。在“是唯一的”其后下拉列表框中选择“是”，关闭对话框即完成定义。当保存表时，该约束设置即保存在数据库中。

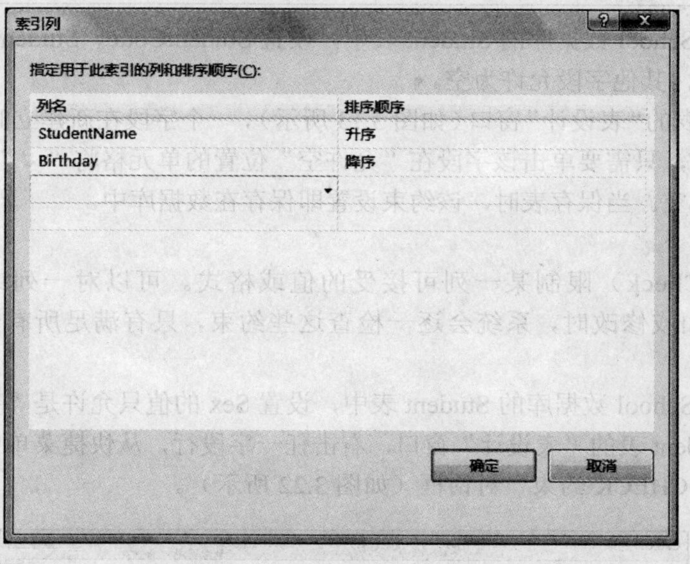

图 3.20　选择字段和排序顺序

3.5.2　域完整性约束的定义

域完整性主要体现在表中字段（或称列或域）的值的有效性。

1．默认值约束

默认值约束（Default）使用户能够为某一列定义一个值，每当用户没有在该列中输入值时，系统会将所定义的默认值提供给该列。注意定义的默认值与字段的数据类型要一致。

【例 3.6】 在 School 数据库的 Student 表中，设置 Sex 字段的默认值为“男”。

打开 Student 表的“表设计”页面（如图 3.21 所示），选择 Sex 字段，在“列属性”窗格中的“默认值或绑定”处填写“'男'”。注意因为 Sex 字段是字符类型，“'男'”采用西文单引号括起来。当保存表时，该约束设置即保存在数据库中。

2．非空值约束

非空值约束（Not Null）限定记录中的每一列都必须有值。指定某一列不允许空值，从而确保任何记录中的该列都包含数据，用户在向表中添加记录时必须在该列中输入一个值，或已经为该列定义了默认值，否则该记录不被数据库接受。

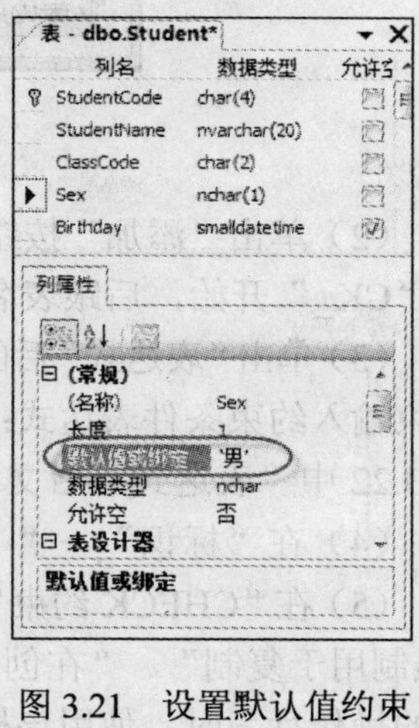

图 3.21　设置默认值约束

> 提示：注意零 (0)、空白或零长度的字符串（""）并不是空值，空值意味着没有输入，通常表示值未知或未定义。例如，Student 表的某一记录的 Birthday 字段为空值并不表示该学生没有生日，而是指目前未知或未录入。

【例 3.7】 在 School 数据库的 Student 表中，设置 StudentCode、StudentName、ClassCode、Sex 字段为非空值，其他字段允许为空。

打开 Student 表的“表设计”窗口（如图 3.13 所示），一个字段在新建立时默认允许空（√），如果要设置为非空，只需要单击该字段在“允许空”位置的单元格将“√”去掉即可，再次单击又可以设置允许空。当保存表时，该约束设置即保存在数据库中。

3．检查约束

检查约束（Check）限制某一列可接受的值或格式。可以对一列或多列定义多个约束，当有数据添加或修改时，系统会逐一检查这些约束，只有满足所有约束的记录才能被接受。

【例 3.8】 在 School 数据库的 Student 表中，设置 Sex 的值只允许是“男”或“女”。

（1）打开 Student 表的“表设计”窗口，右击任一字段行，从快捷菜单中选择“CHECK 约束”命令，打开“CHECK 约束”对话框（如图 3.22 所示）。

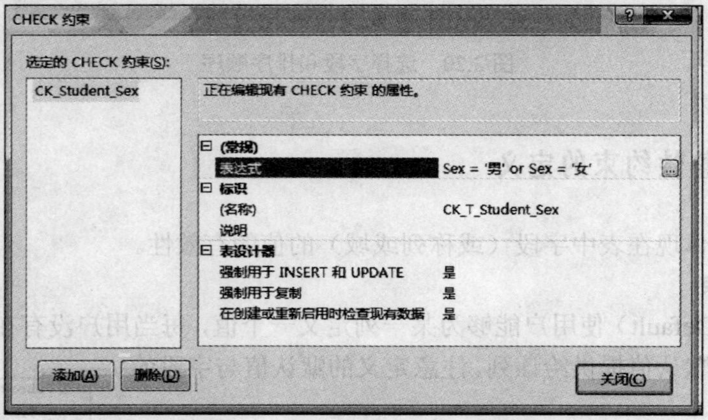

图 3.22 CHECK 约束

（2）单击“添加”按钮。在“选定的 CHECK 约束”框中显示由系统分配的默认新约束名，以“CK_”开始，后跟表名，即“CK_Student”。

（3）单击“表达式”后的按钮出现如图 3.23 所示的“CHECK 约束表达式”对话框，为 CHECK 约束输入约束条件表达式：“Sex = '男' or Sex = '女'”，注意必须是完整的条件表达式；也可在图 3.22 中“表达式”后文本框内直接输入表达式。

（4）在“标识”→“（名称）”处将约束名改为“CK_T_Student_Sex”。

（5）在“CHECK 约束”对话框中将“表设计器”列表中的“强制用于 INSERT 和 UPDATE”、“强制用于复制”、“在创建或重新启用时检查现有数据”都改为“是”，目的是当发生上述对表的操作行为时，使用该检查约束来限制非法数据。

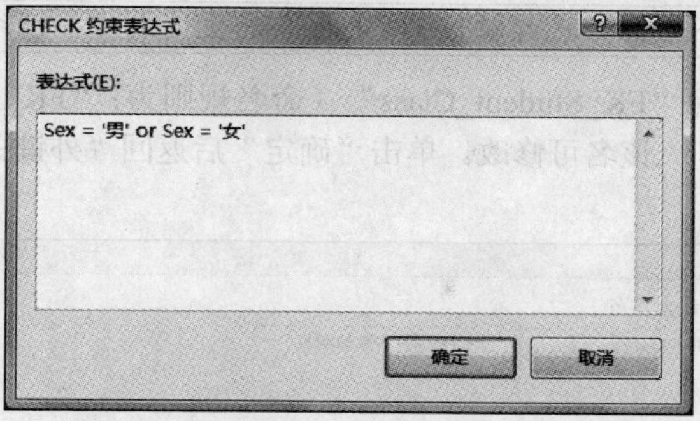

图 3.23　CHECK 约束表达式

CHECK 约束也可用于限制某一列中可接受的值的格式，例如为 Student 表的 Email 字段建立 CHECK 约束，表达式为：Email Like '%@%'，则 Email 值必须含有“@”符号。这里%是通配符，代表任意多个字符。

3.5.3　参照完整性约束的定义

参照完整性主要体现在通过表间关系约束字段的值的一致性。

两个建立关联关系的表，在主表中相关字段定义了主键或唯一性约束，在外表中将相关字段定义为外键，这样，外键的取值必须是主键（或唯一性约束字段）中存在的值或空值。

【例 3.9】 在 School 数据库的 Student 表和 Class 表间建立关系，实施参照完整性约束。在该关系中，将 Class 的 ClassCode 字段设置为主键，将 Student 的 ClassCode 设置为外键，并实施参照完整性。

（1）打开作为关系中的外表 Student 表的“表设计”窗口，右击并选择“关系”命令，出现如图 3.24 所示的“外键关系”对话框。

（2）单击“添加”按钮，在“标识”→“（名称）”处默认关系名为“FK_Student_Student”。单击“表和列规范”后的按钮，出现“表和列”对话框（如图 3.25 所示），将主键表改为“Class”，关系的主键字段为 ClassCode，在“外键表”Student 下选择外键字段 ClassCode。

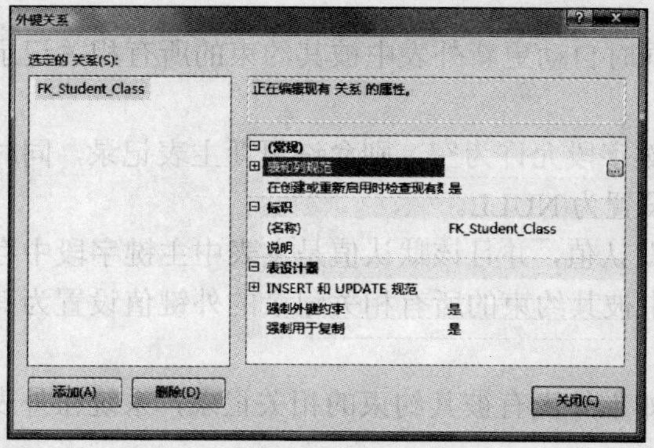

图 3.24 “外键关系”对话框

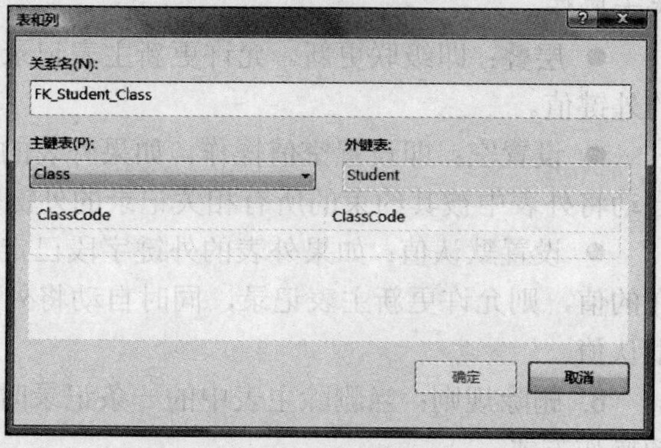

图 3.25 “表和列”对话框

提示：注意 ClassCode 必须已经被设为 Class 表的主键或唯一性约束。

（3）关系名自动变为“FK_Student_Class”（命名规则为：“FK_外表名_主表名”，其中 FK 是 ForeignKey 的简称）,该名可修改。单击“确定”后返回“外键关系”对话框（如图 3.26 所示）。

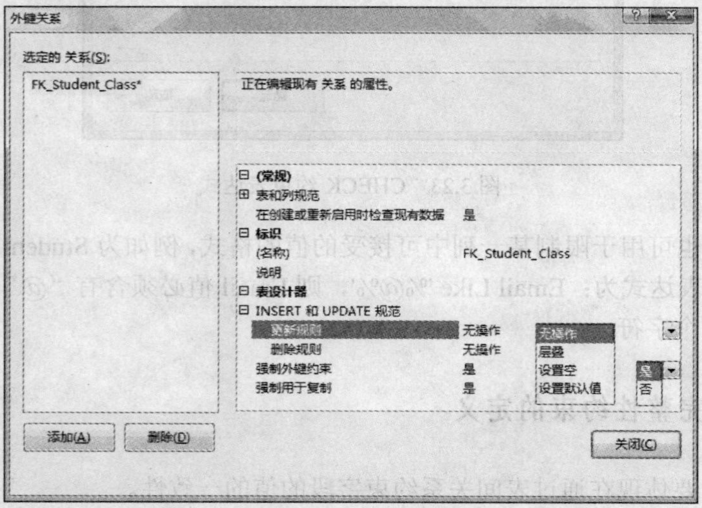

图 3.26　设置强制约束

（4）在“外键关系”对话框中进行设置，实施参照完整性。

①“表和列规范”：将“在创建或重新启用时检查现有数据”设置为“是”，表示在外键表上创建或启用该关系时，对数据库中已存在的数据用该约束检查，如果有违反约束的数据，则该关系不能创建。

②“INSERT 和 UPDATE 规范”：分别有更新规则和删除规则，每个规则又有 4 个选项。

a．更新规则：当更新主表的一条记录的主键值时，如果外表有被其约束的相关记录，系统在外表的操作方式。

● 无操作：即只限制主表的更新，显示一条错误信息，告知不允许执行该更新操作，在外表无操作。

● 层叠：即级联更新。允许更新主表记录，同时自动更新外表中被其约束的所有相关记录的外键值。

● 设置空：即设置空值操作。如果外表的外键字段允许为空，则允许更新主表记录，同时自动将外表中被其约束的所有相关记录的外键值设置为 NULL。

● 设置默认值：如果外表的外键字段已定义默认值，并且该默认值是主表中主键字段中存在的值，则允许更新主表记录，同时自动将外表中被其约束的所有相关记录的外键值设置为其默认值。

b. 删除规则：当删除主表中的一条记录时，如果外表有被其约束的相关记录，系统在外表的操作方式。

● 无操作：即只限制主表的删除，显示一条错误信息，告知不允许执行该删除操作，在外表无操作。

● 层叠：即级联删除。允许删除主表记录，同时自动删除外表中被其约束的所有相关记录。

● 设置空：即设置空值操作。如果外表的外键字段允许为空，则允许删除主表记录，同时自动将外表中被其约束的所有相关记录的外键值设置为 NULL。

● 设置默认值：如果外表的外键字段已定义默认值，并且该默认值是主表中主键字段中存在的值，则允许删除主表记录，同时自动将外表中被其约束的所有相关记录的外键值设置为其默认值。

例如，对于例 3.9 中所建立的 FK_Student_Class 关系，当要在 Class 中修改班号“11”为“12”时（或删除该班号对应的记录），如果在 Student 中存在班号是“11”的记录，并且 Student 表中的 ClassCode 字段允许为空，并设置了在 Class 出现过的班号“99”作为默认值，则各项约束设置对应的操作如下。

c. 无操作：不允许更新（或删除）Class 中记录，并报告错误，在 Student 表中无操作。

d. 层叠：更新 Class 中的班号“11”为“12”（或删除该记录），并自动更新 Student 表中该班所有学生的 ClassCode 为“12”（或将 Student 表中所有该班学生删除）。

e. 设置空：更新 Class 中的班号“11”为“12”（或删除该记录），并将 Student 表中所有该班学生的 ClassCode 值设置为 NULL。

f. 设置默认值：更新 Class 的班号“11”为“12”（或删除该记录），并将 Student 表中所有该班学生的 ClassCode 值设置为其默认值“99”。

③ “强制用于复制”：当复制代理在订阅服务器上对外键关系的两个表执行插入、更新或删除操作时，是否强制检查约束。选择“是”，强制检查约束，“否”则不检查。

④ “强制外键约束”：选择“是”，不允许任何会使外键关系的数据完整性失效的数据更新操作；选择“否”，不强制外键约束，允许此后的操作不受外键关系的数据完整性约束。

（5）单击“关闭”按钮完成关系创建。当保存表时，新关系和约束设置即保存到数据库中。

【例 3.10】 利用例 3.9 所建立的 FK_Student_Class 关系检验参照完整性约束设置，体验“强制外键约束”对在外表插入记录的影响。

（1）向 Student 表增加一条记录（'8801', '陶哲', '88', '男'）（如图 3.27 所示）。

（2）当光标移到下一行时，出现如图 3.28 所示对话框提示外键冲突，不允许加入。

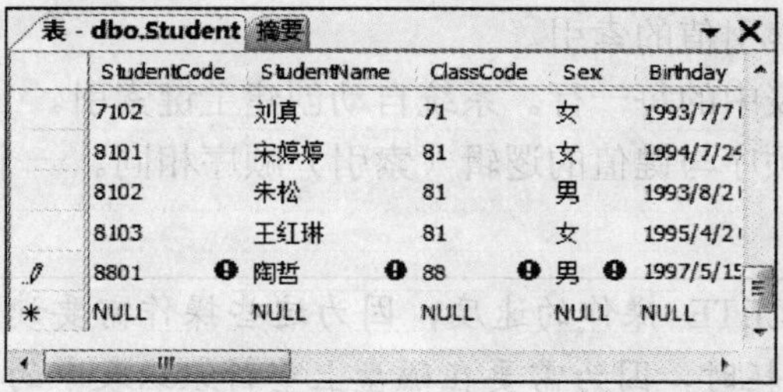

图 3.27　在 Student 表中插入新记录

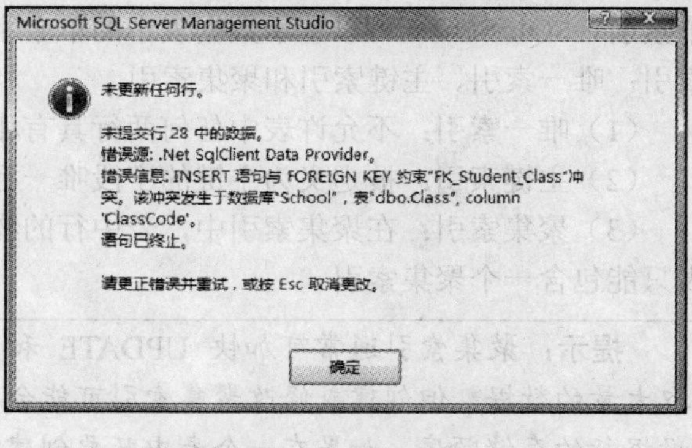

图 3.28　报告外键约束冲突

（3）打开 Class 查看数据（如图 3.29 所示），可以发现是由于 Class 中不存在 ClassCode 为“88”的记录，限制了 Student 表相关记录的加入。

【例 3.11】 利用例 3.9 所建立的 FK_Student_Class 关系检验参照完整性约束设置，体验“INSERT 和 UPDATE 规范”更新规则和删除规则的应用。请完成以下操作并观察分析。

表 - dbo.Class 摘要

ClassCode	ClassName	MajorName	Monitor
11	数学01	应用数学	1103
21	传播01	传播学	2101
22	传播02	传播学	2202
31	纺织01	纺织工程	3101
32	纺织02	纺织工程	NULL
33	服装01	服装设计与工程	NULL
41	管理01	管理科学	4101
42	管理02	管理科学	NULL
43	财务01	财务管理	NULL
51	机械01	机械工程	5101
52	机械02	机械工程	NULL
61	计算机01	计算机科学与技术	6101
62	计算机02	计算机科学与技术	NULL
63	电气01	电气信息工程	6302
71	生物01	生物工程	7102
72	生物02	生物工程	NULL
81	材料01	材料科学与工程	8103
99	教学实验班	专业待定	NULL
NULL	NULL	NULL	NULL

图 3.29　查看主表 Class 数据

> 提示：注意每次修改关系设置后都要重新保存表，关系设置才能生效。

（1）“删除规则”选中“无操作”。然后删除 Class 表中 ClassCode 为“11”的记录。

> 提示：不允许删除，并报告错误，两表数据都没有变化。

（2）“更新规则”选中“层叠”。先观察 Student 表中 ClassCode 为“11”的记录，然后在 Class 表中找到 ClassCode 值为“11”的记录，将该值改为“12”，再观察 Student 表。

> 提示：两个表数据都有修改，所有 ClassCode“11”变为“12”。

（3）“删除规则”选中“层叠”。先观察 Student 表中 ClassCode 为“12”的记录，将 Class 表中 ClassCode 为“12”的记录删除。

> 提示：不允许删除，并报告错误，两表数据都没有变化。没有操作成功不是因为“层叠”没起作用，而是由于 Student 表数据还受 Grade 表的约束。

3.6　索引的创建与维护

3.6.1　索引的创建

查询和更新是数据表中最频繁的操作，为了提高速度，一般需要在数据表上建立一个或多个索引。SQL Server 可以基于数据表中的单个字段或多个字段创建索引。可创建有以下特性的索引：唯一索引、主键索引和聚集索引。

（1）唯一索引：不允许表中任何两行具有相同索引值的索引。

（2）主键索引：被定义为主键的字段唯一标识表中的每一行。系统自动创建主键索引。

（3）聚集索引：在聚集索引中，表中行的物理顺序与键值的逻辑（索引）顺序相同。一个表只能包含一个聚集索引。

> 提示：聚集索引通常可加快 UPDATE 和 DELETE 操作的速度，因为这些操作需要读取大量的数据。但创建或修改聚集索引可能会非常耗时，因为需要在磁盘上重新组织表中的数据行的存储顺序。如果在一个表中既要创建聚集索引，又要创建非聚集索引，应先创建聚集索引，然后再创建非聚集索引，因为聚集索引会改变数据行的物理存储顺序。

3.5.1 节中介绍的唯一性约束本质上就是唯一索引。创建索引与创建唯一性约束方法相似。

【例 3.12】 为 School 数据库的 Student 表建立索引，按学号（StudentCode）建立主键索引；按班号（ClassCode）建立升序非唯一索引，索引的组织方式为聚集索引。

（1）在对象资源管理器中，展开 School 数据库，打开 Student 表设计窗口，如果已经设置主键，则主键索引自动建立；如果没有设置主键，选择主键字段 StudentCode，然后单击图标设置主键（如图 3.18 所示），则主键索引自动建立。

（2）右击 Student 表设计窗口中的任一字段行，出现快捷菜单，选择“索引/键”命令，打开“索引/键”对话框（如图 3.30 所示）。单击“添加”按钮，单击“列”右侧下拉列表框后的“...”按钮，出现“索引列”对话框（如图 3.31 所示）。

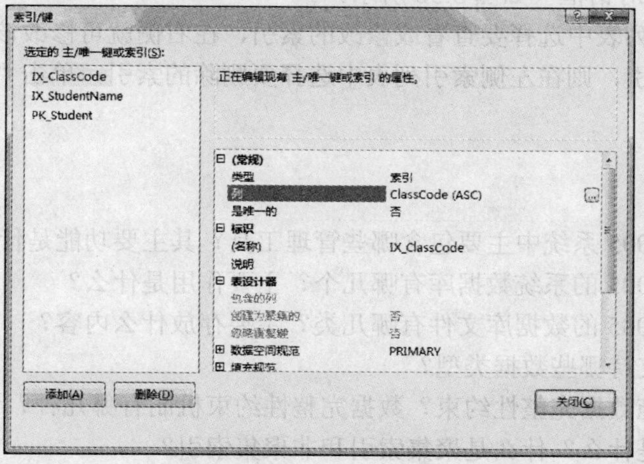

图 3.30　“索引/键”对话框

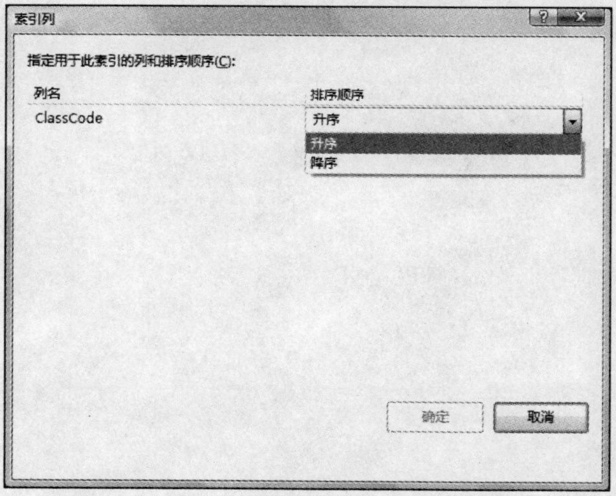

图 3.31　“索引列”对话框

（3）在“索引列”对话框中选择要创建索引的字段 ClassCode，在“排序顺序”下拉列表中选择索引字段的排序方式“升序”，然后单击“确定”按钮，返回“索引/键”对话框。

（4）在“索引/键”对话框中，选择“是唯一的”值为“否”；选择“创建为聚集的”值为“是”；修改索引名为“IX_ClassCode”；关闭该对话框，索引即创建好了。

3.6.2 索引的管理

索引管理包括索引的查看、修改和删除。索引管理的方法如下。

（1）在要维护索引的数据表设计窗口中右击任一字段行，在快捷菜单中选择“索引/键”命令，打开“索引/键”对话框（如图 3.30 所示）。

（2）在左侧索引列表中选择要查看或修改的索引，在右侧就可修改该索引的各项属性。

（3）若要删除索引，则在左侧索引列表中选择要删除的索引，单击“删除”按钮即可。

习题 3

1．SQL Server 2005 系统中主要包含哪些管理工具？其主要功能是什么？
2．SQL Server 2005 的系统数据库有哪几个？主要作用是什么？
3．SQL Server 2005 的数据库文件有哪几类？主要存放什么内容？
4．SQL Server 支持哪些数据类型？
5．为什么要实施数据完整性约束？数据完整性约束机制有哪几种？请举例说明。
6．索引的作用是什么？什么是聚集索引和非聚集索引？

第4章 T-SQL与可编程对象

SQL是Structure Query Language（结构化查询语言）的简称，它是一个通用的、功能强大的关系数据库操作语言，并被国际标准化组织采纳为关系数据库语言的国际标准。但由于软件供应商开发数据库管理系统通常早于SQL标准的制定时间，并且为了实现一些特定的功能和性能，各数据库管理系统会在标准的基础上对SQL进行不同程度的扩展。

本章介绍SQL Server支持的T-SQL的使用，以及基于SQL创建的几个可编程数据库对象，包括视图、存储过程和触发器。

4.1 T-SQL

4.1.1 T-SQL概述

1. T-SQL的特点

Transact-SQL（简称T-SQL）是微软公司在SQL Server中支持的扩展SQL，它提供了数据定义、数据操纵、数据控制等语句，支持对数据库的操纵和管理，是开发数据库应用程序的基本语言。T-SQL有如下特点。

（1）高度一体化。集数据定义语言（DDL）、数据操纵语言（DML）、数据控制语言（DCL）和T-SQL增加的语言元素于一体，语言风格统一，可独立完成数据库生命周期的所有活动。

（2）非过程化。在使用T-SQL时，用户不必描述解决问题的全过程，只需提出“做什么”，至于“如何做”的细节则由语言系统本身去完成，直至给出操作的结果。

（3）两种使用方式。SQL语句既可以交互方式独立使用，也可以嵌入在高级语言程序中。

（4）语言简洁、易学易用。T-SQL的语句结构简洁，易学易用。

2．T-SQL 的组成元素

1）数据定义语言

数据定义语言（Data Definition Language，DDL）用于建立或修改数据库对象，主要包括 CREATE、ALTER、DROP 等语句。数据库对象包括数据库、数据表、视图、存储过程等。

2）数据操纵语言

数据操纵语言（Data Manipulation Language，DML）实现对数据的查询和更新，主要包括 SELECT、INSERT、UPDATE、DELETE 等语句。

3）数据控制语言

数据控制语言（Data Control Language，DCL）实现对数据库对象的授权、数据完整性规则的描述以及控制事务等，主要包括 GRANT、REVOKE、DENY 等语句。

4）T-SQL 增加的语言元素

T-SQL 在标准 SQL 基础上附加的语言元素，包括变量、函数、流程控制语句和注解等。

3．T-SQL 书写规则

（1）在 T-SQL 语句中，不区分字母大小写，即大小写字母的意义完全相同。

（2）一条语句可以写在一行，也可以写在若干行上。

> **提示**：为了阅读方便，本书用大写字母书写 SQL 语句的关键词，用小写字母书写标识符、表达式及各种参数；为了体现语法结构，一条语句写在多行上。

由于 SQL 可以交互式使用，本章关于 SQL 语句的例题都可在 SQL Server 查询编辑器中执行并查看结果。可以一次执行查询编辑器中的所有 SQL 语句，也可以只执行选中的部分语句。

4．注释

为了增强程序代码的可读性，可在适当的地方加上注释。T-SQL 有以下两种注释方法。

（1）单行注释（--）。语法格式如下：

```
-- 注释文本内容
```

（2）多行注释（/* … */）。语法格式如下：

```
/* 注释文本内容*/
```

例如：

```
USE School      /*打开 School 数据库。当第一次访问某数据库时，需要使用 USE 语句打开数据库，否则其他访问该数据库的 SQL 语句不能执行*/
SELECT * FROM Student      --查询显示学生表中所有学生的信息
```

4.1.2 数据定义语言

1．数据库定义语言概述

数据定义语言主要是定义数据库中的对象，包括数据库、数据表、视图、索引、存储过程、触发器等的建立或修改。主要语句如表 4.1 所示。

表 4.1　SQL 数据定义语言 DDL 的常用语句

操作对象	操作方式			
	创建	删除	修改	使用
数据库	CREATE DATABASE	DROP DATABASE	ALTER DATABASE	USE
基本表	CREATE TABLE	DROP TABLE	ALTER TABLE	
视图	CREATE VIEW	DROP VIEW	ALTER VIEW	
索引	CREATE INDEX	DROP INDEX		
存储过程	CREATE PROCEDURE	DROP PROCEDURE	ALTER PROCEDURE	
触发器	CREATE TRIGGER	DROP TRIGGER	ALTER TRIGGER	

2．使用 SQL Server Management Studio 生成数据库定义的 SQL 脚本

本书第 3 章介绍了创建各种数据库对象的方法。SQL Server Management Studio 可以自动生成这些对象定义的 SQL 脚本，读者可以参考学习。SQL 定义脚本还可保存到一个文件中，用户可在查询编辑器中执行这些 SQL 脚本来重建数据库。

提示：要注意使用 SQL 定义脚本重建的数据库不包括表中数据。

SQL 脚本的生成方法如下。

（1）右击要生成 SQL 脚本的数据库或数据表，在弹出菜单中选择“编写数据库（或表）脚本为”→“Create 到”→“新查询编辑窗口”，出现如图 4.1 所示窗口（本例生成 Student 表的脚本）。

（2）在“查询编辑”窗口中可查看和复制 SQL 脚本。选择“文件”→“保存”或“文件”→“另存为”菜单可将这些 SQL 脚本保存到一个扩展名为“.sql”的文本文件。

（3）使用“文件”→“打开”菜单可打开脚本文件。

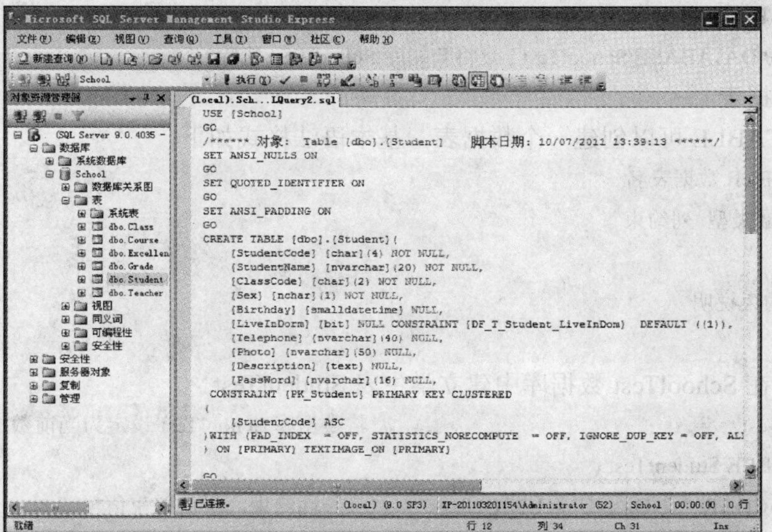

图 4.1　预览 SQL 脚本

3．几个常用 DDL 语句

由于篇幅所限，下面仅通过几个例子对 DDL 常用语句进行简单的介绍，让读者了解一下数据库定义语句的基本结构。

1）创建数据库

CREATE DATABASE 可以创建一个数据库，基本语法格式如下。其中：[ ]表示可选项。

```
CREATE DATABASE 数据库名
[ON NAME=逻辑文件名，FILENAME=物理文件名]
```

【例 4.1】 创建一个名为 SchoolTest 的数据库。

```
CREATE DATABASE SchoolTest                --数据库名
ON
(NAME='SchoolTest',                       --主数据文件逻辑名
FILENAME='D:\SchoolTest.MDF')             --主数据文件物理名
```

执行上述语句后，创建了一个数据库 SchoolTest，其主数据文件为“D:\SchoolTest.mdf”，大小与系统数据库 Model 的主文件大小相同（3 MB）；并且系统自动在“D:\”中创建一个名为“SchoolTest_log.LDF”、大小为 1 MB 的日志文件。

如果仅有 CREATE DATABASE SchoolTest 而省略其他参数，那么系统将在 SQL Server 安装文件夹的 Data 文件夹下建立数据库文件和日志文件。

2）打开和删除数据库

当用户登录到 SQL Server 后，系统指定系统数据库 master 作为默认当前数据库。所谓当前数据库是指当前可以操作的数据库。用户可以使用 USE 语句选择当前数据库。

```
USE 数据库名
例如：USE School  --将 School 设定为当前数据库，否则访问 School 的 SQL 语句不能执行
```

当不再需要一个数据库时，可以使用 DROP 语句将其删除。

```
DROP DATABASE 数据库名
例如：DROP DATABASE SchoolTest   /*将数据库 SchoolTest 删除*/
```

3）建立数据表

CREATE TABLE 可以创建一个数据表，基本语法格式如下：

```
CREATE TABLE 数据表名
（列名 列数据类型 列约束
…
Constraint 约束说明
）
```

【例 4.2】 在 SchoolTest 数据库中建立学生表 StudentTest。

```
USE SchoolTest                                /*将数据库 SchoolTest 设定为当前数据库*/
CREATE TABLE StudentTest (
StudentCode CHAR(4) NOT NULL UNIQUE,          /*唯一性约束，不可取空值*/
StudentName NVARCHAR(20) NOT NULL,
Sex NCHAR(1) NOT NULL,
```

```
Birthday SMALLDATETIME,
LiveInDorm BIT DEFAULT 1,                          /*默认值为 1*/
Constraint StudentPK Primary Key(StudentCode),     /* 设置 StudentCode 为主键*/
Constraint GradeCK Check(Sex='男' OR Sex='女')     /*检查约束 Sex 为“男”或“女”*/
)
```

该语句在 SchoolTest 数据库中创建数据表 StudentTest。该表包含 5 个字段，其中，StudentCode、StudentName、Sex 不允许空，LiveInDorm 的默认值为 1，Sex 的取值为“男”或“女”，StudentCode 为主关键字。

4）删除表语句

使用 DROP TABLE 语句将数据表删除。基本语法格式如下：

```
DROP TABLE 数据表名
```

【例 4.3】 删除 StudentTest 表。

```
DROP TABLE StudentTest
```

5）建立索引语句

使用 CREATE INDEX 语句可建立索引。基本语法格式如下：

```
CREATE INDEX 索引名 ON 数据表名(字段 ASC|DESC)
```

【例 4.4】 在 StudentTest 表的姓名（StudentName）和生日（Birthday）字段上建立唯一索引 NameIndex，姓名按升序排列，姓名相同时，按生日降序排列。

```
CREATE UNIQUE INDEX NameIndex ON StudentTest (StudentName, Birthday DESC)
```

6）删除索引语句

当不再需要某个索引时，可以使用 DROP INDEX 语句将其删除。基本语法格式如下：

```
DROP INDEX 数据表名.索引名
```

【例 4.5】 删除 StudentTest 表中名称为 NameIndex 的索引。

```
DROP INDEX StudentTest.NameIndex
```

4.1.3 数据操纵语言

数据操纵语言实现对数据的查询和更新，主要语句及功能如表 4.2 所示。

表 4.2　SQL 数据操纵语言 DML 的常用语句

命　　令	功　　能	命　　令	功　　能
SELECT	从一个表或多个表查询数据	UPDATE	修改表中某一个或几个字段的值
INSERT	向一个表中添加一条记录	DELETE	从一个表中删除记录

1. 数据查询语句 SELECT

SELECT 语句的主要功能是查询数据表并返回符合用户查询条件的数据。数据查询语句是 SQL 的核心。它的一般语法格式如下：

```
SELECT 字段表
```

```
FROM 表名
[WHERE 查询条件]
[GROUP BY 分组字段 [HAVING 分组条件]]
[ORDER BY 字段名 [ASC/DESC]]
```

其中：[ ]表示可选项。第一行为 SQL 主句，第二行至最后一行被称作 SQL 子句，不同的子句完成不同的功能。下面对 SELECT 语句格式中每一部分的使用规则逐一进行说明。

1）字段表

字段表位于关键字 SELECT 之后，用于说明查询结果所包含的字段。使用规则如下。

（1）可以选择任意多个字段，字段与字段之间用逗号分隔。

【例 4.6】 查询 Student 表中的所有学生的姓名（StudentName）和性别（Sex）。查询结果如图 4.2 所示。

```
SELECT StudentName, Sex
FROM Student
```

	StudentName	Sex
1	杜斯	女
2	汪洋	男
3	林豆豆	女

图 4.2　查询姓名和性别

（2）可以使用通配符“*”表示表中的所有字段。

【例 4.7】 查询 Student 表中所有学生的全部字段信息。查询结果如图 4.3 所示。

```
SELECT *
FROM Student
```

	StudentCode	StudentName	ClassCode	Sex	Birthday	LiveInDorm	Telephone	Photo	Description	PassWord
1	1101	杜斯	11	女	1995-11-05 00:00:00	0	62372383	1101.jpg	2007校英语演讲比赛第2名	xuejiafei
2	1102	汪洋	11	男	1993-11-09 00:00:00	0	62371128	1102.jpg	2010年参加迪士尼项目	treewangyang
3	1103	林豆豆	11	女	1994-12-15 00:00:00	1	62379928	1103.jpg	攀岩社社员	lijiating6767

图 4.3　查询所有字段信息

（3）若字段名或表名中含有空格，则该字段名或表名必须用方括号括起来，参见例 4.8。

（4）在字段表中，可以使用“字段名 AS 字段别名”的方式将原字段名以字段别名显示。

【例 4.8】 查询 Class 表中班号（ClassCode）和班名（ClassName），ClassCode 字段别名为 Class Number。查询结果如图 4.4 所示。

```
SELECT ClassCode AS [Class Number], ClassName
FROM Class   /*“Class Number”含空格，写为[Class Number]*/
```

	Class Number	ClassName
1	81	材料01
2	43	财务01
3	21	传播01

图 4.4　别名显示

（5）在字段名前可加上一些范围限制，进一步优化查询结果。常用的范围关键字如下。

① TOP　n | m PERCENT ：显示前 n 条记录或前 m%的记录。

【例 4.9】 查询 Course 表中的前三条记录。

```
SELECT TOP 3 *
FROM Course
```

【例 4.10】 查询 Course 表中前 20%的记录，显示课程号（CourseCode），课程名称（CourseName）。

```
SELECT TOP 20 PERCENT CourseCode, CourseName
FROM Course
```

② DISTINCT：若多条记录的字段值具有相同数据，则查询结果只包含不重复记录。

【例 4.11】 查询 Course 表中开课的学院名称 Academy（与所开课程无关）。

```
SELECT DISTINCT Academy
FROM Course
```

由于每个学院开设了多门课程，因此某些记录的 Academy 字段具有相同的值。无 DISTINCT 限制查询的部分结果如图 4.5（a）所示；加上 DISTINCT 的查询的部分结果如图 4.5（b）所示。

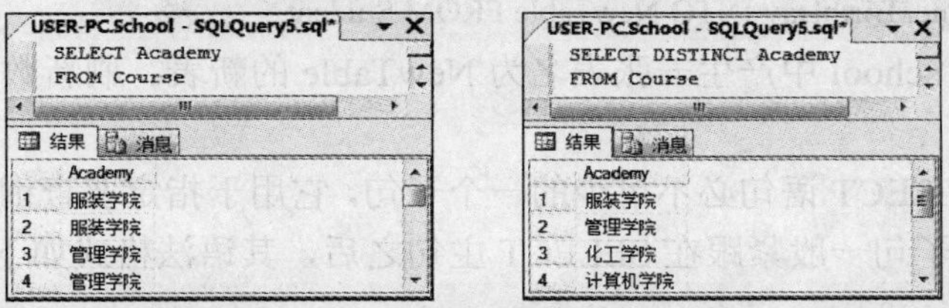

(a) 不使用 DISTINCT 的查询　　(b) 使用 DISTINCT 的查询

图 4.5　SELECT 语句中使用 DISTINCT 关键字的查询结果比较

（6）新增字段查询。查询的字段可以是表中字段名，也可以是常量和表达式，表达式中可以使用内部聚合函数进行统计计算。常用聚合函数如表 4.3 所示。

表 4.3　常用聚合函数

函 数 名	函 数 功 能
AVG([ALL | DISTINCT] expression)	计算某一字段的平均值（此字段的值必须是数值型）
COUNT([ALL | DISTINCT] expression)	统计某一字段的个数
MAX([ALL | DISTINCT] expression)	查找某一字段的最大值
MIN([ALL | DISTINCT] expression)	查找某一字段的最小值
SUM([ALL | DISTINCT] expression)	计算某一字段的总和（此字段的值必须是数值型）

【例 4.12】 查询 Grade 表，显示学号（StudentCode）、所选课程号（CourseCode）及加 2 分调整后的成绩（Grade），并显示一列说明 “情况属实”。查询结果如图 4.6 所示。

```
SELECT StudentCode, CourseCode, Grade+2 AS 成绩, '情况属实' AS 说明
FROM Grade
```

【例 4.13】 查询 Grade 表，统计所有学生的分数总和、平均分、最高分、最低分及总选课人次。查询结果如图 4.7 所示。

```
SELECT Sum (Grade) AS 总分, Avg(Grade) AS 平均分,
       Max (Grade) AS 最高分, Min(Grade) AS 最低分,
       Count(StudentCode) AS 总人次
FROM Grade
```

	StudentCode	CourseCode	成绩	说明
1	1101	101	88.0	情况属实
2	1101	103	96.0	情况属实
3	1101	106	49.0	情况属实
4	1102	101	82.0	情况属实

图 4.6　含有常数列及表达式的查询结果

	总分	平均分	最高分	最低分	总人次
1	2389.2	79.640000	100.0	47.0	36

图 4.7　含有计算函数的查询结果

（7）使用查询创建新表。在字段名后加上“INTO 表名”可将查询结果复制到一张新表中。

【例 4.14】 将 Student 表中所有记录的学生姓名、出生日期复制到一张新表 NewTable。

```
SELECT StudentName, BirthDay INTO NewTable FROM Student
```

运行后，数据库 School 中产生一张表名为 NewTable 的新表。刷新数据库，即可查看到。

2）FROM 子句

FROM 子句是 SELECT 语句必不可少的一个子句，它用于指定要查询的数据来自哪个或哪些表或视图，FROM 子句一般紧跟在 SELECT 主句之后，其语法格式如下：

```
FROM 表名 1 [，表名 2，…，表名 n]
```

在 FROM 子句中，表的排列顺序不会影响执行结果；如果 FROM 子句中包含多个表名，且不同的表中具有相同的字段，那么 SELECT 子句的字段名必须表示成“表名.字段名”。

【例 4.15】 查询 Student 表和 Grade 表，显示学生的选课和成绩情况，查询字段包括 StudentCode、StudentName、CourseCode 和 Grade。

因两个表都有 StudentCode 字段，执行下面语句系统显示出错消息（如图 4.8（a）所示）。

```
SELECT StudentCode, StudentName, CourseCode, Grade
FROM Student, Grade
```

下面语句可执行，Student.StudentCode 也可换为 Grade.StudentCode（如图 4.8（b）所示）。

```
SELECT Student.StudentCode, StudentName, CourseCode, Grade
FROM Student, Grade
```

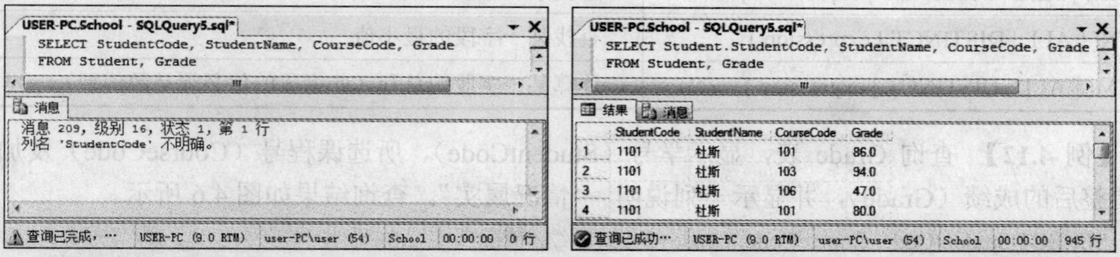

(a) 不可执行的语句　　(b) 可以执行但结果不符合实际情况的语句

图 4.8　多表查询中对相同字段需要明确指明字段来源

观察图 4.8（b）的结果发现，系统将 Student 中的记录（共 27 条）和 Grade 表的记录（共 35 条）全部互相联接，查询结果包括 945 条记录，显然不符合学生实际选课情况，无意义。

3）WHERE 子句

WHERE 子句说明查询条件，它是一个可选的子句。在使用时，WHERE 子句必须紧跟在 FROM 子句的后面。WHERE 子句的语法格式如下：

```
WHERE 查询条件
```

查询条件是一个关系或逻辑表达式，表 4.4 中列出了表达式中常用的关系和逻辑运算。

表 4.4　T-SQL 中常用的关系和逻辑运算

查 询 条 件	谓　　词
比较	>、>=、<、<=、=、<>（不等于）、!>（不大于）、!<（不小于）、!=（不等于）
确定范围	BETWEEN…AND、NOT BETWEEN…AND
确定集合	IN、NOT IN、EXISTS
字符匹配	LIKE、NOT LIKE
空值	IS NULL、IS NOT NULL
否定	NOT
逻辑运算	AND、OR

（1）比较和逻辑运算。

【例 4.16】 查询 Student 表中所有女学生的姓名。

```
SELECT StudentName FROM Student WHERE Sex='女'
```

【例 4.17】 查询未住校的女学生的情况。查询结果如图 4.9 所示。

```
SELECT StudentCode, StudentName, Sex, LiveInDorm
FROM Student
WHERE Sex='女' AND LiveInDorm=0
```

	StudentCode	StudentName	Sex	LiveInDorm
1	1101	杜斯	女	0
2	4101	归爽子	女	0
3	5102	章咪咪	女	0
4	8101	宋婷婷	女	0
5	8103	王红琳	女	0

图 4.9　部分未住校女生信息

（2）确定范围的 BETWEEN … AND 运算。当需要查询某字段的值在指定范围内的数据记录时，可以使用“BETWEEN 值 1 AND 值 2”运算确定范围。使用时注意，其查询结果包括值 1 和值 2。另外，如果使用“NOT BETWEEN 值 1 AND 值 2”运算，则查询不在指定范围中的数据记录。

【例 4.18】 在 Grade 表中查询选修了课程号（CourseCode）为“101”、成绩（Grade）在 70～90 分之间的所有学生，显示其学号（StudentCode）及成绩（Grade）。

```
SELECT StudentCode, CourseCode, Grade
FROM Grade
WHERE CourseCode='101' AND Grade BETWEEN 70 AND 90
```

此例的 WHERE 子句也可以改为：

```
WHERE CourseCode='101' AND Grade>= 70 AND Grade<=90
```

【例 4.19】 查询 Student 表中不在 1990—1994 年中出生的学生的学号和姓名。

```
SELECT StudentCode, StudentName, Birthday
FROM Student
WHERE Birthday NOT BETWEEN '1990-01-01' AND '1994-12-31'
```

或者在 WHERE 子句中使用 Year()函数：

```
WHERE Year(Birthday) NOT BETWEEN 1990 AND 1994
```

（3）确定在集合中的 IN 运算。使用 IN 运算可查询某字段值在或不在某集合的数据记录。

【例 4.20】　查询 Student 表中班号为“11”、“21”、“31”的学生。

```
SELECT StudentCode, StudentName, Sex, ClassCode
FROM Student
WHERE ClassCode IN ('11','21','31')
```

此例的 WHERE 子句也可以改为：

```
WHERE ClassCode='11' OR ClassCode='21' OR ClassCode='31'
```

（4）字符串模式匹配的 LIKE 运算。LIKE 用来确定某字符字段的子串值是否符合指定的模式，可查询满足字符串匹配的数据记录。LIKE 模式匹配时可以使用表 4.5 中的通配符。

表 4.5　LIKE 模式通配符

通　配　符	说　　明
%	匹配 0 个或多个任意字符
_	匹配一个任意字符
[ ]	匹配集合中任意单个字符
[^]	不匹配集合中的任意单个字符

【例 4.21】　查询 Course 表中课程名称（CourseName）中包含“化学”两个字的课程号（CourseCode）及课程名称。查询结果如图 4.10 所示。

```
SELECT CourseCode, CourseName
FROM Course
WHERE CourseName LIKE '%化学%'
```

	CourseCode	CourseName
1	111	化学与社会文明
2	112	生物化学实验
3	107	物理化学

图 4.10　包含“化学”两字的课程

【例 4.22】　查询 Student 表中不姓“王”的学生。

```
SELECT StudentCode, StudentName
FROM Student
WHERE StudentName LIKE '[^王]%'
```

（5）联接查询。涉及多表的查询称为联接查询。联接查询可用以下两种方法实现。

① 在 WHERE 子句中说明两个表相关联字段的联接条件。

【例 4.23】　查询未住校学生的选课及成绩情况。要求显示 StudentCode、StudentName、CourseCode、Grade、LiveInDorm。查询结果如图 4.11 所示。

```
SELECT Student.StudentCode, StudentName, CourseCode, Grade, LiveInDorm
FROM Grade, Student
WHERE Grade.StudentCode=Student.StudentCode AND LiveInDorm=0
```

WHERE 子句中的“Grade.StudentCode=Student.StudentCode”指明 Student 表和 Grade 表中 StudentCode 字段值相同的记录相联接。查询结果有 12 行，表示有 12 人次的选课及成绩信息。若无此联接条件，会像例 4.15 那样得到全部联接记录。

【例 4.24】 查询优异生的情况。要求显示学生姓名（StudentName）、所在班级（ClassName）、认定时间（GrantTime）、学分绩点（GPA）。查询结果如图 4.12 所示。

```
SELECT StudentName, ClassName, GrantTime, GPA
FROM ExcellentStudent, Student, Class
WHERE ExcellentStudent.StudentCode=Student.StudentCode
        AND Student.ClassCode=Class.ClassCode
```

	StudentCode	StudentName	CourseCode	Grade	LiveinDorm
1	1101	杜斯	101	86.0	0
2	1101	杜斯	103	94.0	0
3	1101	杜斯	106	47.0	0
4	1102	汪洋	101	80.0	0
5	1102	汪洋	105	76.0	0
6	4101	归爽子	111	97.0	0
7	6101	王石松	105	70.0	0
8	6101	王石松	113	NULL	0
9	8101	宋婷婷	103	90.0	0
10	8101	宋婷婷	106	88.0	0
11	8101	宋婷婷	113	NULL	0
12	8103	王红琳	115	96.0	0

图 4.11　未住校学生的课程成绩信息

	StudentName	ClassName	GrantTime	GPA
1	王思云	纺织01	2010-09-01 00:00:00	4.23
2	归爽子	管理01	2011-09-01 00:00:00	4.70
3	徐纯纯	管理01	2011-09-05 00:00:00	4.71
4	宋婷婷	材料01	2011-09-05 00:00:00	3.89
5	王红琳	材料01	2011-09-05 00:00:00	4.60

图 4.12　优异生的记录信息

② 使用联接关键字 JOIN … ON 说明两个表及相关联字段的联接条件。

基本语法格式如下：

```
FROM 表 1 INNER JOIN | LEFT OUTER JOIN | RIGHT OUTER JOIN 表 2
ON 表 1.字段名 1 <比较运算符> 表 2.字段名 2
```

其中：表 1、表 2 是被联接的表名；字段名是被联接的字段的名称。这些字段必须有相同的数据类型并包含同类含义的数据，但它们的名称可以不同。比较运算符可以是下列运算符之一：=、<、>、<=、>=、<>。

● INNER JOIN（内联接）：查询结果仅包含两个表中每对联接匹配的行。内联接是系统默认的，可以将关键词 INNER 省略。

【例 4.25】 使用内联接查询未住校学生的选课及成绩情况。

```
SELECT Student.StudentCode, StudentName, CourseCode, Grade, LiveInDorm
FROM Student JOIN Grade
ON Student.StudentCode = Grade.StudentCode
WHERE LiveInDorm=0
```

本句的查询结果如图 4.13（a）所示，与例 4.23 结果完全相同，但语句中表的联接关系表达更为清晰，WHERE 子句只有一个条件“LiveInDorm=0”。

● LEFT OUTER JOIN（左外联接）：查询结果除了包含两张表中符合联接条件的记录外，还包含左表（写在关键字 LEFT　OUTER　JOIN 左边的表）中不符合联接条件，但符合 WHERE 条件的全部记录。可以将关键字 OUTER 省略。

【例 4.26】 使用左外联接查询未住校学生的选课及成绩情况。

```
SELECT Student.StudentCode, StudentName, CourseCode, Grade, LiveInDorm
FROM Student LEFT JOIN Grade
ON Student.StudentCode = Grade.StudentCode
```

```
WHERE LiveInDorm=0
```

查询结果如图 4.13（b）所示，有两条记录的 CourseCode 和 Grade 字段值为 NULL。这两条记录是左表（Student）中未住校学生的信息，但在 Grade 表中没有其相关选课记录。

● RIGHT OUTER JOIN（右外联接）：查询结果除了包含两张表中符合联接条件的记录，还包含右表（写在关键字 RIGHTT OUTER JOIN 右边的表）中不符合联接条件，但符合 WHERE 条件的全部记录。可以将关键字 OUTER 省略。

【例 4.27】 使用右外联接查询未住校学生的选课及成绩情况。

```
SELECT Student.StudentCode, StudentName, CourseCode, Grade, LiveInDorm
FROM Student RIGHT JOIN Grade
ON Student.StudentCode = Grade.StudentCode
WHERE LiveInDorm=0
```

查询结果如图 4.13（c）所示，与图 4.13（a）完全相同。结果相同是由于在表设计时，在表 Student 和 Grade 之间通过外键建立了参照完整性约束，表 Grade 中的所有 StudentCode 必须是 Student 中出现的值。如果上述语句改写如下，则结果同图 4.13（b）所示。

```
SELECT StudentName, CourseCode, Grade, LiveInDorm
FROM Grade RIGHT JOIN Student
ON Student.StudentCode = Grade.StudentCode
WHERE LiveInDorm=0
```

StudentCode	StudentName	CourseCode	Grade	LiveinDorm
1101	杜斯	101	86.0	0
1101	杜斯	103	94.0	0
1101	杜斯	106	47.0	0
1102	汪洋	101	80.0	0
1102	汪洋	105	76.0	0
4101	归爽子	111	97.0	0
6101	王石松	105	70.0	0
6101	王石松	113	NULL	0
8101	宋婷婷	103	90.0	0
8101	宋婷婷	106	88.0	0
8101	宋婷婷	113	NULL	0
8103	王红琳	115	96.0	0

(a) 内联接查询结果

	StudentCode	StudentName	CourseCode	Grade	LiveInDorm
1	1101	杜斯	101	86.0	0
2	1101	杜斯	103	94.0	0
3	1101	杜斯	106	47.0	0
4	1102	汪洋	101	80.0	0
5	1102	汪洋	105	76.0	0
6	4101	归爽子	111	97.0	0
7	5102	章咪咪	NULL	NULL	0
8	6101	王石松	105	70.0	0
9	6101	王石松	113	NULL	0
10	8101	宋婷婷	103	90.0	0
11	8101	宋婷婷	106	88.0	0
12	8101	宋婷婷	113	NULL	0
13	8102	朱松	NULL	NULL	0
14	8103	王红琳	115	96.0	0

(b) 左外联接查询结果

	StudentCode	StudentName	CourseCode	Grade	LiveinDorm
1	1101	杜斯	101	86.0	0
2	1101	杜斯	103	94.0	0
3	1101	杜斯	106	47.0	0
4	1102	汪洋	101	80.0	0
5	1102	汪洋	105	76.0	0
6	4101	归爽子	111	97.0	0
7	6101	王石松	105	70.0	0
8	6101	王石松	113	NULL	0
9	8101	宋婷婷	103	90.0	0
10	8101	宋婷婷	106	88.0	0
11	8101	宋婷婷	113	NULL	0
12	8103	王红琳	115	96.0	0

(c) 右外联接查询结果

图 4.13 使用不同联接方式查询未住校学生的课程成绩

（6）多表联接嵌套：如果查询所涉及的数据表在三个以上，形成联接嵌套，格式如下：

```
FROM 表 1 JOIN 表 2 ON 表 1.字段 i <比较运算符> 表 2.字段 j
        JOIN 表 3 ON 表 x.字段 k <比较运算符> 表 3.字段 l
        …
        [ JOIN 表 n ON 表 y.字段 m<比较运算符> 表 n.字段 n]        x≤2, y≤n-1
```

或者写为如下格式：

```
FROM 表 1 JOIN 表 2 JOIN 表 3 …  [JOIN 表 n
ON 表 n.字段 i<比较运算符> 表 n-1 字段 j
ON 表 x.字段 k <比较运算符> 表 n-2.字段 l
```

```
    …
ON 表 y.字段 m<比较运算符> 表 1.字段 n]                x≥n−1, y≥2
```

【例 4.28】 用嵌套联接实现例 4.24 查询优异生的情况。查询结果如图 4.12 所示。

```
SELECT StudentName, ClassName, GrantTime, GPA
FROM ExcellentStudent JOIN Student
ON ExcellentStudent.StudentCode=Student.StudentCode
JOIN Class ON Student.ClassCode=Class.ClassCode
```

【例 4.29】 查询班号是“61”的学生姓名、班号、所选课程名称和成绩。该查询需要用到三张表 Student、Course 和 Grade。查询结果如图 4.14 所示。

```
SELECT StudentName, ClassCode, CourseName, Grade
FROM Student JOIN Grade JOIN Course
ON Grade.CourseCode = Course.CourseCode
ON Student.StudentCode = Grade.StudentCode
WHERE ClassCode='61'
```

	StudentName	ClassCode	CourseName	Grade
1	王石松	61	大学英语	70.0
2	王石松	61	武术	NULL
3	朱娜娜	61	形体与表演	65.0
4	朱娜娜	61	计算机原理	55.0

图 4.14　多表联接查询选课情况

4）GROUP BY 子句

GROUP BY 子句用于对数据记录进行分类汇总，即按指定字段把具有相同值的记录通过汇总计算合并成一条记录。其语法格式为：

```
GROUP BY 分组字段 [HAVING 分组条件]
```

其中：HAVING 子句的作用是在分类汇总后，只显示满足 HAVING 子句中分组条件的记录。

注意 GROUP BY 的分组字段必须出现在 SELECT 后的字段列表中（可以是字段，也可在聚合函数中），否则不允许分组。如果 GROUP BY 后的分组字段有多个，则表示多次分组。

【例 4.30】 统计每门课程的选课人数和平均分。查询结果如图 4.15 所示。

```
SELECT CourseCode, Count(StudentCode) AS 选课人数, STR(AVG(Grade),5,2) AS 平均分
FROM Grade
GROUP BY CourseCode
```

“HAVING 分组条件”针对分组汇总查询结果进一步筛选，如在本例语句尾增加“HAVING AVG(Grade)>=80”子句，则查询结果只包含平均分大于等于 80 的记录（如图 4.16 所示）。

结果　消息

	CourseCode	选课人数	平均分
1	101	4	88.00
2	102	1	76.00
3	103	3	94.67
4	104	1	80.00
5	105	3	77.90
6	106	5	76.50
7	107	1	90.00
8	108	3	69.33
9	109	2	56.50
10	110	1	60.50
11	111	2	83.50
12	112	1	88.00
13	113	6	84.50
14	114	1	60.00
15	115	2	93.25

图 4.15　课程成绩的汇总查询结果

结果　消息

	CourseCode	选课人数	平均分
1	101	4	88.00
2	103	3	94.67
3	104	1	80.00
4	107	1	90.00
5	111	2	83.50
6	112	1	88.00
7	113	6	84.50
8	115	2	93.25

图 4.16　增加 HAVING 子句的查询结果

【例 4.31】 统计各学院男、女教师的人数。查询结果如图 4.17 所示。

```
SELECT Academy, Sex, Count(TeacherCode) AS 教师人数
FROM Teacher
GROUP BY Sex, Academy
```

	Academy	Sex	教师人数
1	材料学院	男	1
2	材料学院	女	1
3	纺织学院	男	1
4	纺织学院	女	1
5	服装学院	男	2
6	管理学院	男	1
7	管理学院	女	1

图 4.17　二次分组查询结果

5）ORDER BY 子句

ORDER BY 子句按查询结果中的指定字段进行排序。其语法格式如下：

```
ORDER BY 字段名 [ASC/DESC]
```

其中：字段名（也可以是含有字段名的表达式）是排序的依据。ASC 为升序排序，DESC 为降序排序。默认排列次序为升序。

可以指定多个排序的字段。多字段排序的规则是：首先用第一个字段对记录排序，然后对此字段中具有相同值的记录用第二个字段进行排序，以此类推。若在 SELECT 语句中无此子句，则按原数据表的记录次序报告结果。

【例 4.32】 按成绩（Grade）升序显示 Grade 表中的所有数据。

```
SELECT *
FROM Grade
ORDER BY Grade
```

【例 4.33】 按班名（ClassName）升序和姓名（StudentName）降序查询各班的学生信息。查询结果如图 4.18 所示。

```
SELECT ClassName, StudentCode, StudentName
FROM Class JOIN Student
ON Class.ClassCode=Student.ClassCode
ORDER BY ClassName, StudentName DESC
```

6）子查询

当一个查询是另一个查询的条件时，称该查询为子查询，也被称为嵌套查询。可以构造出一条含有多个子查询的 SQL 语句来完成复杂的查询目的。

【例 4.34】 查询“林豆豆”同班同学的学号、姓名。查询结果如图 4.19 所示。

	ClassName	StudentCode	StudentName
1	材料01	8102	朱松
2	材料01	8103	王红琳
3	材料01	8101	宋婷婷
4	传播01	2101	张小贝
5	传播01	2102	马路

图 4.18　查询结果排序

	StudentCode	StudentName	ClassCode
1	1101	杜斯	11
2	1102	汪洋	11
3	1103	林豆豆	11

图 4.19　子查询示例

```
SELECT StudentCode, StudentName, ClassCode
FROM Student
WHERE ClassCode=
   (SELECT ClassCode
    FROM Student
    WHERE StudentName='林豆豆')
```

本句在执行过程中，子查询只有一个返回值“11”，所以主查询的 WHERE 子句的查询条件表达式使用“=”关系运算。如果子查询结果返回多值，则 WHERE 子句的查询条件表达式要使用 IN、EXISTS 运算。

（1）IN 子查询

IN 子查询用来判断一个字段值是否在子查询的结果集中。IN 子查询的字段名中只允许有一项内容，即只能有一个字段名或表达式。

【例 4.35】 查询选修了课程代码为“101”的学生的学号、姓名和班号。查询结果如图 4.20 所示。

```
SELECT StudentCode, StudentName, ClassCode
FROM Student
WHERE StudentCode IN
    (SELECT StudentCode FROM Grade WHERE CourseCode='101')
```

	StudentCode	StudentName	ClassCode
1	1101	杜斯	11
2	1102	汪洋	11
3	2202	宋思明	22
4	3104	王思云	31

图 4.20　IN 子查询示例

> **提示：** 在执行过程中，子查询得到选修课程“101”的所有学生学号返回给主查询，主查询再查询这些学生的学号、姓名和班号。

【例 4.36】 查询年龄最大的学生的学号和姓名。查询结果如图 4.21 所示。

```
SELECT StudentCode, StudentName, Birthday
FROM Student
WHERE Birthday IN
(SELECT MIN(Birthday) FROM Student)
```

	StudentCode	StudentName	Birthday
1	4102	徐纯纯	1992-02-27 00:00:00

图 4.21　IN 子查询示例

> **提示：** 子查询获取 Student 表中最小的出生日期即年龄最大学生的出生日期，主查询再查询这一日期出生的学生的学号、姓名和出生日期。

（2）EXISTS 子查询

EXISTS 子查询用于判断一个子查询的结果集是否为空。如果结果集不为空则返回 TRUE；否则返回 FALSE。NOT EXISTS 的返回值与 EXISTS 相反。主查询以子查询结果作为查询条件。用 EXISTS 子查询实现例 4.35 的语句如下：

```
SELECT StudentCode, StudentName, ClassCode
FROM Student
WHERE EXISTS
    (SELECT * FROM Grade
     WHERE Student.StudentCode=Grade.StudentCode
           AND CourseCode='101')
```

> **提示：** 本查询的执行过程是：首先查找主查询中 Student 表的第一行，将该行的学号提供给子查询，然后子查询执行，若结果集不为空，则把该行的 StudentCode、StudentName、ClassCode 作为结果集的第一行输出；然后再找 Student 表中的第 2，3，…行，重复上述处理过程，直到 Student 中的数据行全部处理完毕。

【例 4.37】 查询所有未选修任何课程的学生。查询结果如图 4.22 所示。

```
SELECT StudentCode, StudentName
FROM Student
WHERE NOT EXISTS
(SELECT * FROM Grade
 WHERE Student.StudentCode=Grade.StudentCode)
```

	StudentCode	StudentName
1	3102	郭靖
2	4201	刘鲍强
3	5101	刘超
4	6301	刘萍
5	2102	马路
6	5201	潘佳油
7	6302	汪洋
8	2203	徐多拉
9	2201	张小宝
10	5102	章咪咪
11	7101	周一一
12	3103	朱丽雯
13	8102	朱松

图 4.22　EXISTS 子查询示例

多数情况下，包含子查询的语句可以用联接表示。但子查询与联接相比，有一个显著的优点，就是子查询可以计算一个变化的聚集函数值，并返回到主查询进行比较，而联接做不到，如例 4.36 无法用联接实现。

2．数据插入语句 INSERT INTO

INSERT INTO 语句实现向一个表中插入数据记录。

（1）向表中插入一条数据记录。语法格式如下：

```
INSERT INTO  数据表[(字段名 1，字段名 2，…)]
VALUES(表达式 1，表达式 2，…))
```

字段可以是某几个字段。表达式 1，表达式 2，…分别对应字段名 1，字段名 2，…，它们是所要添加的记录的值。当插入一条完整的记录时，可省略字段名，但字段值次序要与表中字段的次序一一对应。

【例 4.38】 向 Grade 表插入一条记录。

```
INSERT INTO Grade
VALUES ('2102', '113', 90,'2012-12-20')
```

如果插入时只给出了部分字段的值，其他值会自动取空值（NULL）或默认值，这时必须指明相应的字段名，次序可以随意，但表达式值的次序必须和所列字段名次序一一对应。

> 提示：注意对非空字段必须赋值。

【例 4.39】 向 Student 表插入一条记录。

```
INSERT INTO Student(StudentCode, Sex, StudentName, ClassCode)
VALUES ('3105', '女', '张琳','31')
```

（2）从其他表提取一组记录插入到目标表中。语法格式如下：

```
INSERT INTO  数据表[(字段名 1，字段名 2，…)]
SELECT 语句
```

> 提示：数据表必须已经存在，且其结构定义与 SELECT 语句返回的字段值类型一致。

【例 4.40】 向 StudentTest 表插入记录，数据为 Student 中所有女同学。

```
INSERT INTO StudentTest
SELECT StudentCode, StudentName, Sex, LiveInDorm From Student WHERE Sex='女'
```

3．数据更新语句 UPDATE

UPDATE 语句实现对一条或多条符合条件记录中某个或某些字段值的修改。语法格式为：

```
UPDATE  数据表  SET  字段名 1=表达式 1 [, 字段名 2=表达式 2  …]
```

```
[WHERE <条件表达式>]
```

一个 UPDATE 语句可以更新多个字段值；如没有 WHERE 子句，将更新数据表中所有记录。

【例 4.41】 更新 Student 表中学号为“8101”的联系电话为“67792280”。

```
UPDATE Student
SET Telephone='67792280'
WHERE StudentCode='8101'
```

【例 4.42】 更新 Course 表中信息，将所有开课学院（Academy）为“计算机学院”的课程的实验学时（LabHour）增加 10%，上课学时（ClassHour）增加 10。

```
UPDATE Course
SET LabHour=LabHour*(1+0.1), ClassHour=ClassHour+10
WHERE Academy='计算机学院'
```

4．数据删除语句 DELETE

要删除数据表中的一条或多条记录可以使用 DELETE 语句。基本语法格式为：

```
DELETE FROM
[WHERE <条件表达式>]
```

DELETE 语句删除符合条件的记录；若没有 WHERE 子句则删除数据表中的所有记录。

【例 4.43】 删除 Student 表中 StudentCode 字段值为“3105”的记录。

```
DELETE FROM Student
WHERE StudentCode='3105'
```

【例 4.44】 删除 Student 表中选课平均成绩低于 70 的学生信息。

```
DELETE FROM Student
WHERE StudentCode IN
        (SELECT StudentCode FROM Grade    --子查询
        GROUP BY StudentCode
        HAVING AVG(Grade)<70)
```

在进行表的插入、更新和删除时，可能会因关系完整性的约束而不能成功操作，这种约束可以保证数据库中数据的正确性。

4.1.4　T-SQL 的运算功能和控制流程

T-SQL 虽然和高级语言不同，但它也有运算、控制等功能，用来支持复杂的数据检索和集合操纵，本节主要介绍 T-SQL 的主要运算和控制语句。

1．标识符、常量和变量

1）标识符

标识符是由用户定义的名称，用来标识各种对象，如服务器、数据库、表、字段、变量等。在 SQL Server 中，如果标识符中包含空格，要用双引号（ " " ）或方括号([])括起来，如 Student Name 不合法，必须将其表示为[Student Name]或 " Student Name " 。

2）常量

常量是指在程序运行过程中值不变的量。需要注意的是，字符串常量要用单引号括起来，例如'Li Ping'，如果单引号中的字符串包含单引号，可以使用两个单引号表示嵌入的单引号，例如'''211''工程'。日期时间常量也需用单引号括起来，如'2010-10-23 10:40:30'。

3）变量

变量是指在程序运行过程中其值可以被改变的量。变量具有三个要素：变量名、变量类型和变量值。

（1）变量的分类

在 SQL Server 中，变量分为全局变量和局部变量。全局变量由系统定义和维护，其名称前有两个“@”符号，例如：@@version。局部变量由用户定义，其名称前有一个“@”符号。

（2）局部变量的定义和赋值

变量必须先定义再使用。局部变量可以使用 DECLARE 语句定义，其定义格式如下：

```
DECLARE @局部变量名 数据类型
```

如在一条语句中声明多个变量，各变量之间用“,”分隔。 例如：

```
DECLARE @x float,@str char(4)     /*变量 x 是实型，变量 str 是长度为 4 的字符型*/
```

局部变量被定义后其初始值为 NULL。如果要给变量赋值，可以使用 SET 或 SELECT 语句，它们的基本语法格式如下：

```
SET @局部变量名=表达式
SELECT @局部变量名=表达式
```

【例 4.45】 使用课程号变量和成绩变量查询 Grade 表中课程代码为“105”且成绩低于 80 分的记录。语句段执行结果如图 4.23 所示。

```
DECLARE @code char(3), @score Numeric(3,1) --变量@code 表示课程号，@score 表示成绩
SET @code='105'       --给@code 赋值
SELECT @score=80    --给@score 赋值
SELECT *       --使用变量@code 和@score 查询
FROM Grade
WHERE CourseCode=@code AND Grade<@score
```

本例要注意的是变量类型要与 Grade 表中字段的类型一致，使用前要先赋值。

【例 4.46】 将学号为“1102”的学生姓名存放到变量@sname 中。执行结果如图 4.24 所示。

	StudentCode	CourseCode	Grade	WriteStamp
1	1102	105	76.0	2011-12-22 10:12:10.000
2	6101	105	70.0	2011-12-22 10:13:10.000

图 4.23 变量查询示例

	姓名
1	汪洋

图 4.24 变量查询示例

```
DECLARE @sname nvarchar(16)
SELECT @sname=                        --给@sname 赋值
      (SELECT StudentName
       FROM Student
       WHERE StudentCode='1102')
SELECT @sname as '姓名'               --查询显示@sname 的值
```

本例中子查询返回值为“汪洋”，通过 SELECT 赋值语句将该值赋予变量@sname。通常 SELECT 赋值语句用于将单个值赋予变量。如果子查询返回值有多个，则将最后一个返回值赋

给变量；如果子查询没有返回值，变量就保留当前值。

2．运算符和表达式

1）运算符

SQL Server 提供的运算符按其功能可分为：算术运算符、比较运算符、逻辑运算符、字符串运算符、赋值运算符等。表 4.6 列出了 SQL Server 常用的运算符及其类别。

表 4.6　SQL Server 运算符类别

运算符类别	所包含运算符
赋值运算符	=（赋值）
算术运算符	+（加）、-（减）、*（乘）、/（除）、%（取模）
字符串运算符	+（连接）
一元运算符	+（正）、-（负）、~（按位取反）
比较运算符	见表 4.4 及其介绍
逻辑运算符	

（1）算术运算符中取模运算（%）是返回相除后的余数的整数部分。如 15%4=3。加、减运算符也可以对 datetime 和 smalltime 值进行算术运算。

（2）字符串连接运算符（+）实现两个字符串的连接运算。如'AB'+'12'结果为'AB12'。

2）表达式

表达式由运算对象、运算符及圆括号组成。当一个表达式中有多个运算符时，运算符的优先级决定运算的先后次序。用户可以在 SQL Server Management Studio 的查询窗口，使用 SELECT 语句查看表达式的值。例如，SELECT 'AB'+'12'，结果为'AB12'。

3．常用函数

类似于其他高级程序设计语言，在 T–SQL 中，系统提供了很多内置函数，用户也可用 CREATE FUNCTION 语句创建自定义函数。下面介绍常用的内置函数。读者可以在 Management Studio 的查询窗口使用 SELECT 语句查看函数的执行结果，例如，SELECT SQRT(4)，结果为 2。

1）数学函数

数学函数可对数值类型数据进行数学运算。常用的数学函数及功能如表 4.7 所示。

表 4.7　常用数学函数

函　数　名	函 数 功 能	函　数　名	函 数 功 能
ABS(x)	计算 x 的绝对值	SQRT(x)	计算 x 的平方根
ATN(x)	计算 x 的反正切值	SIGN(x)	返回 x 的特征符号
COS(x)	计算 x 的余弦值	TAN(x)	计算 x 的正切值
EXP(x)	计算 e^x	RAND([n])	产生[0,1)之间的随机 float 值，n 为正数
LOG(x)	计算自然对数 lnx	ROUND（x, n）	将 x 四舍五入为指定精度，n 为小数位数
SIN(x)	计算 x 的正弦值		

2）日期时间函数

常用日期时间函数如表 4.8 所示。

表 4.8 常用日期时间函数

函数名	函数功能
DAY(x)	返回指定日期中所表示的日，x 是日期，例如：Day('2014-5-1')=1
MONTH(x)	返回指定日期中所表示的月，例如：Month('2014-5-1')=5
YEAR(x)	返回指定日期中所表示的年份，例如：YEAR('2014-5-1')=2014
GETDATE()	返回当前系统日期和时间

> 提示：GETDATE()函数可获得当前计算机的系统时间。在数据库设计时，如果将日期型字段的默认值设置为 GETDATE()，则在添加新记录时，如果不赋值，自动用当前时间填入。

3）字符串函数

T-SQL 中提供了丰富的字符串处理函数，常见的字符串函数如表 4.9 所示。

表 4.9 常用字符串函数

函数名	函数功能	函数名	函数功能
ASCII(s)	返回字符串 s 最左端字符的 ASCII 码	STR(n)	将数字数据 n 转换为字符串
CHAR(n)	将 ASCII 转换为字符	SPACE(n)	返回 n 个空格
LEFT(s, n)	返回字符串 s 左边的 n 个字符	SUBSTRING(s, m, n)	返回字符串 s 起始 m 长度为 n 的子串
RIGHT(s, n)	返回字符串 s 右边的 n 个字符	LOWER(s)	将字符串中的字母转换为小写字母
LEN(s)	返回字符串 s 的长度（字符的个数）	UPPER(s)	将字符串中的字母转换为大写字母
LTRIM(s)	删除字符串 s 开始处的空格	REPLACE(s1, s2, s3)	用 s3 替换 s1 中包含的 s2
RTRIM(s)	删除字符串 s 结尾处的空格		

下面是几个字符串函数的例子：

```
SELECT LEN('Sun'), LEN('中国北京')                --返回结果分别为数值 3 和 4
SELECT SUBSTRING('VB 语言程序设计', 3, 2)   --返回结果为字符串“语言”
SELECT REPLACE ('数据库系统','系统','应用')     --返回结果为字符串“数据库应用”
```

4）聚合函数

聚合函数对一组值进行计算并返回一个结果，常用于对记录的分类汇总，聚合函数经常与 SELECT 语句的 GROUP BY 子句一同使用。常用的聚合函数如表 4.3 所示。

4．流程控制语句

高级语言都有各种流程控制语句，用以改变程序的执行流程。类似地，T-SQL 也提供了一些流程控制语句，使得对数据库中数据的检索、更新、插入等操作更加方便。

1）BEGIN … END 语句

多条 SQL 语句用 BEGIN … END 组合起来形成一个语句块。其语法格式为：

```
BEGIN
    SQL 语句 1
    SQL 语句 2
    …
END
```

2）IF … ELSE 语句

通过判定给定的条件来决定执行哪条语句或语句块。其语法格式为：

```
IF 条件表达式
    SQL 语句块 1
[ELSE
    SQL 语句块 2]
```

该语句计算条件表达式的值，如果为 TRUE，则执行 IF 后面的语句块；否则执行 ELSE 后面的语句块。如果是单分支流程，不含 ELSE；如果条件表达式中包含 SELECT 语句，则必须用圆括号将 SELECT 语句括起来。另外，IF … ELSE 可嵌套。

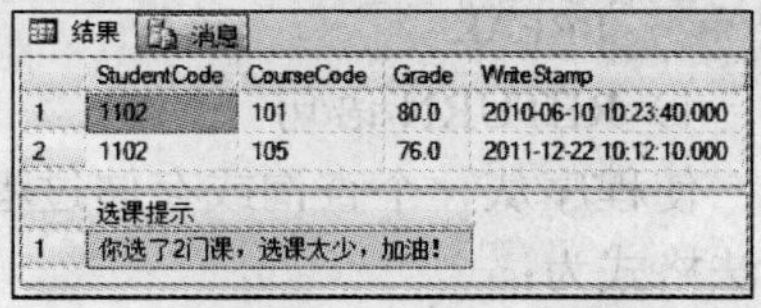

图 4.25　统计选课数目

【例 4.47】 统计学号为“1102”的学生的选课总数，如果不少于三门课就报告选课门数；否则显示其选修的课程信息，并提示选课太少。语句段执行结果如图 4.25 所示。

```
USE School
DECLARE @cn smallint, @text varchar(100)
SET @cn=(SELECT count(StudentCode) --查选课门数
         FROM Grade
         WHERE StudentCode='1102')
IF @cn>=3
    SET @text='你选了'+ LTRIM(STR(@cn)) +'门课，很好！'
ELSE
  BEGIN
    SELECT * FROM Grade WHERE StudentCode='1102'    --查询报告选课信息
    SET @text='你选了'+ LTRIM(STR(@cn)) +'门课，选课太少，加油！'
  END
SELECT @text AS 选课提示    --查询报告选课提示信息
```

3）WHILE 语句

实现一条 SQL 语句或 SQL 语句块重复执行。其语法格式为：

```
WHILE  条件表达式
    SQL 语句块 1
```

```
        [BREAK]
        SQL 语句块 2
    [CONTINUE]
```

该语句计算条件表达式的值，如果为 TRUE，则执行 WHILE 后的语句块，BREAK 为从 WHILE 循环中退出。当存在多层循环嵌套时，使用 BREAK 语句只能退出其所在的内层循环，然后重新开始外层的循环。CONTINUE 结束本次循环，开始下一次循环的判断。

【例 4.48】 调整课程号为“105”的课程成绩。当该课平均成绩小于 80 时，为每个同学的成绩加 5 分，循环操作直到最高分大于等于 95 分。

```
WHILE (SELECT AVG(Grade) FROM Grade Where CourseCode='105') < 80
 IF (SELECT MAX(Grade) FROM Grade WHERE CourseCode='105') <95
    BEGIN
        UPDATE Grade SET Grade=Grade+5 WHERE CourseCode='105'
        CONTINUE
    END
 ELSE
    BREAK
```

4）RETURN 语句

使程序从一个查询或存储过程中无条件返回，并返回表达式的值，其后的语句不再执行。语法格式为：

```
RETURN 表达式
```

5）CASE 语句

CASE 语句是多分支的选择语句。该语句具有以下两种形式。

（1）简单 CASE 函数。将某个表达式与一组简单表达式进行比较以确定结果。

```
CASE 输入表达式
    WHEN 情况表达式 THEN 结果表达式
    ...
    [ELSE 结果表达式]
END
```

当输入表达式的值与某一个 WHEN 子句的情况表达式的值相等时，就返回该 WHEN 子句中结果表达式的值；如果所有 WHEN 子句中的情况表达式的值都没有与输入表达式的值相等，则返回 ELSE 子句后的结果表达式的值，若没有 ELSE 子句，则返回 NULL。

	姓名	是否住校
1	马路	住校
2	杨康	住校
3	刘超	住校
4	潘佳油	住校
5	王石松	未住校

图 4.26 男生住校情况

【例 4.49】 查询 1994 年出生的男同学的住校情况。查询结果如图 4.26 所示。

```
SELECT StudentName AS '姓名',
    CASE LiveInDorm
        WHEN 0 THEN '未住校'
        WHEN 1 THEN '住校'
```

```
    END AS '是否住校'
FROM Student
WHERE Sex='男' AND YEAR(Birthday)=1994
```

（2）CASE 搜索函数。计算一组条件表达式以确定结果。其语法格式为：

```
CASE
  WHEN 条件表达式 THEN 结果表达式
        ...
    [ELSE 结果表达式]
END
```

按顺序计算 WHEN 子句的条件表达式，当表达式的值为 TRUE 时，返回 THEN 后面的结果表达式的值，然后跳出 CASE 语句。

【例 4.50】 统计每个学生平均成绩并划分等级。查询结果如图 4.27 所示。

	学号	平均成绩	等级
1	1101	75.67	C
2	1102	78.00	C
3	1103	70.50	C
4	2101	70.83	C

图 4.27　成绩分级的部分结果

```
SELECT StudentCode AS '学号', STR(AVG(Grade), 5, 2) AS '平均成绩',
    CASE
        WHEN AVG(Grade)>=90 THEN 'A'
        WHEN AVG(Grade)>=80 THEN 'B'
        WHEN AVG(Grade)>=70 THEN 'C'
        WHEN AVG(Grade)>=60 THEN 'D'
        WHEN AVG(Grade)<60 THEN 'E'
    END AS '等级'
FROM Grade GROUP BY StudentCode
```

4.2　视图

视图是一个虚拟表，其内容来自对数据表的查询结果。和数据表一样，视图也是二维表结构。从本质上讲，视图的数据来自于定义视图的查询所引用的基本表，并在使用视图时动态生成，所以视图数据并没有实际地以视图结构存储在数据库中。

视图是数据库的外模式，通常用来为用户集中数据、简化用户的数据查询。它使得分散在多个表中的数据，通过视图定义在一起。例如，用户可以将数据库中自己感兴趣的特定数据展现在视图中。利用视图合并或分割数据，有利于应用程序开发。同时，视图也可作为一种安全机制，允许用户通过视图访问数据，而不授予用户直接访问某些基础表的权限。

4.2.1　创建视图

在 SQL Server 中创建视图主要有两种方式：一种是在 SQL Server Management Studio 中使用向导创建视图，另一种是通过执行视图定义 SQL 语句 CREATE VIEW 创建视图。

创建视图时应遵循以下两个原则：一是只能在当前数据库中创建视图；二是视图名称不得

与数据库中的其他对象重名，因为视图在数据库中作为一个对象存储。

1. 在 SQL Server Management Studio 中使用向导创建视图

【例 4.51】 在 School 数据库中建立视图 V_StudentGrade，查询学生姓名、课程名和成绩。

（1）在对象资源管理器中，展开 School→“视图”，可看到数据库中已有一些系统视图。右击“视图”，选择“新建视图”菜单可打开“添加表”对话框（如图 4.28（a）所示）。

（2）选择与视图有关的表、视图或函数（同时按 Ctrl 或 Shift 键可选择多项），然后单击“添加”按钮；或直接双击要添加的表，即可将其添加到视图设计窗口中。本例添加数据表 Student、Course 和 Grade。添加表完毕，单击“关闭”按钮，进入视图设计窗口。

（3）视图设计窗口（如图 4.28（b）所示）包括 4 个窗格：上格是表及其关系窗格，中格是为视图选择表中列的网格，然后是 SQL 语句窗格，下格是结果窗格。

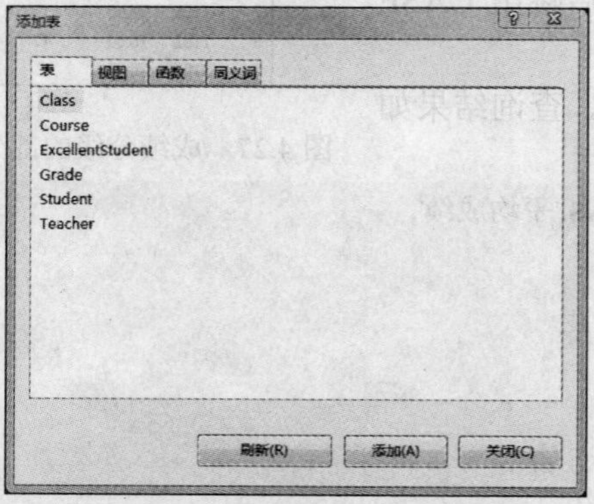

(a)“添加表”对话框

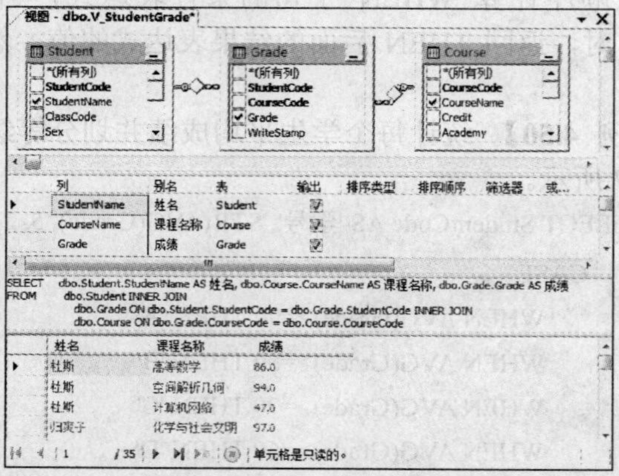

(b) V_Student Grade 视图的建立

图 4.28　创建视图过程

（4）选择的表添加到视图设计窗口的上格，单击每个表字段前的复选框，可将该字段添加到视图中，也可在第二个窗格中选择视图字段，并可指定列的别名、排序方式和规则等，本例选择 StudentName、CourseName 和 Grade 三个字段，并分别设置别名为“姓名”、“课程名称”和“成绩”。在选择过程中，第三个窗格中的 SELECT 语句也会随之自动改变。

提示：可省略第（2）～（4）步，直接在第三个窗格中输入实现查询的 SELECT 语句。

（5）单击工具栏上的!按钮执行，视图的查询结果显示在结果窗格中。

（6）单击工具栏上的💾按钮，在弹出的“另存为”对话框中为视图命名，本例输入“V_StudentGrade”，单击“确定”按钮保存视图，从而完成视图创建。“对象资源管理器”窗口的“视图”列表中会出现该视图 V_StudentGrade。

【例 4.52】 在 School 数据库中，建立视图 V_StudentAvgGradeExcellent，选拔优培生（平均成绩大于等于 90 的学生），并要求按平均成绩从高到低排列。

该例可以参照例 4.51 的方法在基本表 Student 和 Grade 上创建。由于视图的内容也可以来自另一个视图，这里介绍基于视图 V_StudentGrade 创建视图的主要步骤（如图 4.29 所示）。

（1）在创建视图的“添加表”对话框中选择“视图”选项卡，添加视图 V_StudentGrade 到视图设计器中。

（2）在视图设计窗口的上格，首先为视图选择“姓名”和“成绩”字段。右击第二个窗格中的字段“姓名”，选择快捷菜单中的“添加分组依据”；在“成绩”行的“分组依据”列选择 Avg，“筛选器”列中输入“>=90”，“排序类型”列中选择“降序”。

（3）单击工具栏上的 ! 按钮可查看结果，保存视图为 V_StudentAvgGradeExcellent。

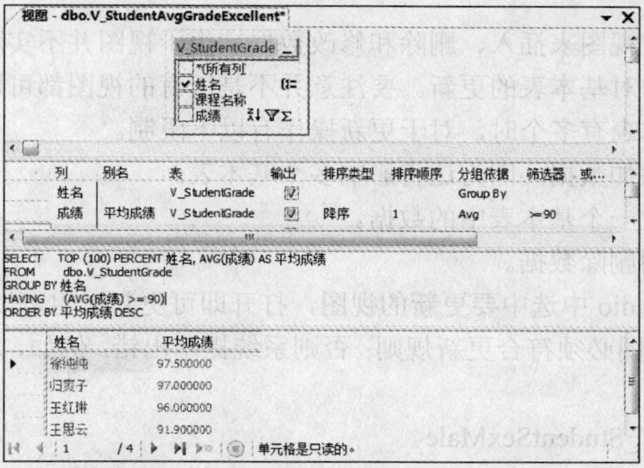

图 4.29　V_StudentAvgGradeExcellent 视图的建立

2．使用 SQL 语句创建视图

可以在查询编辑器中通过执行 SQL 语句来完成视图创建。视图定义语句格式如下：

```
CREATE VIEW 视图名称
AS
SELECT 查询语句
```

【例 4.53】 创建一个性别为“男”的学生视图 V_StudentSexMale，包括学生的学号、姓名、班号和性别。

```
CREATE VIEW V_StudentSexMale
AS
SELECT StudentCode As 学号, StudentName As 姓名, ClassCode As 班号, Sex As 性别
FROM Student
WHERE SEX='男'
```

4.2.2　使用视图

1．查询视图操作

创建好的视图与表的用法相同，可以通过视图查询数据库，这样的操作被称为查询视图操作。可以在 SQL Server Management Studio 中选中要查询的视图并打开，浏览该视图中的所有数据；也可以在查询窗口中执行 SELECT 语句查询视图。

【例 4.54】 在数据库 School 中，查询视图 V_StudentGrade 统计“大学英语”课程的平均分。查询结果如图 4.30 所示。

	课程名称	平均分
1	大学英语	77.900000

图 4.30　查询视图示例

```
SELECT 课程名称, AVG(成绩) AS 平均分
FROM V_StudentGrade
GROUP BY 课程名称
HAVING 课程名称='大学英语'
```

2．更新视图操作

更新视图是指通过视图来插入、删除和修改数据。由于视图并不实际存储数据，因此对视图的更新最终被转换为对基本表的更新。要注意并不是所有的视图都可以执行各种更新操作。如果视图所依赖的基本表有多个时，对于更新操作有以下限制。

（1）不能向视图添加数据，因为这将影响多个基本表。

（2）一次只能修改一个基本表中的数据。

（3）不能通过视图删除数据。

在 Management Studio 中选中要更新的视图，打开即可更新；也可以通过执行 SQL 语句更新视图。但要更新的视图必须符合更新规则；否则系统提示出错。例如，对视图 V_StudentGrade 插入数据会报错。

【例 4.55】 更新 V_StudentSexMale。

（1）向视图 V_StudentSexMale 插入记录（'1104','赵谦', '11', '男'）

```
INSERT INTO V_StudentSexMale VALUES('1104', '赵谦', '11', '男')
```

向视图 V_StudentSexMale 添加记录的命令实际上是对数据表 Student 添加记录。

（2）修改该记录：将“赵谦”名字改为“赵廉”

```
UPDATE V_StudentSexMale
SET StudentName='赵廉' WHERE StudentName='赵谦'
```

对视图 V_StudentSexMale 修改，实际是修改 Student 表中相关的记录。

4.2.3 修改和删除视图

1．修改视图

修改视图是指修改视图的定义，即修改视图中指定字段的字段名、别名、表名、是否输出等属性。修改视图定义时，可以在 Management Studio 中右击要修改的视图，选择“修改”命令，在视图设计窗口中进行修改；也可以直接修改视图定义语句。

2．删除视图

在 Management Studio 中右击要删除的视图，选择“删除”命令，在“删除对象”对话框中，单击“确定”按钮即可删除相应视图。

提示：删除视图对基本表没有任何影响，因为视图只是个虚拟表。

4.3 存储过程

存储过程是 T-SQL 语句的集合，它作为数据库对象被存储在数据库中，用户的应用程序通

过调用存储过程可实现对数据库的访问。存储过程的作用和使用方式类似于程序中的过程，它由应用程序调用执行，可以接收输入参数，并以输出参数的形式将多个值返回给调用它的程序。但要注意存储过程并不与应用程序存放在一起，而是在 SQL Server 数据库中。

使用存储过程有以下优点。

（1）可以在一个存储过程中执行多条 SQL 语句。

（2）可以代入输入参数调用存储过程动态执行。

（3）存储过程在创建时就在服务器端进行了编译，节省 SQL 语句的运行时间。

（4）提供了一种安全机制。可以限制用户执行 SQL 语句，只允许其访问存储过程。

SQL Server 已经预定义了一些系统存储过程，例如存储在 master 数据库中的系统存储过程和扩展存储过程等，主要完成与系统有关的管理任务，用户可以调用。本节介绍在用户数据库中可以根据需要创建存储过程。

4.3.1　创建存储过程

创建存储过程可使用 SQL 命令 CREATE PROCEDURE，也可使用 Management Studio 的模板。

1．使用 SQL 语句创建存储过程

创建存储过程的 SQL 语句格式如下：

```
CREATE PROC[DURE] 存储过程名
{@形式参数 数据类型}[=默认值][OUTPUT]
AS
   SQL 语句 1
   …
   SQL 语句 n
```

“形式参数”名称必须符合标识符规则；OUTPUT 表示该参数是可以返回值的，可将信息返回给调用者；“默认值”表示输入参数的默认值，该值必须是常量或 NULL，如果定义了默认值，不必提供实在参数，存储过程就可以执行；如果有多个参数，可以依次按以上参数定义规则列出，用逗号“,”隔开。

存储过程创建后，可以通过 EXECUTE 语句来执行存储过程。语法格式如下：

```
EXEC[UTE] 存储过程名 [[@形参=]实参值 | @变量 [OUTPUT]|[DEFAULT]]
```

其中：

“@形参”是创建存储过程时定义的形参名；“实参值”是输入参数的值；“@变量”表示用来保存参数或者返回参数的变量；OUTPUT 表示指定参数为返回参数；DEFAULT 表示使用该参数的默认值作为实参。多个参数可依次按以上参数定义规则列出，用逗号“，”隔开。

【例 4.56】 在 School 数据库中，创建无参数存储过程 Proc_Student，查询所有学生信息。

（1）在 Management Studio 中，打开一个查询编辑窗口，输入下面代码后执行（如图 4.31 所示）。

```
CREATE PROCEDURE Proc_Student
```

```
AS
SELECT * FROM Student
```

（2）在 School→“可编程性”→“存储过程”下可看到 Proc_Student。

（3）在查询编辑窗口中执行以下语句可以调用存储过程 Proc_Student，执行结果如图 4.32 所示。

```
EXEC Proc_Student
```

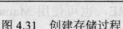

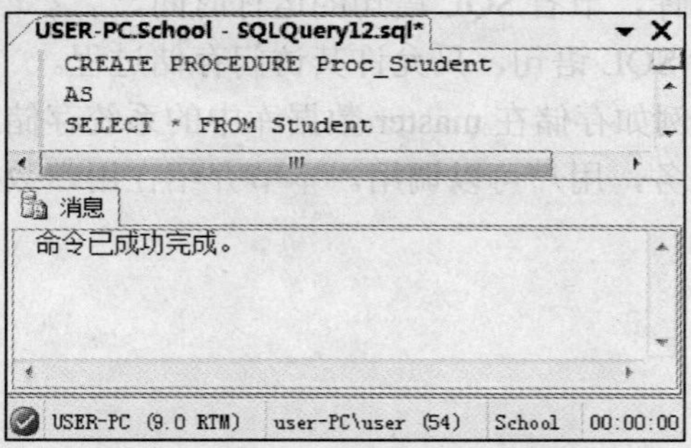

图 4.31 创建存储过程

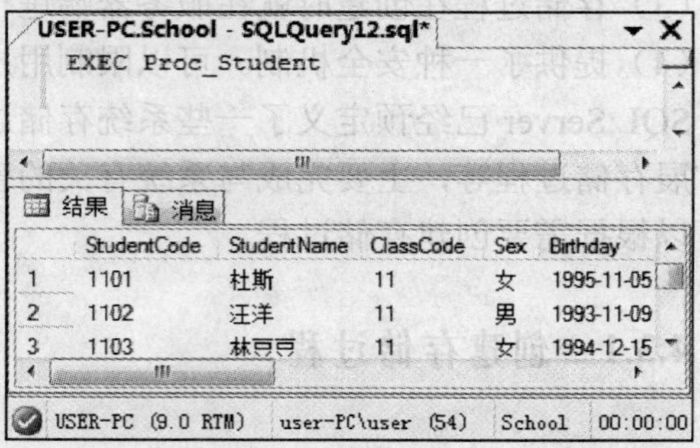

图 4.32 执行存储过程

2．使用模板创建存储过程

在 Management Studio 中，提供了存储过程的创建模板，预先存放了主要语句代码结构，方便直接修改和补充模板中的代码来完成 SQL 语句。可以直接从模板资源管理器中选中模板拖放到查询编辑窗口，也可通过“新建存储过程”命令使用模板。

【例 4.57】 在 School 数据库中创建一个带有输入参数的存储过程 proc_SearchStudent，按输入姓名查询特定学生的信息。

（1）在 Management Studio 的对象资源管理器中，展开 School→“可编程性”→“存储过程”，右击“存储过程”，在弹出的快捷菜单上选择“新建存储过程”。

（2）在新打开的查询编辑窗口中，给出了创建存储过程的模板（如图 4.33 所示），按照下面的代码修改后执行。该存储过程带有一个输入参数@sname，接受实参传来的学生姓名。

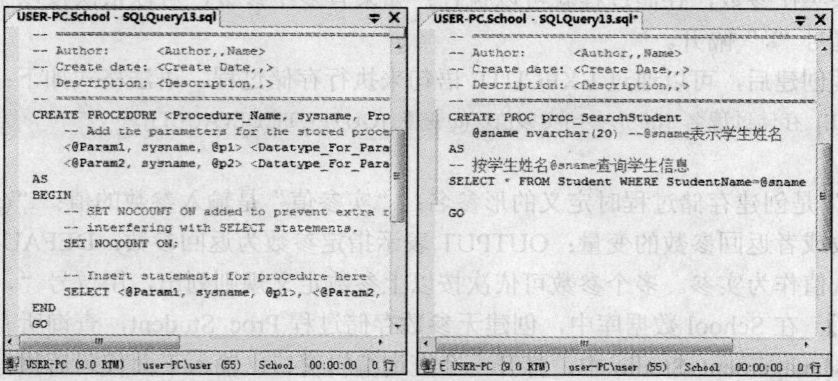

图 4.33 使用模板创建存储过程

```
CREATE PROC proc_SearchStudent
   @sname nvarchar(20)        --@sname 表示学生姓名，是输入参数
AS
   SELECT * FROM Student WHERE StudentName=@sname --按@sname 查询学生信息
```

（3）建立存储过程的命令成功执行后。在对象资源管理器→School→“可编程性”→“存储过程”中可以看到新建立的存储过程 proc_SearchStudent。

（4）以下代码调用 proc_SearchStudent，查询学生“林豆豆”的信息（如图 4.34 所示）。

```
EXEC proc_SearchStudent '林豆豆'
或者 EXEC proc_SearchStudent @sname ='林豆豆'
```

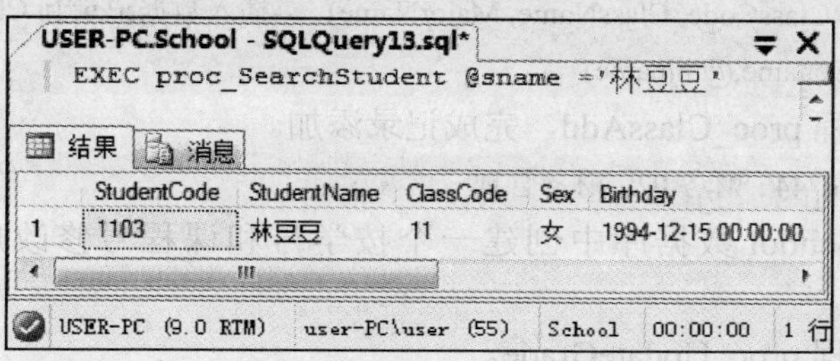

图 4.34　执行存储过程

3. 存储过程的创建和应用实例

下面通过几个实例介绍使用存储过程查询和更新数据库，实现复杂应用处理逻辑的方法。

【例 4.58】 在 School 数据库中创建一个带有输入和输出参数的存储过程 proc_CountStudent，根据课程编号统计选修该课程的学生人数。

（1）创建存储过程 proc_CountStudent。

```
CREATE PROCEDURE proc_CountStudent
@ccode char(3),               -- @ccode 表示课程号，是输入参数
@number int OUTPUT        -- @number 表示选修总人数，是输出参数
AS
SELECT @number =count(StudentCode) FROM Grade   --统计选修人数存放到@number
WHERE Grade IS NOT NULL AND CourseCode=@ccode
```

（2）调用存储过程 proc_CountStudent，查询得到“101”课程的选修人数（如图 4.35 所示）。

```
DECLARE @num int
EXEC Proc_CountStudent '101', @num OUTPUT
PRINT '选修 101 课程的学生人数：'+str(@num)
```

图 4.35　执行存储过程

通过使用 OUTPUT 参数，应用程序或 SQL 语句可以获得存储过程执行后返回的值。OUTPUT 形参变量必须在存储过程创建、调用期间进行定义。参数名称和调用变量名称不一定相同，但是数据类型和参数类型必须匹配。

利用存储过程也可以添加、修改和删除数据表记录。

【例 4.59】 在 School 数据库中创建一个向 Class 表中插入班级记录的存储过程 proc_ClassAdd。

（1）创建存储过程 proc_ClassAdd。

```
CREATE PROCEDURE proc_ClassAdd
@ccode char(2),            --@ccode 表示班号，是输入参数
@cname nvarchar(10),       --@cname 表示班名，是输入参数
@mjname nvarchar(10)       --@mjname 表示专业名称，是输入参数
AS
INSERT INTO Class(ClassCode, ClassName, MajorName)  --插入数据记录到 Class
VALUES(@ccode, @cname,@mjname)
```

（2）调用存储过程 proc_ClassAdd，完成记录添加。

```
EXEC proc_ClassAdd '44', '财务 02', '财务管理'
```

【例 4.60】 在 School 数据库中创建一个按学号和课程号修改成绩的存储过程 proc_UpdateGrade。

（1）创建存储过程 proc_UpdateGrade。

```
CREATE PROC proc_UpdateGrade
   @stcode char(4), @cscode char(3), @scgrade Numeric(4,1)
AS
UPDATE Grade   --以@scgrade 值修改成绩
SET Grade=@scgrade
WHERE StudentCode=@stcode AND CourseCode=@cscode
```

（2）调用存储过程 proc_UpdateGrade，将 2202 号学生的 106 课程成绩改为 80 分。

```
EXEC proc_UpdateGrade '2202','106', 80
```

【例 4.61】 在 School 数据库中创建一个存储过程 proc_StudentPrize，查询某个学生所获得的奖学金。奖学金发放的规则为：平均成绩大于 90 分获奖学金 1 000 元；平均成绩在 80～90 分之间获奖学金 500 元；平均成绩小于 80 分没有奖学金。

（1）创建存储过程 proc_StudentPrize。

```
CREATE PROC proc_StudentPrize
   @stcode char(4)          -- @stcode 表示学号，是输入参数
AS
DECLARE @stavg int          -- @stavg 是存储过程内部使用的变量，而不是参数
SELECT @stavg=AVG(Grade) FROM Grade --查询某学生的平均成绩存放到@stavg 变量
WHERE StudentCode=@stcode
GROUP BY StudentCode
-- 根据平均成绩@stavg 的值返回奖学金数给调用程序
IF @stavg>=90
   RETURN 1000              --返回 1000
```

```
ELSE
 IF (@stavg>=80)
   RETURN 500          --返回 500
 ELSE
   RETURN 0            --返回 0
```

（2）调用存储过程 proc_StudentPrize，查询 1101 号学生的奖学金数额。

```
DECLARE @prize int
EXEC @prize=proc_StudentPrize '1101'
PRINT   '1101 学生的奖学金是'+STR(@prize, 5)+'元'
```

本次调用的执行结果为：1101 学生的奖学金是 0 元。

RETURN 语句返回值作为存储过程输出结果可以被调用它的程序接收。本例也可以通过使用 OUTPUT 参数来返回结果，请读者自己修改完成。

4.3.2　查看、修改和删除存储过程

1．查看存储过程

在 Management Studio 中 School→“可编程性”→“存储过程”下列出了数据库的所有存储过程，右击一个存储过程，选择“编写存储过程脚本为”→“CREATE 到”→“新查询编辑窗口”命令，可以查看存储过程的源代码。

2．修改存储过程

右击一个存储过程，选择“修改”命令，可修改存储过程的源代码后执行。

【例 4.62】 修改例 4.57 所建立的存储过程 proc_SearchStudent，按输入的学生的姓名模糊查询一些学生的信息，如果没有提供参数，则返回所有学生的信息。

（1）右击 proc_SearchStudent，选择“修改”命令，查询编辑窗口中会显示原来的存储过程代码（注意开头是 ALTER PROC），按以下代码修改原有的存储过程并执行，即可完成修改。

```
ALTER PROC [dbo].[proc_SearchStudent]
  @sname nvarchar(20)='%'          --定义存放学生姓名的 sname 变量并赋初值'%'
AS
SELECT * FROM Student WHERE StudentName LIKE @sname
```

（2）修改后的存储过程 proc_SearchStudent 可按以下多种组合执行：

```
EXEC proc_SearchStudent            --显示所有学生的信息
EXEC proc_SearchStudent '张%'      --显示姓张的学生的信息
EXEC proc_SearchStudent '张小贝'   --显示学生张小贝的信息
```

3．删除存储过程

在 Management Studio 中右击一个存储过程，选择“删除”命令，在“删除对象”对话框中单击“确定”按钮即可完成。

4.4 触发器

触发器是一种特殊的存储过程，当执行更新数据库的操作时，所设置的触发器就会被自动执行，一般用来完成数据完整性维护和其他一些特殊的任务。更新操作语句包括数据操纵语言（如 INSERT、UPDATE、DELETE）或数据定义语言（如 CREATE、ALTER、DROP 等）。

> 提示：触发器不能被程序直接调用，也不能传递参数。

4.4.1 DML 触发器

1．DML 触发器简介

当数据库中发生 DML 事件时将调用 DML 触发器。DML 事件包括对指定表执行更新数据的 INSERT、UPDATE 或 DELETE 语句。DML 触发器可以包含访问其他表的复杂 SQL 语句。

按照触发器被触发和数据更新的时间先后，可把 DML 触发器分为以下两种。

（1）AFTER 触发器：在表中数据被更新之后才触发。触发器可对变动的数据进行检查，如果发现错误，将拒绝或回滚变动的数据。如果不指明，触发器默认为 AFTER 型。

（2）INSTEAD OF 触发器：在数据更新以前触发，并取代更新数据表的操作，转去执行触发器定义的操作。

DML 触发器常用在以下情况。

（1）实现由主键和外键所不能保证的复杂的参照完整性和数据一致性。检查对数据表的操作，如果违反数据一致性，选择相应的操作。

（2）级联修改数据库中相关的表。例如，在一个表上的触发器中含有对另一个表的数据操作，而该操作又可导致其他表上触发器被触发。

（3）防止恶意或错误的 INSERT、UPDATE 以及 DELETE 操作，并强制执行比 CHECK 约束定义的限制更为复杂的其他限制。与 CHECK 约束不同，DML 触发器可以引用其他表中的列，并可使用 IF … ELSE 等结构控制语句。

（4）评估数据表修改前后数据之间的差别，并根据差别采取相应的操作。例如使用触发器比较学生成绩的修改，如果超过 20%，则回滚撤销修改操作。

2．DML 触发器的创建

创建触发器的 SQL 语句的语法格式如下：

```
CREATE TRIGGER 触发器名
ON 表名|视图
FOR [INSERT][, UPDATE][, DELETE]
AS
  SQL 语句段
```

触发器在执行时，系统会自动创建和管理两个临时触发事件表：deleted 表和 inserted 表，用于存储在数据表中记录改动的信息。

（1）执行 INSERT 语句时，新的记录被添加到数据表中，同时添加到 inserted 表中。

（2）执行 DELETE 语句时，删除的记录从数据表中删除，同时保存到 deleted 表中。

（3）执行 UPDATE 语句时，删除的记录被保存到 deleted 表中，然后新的记录被添加到数据表和 inserted 表中。

deleted 表和 inserted 表可被用来测试某些数据修改的效果及设置触发器操作的条件。当触发器执行结束后，deleted 表和 inserted 表会自动消失。

1）使用 SQL 语句创建触发器

【例 4.63】 在 School 数据库的 Student 表上创建一个触发器 tri_StudentInsDel，当用户插入或删除学生记录时，能自动显示表中的内容。

（1）在 Management Studio 中的查询编辑窗口中，输入下面的代码后执行。

```
CREATE TRIGGER tri_StudentInsDel ON Student
FOR INSERT, DELETE
AS
    SELECT * FROM Student
```

（2）在“数据库”→School→“表”→Student→“触发器”下可看到 tri_StudentInsDel。

（3）执行如下添加记录的 SQL 命令，触发器 tri_StudentInsDel 将被触发执行，系统显示学生表 Student 的所有信息（如图 4.36 所示）。

```
INSERT INTO Student(StudentCode, StudentName, ClassCode, Sex)
VALUES('2204', '郑结', '22', '女')
```

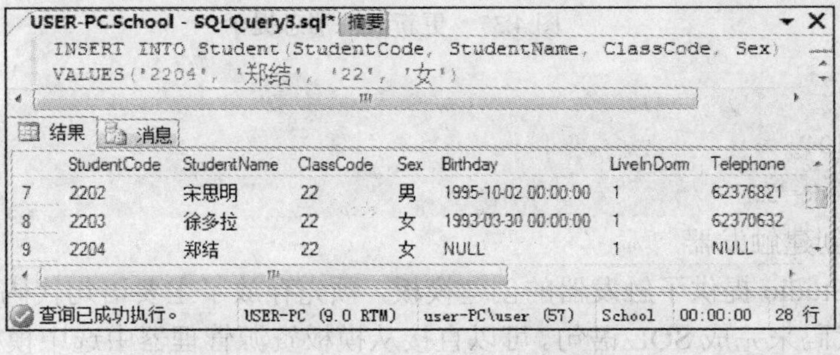

图 4.36　触发器 tri_StudentInsDel 被触发执行

【例 4.64】 在 School 数据库的 Class 上创建一个触发器 tri_UpdateClassMonitor，当插入或修改 Class 表中的班长（Monitor）值时，自动检查该值是否在 Student 表的 StudentCode 字段中，如果不在则取消插入或修改，否则显示“更新操作成功！”。

（1）在查询编辑窗口中输入和执行以下代码建立触发器。

```
CREATE TRIGGER tri_UpdateClassMonitor
ON Class
FOR INSERT, UPDATE
AS
```

```
    DECLARE @text varchar(50)    --@text 存放提示信息
--查看 inserted 中新的班长号是否在学生表的学号值中存在，若不存在，回滚操作
IF EXISTS(SELECT * FROM inserted
        WHERE inserted.Monitor NOT IN (SELECT StudentCode FROM Student))
    BEGIN
        SET @text='班长的学号不存在，取消该更新操作！'
        RAISERROR(@text,16,1)
        ROLLBACK TRANSACTION    --回滚修改操作
    END
Else
    SET @text='更新操作成功！'
    SELECT @text    --提示更新操作执行情况
```

（2）执行如下修改数据记录命令时，触发器 tri_UpdateClassMonitor 将被触发执行。由于在 Student 表中不存在学号为 5104 的学生，更新被取消（消息如图 4.37 所示）。打开 Class 表可以检查确认。

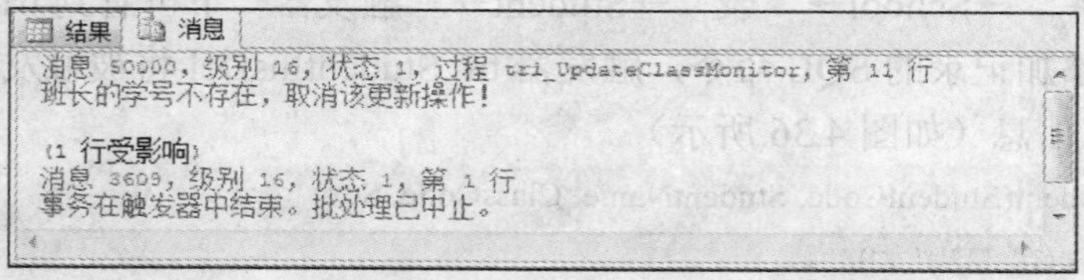

图 4.37 更新取消消息提示

```
UPDATE Class
SET monitor='5104'
WHERE ClassCode='51'
```

2）使用模板创建触发器

Management Studio 提供了触发器的创建模板，预先存放了主要语句代码结构，可直接修改和补充模板中的代码来完成 SQL 语句。可以直接从模板资源管理器中选中模板拖放到查询编辑窗口，也可通过“新建触发器”命令使用模板。

【例 4.65】 在 School 数据库的 Course 上创建一个触发器 tri_UpdateCourse，当修改 Course 表中的 LeftSpaces 时，该触发器自动检查该剩余名额数是否与实际情况一致，即判断该数字与 TotalSpaces 减去统计 Grade 表获得的所有该课程选课人数是否相等，如果一致则确认修改，否则取消修改。

（1）在 Management Studio 中展开“数据库”→School→“表”→Course，右击“触发器”，选择“新建触发器”命令。

（2）在新打开的查询编辑窗口中，给出了创建触发器命令的模板（如图 4.38 所示）。按照下面的代码修改建立触发器的命令后执行，即创建了触发器 tri_UpdateCourse。

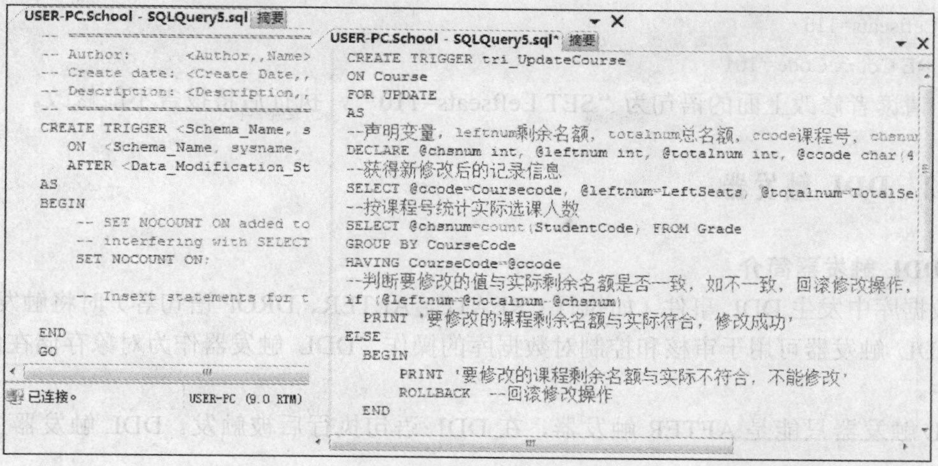

图 4.38　新建触发器命令模板

```
CREATE TRIGGER tri_UpdateCourse
ON Course
FOR UPDATE
AS
--声明变量：ccode 课程号，totalnum 总名额，leftnum 剩余名额，chsnum 选课人数
DECLARE @ccode char(4) , @totalnum int, @leftnum int, @chsnum int,
--获得新修改后的记录信息
SELECT @ccode=Coursecode, @leftnum=LeftSeats, @totalnum=TotalSeats FROM inserted
--按课程号统计实际选课人数
SELECT @chsnum=count(StudentCode) FROM Grade
GROUP BY CourseCode
HAVING CourseCode=@ccode
--判断要修改的值与实际剩余名额是否一致，如不一致，回滚修改操作，并报告
if (@leftnum=@totalnum-@chsnum)
  PRINT '要修改的课程剩余名额与实际符合，修改成功'
ELSE
  BEGIN
      PRINT '要修改的课程剩余名额与实际不符合，不能修改'   --报告提示信息
      ROLLBACK           --回滚修改操作
  END
```

（3）执行如下修改记录命令时，触发器 tri_UpdateCourse 将被触发执行。从 Course 表中看到 101 课程可选总人数为 120，在 Grade 表中课程 101 已选人数为 4，则该课程可选人数还剩余 116，与修改人数符合，报告修改成功。

```
UPDATE Course
```

```
SET Leftseats=116
WHERE CourseCode='101'
```

（4）请读者修改上面的语句为“SET Leftseats=110”，执行后将报告不能修改。

4.4.2 DDL 触发器

1．DDL 触发器简介

当数据库中发生 DDL 事件（如执行 CREATE、ALTER、DROP 语句等）时将触发 DDL 触发器。DDL 触发器可用于审核和控制对数据库的操作。DDL 触发器作为对象存储在创建它的数据库中。

DDL 触发器只能是 AFTER 触发器，在 DDL 语句执行后被触发。DDL 触发器主要用途如下。

（1）防止对数据库结构和对象进行某些更改。

（2）执行某些操作以响应数据库结构中的更改。

（3）记录数据库架构中的更改或事件。

2．DDL 触发器的创建

创建 DDL 触发器的语法格式如下：

```
CREATE TRIGGER 触发器名
ON {ALL SERVER|DATABASE}
{FOR|AFTER} {event_type|event_group}[,…,n]
AS
   SQL 语句段
```

【例 4.66】 在 School 数据库中创建 DDL 触发器来防止数据表被修改或删除。

执行下面 SQL 语句可以创建 DDL 触发器。

```
CREATE TRIGGER safety
ON DATABASE
FOR DROP_TABLE, ALTER_TABLE
AS
PRINT '要把触发器关闭，才能删除和修改数据表'     --报告提示信息
ROLLBACK     --回滚修改操作
```

4.4.3 查看、修改和删除触发器

在 SQL Server Management Studio 中，展开“数据库”→“数据表”→“触发器”可看到该数据表的所有触发器列表，右击要维护的触发器，选择“编写触发器脚本为”→“CREATE 到”→“新查询编辑窗口”菜单，则可以查看触发器的源代码；选择“修改”菜单，即可对触发器进行修改；选择“删除”菜单，在“删除对象”窗口中单击“确定”按钮，即可删除触发器。

习题 4

1. 简述 SQL 的特点，它包括哪几类语言及各类语言的作用。
2. 什么是视图？使用视图的好处是什么？
3. 什么是存储过程？使用存储过程的优点是什么？
4. 举例说明存储过程的创建与调用。如何查看和修改存储过程？
5. 什么是触发器？一般用触发器完成什么功能？
6. 触发器和约束的区别有哪些？触发器如何维护数据的完整性和一致性？

第5章 数据库管理与保护

数据库管理系统对数据库提供了一些监控和管理功能，以保证整个系统的正常工作和实现异常情况下的数据保护，防止数据意外丢失或产生不一致数据，限制数据的非法访问和使用等。这些管理和保护技术主要包括并发控制、数据库恢复、完整性控制和安全性控制。通过这些保护技术的应用，可以设计和实现安全的数据库应用。其中一些数据完整性控制方法已经在 3.5 节进行了介绍，本章介绍其他几种控制机制和管理方法。

5.1 使用事务保持数据完整性

5.1.1 事务概念

从用户的观点来看，对数据库的某些操作应该是一个整体，不能分割。

【例 5.1】 修改 School 数据库中的 Student 表，将所有女生是否住校 LiveInDorm 值设置为 1。

```
UPDATE Student SET LiveInDorm=1 WHERE Sex='女'
```

这条语句影响表中多行数据，必须保证对表中所有符合条件的数据要么都修改，要么都不修改；否则数据库中的数据将处于不一致状态。

【例 5.2】 在 School 数据库中完成一个学生选课的操作（学号为“1103”的学生选课号为“106”的课程），该操作包括两步：将学号（StudentCode）、课程号（CourseCode）添加到 Grade 表；将 Course 表中相应课程的剩余名额（LeftSeats）减 1。

学生选课操作需要两条 SQL 语句完成：

```
INSERT INTO Grade(StudentCode,CourseCode) VALUES('1103', '106')
UPDATE Course SET LeftSeats=LeftSeats-1 WHERE CourseCode='106'
```

这两条 SQL 语句如果其中有一条没有正确执行，那么数据库中的信息就会不一致。所以必须保证这两条 SQL 语句的整体性。为解决类似问题，数据库管理系统引入了事务机制。

1．事务的定义

事务（Transaction）是一个包含一组数据库操作命令的序列，所有的命令作为一个整体，一起向系统提交或撤销，操作命令要么都执行，要么都不执行。因此，事务是一个不可分割的逻辑工作单元，是数据库运行的最小逻辑工作单位。

在关系数据库中，一个事务可以是一条 SQL 语句，也可是一组 SQL 语句或整个程序。事务和程序是两个不同的概念，一般来讲，事务使用专门的命令来定义，它蕴涵在程序当中，一个程序中可包含多个事务。

2．事务的特性

事务具有原子性（Atomic）、一致性（Consistency）、隔离性（Isolation）和持久性（Durability）4 个特性，简称 ACID 特性。

1）事务的原子性

事务的原子性是指组成一个事务的多个数据库操作是一个不可分隔的单元，只有所有的操作执行成功，整个事务才被提交。事务中任何一个操作失败，已经执行的任何操作都必须撤销，让数据库返回到该事务执行前的初始状态。

2）事务的一致性

事务的一致性是指事务在完成后，必须使本次操作的相关数据都保持一致状态，仍然满足相关约束规则，以保持所有数据的完整性。

3）事务的隔离性

事务的隔离性是指当有多个事务并发执行时，彼此互不干扰，与它们先后单独执行时的结果一样。数据库规定了多种事务隔离级别，不同隔离级别对应不同的干扰程度，隔离级别越高，数据一致性越好，但并发性越弱。

4）事务的持久性

事务的持久性是指一个事务完成之后，它对于数据库的所有修改永久性有效，即使出现系统故障造成数据错误或丢失也能恢复。

5.1.2　事务的应用

数据库管理系统可以按照系统默认的规定自动划分事务并强制管理，一般一条语句就是一个事务。例 5.1 中的 UPDATE 语句，系统自动通过事务保证该语句正确完成对所有女生的住校与否字段 LiveInDorm 的值都设置为 1。

用户可根据数据处理需要自己定义事务，例 5.2 的操作可定义为一个事务。在定义事务时要注意所定义的数据修改顺序要与其组织的业务规则一致，这样，通过数据库管理系统强制该事务执行后，就可以保持数据的一致性。在 SQL 中，事务的定义用以下命令完成。

（1）开始事务，标识一个事务的开始。语法格式为:

```
BEGIN TRANSACTION
```

（2）提交事务。如果所有的操作都已完成，向系统提交事务来结束事务。语法格式为:

```
COMMIT TRANSACTION
```

事务提交之后，所有的修改将会生效，在没有提交之前，所有的修改都可以通过回滚事务来撤销。即只有执行到 COMMIT TRANSACTION 命令时，事务中对数据库的更新才算确认。

（3）取消事务。取消事务也称为回滚事务，即结束当前事务，并且放弃自事务开始以来的所有操作，回到事务开始的状态。语法格式为：

```
ROLLBACK TRANSACTION
```

【例 5.3】 利用事务机制完成例 5.2 的学生选课操作。

```
BEGIN TRANSACTION                              /*开始一个事务*/
/*插入选课信息到 Grade 表中*/
INSERT INTO Grade(StudentCode,CourseCode) VALUES('1103','106')
/*检查更新成功否，全局变量@@ERROR 返回上一个 SQL 语句状态，
非零即出错，则回滚之*/
IF @@ERROR <> 0
BEGIN
    PRINT '学生选课信息插入错误'
    ROLLBACK TRANSACTION                       --回滚事务
    RETURN                                     --返回
END
/*更新 Course 表剩余名额*/
UPDATE Course SET LeftSeats=LeftSeats-1 WHERE CourseCode='106'
IF @@ERROR <> 0
BEGIN
    PRINT '选课人数修改错误'
    ROLLBACK TRANSACTION                       --回滚事务
    RETURN                                     --返回
END
COMMIT TRANSACTION                             --提交事务
```

若其中有任何一条语句执行错误，该事务会回滚来撤销已执行的对数据库的操作。

读者可以在查询编辑窗口中编辑该事务代码来检验事务的执行情况。

（1）向 Grade 插入重复记录，记录不能插入，Course 表的名额修改也不进行。

（2）修改代码中“LeftSeats=LeftSeats−1”为“LeftSeats=LeftSeats−2”，向 Grade 插入合法记录。运行事务，由于 Course 表的触发器（例 4.65）限制每增一条选课信息名额减 1 个，所以修改操作失败，对 Grade 的插入操作也被回滚，两个表都不发生变化。

5.1.3 SQL Server 的事务管理机制

事务是数据库管理系统实施其他监控和管理功能的基础。SQL Server 通过强制事务管理和事务处理，保证每个事务符合 ACID 特性。主要管理机制有以下几个方面。

（1）锁定机制。通过加锁使事务相互隔离，保持事务的隔离性，支持多个事务并发执行。

（2）记录机制。将事务的执行情况记录在事务日志文件中，保证事务的持久性。即使服务器硬件、操作系统或 SQL Server 自身出现故障，SQL Server 也可以在重新启动时使用事务日志，将所有未完成的事务自动地回滚到系统出现故障的位置。

（3）强制管理。强制保持事务的原子性和一致性。事务启动之后，就必须成功完成；否则 SQL Server 将撤销该事务启动之后对数据所做的所有修改。

5.2 使用锁定机制实现并发访问控制

5.2.1 并发访问问题

在一个多用户的数据库系统中，可并行运行多个事务并同时访问数据库，而且可能同时操作同一张表，甚至同一条记录、同一数据项。一种简单的方法是让这些事务排队依次执行，这会使系统效率非常低。如果允许数据库中的相同数据同时被多个事务访问，又没有采取必要的隔离措施，就会导致各种并发问题，破坏数据的一致性、完整性，在某些场合对数据的影响甚至是致命的。这些并发问题包括如下几类。

（1）丢失修改。当两个事务同时对同一数据修改时，最后只有一个生效，另一个修改丢失。例如，两个学生将各自的选课记录增加到选课表，然后恰好同时对剩余选课名额进行减去 1 的修改操作，如果只有一人修改有效，那么剩余名额将与实际不符。

（2）脏读。当一个事务恰好读取了另一个事务在回滚之前修改的数据，这个数据与数据库的实际数据不符合，该数据被称为“脏数据”。例如，一个选课事务修改了剩余选课名额，但由于异常事务被回滚取消，而恰在回滚前读取到剩余名额的另一事务就获取了“脏数据”。

（3）不可重读。一个事务读取某数据后，该数据被另一事务更新，当该事务再读该数据进行校验时，会发现数据不一致。

5.2.2 并发访问控制

1．锁定机制实现并发控制

数据库管理系统通过锁定机制避免并发访问所带来的数据不一致问题。锁用于表明用户与资源有某种相关性，由数据库管理系统在内部管理，并基于用户所执行的操作分配和释放。系统不允许其他用户对当前锁定的数据资源产生负面影响的操作，比如，防止用户读取正在由其他用户更改的数据，防止多个用户同时更改同一数据等。

锁定管理包括加锁、锁定和解锁过程，事务在访问某数据对象之前，向系统申请加锁，加锁的数据对象在被其他事务访问时受到限制，待事务完成后锁被释放。

2．SQL Server 的锁粒度

SQL Server 用锁来实现事务之间的隔离。为了优化系统的并发性，根据事务的大小和系统活动的程度，支持多个锁定粒度来锁定不同范围的数据资源（如表 5.1 所示）。

表 5.1　SQL Server 可以锁定的资源粒度（按粒度增加的顺序列出）

资　源	描　述
行	锁定表中的一条或几条记录
页	对一个数据页或索引页锁定，每页大小 8 KB
簇	对相邻的 8 个数据页或索引页构成的一组数据锁定
表	对包括所有数据和索引在内的整个表锁定
数据库	对整个数据库锁定

锁定在较小的粒度（例如行），事务的等待时间减少，增加系统并发访问能力，但需要较大的系统开销，因为锁定多行需要控制更多的锁；锁定在较大的粒度（例如表），限制了其他事务访问内部对象，使并发性降低，但需要维护的锁较少，系统开销小。

3．SQL Server 的锁模式

锁模式用于确定并发事务访问资源的方式，SQL Server 使用的锁模式如表 5.2 所示。

表 5.2　SQL Server 使用的锁模式

锁　模　式	描　述
共享锁	在不更改或不更新数据的操作（只读操作）时使用，如 SELECT 语句。有共享锁存在时，任何其他事务不能修改数据，一旦读数据结束，释放共享锁
更新锁	用于可更新的资源中。防止当多个会话在资源操作时发生死锁，更新锁在修改数据时可以升级为独占锁，在没有修改操作时降为共享锁
独占锁	用于数据修改操作，如 INSERT、UPDATE 或 DELETE，确保不会同时对同一资源进行多重更新
意向锁	防止其他事务对某个数据单元加独占锁
结构锁	在执行对表结构操作时使用，当执行 DDL 时，使用 Sch-M 锁定，其他情况使用 Sch-S 锁定
大容量更新锁	向表中大容量复制数据并指定了 TABLOCK 提示时使用

不同的锁模式锁定强度不同，适用场合不同。另外，SQL Server 还控制锁模式的兼容性。例如，如果一个事务对某资源具有共享锁，则另一个事务不能获得独占锁，但可以获得共享锁或更新锁。系统可以检测死锁，即两个事务互相阻塞的情况。如果检测到死锁，SQL Server 将终止一个事务，以使另一个事务继续。

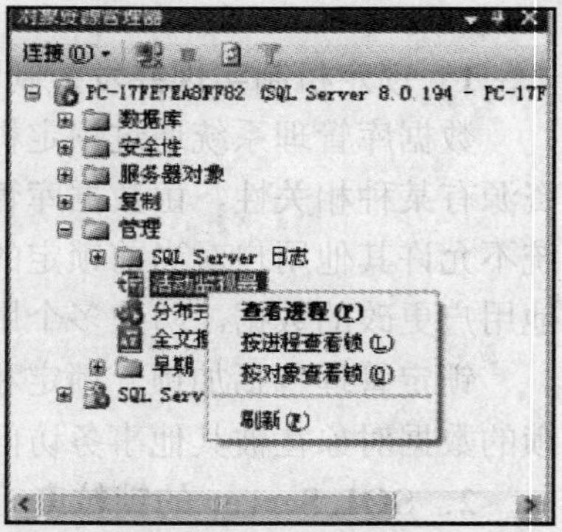

图 5.1　锁查看功能

一般情况下，SQL Server 会自动对事务处理范围内所需要的数据资源执行锁定。但用户也可在应用程序中通过 SQL 语句或数据库访问 API（如 ADO.NET）来定义锁定模式、粒度、持续时间等，从而达到更符合用户需要的并发控制功能。

4．在 SQL Server 中查看锁

在 SQL Server Management Studio 中，右击“管理”→“活动监视器”，可以有两种方式来查看当前锁定的进程——“按进程查看锁”或者“按对象查看锁”，如图 5.1 所示。例如，

"按对象查看锁"可看到各个进程的锁信息，包括锁住对象、锁类型、锁模式、锁状态、所有者等信息。

5.3　数据库备份和恢复

5.3.1　数据库备份和恢复概述

磁盘的物理损坏、系统瘫痪、恶意破坏、数据操作失误等都有可能造成数据库损毁、数据不正确或数据丢失等恶果。数据库管理系统通过事务的原子性和持久性来保证数据的可恢复，采用备份和恢复技术可以把数据库恢复到发生故障前某一时刻的正确状态。

用来还原和恢复数据库的资料副本称为备份，备份的本质是"冗余"，即数据的重复存储。数据库备份的内容包括数据库中的所有对象。系统数据库（例如 master、model、msdb）等存放着系统运行的重要信息，在数据库架构和管理等各项设置发生变化后应该备份；用户数据库（例如 School）存放着用户建立的各种数据库对象和大量数据，应该经常备份。

备份或还原操作中使用的磁盘或磁带机称为备份设备。在创建备份时，可以直接将备份文件创建到指定的磁盘文件位置，也可以创建到事先定义的备份设备上。

1．数据库备份类型

根据数据库的容量和数据重要性可选择不同的备份类型，制定备份策略。SQL Server 提供了三种不同的备份类型：完整备份、差异备份和事务日志备份。

1）完整备份

完整备份是对所有数据库对象和事务日志中的事务进行备份。使用完整备份可重建或恢复数据库到备份时刻的数据库状态。完整备份因为是对全库备份，所以占用存储空间比较大，备份完成所需时间较长，如果数据库较大，不宜频繁使用。

2）差异备份

差异备份仅记录自上次完整备份后更改过的数据。完整备份是差异备份的"基准"。因此，与完整备份相比，差异备份较小且速度快，便于进行较频繁的备份。但要注意在还原差异备份之前，必须先还原作为"基准"备份的完整备份。

3）事务日志备份

事务日志备份是对数据库发生的事务进行备份，包括从上次进行事务日志备份、数据库完整备份、差异备份之后所有已经完成的事务。在完整备份和差异备份恢复之后，进一步依据事务日志备份可以恢复到该日志备份中的某一时刻。事务日志备份占用的资源比较小。

在选择备份类型时要注意以下几点。

（1）完整备份和差异备份适用于对数据库或文件和文件组的备份；事务日志备份只能备份事务日志。

（2）完整备份是其他备份类型使用的基础，制定备份策略时应至少包括一次完整备份，再结合差异备份和事务日志备份。

（3）备份时还要考虑数据库恢复模式，不同的恢复模式对备份文件内容有影响。

2．数据库恢复模式

数据库恢复是与备份相对应的操作，一旦数据库出现问题，就可以使用其备份文件将受损数据库恢复到破坏前某时刻的状态，使数据的损失减到最小。另外，还可以使用恢复技术在另一个服务器上重建数据库，实现数据库的复制或移动。SQL Server 支持以下三种恢复模式。

1）简单恢复

依据完整备份和差异备份恢复数据库到最后一次备份的执行时刻。该策略操作简单，但备份操作点之后的数据会丢失，需要重建，适用于规模较小或数据不经常改变的数据库。

备份时选择“简单恢复”策略，备份将只简略地记录大多数事务，所记录的信息只是为了确保在系统崩溃或还原数据备份时使用。

2）完整恢复

依据完整备份、差异备份和事务日志备份将数据库恢复到任意的时刻点，包括故障时间点（假定在故障发生之后备份了日志尾部）。但是该恢复操作复杂，且需要大量磁盘空间，对操作频繁且数据非常重要的数据库才使用该策略。

备份时选择“完整恢复”策略，将完整地记录所有的事务，并保留所有的事务日志记录，供还原数据库时使用。

3）大容量日志恢复

依据完整备份、差异备份和事务日志备份恢复数据库。该模式允许使用较小日志空间对大容量复制操作的恢复。

备份时选择“大容量日志恢复”策略，将简略地记录大多数大容量操作（例如，索引创建和大容量加载），完整地记录其他事务，节省日志空间，但没有“完整恢复”安全。

5.3.2 SQL Server 数据库备份和恢复方法

使用数据库备份工具可以在可视化环境下方便地完成各种类型的备份和恢复，基本操作过程相似，下面仅以完整备份和简单恢复为例介绍操作方法。

1．使用 SQL Server Management Studio 备份数据库

【例 5.4】 将 School 数据库完整备份到磁盘文件 C:\Bak\SchoolDB.bak。

（1）在对象资源管理器中，右击 School 数据库，选择“任务”→“备份”菜单。

（2）在“备份数据库”窗口中有“常规”和“选项”两个选择页（如图 5.2 所示）。在“常规”页的上部，可以选择备份数据库 School、“恢复模式”为 SIMPLE、“备份类型”为“完整”、“备份组件”为“数据库”。中间可以设置备份集的名称、说明以及备份集过期时间。

（3）在“常规”页的下部可以设置备份的目标，默认值为“磁盘”上 SQL Server 安装目录下的 Backup 文件夹，文件名为“数据库名.bak”；如果不使用该文件，可先删除，然后单击“添加”按钮，打开“选择备份目标”对话框，可选中“文件名”单选按钮来指定文件名和路径，本例为“C:\Bak\SchoolDB.bak”。

（4）“选项”页（如图 5.3 所示）上部是“覆盖媒体”，选择“覆盖所有现有备份集”会覆盖原有文件，如果选择“追加到现有备份集”则在原有备份文件基础上增加新的备份副本。

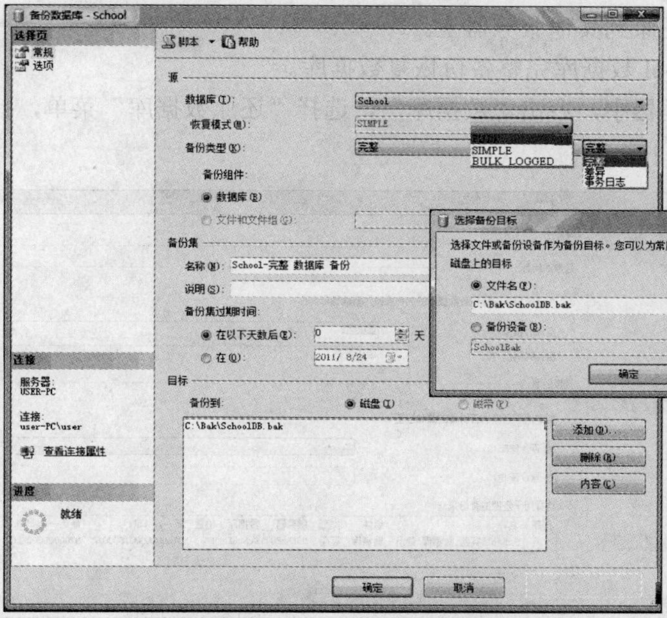

图 5.2　备份数据库

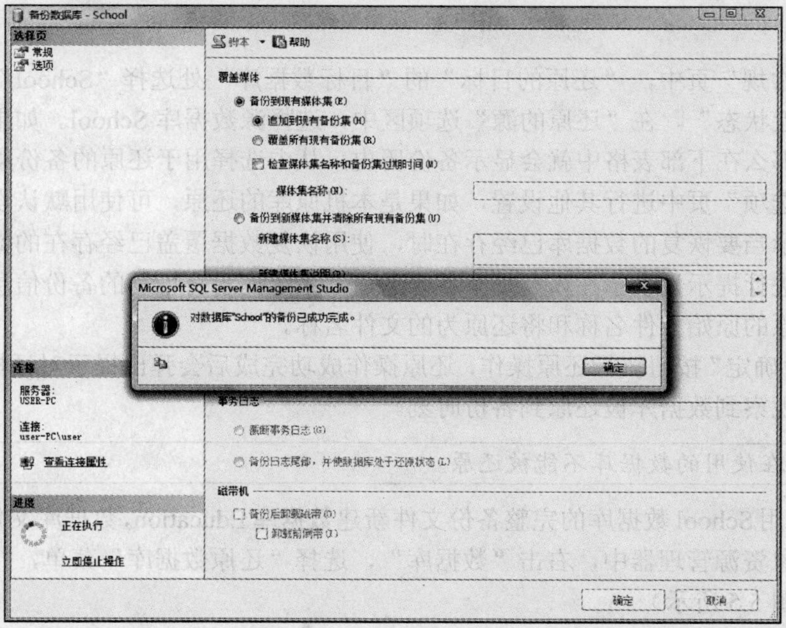

图 5.3　备份选项及备份完成提示

（5）单击“确定”按钮执行备份，左下角的进度窗格显示备份正在执行的动态环，完成后会弹出完成对话框。在磁盘上可以找到文件“C:\Bak\SchoolDB.bak”。

2．使用 SQL Server Management Studio 还原数据库

可以使用备份文件将数据库还原到原数据库上，也可以还原为一个新的数据库；可以还原到本服务器上，也可以还原到其他服务器上。

【例 5.5】 使用 School 数据库完整备份恢复数据库。

（1）在对象资源管理器中，右击“数据库”，选择“还原数据库”菜单，打开“还原数据库”窗口（如图 5.4 所示）。

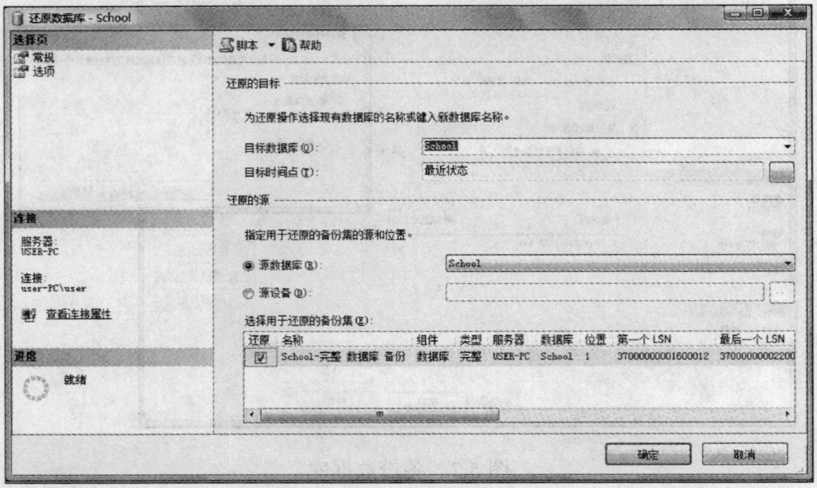

图 5.4 还原数据库

（2）在“常规”页中，“还原的目标”的“目标数据库”处选择“School”，“目标时间点”选择“最近状态”。在“还原的源”选项区中，选择源数据库 School。如果该数据库已经执行了备份，那么在下部表格中就会显示备份历史，从中选择用于还原的备份集。

（3）在“选项”页中进行其他设置，如果是本机原库的还原，可使用默认设置。“覆盖现有数据库”表示当要恢复的数据库已经存在时，使用恢复数据覆盖已经存在的数据库；“还原每个备份之前进行提示”表示在恢复每个备份之前，系统提示将恢复的备份信息；中间的列表框用来指定还原的原始文件名称和将还原为的文件名称。

（4）单击“确定”按钮执行还原操作，还原操作成功完成后会弹出提示对话框。打开 School 检查数据可以观察到数据库被还原到备份时刻。

提示：正在使用的数据库不能被还原。

【例 5.6】 用 School 数据库的完整备份文件新建数据库 Education，数据库文件存放到“D:\”。

（1）在对象资源管理器中，右击“数据库”，选择“还原数据库”菜单，打开“还原数据库”窗口（如图 5.5 所示）。

（2）在“常规”页中，“还原的目标”的目标数据库处输入“Education”；在还原的源选项区中，选择“源设备”，单击“…”按钮，弹出“指定备份”对话框，添加备份文件“C:\Bak\SchoolDB.bak”。返回“还原数据库”窗口，选中用于还原的备份集。

（3）在“选项”页中，在“将数据库文件还原为”处重新设置还原为的目标地址和文件名，本例数据库文件和日志文件分别设置为“D:\Education.mdf”和“D:\Education_log.ldf”。单击“确定”按钮后即建立数据库 Education。

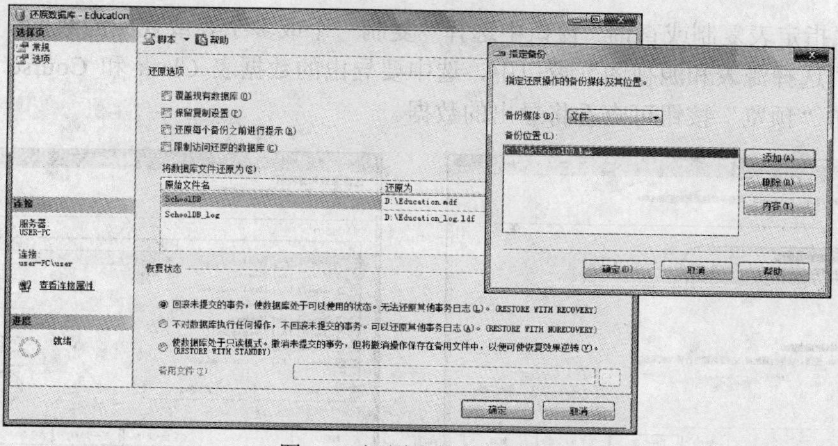

图 5.5　还原为新的数据库

> **提示：**当异地还原数据库时，必须在“选项”页中设置目标文件位置和文件名，因为默认的还原路径和文件可能不存在，无法实现还原。

3．数据导入和导出

通过导入和导出操作，可以在 SQL Server 数据库和其他数据源（例如另一个 SQL Server 数据库、Oracle 数据库或 Excel 文件等）之间转移数据。“导出”是将数据从当前 SQL Server 数据库复制到其他数据源。“导入”是将其他数据源的数据加载到当前 SQL Server 数据库。

【例 5.7】 将数据库 School 中班级表 Class 和课程表 Course 的数据导出到 Excel 文件 E:\Class.xls。

（1）在对象资源管理器中右击数据库 School，选择“任务”→“导出数据”菜单，进入“SQL Server 导入和导出向导”首页，跟随向导一步一步完成数据导出。

（2）分别在“选择数据源”窗口和“选择目标”窗口完成设置。选择“数据源”为 SQL Native Client，“服务器名称”为本机名称或“.”，“数据库”为 School（如图 5.6(a)所示）。选择“目标”文件为“Microsoft Excel”，“Excel 文件路径”为“E:\Class.xls”（如图 5.6(b)所示）。

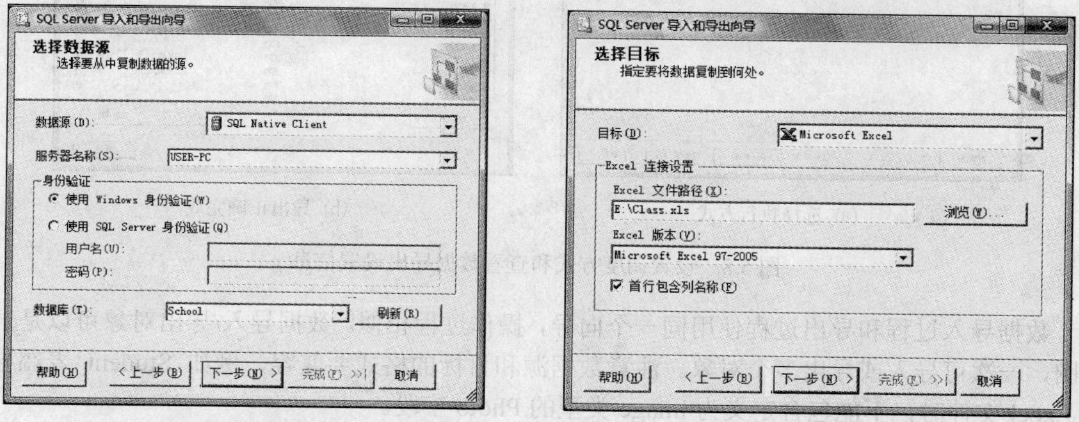

(a) 选择数据源　　　　(b) 选择目标

图 5.6　数据导出源和目标的设置

（3）在“指定表复制或查询”窗口中选择“复制一个或多个表或视图的数据”（如图 5.7(a)所示）。在“选择源表和源视图”窗口中，选中要导出的数据表 Class 和 Course（如图 5.7(b)所示）。单击“预览”按钮可查看将导出的数据。

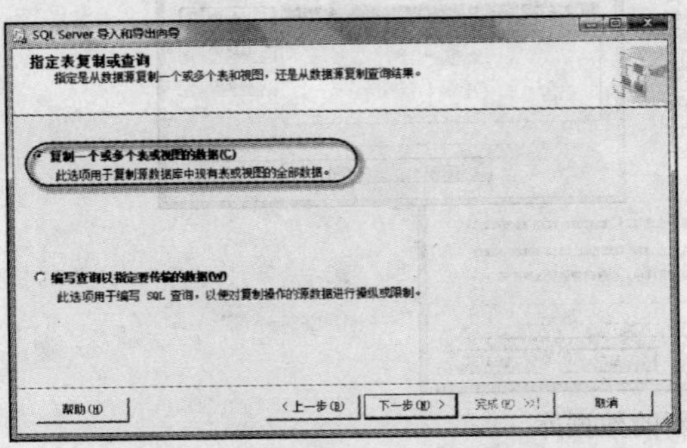

(a) 指定表复制或查询

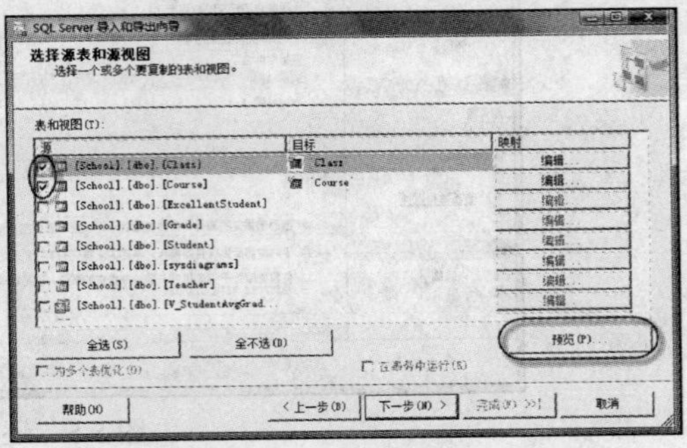

(b) 选择源表和源视图

图 5.7　指定所要复制的方式和对象

提示：选择“编写查询以指定要传输的数据”可以定义 Select 语句来指明要复制的数据。

（4）选择立即执行或保存 SSIS 包以后执行。在“保存并执行包”窗口中选择“立即执行”（如图 5.8(a)所示），然后进入完成窗口，显示用户通过向导生成的数据转换信息。单击“完成”按钮开始执行导出，会显示导出进度和导出对象，成功完成后显示提示信息（如图 5.8(b)所示）。可以在磁盘文件查看“E:\Class.xls”，它包括两个工作表，即 Class 和 Course。

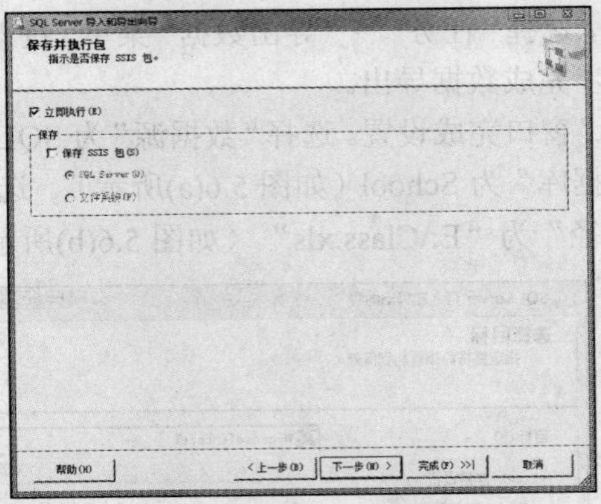

(a) 选择执行方式

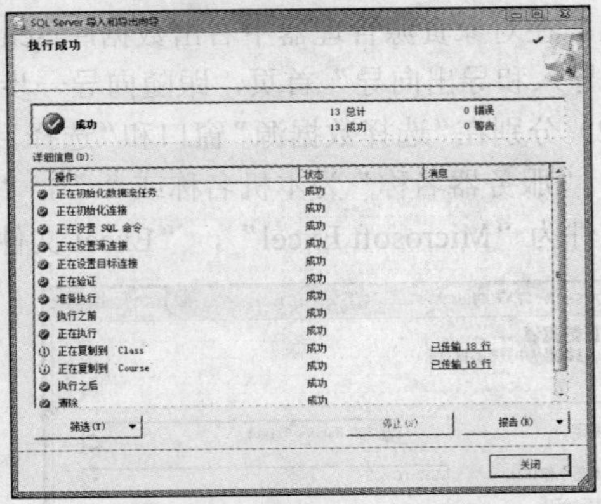

(b) 导出正确完成

图 5.8　设置调度方式和查看数据导出设置信息

数据导入过程和导出过程使用同一个向导，操作过程相似。数据导入/导出对象可以是表或视图，一次可导入或导出多个对象。注意数据源和目标的格式要兼容，例如 Student 表在导出到 Excel 文件时，不能包含定义为 image 类型的 Photo 字段。

4．附加和分离数据库

SQL Server 提供了以数据库文件复制和加载数据库的方法，可以作为数据库转移或数据备份功能来使用，但在复制数据库前数据库必须脱离 SQL Server。

提示：分离数据库只是数据库脱离 SQL Server 管理，并不是将数据库从磁盘上删除。

【例 5.8】 将 School 数据库分离，然后将数据库文件和日志文件复制到 C:\Bak，再附加该数据库。

（1）分离数据库。在对象资源管理器中，右击“数据库”→School，选择“任务”→“分离”菜单。在“分离数据库”窗口中，当状态显示为“就绪”时（如图 5.9 所示），单击“确定”按钮，即完成分离。已分离的数据库 School 从对象资源管理器中被删除。

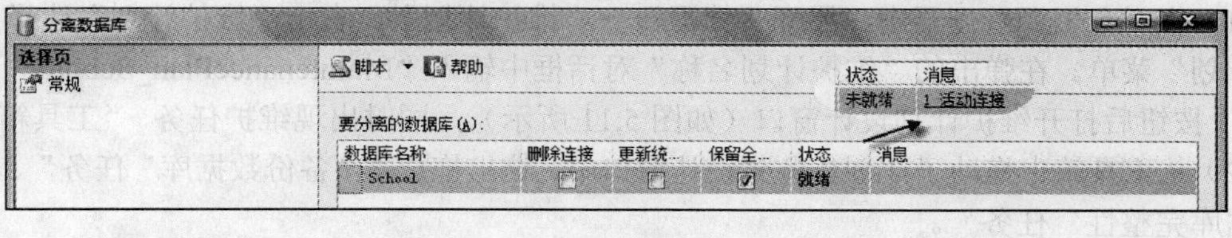

图 5.9　数据库分离

提示：在分离数据库之前需关闭所有与数据库连接的应用程序、操作窗口，如果存在“活动连接”，则处于“未就绪”状态（如图 5.9 所示），不能分离。

（2）复制数据库文件。利用 Windows 操作系统中的文件复制功能将数据库文件和事务日志文件（本例为 School_Data.mdf 和 School_log.ldf）复制到“C:\Bak”。

（3）附加数据库。在对象资源管理器中，右击“数据库”，选择“附加”菜单。在“附加数据库”窗口中（如图 5.10 所示），单击“添加”按钮。在“定位数据库文件”对话框中选择要附加的数据库文件名“C:\Bak\School_Data.MDF”。“‘School’数据库详细信息”区域中列出了数据库中的所有文件（数据文件和日志文件）的详细信息。在“附加为”框内，默认为 School，也可输入新的数据库名，但要注意数据库名不能与 SQL Server 下任何现有数据库重名。单击“确定”按钮完成附加。新附加的数据库 School 即出现在“数据库”文件夹中。

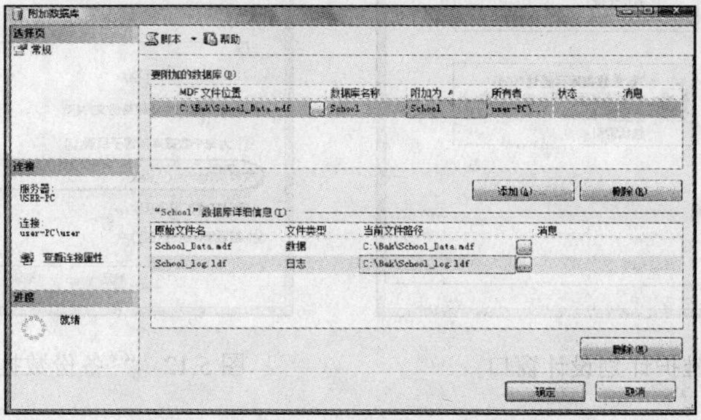

图 5.10　附加数据库设置

5．数据库维护计划

数据库维护是个烦琐的工作，数据库管理员可以建立数据库维护计划，让系统定时自动维护数据库，包括数据库备份、重新组织索引、执行 SQL 语句等。这里以自动备份和数据库完整性检查为例介绍数据库维护计划的使用。

人工备份实现当前时刻的数据库备份。由于数据库备份需要占用一定的系统资源，尤其是数据量大的数据库的完全备份需要较长时间完成，所以一般的数据库备份都选择在夜深人静时进行，因为这时数据库访问量最小，备份工作对系统的影响比较小。数据库维护计划每次执行会根据当时时间生成一个新的自动命名的备份文件，并生成维护计划执行报告文件。

【例 5.9】 建立一个数据库维护计划 MaintenancePlan_School，将 School 数据库在每天 0:00 完整备份到磁盘目录“C:\Bak”下，并且检查数据库完整性。

（1）在对象资源管理器中，展开“管理”→“维护计划”，右击“维护计划”选择“新建维护计划”菜单。在弹出的“维护计划名称”对话框中输入“MaintenancePlan_School”，单击“确定”按钮后打开维护计划设计窗口（如图 5.11 所示），同时出现维护任务 “工具箱”。

（2）从工具箱中拖动子计划任务到设计窗口中，这里拖放“‘备份数据库’任务”、“‘检查数据库完整性’任务”。

（3）在设计窗口中双击“‘备份数据库’任务”，弹出如图 5.12 所示对话框。在“数据库”列表中选择 School 后将显示“特定数据库”；“备份类型”选择“完整”；“目标”选择“磁盘”；选中“为每个数据库创建备份文件”，设置“文件夹”为“C:\Bak”，单击“确定”按钮后完成任务设置。

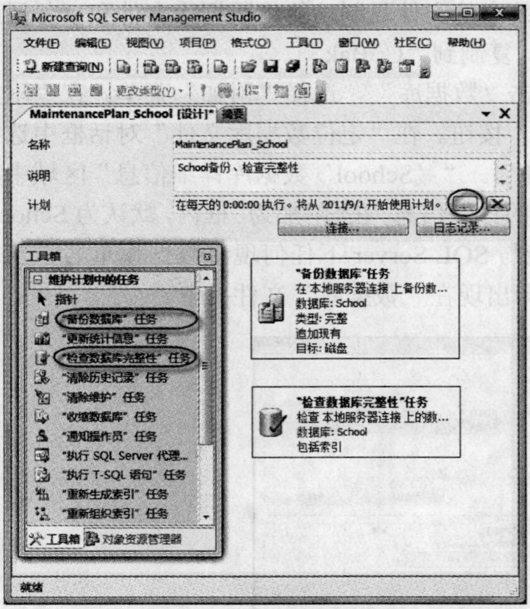

图 5.11　数据库维护计划设计窗口

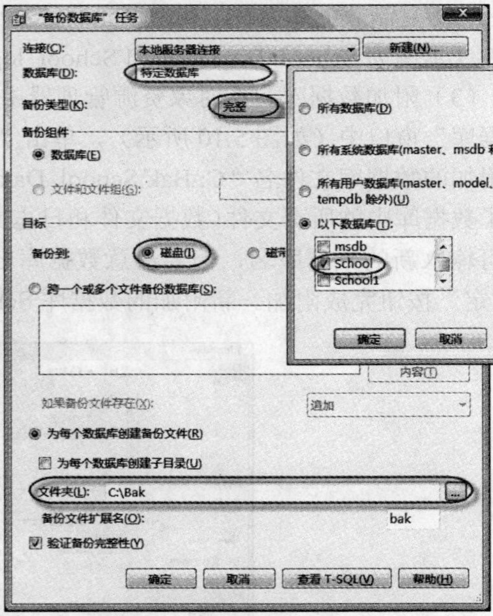

图 5.12　“‘备份数据库’任务”对话框

（4）在设计窗口中双击“‘检查数据库完整性’任务”，弹出如图 5.13 所示对话框。在“数据库”列表中选择 School 后将显示“特定数据库”，单击“确定”按钮后完成任务设置。

（5）在设计窗口中，单击“日志记录”设置作业执行报告方式（如图 5.14 所示），本例设置文件位置为“C:\Bak”，单击“确定”按钮完成设置；单击“计划”后的“...”按钮，设置作业计划调度方式（如图 5.15 所示）。本例设置：频率为每天 0:00:00 执行一次，开始日期为“2011/9/1”，单击“确定”按钮完成设置。

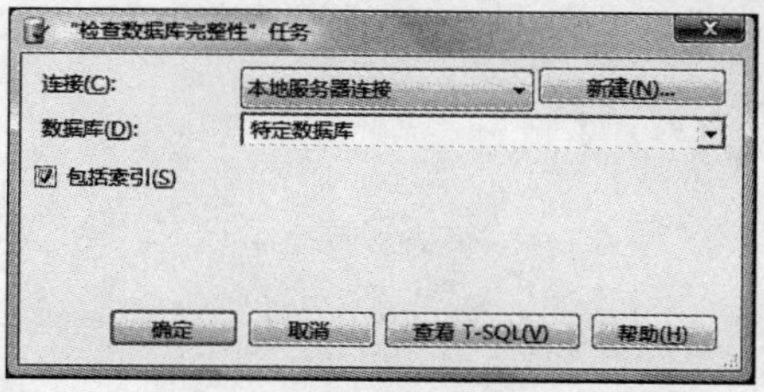

图 5.13　数据库完整性检查设置

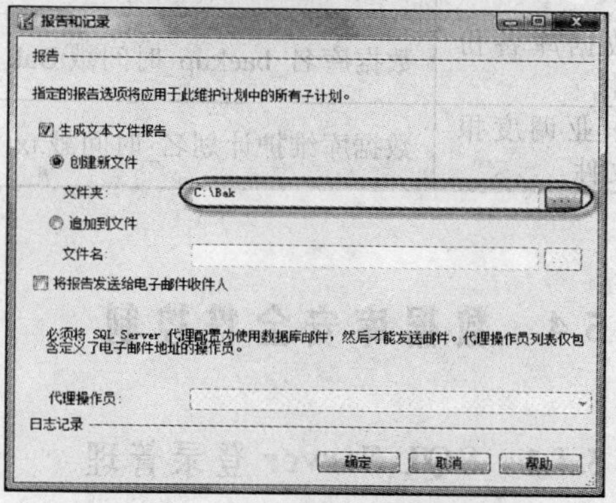

图 5.14　作业执行情况报告方式

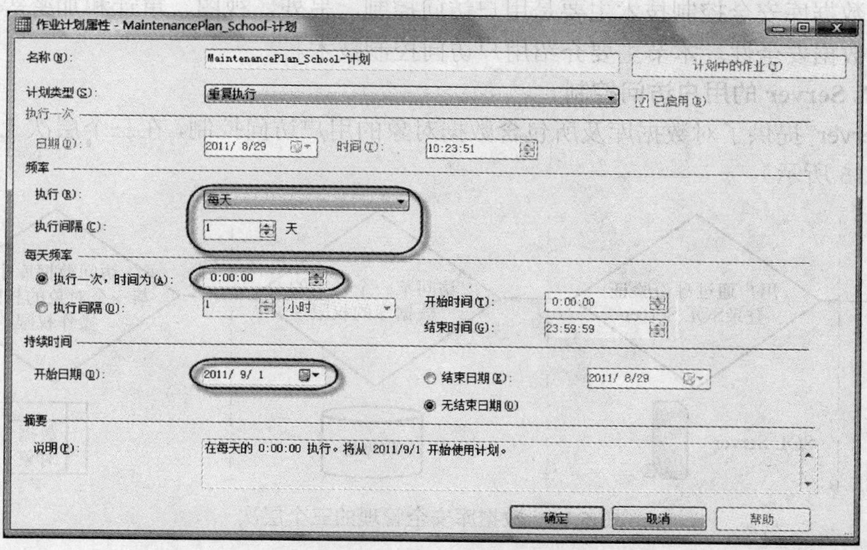

图 5.15　“作业计划”设置

（6）在设计窗口中的“说明”处输入“School 备份、检查完整性”，单击“保存”菜单或关闭设计窗口完成设计并保存该维护计划。在对象资源管理器中可以查看到。

使用数据库维护计划时要注意以下两点。

（1）因为作业的执行通过 SQL Server 代理来调度，SQL Server Agent 必须启动正常运行，数据库维护计划才能正常执行，所以要经常检查该服务是否正常运行以及各项备份文件是否按时生成。如果发现代理未启动，可以在 SQL Server Configuration Manager（如图 3.6 所示）中选择服务 SQL Server Agent 并启动。

（2）数据库系统根据维护计划为数据库备份文件和作业调度报告文件自动命名，保证每次作业生成独立的备份文件。主要文件命名格式如表 5.3 所示。

表 5.3 SQL Server 数据库维护计划生成各类文档命名格式

文件	文件命名格式(时间戳格式为 YYYYMMDDHHMM)	命名举例
数据库备份文件	数据库名_backup_时间戳.Bak	School_ backup _201211280000.Bak
作业调度报告文件	数据库维护计划名_时间戳.txt	MaintenancePlan_School_201211280000.txt

5.4 数据库安全性控制

5.4.1 SQL Server 登录管理

安全性控制主要是指保护数据库，防止因用户非法使用数据库造成数据泄露、更改或破坏。SQL Server 数据库安全控制技术主要是用户访问控制，另外，视图、审计和加密等技术的应用也可以提高数据安全性。本节主要介绍用户访问控制技术。

1．SQL Server 的用户访问控制

SQL Server 提供了对数据库及所包含数据对象的用户访问控制，在三个层次上进行安全管理（如图 5.16 所示）。

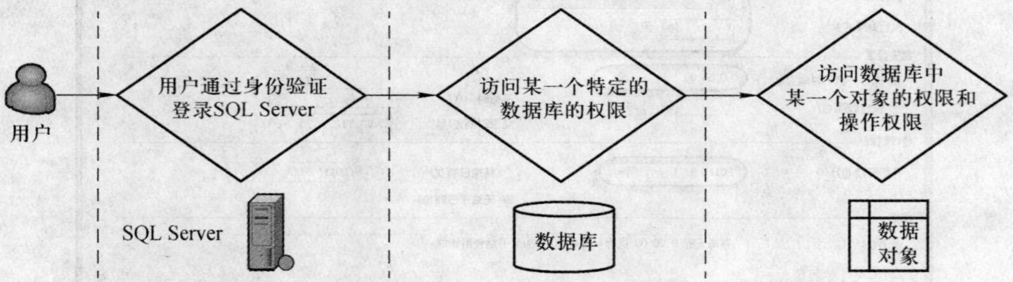

图 5.16 数据库安全管理的三个层次

（1）用户身份验证。首先，用户必须通过身份验证来登录 SQL Server。

用户身份是系统管理员为用户定义的用户名，也称为用户标识、用户账号，它是用户在 DBMS 中的唯一标识。用户身份验证是 DBMS 提供的最外层保护措施。用户每次登录数据库，DBMS 进行核对后，对于合法的用户获准进入系统，与 SQL Server 建立一次连接。

（2）数据库的访问权限控制。用户对 SQL Server 上的特定数据库必须有权限才能访问。

登录 SQL Server 并不代表用户具有访问其中数据库的权限。每个特定数据库都有自己的数据库用户和角色，该数据库只能由它的用户或角色访问，其他用户无权访问。数据库管理系统通过将登录账号映射为特定数据库的用户，并通过管理该用户及其所属角色来保证数据库不被非法用户访问。

（3）数据库中对象的访问权限控制。用户对数据库中的特定对象必须有权限才能访问。

被授权访问的数据库包含多个对象，用户是否可以访问某个对象（数据库、表、字段、视图、存储过程等）和对该对象具有哪些操作权限（查询、插入、修改、删除、执行存储过程等）要根据其所被授予的权限决定。

访问对象及访问权限控制保证合法用户即使进入了数据库也不能有超越权限的数据存取操作，即合法用户必须在自己的权限范围内进行数据操作。

2．SQL Server 的身份验证

1）SQL Server 的身份验证模式

SQL Server 提供了两种安全验证模式，即 Windows 身份验证模式和 SQL Server 身份验证模式。

（1）Windows 身份验证模式。它允许一个已登录 Windows 的用户不必再提供一个单独的登录账号就能登录到该系统中的一个 SQL Server 服务器，从而实现 SQL Server 服务器与 Windows 登录的安全集成。因此，也称这种模式为集成身份验证模式。

（2）SQL Server 身份验证模式。它要求用户必须输入一个 SQL Server 用户名及口令。这个用户名是独立于操作系统、在 SQL Server 中建立的，从而可以在一定程度上避免操作系统层上对数据库的非法访问。

2）设置身份验证模式

在安装 SQL Server 时，系统会询问使用何种验证模式，也可使用 SQL Server Management Studio 重设验证模式。

（1）在对象资源管理器中右击需要设置的 SQL Server 服务器，选择“属性”菜单，打开“服务器属性”窗口。

（2）在“安全性”页（如图 5.17 所示），“服务器身份验证”区域有两个选项，“Windows 身份验证模式”和“SQL Server 和 Windows 身份验证模式”，选中某一个后单击“确定”按钮设置完成。

如果选择前者，只能采用 Windows 身份验证；选择后者为混合身份验证模式，可以在登录时再选择是使用“Windows 身份验证模式”还是“SQL Server 身份验证模式”。

提示：转换模式需重新启动 SQL Server 服务（使用 SQL Server Configuration Manager 启动）。

3）登录账号管理

在 SQL Server 中，系统已经自动建立了一些内置账号。登录账号的信息是系统信息，存储在 master 数据库中。展开对象资源管理器中的“安全性”选项，就可以看到当前数据库服务器中的账号信息（如图 5.18 所示）。

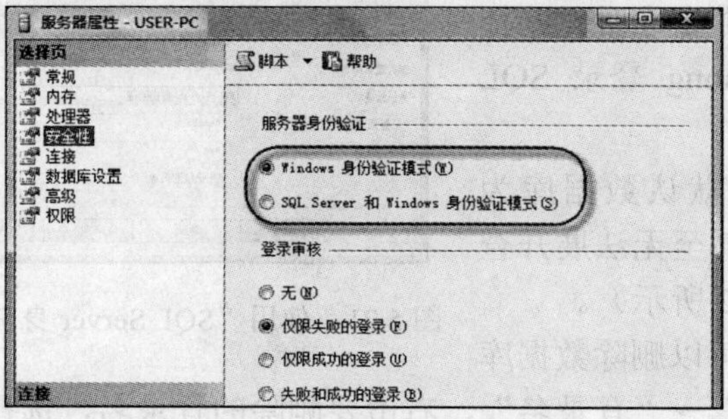

图 5.17　登录认证模式设置

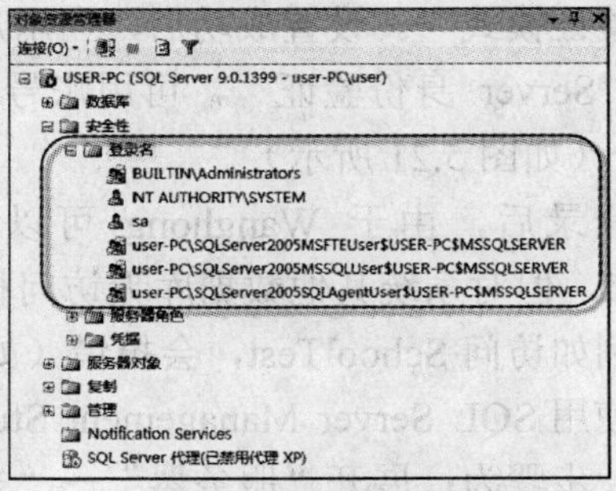

图 5.18　系统内置账号

（1）sa 被称为系统管理员（System Administrator），在 SQL Server 系统中该账号拥有全部权限，可以执行所有的操作。

（2）BUILTIN\Administrators 是 SQL Server 为 Windows 操作系统系统管理员提供的默认账号，在 SQL Server 系统中拥有全部权限，可以执行所有的操作。

在实际的使用过程中，管理员需要添加一些登录账号以赋予用户有限的访问权限。用户可以将 Windows 账号添加到 SQL Server 中，也可以新建 SQL Server 账号。

【例 5.10】 创建一个名称为“Wanghong”的 SQL Server 用户账号，其密码为“123”，默认访问的数据库为 School。

打开 SQL Server Management Studio，在对象资源管理器中（如图 5.19 所示），右击“安全性”→“登录名”，选择“新建登录名”菜单。在“登录名-新建”窗口中（如图 5.20 所示），选择“SQL Server 身份验证”单选按钮，设置登录名为“Wanghong”，密码为“123”；设置“默认数据库”为“School”。也可以通过“新建登录”中“服务器角色”和“用户映射”选项页设定该登录名的服务器角色和可访问的数据库，这样该登录账号同时也作为该数据库的合法用户。

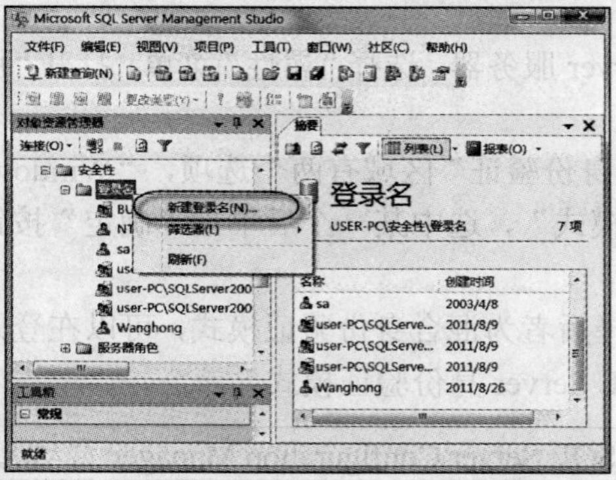

图 5.19　新建 SQL Server 账号菜单命令

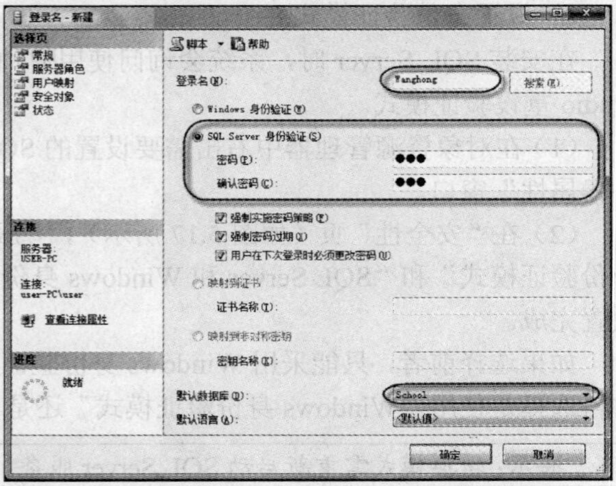

图 5.20　“登录名-新建”窗口

“对象资源管理器”窗口“登录名”下将会出现一个新账号“Wanghong”（如图 5.19 所示）。

如果用户想使用 Wanghong 登录 SQL Server，必须先设置 SQL Server 的身份验证方式为“SQL Server 和 Windows 身份验证模式”。设置成功后，当用户连接数据库时，选择“SQL Server 身份验证”，可用账号 Wanghong 登录 SQL Server（如图 5.21 所示）。

图 5.21　使用“SQL Server 身份验证”

登录后，由于 Wanghong 可以访问的默认数据库为 School，但对系统其他数据库无访问权限，甚至无法展开查看，例如访问 SchoolTest，会报错（如图 5.22 所示）。

使用 SQL Server Management Studio 也可以删除数据库账户。步骤为：展开“服务器”→“安全性”→“登录名”，右击要删除的登录名，选择“删除”菜单即可。

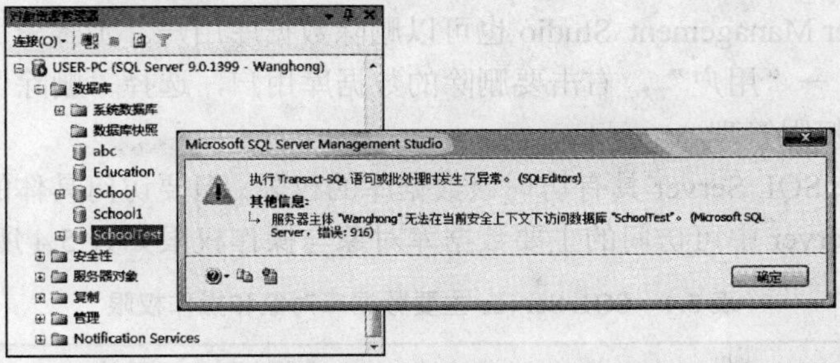

图 5.22　以 Wanghong 登录 SQL Server 后对 SchoolTest 无访问权限

5.4.2　数据库级管理

1．数据库用户及其权限管理

1）数据库用户

SQL Server 用户账号建好后，需要映射为数据库用户才能访问数据库。在建立用户账号时，选择默认访问的数据库可以将账号映射为数据库用户，例 5.10 建立的登录账号 Wanghong 即成为 School 数据库的用户。也可以将 Wanghong 映射为其他数据库的用户。数据库的用户可以重新命名，但一般与 SQL Server 登录账号采用同名。

【例 5.11】 将 SQL Server 用户账号 Wanghong 映射为数据库 SchoolTest 的用户。

在对象资源管理器中，右击“数据库”→“SchoolTest”→“安全性”→“用户”，选择“新建用户”菜单（如图 5.23 所示）。在“数据库用户-新建”窗口中，“用户名”中填写“Wanghong”，“登录名”选择 Wanghong，单击“确定”按钮后关闭窗口，即可在 SchoolTest 数据库用户列表中出现。

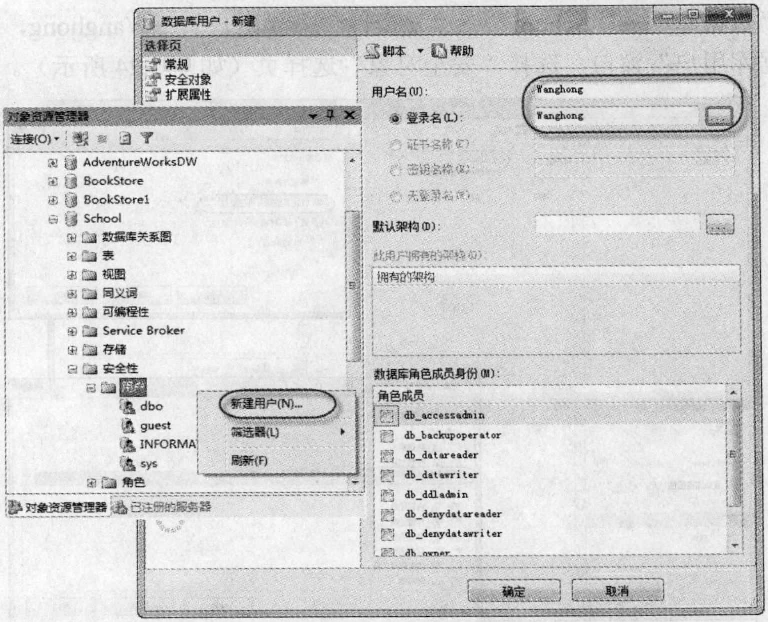

图 5.23　新建数据库用户

使用 SQL Server Management Studio 也可以删除数据库用户。步骤为：选择要操作的数据库，展开“安全性”→“用户”，右击要删除的数据库用户，选择“删除”菜单即可。

2）数据库用户权限管理

数据库用户登录 SQL Server 具有访问该数据库的权限，但要访问具体的数据库对象仍需要被赋予权限。SQL Server 中可访问的主要数据库对象与操作权限如表 5.4 所示。

表 5.4 SQL Server 主要数据库对象和操作权限

数据库对象	操 作 权 限
表、视图、列(TABLE)	SELECT, INSERT, UPDATE, DELETE View Definition, Alter, Control, Take Ownership, Refrences
列	SELECT, UPDATE, Refrences
存储过程和函数	EXECUTE, View Definition, Alter, Control, Take Ownership

SQL Server 权限管理包括以下操作。

（1）授予权限：表示授予该项操作权限，但可被用户所属的其他角色的拒绝权限覆盖。

（2）具有授予权限：使具有授予权限。单击后解除“拒绝权限”，并设置“授予权限”。

（3）拒绝权限：表示禁止该项操作权限，并覆盖用户从所属的其他角色获得的权限。

（4）未设置：表示不能执行该项操作，但可被用户所属的其他角色的权限覆盖。

【例 5.12】 为 School 数据库的用户 Wanghong 设置权限：对 Student 表具有 Select、Insert 权限，禁止执行 Delete 操作，仅对 Telephone 列具有 Update 权限。

首先使用“Windows 身份验证”或“SQL Server 身份验证”的 sa 用户登录。在对象资源管理器中，选中要设置权限的数据库对象（例如表、视图等），选择“属性”，在打开窗口的“权限”页中添加用户“Wanghong”，并设置权限。这里通过用户属性完成权限设置。

（1）右击“数据库”→“School”→“安全性”→“用户”→Wanghong，选择“属性”菜单，出现“数据库用户”窗口，选择“安全对象”选择页（如图 5.24 所示）。

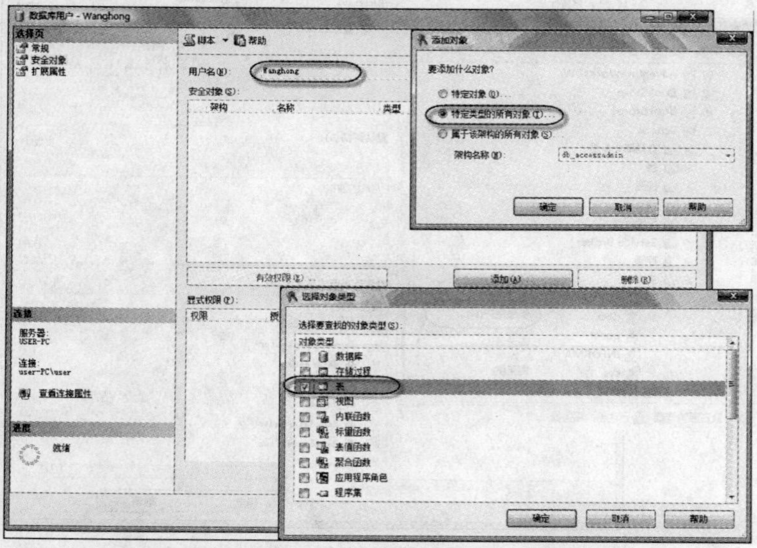

图 5.24 为数据库用户的权限设置添加对象

（2）单击“添加”按钮，弹出“添加对象”对话框，选择“特定类型的所有对象”；在“选择对象类型”对话框中选择“表”（如图 5.24 所示）。

（3）返回“数据库用户”窗口（如图 5.25 所示），在“安全对象”列表中选中 Student，在“显式权限”列表中选中 Select、Insert 行，在“授予”处单击出现“ √”表示授予该操作权限；选中 Delete 行，在“拒绝”处单击出现“ √”表示禁止该操作；选中 Update 行，单击“列权限”按钮，打开“列权限”对话框，选中 Telephone 行，在“授予”处单击出现“ √”表示授予该操作权限。

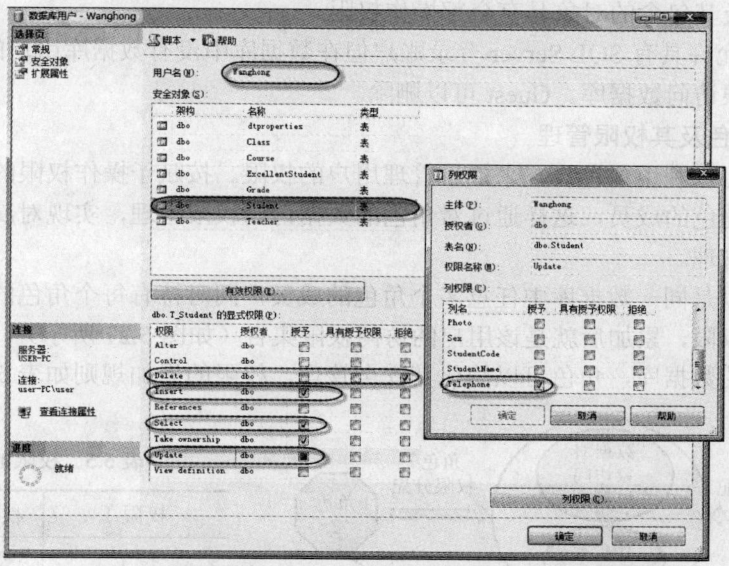

图 5.25　设置对各数据库对象的访问权限

（4）单击“有效权限”按钮，可查看 Wanghong 对 Student 表的所有操作权限（如图 5.26 所示）。

图 5.26　有效权限查看

3）特殊数据库用户

SQL Server 为每个新创建的数据库预定义了几个特殊数据库用户（如图 5.23 所示）。

（1）DBO。DBO 是数据库所有者（DataBase Owner），是数据库最高权力所有者。创建数据库的用户即为数据库所有者，具有所有数据库操作权限，并可向其他用户授予权限。DBO 不能被删除。属于 sysadmin 角色的成员自动被映射为 DBO，其所创建的所有数据库对象都属于 DBO，例如使用“Windows 身份验证”或 SQL Server 的 sa 账号登录后都自动映射为 DBO，所以对所有数据库及其包含的对象具有全部操作权限。

（2）Guest。允许具有 SQL Server 登录账户但在数据库中没有数据库用户的使用者用 Guest 的用户身份和权限访问数据库。Guest 可以删除。

2．数据库角色及其权限管理

SQL Server 可以利用角色设置来批量管理用户的权限。按赋予操作权限的不同建立角色，然后将用户作为角色的成员，这样通过对角色的数据访问权限管理，实现对属于该角色的所有用户成员的权限管理。

一个用户可以是同一数据库中任意多个角色的成员，同时持有每个角色的权限，再加上直接给用户授予的权限，累加后就是该用户的访问权限集合（如图 5.27 所示）。对于用户数众多或安全系统复杂的数据库，角色可以简化其安全管理。权限的累加规则如表 5.5 所示。

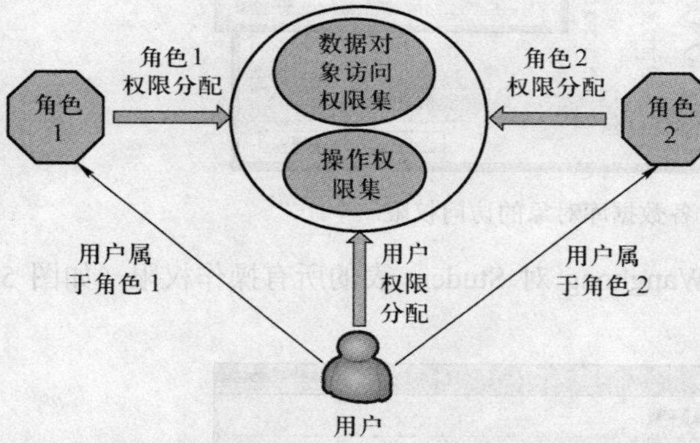

图 5.27　数据库角色、用户及访问权限管理示意图

表 5.5　权限的累加规则

权限 1	权限 2	累加结果
授予	授予	授予
授予/拒绝/空	拒绝	拒绝
授予	空	授予
空	空	空

在 SQL Server 中，已经预定义了 5 个角色。

（1）public 角色。public 角色在每个数据库（包括系统数据库）中都存在。public 角色提供数据库中用户的默认权限，不能删除。每个数据库用户都自动是此角色的成员，因此无法在此角色中添加或删除用户。

（2）固定服务器角色。固定服务器角色可以在服务器上进行相应的管理操作，完全独立于某个具体的数据库。系统提供了 8 种固定服务器角色（如表 5.6 所示）。

表 5.6　SQL Server 固定服务器角色

角　　色	该角色成员的操作权限
sysadmin 系统管理员	可以执行 SQL Server 系统中任何操作
serveradmin 服务器管理员	可以配置和关闭 SQL Server 服务器

续表

角　　色	该角色成员的操作权限
setupadmin 安装管理员	可以添加和删除链接服务器，并执行某些系统存储过程配置与安装有关的设置
securityadmin 安全管理员	管理服务器安全配置和登录，可以创建和删除系统登录账户、控制创建数据库权限、重设密码等
processadmin 进程管理员	管理在 SQL Server 实例中运行的进程
dbcreator 数据库创建者	可以实施数据库创建、修改、删除和恢复等数据库修改操作
diskadmin 磁盘管理员	管理和重配数据库存储设备，包括数据文件、日志文件等磁盘文件
bulkadmin 块复制管理员	可以执行向数据库的块插入操作

（3）固定数据库角色。系统提供了 10 种固定数据库角色（如表 5.7 所示），对应于单个数据库。

表 5.7　固定数据库角色

角　　色	该角色成员的操作权限
public	每一用户都自动成为该角色成员，无需指派，不能删除
db_owner 数据库所有者	可执行数据库中的任何操作
db_accessadmin 数据库访问权限管理者	可以增加或删除数据库用户、组和角色
db_ddladmin 数据库 DDL 管理员	可以增加、修改或删除数据库对象，即可执行 DDL 语句
db_securityadmin 数据库安全管理员	管理数据库中对象的访问权限和执行语句的权限，例如数据库表的插入、删除、修改操作等
db_backupoperator 数据库备份操作员	实施数据库备份和恢复
db_datareader 数据库数据读取者	可检索数据库中任意表中的数据，即具有 Select 许可
db_datawriter 数据库数据写入者	有增加、修改和删除所有表中数据的权限，即有 Insert、Update、Delete 许可
db_denydatareader 数据库拒绝数据读取者	不能检索任意一个表中的数据
db_denydatawriter 数据库拒绝数据写入者	不能修改任意一个表中的数据

（4）用户自定义数据库角色。根据系统开发和管理的需要为特定数据库自定义数据库新角色。

（5）应用程序角色。将数据访问权限授予使用特定应用程序的那些用户，即授权用户使用该应用程序时对该数据对象有访问权限，但其他时候不能访问。

【例 5.13】 为 School 数据库创建一个名称为“Teacher”的数据库角色，并将 Wanghong 添加为其成员。设置角色 Teacher 对 Student 表具有所有权限。

（1）在对象资源管理器中，右击“数据库”→School→“安全性”→“角色”→“数据库角色”，选择“新建数据库角色”菜单。在“角色名称”文本框中填写角色名称“Teacher”（如图 5.28 所示）；“此角色拥有的架构”选择“dbo”。

（2）在下部单击“添加”按钮，出现“选择数据库用户或角色”对话框（如图 5.28 所示），浏览添加数据库用户 Wanghong，单击“确定”按钮后返回“数据库角色”窗口。

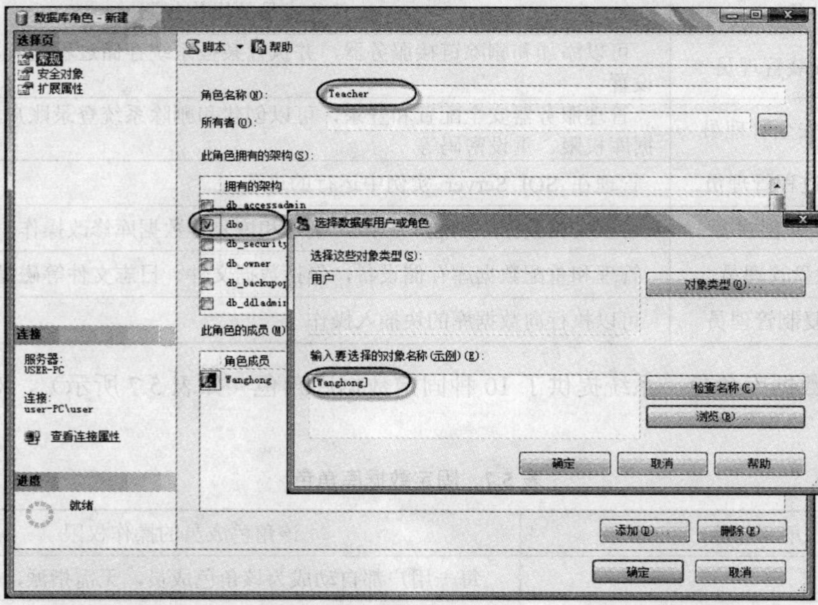

图 5.28 建立数据库角色

（3）选择“安全对象”选择页，为 Teacher 设置权限（如图 5.29 所示）。

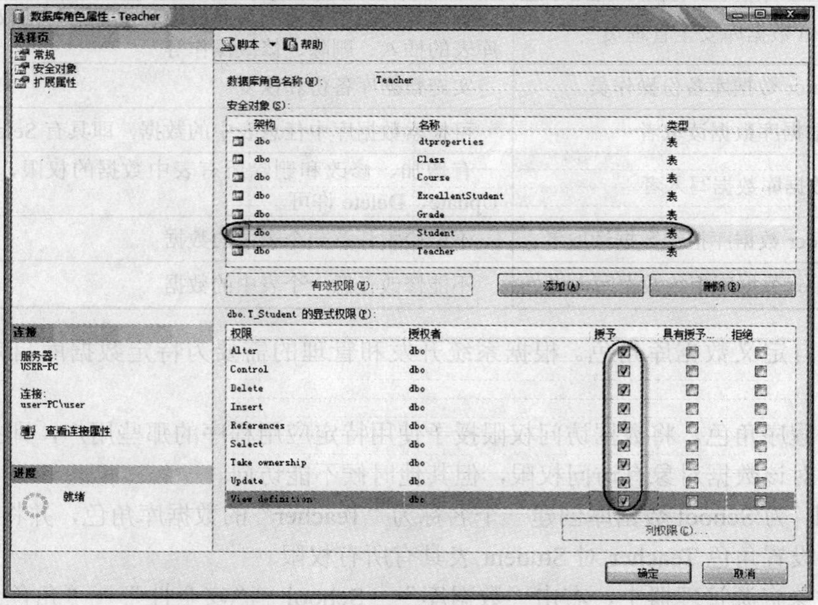

图 5.29 为数据库角色设置访问权限

通过例 5.12 和例 5.13 的操作，数据库用户 Wanghong 实际具有的权限是该用户被授予的权限和其所属于角色 Teacher 具有的权限累加，如表 5.8 所示。

表 5.8　Wanghong 的权限累加

Student	SELECT	INSERT	DELETE	UPDATE	其　他
角色 Teacher 的权限	授予	授予	授予	授予	授予
用户 Wanghong 的权限	授予	授予	拒绝	只授予 Telephone 列，其他列未设置	
用户 Wanghong 的最终权限	授予	授予	拒绝	授予	授予

Wanghong 对 Student 表有 SELECT、INSERT、UPDATE 操作权限，但禁止 DELETE 操作。

使用 SQL Server Management Studio 可以删除用户定义的数据库角色。步骤为：选择要操作的数据库，展开“安全性”→“角色”→“数据库角色”，右击要删除的数据库角色，选择“删除”菜单即可。

5.4.3　其他数据库安全性控制

1．视图机制

由于视图是一张通过 SQL 查询语句定义的虚表，用户仅能访问视图所能看到的数据集，基本表本身对其不可见。在 DBMS 中，可以为不同的用户定义不同的视图，通过视图机制把要保密的数据对无权操作的用户隐藏起来，从而自动地对数据提供一定程度的安全保护，对视图也可以进行授权，使不同的用户看到不同的视图。

2．审计方法

审计功能就是把用户对数据库的所有操作自动记录下来放入审计日志文件中，一旦发生数据被非法存取，数据库管理员可以利用审计跟踪的信息，重现导致数据库现有状况的一系列事件，找出非法存取数据的人、时间和内容等。

审计可以跟踪用户的全部操作，审计日志对于事后检查十分有效，因此审计功能在维护数据安全、打击犯罪方面可以发挥重要作用，但粒度过细的审计通常是很费时间和空间的，因此数据库管理员应根据应用对安全性的要求，灵活打开或关闭审计功能。

3．数据加密

对高度敏感数据（例如用户密码、财务、军事、国家机密等数据），除了以上安全性措施外，还应该采用数据加密技术。数据加密是防止数据在存储和传输中失密的有效手段。加密的基本思想是根据一定的算法将原始数据（称为明文）变换为不可直接识别的数据格式（称为密文），从而使得不知道解密算法的人即使进入数据库也无法识别数据的内容。

采用加密存储，在数据存入时需加密，查询时需解密，这个过程会占用大量系统资源，降低系统性能，因此只对保密性要求高的数据加密。

习题 5

1．简述事务概念及其主要特性。

2．没有并发控制的数据库系统会产生哪些问题？采用什么机制可以进行并发控制？

3．什么是数据库备份和还原，其作用是什么？

4．数据库备份和恢复有哪些策略？

5．数据库数据导入和导出的概念和作用是什么？

6．在何种情况下应该使用数据库的备份和还原？何种情况下使用数据库的数据导入和导出？

7．数据库分离和附加的概念和作用是什么？

8．SQL Server 2005 的身份验证模式有哪两种？有什么不同？

9．在 SQL Server 2005 中进行授权时，角色的作用是什么？

10．用户与其所属角色的访问权限的累加规则是什么？

第6章

ASP.NET 程序设计基础

随着 Internet 的发展，基于 B/S 结构的信息系统日趋成为主流模式。ASP.NET 是用于创建动态 Web 页面的服务器端技术，允许使用.NET 框架支持的所有类库，方便实现数据库访问，支持多种编程语言，是目前最流行的 B/S 结构信息系统的主要开发技术之一。

本书选用 Microsoft Visual Studio 2005 作为开发环境，C#为开发语言。本章主要介绍基于 ASP.NET 的 Web 应用程序开发的基本方法。

6.1 .NET 框架与 ASP.NET 概述

6.1.1 Microsoft .NET 框架

Microsoft .NET（简称.NET 框架）是 Microsoft 公司于 2000 年 6 月推出的一个技术框架，目的是整合已有的技术，建立一个用于创建、部署和运行基于 Internet 应用程序的统一环境。.NET 框架提供了托管程序执行环境、简化的开发和部署以及与各种编程语言的集成。图 6.1 说明了.NET 框架的体系结构，它由一组内部 Windows 组件构成，其中最关键的是公共语言运行库和.NET 框架类库两部分。

1. 公共语言运行库

公共语言运行库（Common Language Runtime，CLR）也称公共语言运行时，是.NET 框架的基础和核心。它负责监控程序的运行和管理系统资源，提供内存管理、线程管理和远程处理等核心服务。用户编写的程序并不直接编译为 Windows 可以执行的二进制代码，而是编译为 CLR 能执行的中间语言（Intermediate Language, IL），由 CLR 来运行，保证应用程序与底层操作系统之间必要的分离。因此，只要计算机安装了 CLR，凡是由符合公共语言规范（Common Language Specification，CLS）的程序语言（如包括 C#、C++、VB、J#、JScript 等）所开发的程序都可以在 CLR 上运行。

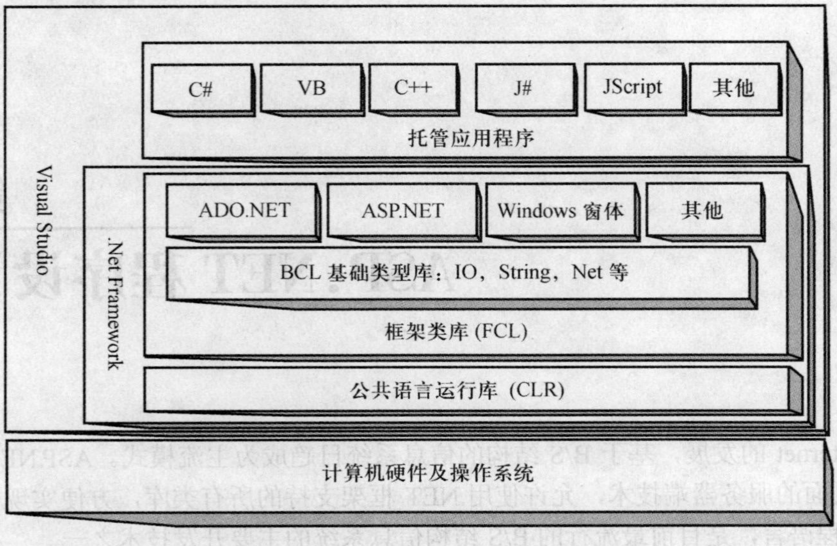

图 6.1 .NET Framework 体系架构

在 CLR 控制下执行的代码被称作托管代码，否则称为非托管代码。使用托管代码编写的程序被称为托管应用程序，在运行时需要在系统中安装.NET Framework。托管程序使用基于 CLR 的语言编译器开发生成，具有许多优点：跨语言集成、跨语言异常处理、增强的安全性、版本控制和部署支持、简化的组件交互模型、调试和分析服务等。

2．.NET 框架类库

.NET Framework 类库（.NET Framework Class Library，FCL）是一个与公共语言运行库紧密集成、综合性的面向对象的可重用类的集合，为应用程序提供各种组件和服务，减少编程工作量，支持高效开发各种应用程序，如 Windows 应用程序、ASP.NET 网站等。其主要组件如下。

（1）FCL 提供的基本类库（Base Class Library）是各种语言共享的标准类库，实现了运行时的各种功能并通过各种命名空间为开发者提供所需的编程支持，每个命名空间都包含可在程序中使用的类型：类、结构、枚举、委托和接口等。

（2）针对 Web 应用程序开发，FCL 提供了 ASP.NET（Active Server Page，活动服务器页面）组件作为基于统一类库的 Web 应用程序模型。该模型由一个基本结构和一组可运行在 Web 服务器上的控件构成。使用该模型可以方便地构建各种 Web 应用程序。

（3）针对数据库应用程序开发，FCL 通过 ADO.NET（Active Data Objects）组件提供一组用来连接数据库、运行数据库操作命令、返回记录集的类，可以方便地实现对数据库的访问。

Visual Studio 是一套完整的集成开发环境，支持以 Visual Basic、Visual C++、Visual C#、Visual J#等各种语言使用.NET 框架的类库，高效开发 ASP.NET Web 应用程序、XML Web Services、桌面应用程序和移动应用程序，并且由于共享类库和代码托管，能够轻松地创建混合语言解决方案。本书选用 Visual Studio 2005 作为集成开发环境。

目前，.NET Framework 有多个版本，开发人员可以选择面向特定的版本开发和部署应用程序，同一个系统中可同时运行多个版本。.NET Framework 2.0 组件包含在 Visual Studio 2005 和 SQL Server 2005 中，安装 Windows 7 时可以安装.NET Framework 3.5。

6.1.2　Web 信息系统运行原理

Web 信息系统是浏览器/服务器结构（即 B/S 结构）的分布式系统。信息系统程序以 Web 网站形式提供服务，其核心是 Web 服务器。Web 服务器是网络上运行着 Web 服务器程序（例如 Microsoft Internet Information Services）的一台主机，用户开发的 Web 应用程序部署在其上，对于数据库服务器的访问也由 Web 服务器完成。用户只需要使用浏览器访问 Web 网站，就可以获得信息系统服务。

1．Web 页面工作原理

用户开发的 Web 应用程序页面存储在 Web 服务器上，并由 Web 服务器响应浏览器的访问请求。页面文件有以下两类。

1）静态网页

静态页面是以 HTML 描述的页面文件，事先编写好存储在服务器上，可以直接被客户机上的浏览器解析显示。如图 6.2 所示，当用户在浏览器提出请求访问 HTML 页面时，Web 服务器直接查找到该页面返回给浏览器。静态网页无法实现数据库访问。

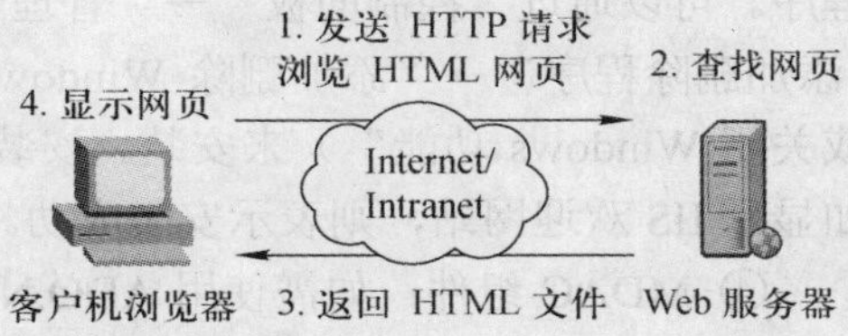

图 6.2　静态网页运行原理

2）动态网页

动态页面是以 ASP.NET、JSP、PHP 等工具开发的动态网页程序，不仅包含 HTML 标记，还包括可执行的程序代码，但浏览器不能解析动态页面。当用户在浏览器提出请求访问动态页面时，Web 服务器首先找到页面程序，执行程序（例如数据库访问、运算处理等）并集成程序结果生成一个 HTML 文件返回给浏览器。因为浏览器收到的这个 HTML 文件不是事先在服务器上存储的，而是根据访问请求动态生成的，所以称为动态网页。图 6.3 以 ASP.NET 数据库应用程序为例说明了动态 Web 网页的工作原理。

图 6.3　动态网页运行原理

2．Web 信息系统开发和部署环境

下面结合 Web 信息系统工作原理（如图 6.3 所示），介绍采用 ASP.NET 开发信息系统所需要的硬件和软件环境。

1）硬件环境

信息系统运行需要 Internet/Intranet（Intranet 是以 Internet 原理建立的组织机构内部网络）、Web 服务器、数据库服务器以及客户机。在开发阶段，Web 服务器、数据库服务器和客户机物理上可以是一台计算机，但在系统部署时，从安全性和易维护的角度考虑，Web 服务器和数据库服务器最好采用独立的计算机。

2）软件环境

以 Windows 操作系统为例，在 Web 信息系统部署时各部分需要安装的软件或组件如下。

（1）Web 服务器

① 操作系统：安装 Windows 操作系统，可使用 Windows XP Professional、Windows Server 2003、Windows 7 等。另需在操作系统上安装 Internet Explorer 浏览器。

② .NET 框架：安装.NET Framework，版本根据需要而定，可以从微软的网站下载安装，或者在安装操作系统、Visual Studio 等软件时安装。本书使用.NET Framework 2.0。

③ Web 服务程序：使用 Windows 操作系统的“Internet 信息服务”（IIS）作为 Web 服务程序。可以通过“控制面板”→“管理工具”查看是否安装，如果没装，通过“控制面板”→“添加删除程序”→“添加删除 Windows 组件”（Windows 7 中使用“程序与功能”→“打开或关闭 Windows 功能”）来安装。安装完后，在 IE 浏览器地址栏中输入“http://localhost”，如显示 IIS 欢迎网站，则表示安装成功。

④ MDAC 组件：如需使用 ADO.NET 访问数据库，则需要安装数据访问组件 MDAC。可以在部署程序时安装，也可以从微软网站下载安装，或在安装 Visual Studio 等软件时安装。

（2）数据库服务器

数据库服务器上安装操作系统和数据库管理系统。本书选择 Windows、SQL Server 2005。

（3）客户机

客户机上安装操作系统和浏览器。本书选择 Windows 操作系统、IE 6.0 以上浏览器。

在 Web 信息系统开发阶段，除了以上环境，还需要安装支持 ASP.NET 应用开发的集成开发环境，本书选用 Visual Studio 2005。如果只是调试程序而不发布，可以不需要 Web 服务程序，直接使用 Visual Studio 内置的 Web 服务器。

6.1.3 ASP.NET 概述

ASP.NET 是.NET 框架的组件之一，以一个统一的 Web 开发模型，提供了生成 Web 应用程序所必需的各种服务。用于开发 ASP.NET 程序的 Visual Studio 平台支持包括界面设计、源代码编辑、编译、调试、应用程序部署与发布等各阶段工作。其主要功能和特点如下。

（1）提供了可视化的 Web 页面设计，可以快速地实现功能强大的网页。ASP. NET 不仅提供了丰富的 Web 控件，而且允许开发用户控件，使用户开发的功能得到重用。

（2）提供了样式表的编辑功能，可以通过样式生成器直接生成样式。母版页功能可以方便地统一整个网站的设计风格，方便页面修改和维护。

（3）数据库访问功能使用户可以利用可视化数据库工具、数据库访问组件以及 ADO. NET 类等对各种类型的数据库进行操作。

（4）提供安全验证、状态管理、系统配置、运行监视等开发机制，可以提高系统性能。

（5）采用编译执行方式，可将程序编译成 Microsoft 中间语言（MSIL，文件扩展名为.dll），然后在.NET 框架的 CLR 支持下托管运行。

（6）提供的复制网站、发布网站等功能，可使系统部署非常简单。

6.1.4　创建一个 Web 应用程序

1．ASP.NET Web 应用程序结构

ASP.NET Web 应用程序是基于 ASP.NET 创建的 Web 网站，它由一组存放在一个目录下的 Web 网页及相关配置文件组成，包含页面文件、控件文件、代码模块和服务，以及配置文件和各种资源。这个目录称为 Web 根目录，在其下可建立各类子目录，存放不同类别的文件（如表 6.1 所示），一些重要系统文件存放在根目录下。

表 6.1　ASP.NET Web 应用程序根目录下的文件和各子目录

文件名或目录名	存 放 文 件
global.asax 文件	是一个文本文件，提供全局可用代码。这些代码包括应用程序的事件处理程序以及会话事件、方法和静态变量。它存放在根目录下
Web.Config 文件	是一个 XML 文本文件，储存 Web 应用程序的配置信息，可以出现在应用程序的每一个目录中，默认会在根目录下创建一个
*.aspx 文件	ASP.NET 网页
*.aspx.cs 文件	对应于 ASP.NET 网页的使用 C#语言编写的服务器端程序
App_Data 子目录	包含应用程序数据文件，如 MDF 文件、XML 文件和其他数据存储文件，也用来存储用于维护成员和角色信息的应用程序的本地数据库
App_Themes 子目录	包含用于定义网页和控件外观的文件集合（.skin 和.css 以及图像文件等）
App_Browsers 子目录	包含用于标识个别浏览器并确定其功能的浏览器定义（Browser）文件
App_Code 子目录	包含作为应用程序一部分进行编译的实用工具类和业务对象（例如.cs、.vb 文件）的源代码
App_GlobalResources 子目录	包含编译到具有全局范围的程序集中的资源（.resx 和.resources 文件）
App_LocalResources 子目录	包含与特定页、用户控件或母版页关联的资源（.resx 和.resources 文件）
App_WebReferences 子目录	包含用于定义在应用程序中使用的 Web 引用的引用协定文件（.wsdl 文件）、架构（.xsd 文件）和发现文档文件（.disco 和.discomap 文件）
Bin 子目录	包含要在应用程序中引用的控件、组件或其他代码的已编译程序集（.dll 文件）

在 Web 服务器上发布时，IIS 服务器默认以“C:\Inetpub\wwwroot”作为网站的根目录，所以也称其为 Web 应用程序的主目录，存放在其下的 Web 网站程序可以使用 URL 为“http://服务器域名”、“http://IP 地址”直接访问。

由于一个 Web 服务器上可能发布多个 Web 网站，所以为了能区分不同网站，除了主目录外，IIS 采用虚拟目录来管理 Web 网站，即把网站程序存放在一个文件夹，然后通过配置 IIS 以虚拟目录名发布，使每个 Web 网站有自己的应用程序域。

虚拟目录又称为“别名”，以 Web 服务器作为根目录。例如，如果某网站程序所在的文件夹为“C:\Myweb”，在 IIS 中的“默认网站”下建立名为“BookShop”的虚拟目录，设置其本地路径为“C:\Myweb”，则访问该网站的方式为“http://服务器域名/BookShop、http://IP 地址/BookShop”。

2．创建本地文件系统 ASP.NET Web 站点

Visual Studio 内置了一个 Web 服务器 ASP.NET Development Server，不需要 IIS 就可以运行网站查看效果，方便开发和调试 ASP.NET Web 应用程序。创建的本地文件系统 ASP.NET Web 应用程序保存在本地文件系统的一个目录中，当调试运行程序时，内置的 Web 服务器自动创建基于该目录的 Web 应用程序。本书后续例题主要采用这种运行模式。

> **提示**：运行 Visual Studio 内置 Web 服务器时，系统自动分配一个空闲的端口号，所以在实际运行中每次使用的端口号有可能不一样。

【例 6.1】 创建本地文件系统 ASP.NET 网站（运行效果如图 6.4 所示）C:\WebSite1，输入姓名后单击“确定”按钮，显示欢迎信息“Welcome to ASP.NET！”。Web 页面 HelloWorld.aspx 的设计布局包括两个 Label、一个 TextBox、一个 Button（如图 6.5 所示）。

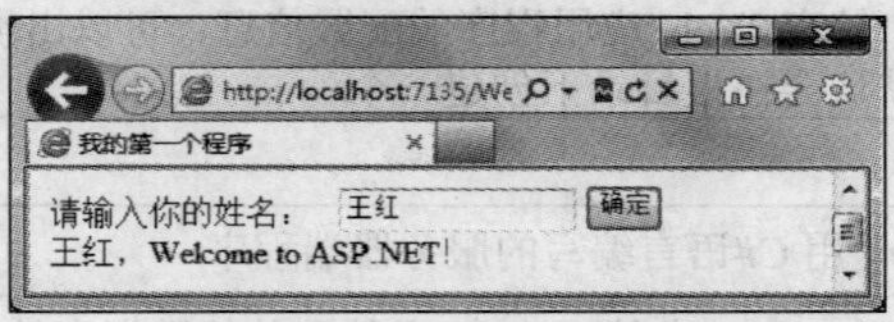

图 6.4 网页的运行效果

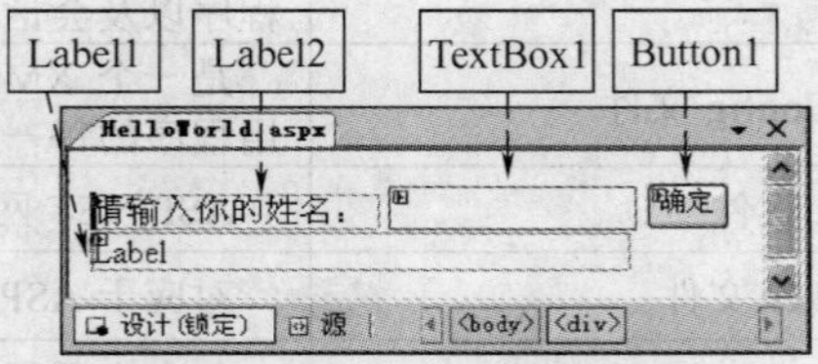

图 6.5 网页的设计布局

（1）运行 Microsoft Visual Studio 2005 应用程序。

（2）新建 ASP.NET Web 网站。通过“文件”→“新建网站”菜单，打开“新建网站”对话框（如图 6.6 所示）；“模板”选择“ASP.NET 网站”，“语言”选择“Visual C#”，“位置”为“文件系统”，路径为“C:\WebSite1”，单击“确定”按钮，系统将在 C:\WebSite1 下创建若干文件夹和文件。在解决方案资源管理器中可看到项目文件结构，在计算机的 C 盘上也可以看到。

（3）新建 ASP.NET 页面 HelloWorld.aspx。在解决方案资源管理器中右击网站“C:\WebSite1”，选择“添加新项”菜单打开“添加新项”对话框（如图 6.7 所示）。“模板”选择“Web 窗体”，“名称”修改为“HelloWorld.aspx”，不勾选“将代码放在单独的文件中”。单击“添加”按钮，添加窗体页 HelloWorld.aspx 到 ASP.NET Web 站点“C:\WebSite1”。

（4）设计 HelloWorld.aspx 页面。在“设计”视图（如图 6.8 所示）中，根据网页布局，从工具箱中拖放控件到设计窗口中，并在“属性”窗口中对各个控件的属性进行设置：Label2.Text 为“请输入你的姓名：”，Label1.Text 为空，TextBox1.Text 为空，Button1.Text 为“确定”。

（5）生成按钮事件。在“设计”视图中双击“确定”按钮，设计页面切换到“源”视图，并自动生成“确定”按钮的主事件 Click 的处理过程 Button1_Click 框架。

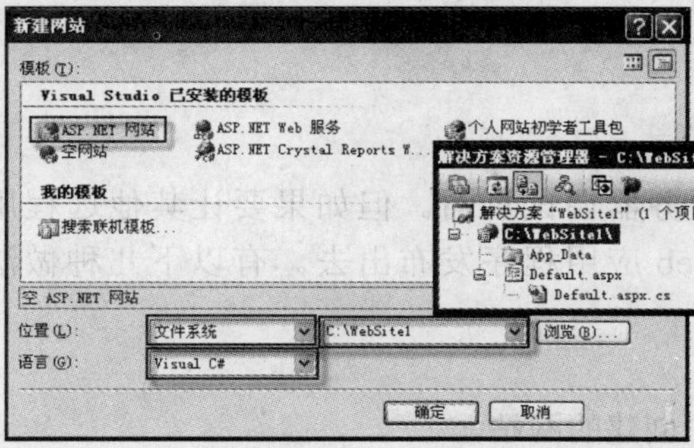

图 6.6　新建 ASP.NET 网站及项目文件结构

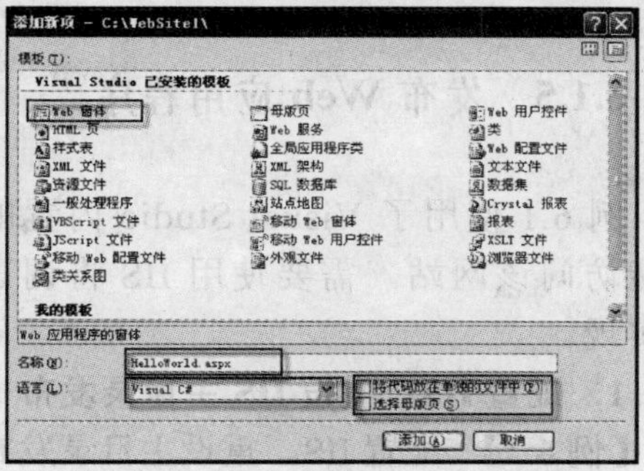

图 6.7　新建“单文件页模型”的 ASP.NET 页面

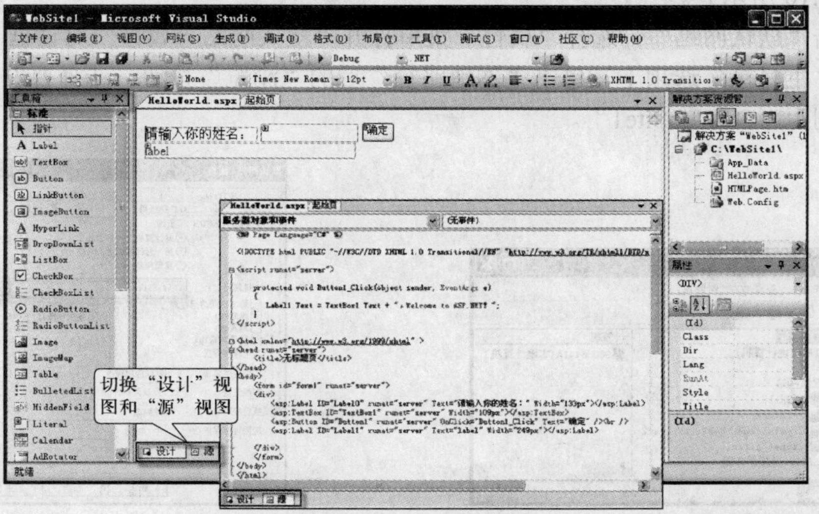

图 6.8　页面设计（“设计”和“源”）窗口

（6）为 Button1 按钮 Click 事件处理过程加入处理代码。在“源”视图中，在 Button1_Click 的 ASP.NET 事件函数的框架中加入如下语句，以便在 Label1 中显示欢迎信息：

```
protected void Button1_Click(object sender, EventArgs e)
{
    Label1.Text = TextBox1.Text + "，Welcome to ASP.NET！";
}
```

（7）单击“保存”或“全部保存”按钮可保存该页面。选择“调试”→“启动调试”菜单（或按 F5 键）运行 HelloWorld.aspx。第一次使用内置 Web 服务器运行程序时，会出现“未启用调试”对话框（如图 6.9 所示），采用默认设置（“添加新的启用了调试的 Web.config 文件”）即可。Visual Studio 编译调试项目后，会自动打开 IE 浏览器（如图 6.4 所示）。

（8）关闭浏览器或选择“调试”→“停止调试”菜单结束网站运行，返回 Visual Studio。

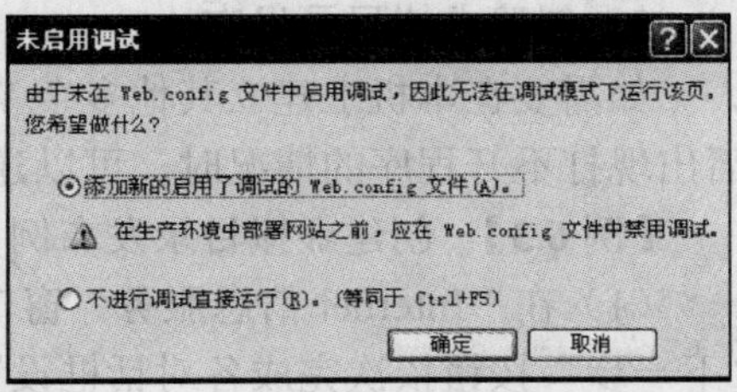

图 6.9　“未启用调试”对话框

6.1.5　发布 Web 应用程序

例 6.1 使用了 Visual Studio 内置的 Web 服务器调试页面。但如果要让其他远程用户也能访问该网站，需要使用 IIS 将调试好的 Web 应用程序发布出去。有以下几种做法可以实现。

1．配置 IIS，重设 IIS 主目录发布

【例 6.2】 配置 IIS，重设主目录发布例 6.1 中创建的网站。

（1）使用“控制面板”→“管理工具”→“Internet 信息服务”，打开“Internet 信息服务”窗口（如图 6.10 所示）。

（2）右击“默认网站”，选择“属性”菜单打开“默认网站　属性”对话框（如图 6.11 所示）。选择“主目录”选项卡，单击“本地路径”后的“浏览”按钮，选择要发布的网站程序文件夹，本例为“C:\WebSite1”。

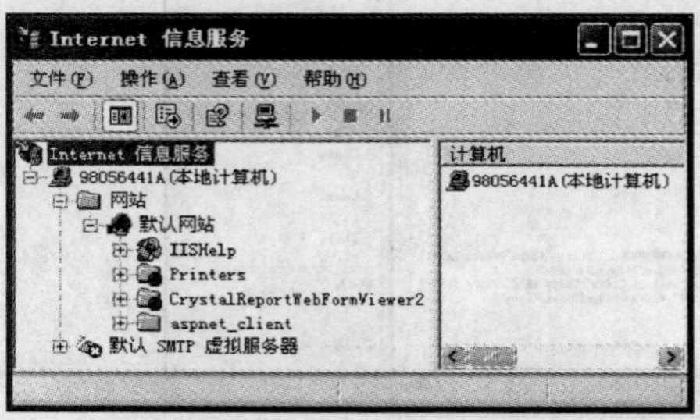

图 6.10　“Internet 信息服务”窗口

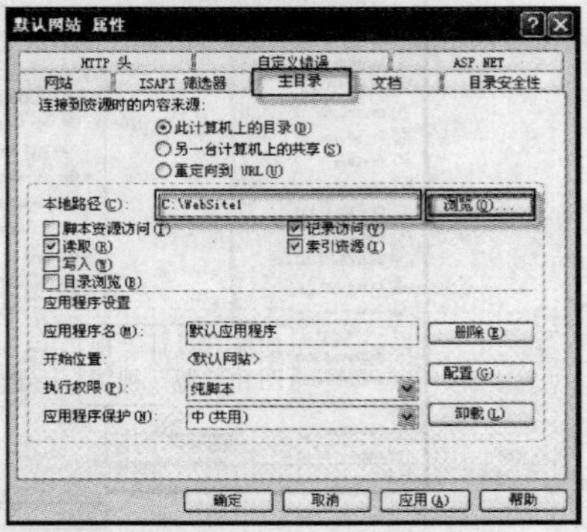

图 6.11　“默认网站　属性”对话框

（3）选择“文档”选项卡（如图 6.12 所示），单击“添加”按钮，将 HelloWorld.aspx 文件添加到“启用默认文档”列表中，单击“确定”按钮关闭对话框后发布完成。

> 提示：Web 服务器会在发布目录下依次查找列表中的文件，把找到的第一个页面作为网站首页。为了使某页面优先成为首页，可以将其移到最前面或删除其他默认页。

（4）在本机使用“http://localhost”、“http://127.0.0.1”可以访问该站点（如图 6.13 所示），在网络的其他计算机上使用“http://服务器域名”、“http://IP 地址”可以访问该站点。

2．创建虚拟目录发布

如需要在本机上建立其他多个 Web 站点，或者在将程序从一个文件夹移动到另一个文件夹后出现打不开程序的情况时，可以建立虚拟目录发布。

【例 6.3】 创建虚拟目录发布例 6.1 中创建的网站。

（1）在“Internet 信息服务”窗口中右击“默认网站”，选择“新建虚拟目录”菜单，单击“下一步”按钮依次完成各对话框设置，输入别名，如“WebSite2”（如图 6.14 所示），浏览设置 Web 网站目录“C:\WebSite1”（如图 6.15 所示），其他页采用默认设置，直到完成创建。

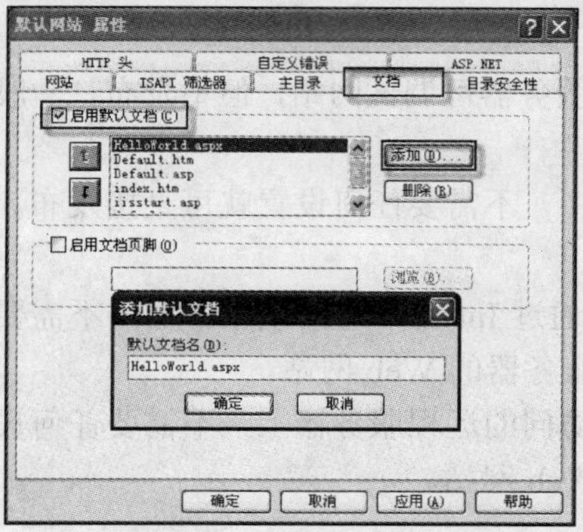

图 6.12　“文档”选项卡

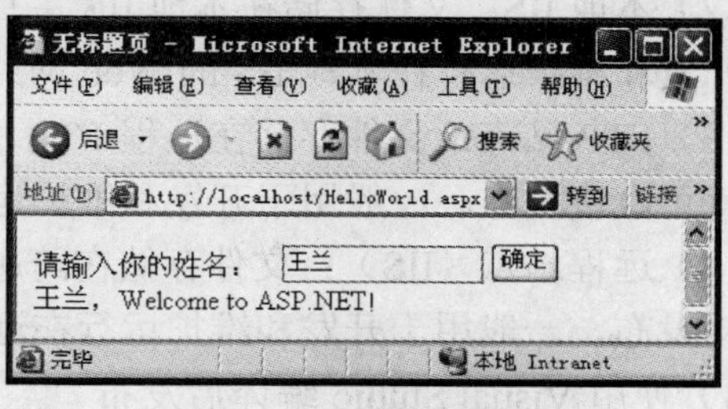

图 6.13　使用浏览器访问 Web 站点

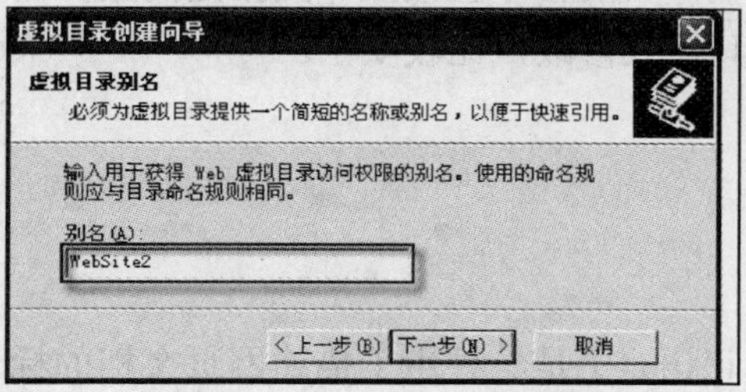

图 6.14　虚拟目录别名

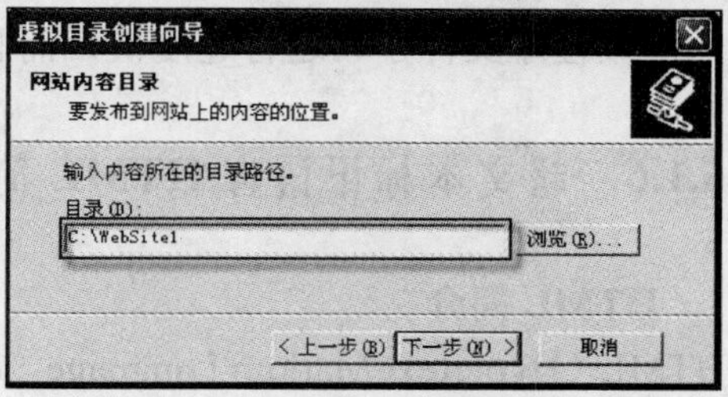

图 6.15　网站目录路径

（2）访问该站点，在本机可用“http://localhost/WebSite2”、“http://127.0.0.1/WebSite2”；在网络上使用“http://服务器域名/WebSite2”、“http://IP 地址/WebSite2”。

3．直接将 Web 网站程序发布到 IIS 的主目录

将要发布的 Web 程序直接替换 IIS 的默认站点，即替换 IIS 主目录“C:\Inetpub\wwwroot”下的程序。有以下几种方法。

1）将 Web 应用程序复制到主目录后配置发布

在“我的电脑”中使用复制命令将“C:\WebSite1”下的所有文件和子文件夹复制到 IIS 的默认主目录下或者使用 Microsoft Visual Studio 的“网站”→“复制网站”菜单将当前 Web 网站所有文件和文件夹复制到指定的 Web 服务器（本地、远程 HTTP、远程 FTP）来发布。但要注意移除原来的文件，如果 IIS“启用默认文档列表”中不包括该页面，需要在默认网站的文档中添加该文件（如图 6.12 所示）。

2）使用 Visual Studio 创建 ASP.NET Web 应用程序时直接发布

使用 Visual Studio 创建 ASP.NET Web 网站时，在“新建网站”对话框（如图 6.6 所示）中的“位置”处单击“浏览”按钮可弹出如图 6.16 所示对话框，可

图 6.16　Web 网站的位置选择

以选择以下位置。

（1）文件系统：文件存储在本地，使用内置 Web 服务器可调试网站，但不发布。一般用于开发和调试程序。

（2）本地 IIS：文件存储在本地 IIS 主目录文件夹中，不需要任何设置就可直接发布。一般用于开发和维护运行在本地 IIS 的 Web 网站。

（3）FTP 站点：文件存储在远程 FTP 服务器上，通过 Internet 访问该服务器，不需要任何设置就可直接发布。一般用于开发和维护运行在远程服务器的 Web 网站。

（4）远程站点（IIS）：文件存储在跨越本地网络访问的远程服务器上，不需要任何设置就可直接发布。一般用于开发和维护运行在远程 IIS 的 Web 网站。

3）使用 Visual Studio 编译后发布

使用“生成”→“发布网站”菜单可以将当前 Web 应用程序进行编译生成动态链接库（.dll），存放到本地或远程服务器的 Bin 文件夹，也可以将编译后的程序直接发布到指定的服务器。编译后的网站程序文件小、运行速度快，而且不能被其他人修改，比较安全。

6.1.6 超文本标记语言 HTML 简介

1. HTML 简介

HTML（Hypertext Markup Language，超文本标记语言）是一种用于描述网页文档的标记语言。在 WWW 上的一个超媒体文档称为一个页面（网页），对应于 HTML 文件，以.htm 或.html 为扩展名。网页文件本身是一种文本文件，通过在文本文件中添加标记符，可以告诉浏览器如何显示其中的内容（如文字如何处理，画面如何安排，图片如何显示等）。

网页的本质就是 HTML，虽然可以通过结合其他 Web 技术（如 ASP.NET、JSP、脚本语言、CGI、组件等）创造出功能强大的动态网页，不以.htm 或.html 为扩展名（例如 ASP.NET 的 Web 文件为.aspx），且其中包含其他服务器控件和事件代码，但经过应用程序服务器的执行，最终返回给浏览器的仍是标准的 HTML 文件。

因而，HTML 是 Web 编程的基础。使用集成开发工具构建 Web 站点时，会自动生成相应的 HTML 代码，一般不需要手工编写，但开发者应该至少能够读懂这些 HTML 代码。

2. 创建简单的 HTML 文档

HTML 文件是纯文本文件，故可以直接使用文本编辑器（如记事本）编写。但一般使用专业的 Web 创作工具（如 Dreamweaver），或者使用集成开发环境（如 Visual Studio）中内置的 HTML 编辑器来编辑。例 6.4 创建了一个 HTML 文档，读者可观察生成的 HTML 代码。

提示：读者可以打开例 6.1 的 aspx 源代码，其中包含相似的 HTML 代码。

【例 6.4】 创建并编辑 HTML 页 HTMLPage.htm，运行时在页面上显示“Hello, World!”。

（1）运行 Visual Studio 应用程序，新建或打开 ASP.NET Web 网站“C:\WebSite4”。

（2）新建 HTML 页 HTMLPage.htm。在解决方案资源管理器中右击网站“C:\WebSite4”，选择“添加新项”，在“添加新项”对话框模板中选择“HTML 页”，单击“添加”按钮，添加“HTMLPage.htm”。

（3）在“设计”视图中，在页面上输入“Hello, World!”，切换到“源”视图，观看自动生成的 HTML 代码，并将<head>部分用“HTML 实验”替换“无标题页”（如图 6.17 所示）。

（4）运行程序，看到页面标题显示“HTML 实验”，页内显示“Hello,World!”（如图 6.18 所示）。

图 6.17　HTMLPage.htm 的 HTML 代码

图 6.18　新建 HTML 页

3．HTML 文档的基本结构

HTML 文档的基本结构如下。

<!DOCTYPE>声明位于文档中最前面的位置，处于<html>标签之前。此标签可告知浏览器文档使用哪种 HTML 或 XHTML 规范。可以省略。

<HTML></HTML>在文档的最外层，文档中的所有文本和 html 标签都包含在其中，它表示该文档是以超文本标识语言（HTML）编写的。<HTML></HTML>之间包含 HTML 文档的两个主要部分：head 部分和 body 部分。

<head></head>之间的部分为 head 部分，包括文档的头部信息，如文档总标题（<title>）以及元信息（<meta>）等。若不需要头部信息则可省略此标记。

<body></body>之间的部分为 body 部分，包含正文内容，是在浏览器中要显示的页面内容。表示正文内容的开始。

4．HTML 标记及其属性概述

HTML 文档由标签和文本构成，标签用来告诉浏览器如何呈现内容，如<title>Hello</title>，使浏览器在标题栏中显示“Hello”。

HTML 规范规定了大量的 HTML 标签，不同的 HTML 标签还规定了不同的属性，属性用于进一步改变显示的效果。HTML 标签的典型格式如下：

```
<标签名字  属性 1 =属性 1 值  属性 2=属性 2 值…  >内容</标签名字>
```

例如，下列 body 标签使用其 bgcolor 属性设置网页背景颜色（"#ffccff"为水粉色）。

```
<body bgcolor="#ffccff"></body>
```

> **提示**：HTML 标签一般不区分大小写；HTML 标签属性是可选的，各属性的先后位置可任意排列，用空格分隔。属性值一般不用加英文双引号，但包含特殊字符（例如空格、%号、#号）的属性值必须加入双引号。
>
> 十六进制色的前面两位表示 Red、中间两位表示 Green、后面两位表示 Blue。

常用的 HTML 标记如表 6.2 所示。

表 6.2 常用 HTML 标记

（1）标题、段落和注释

<h1>到<h6>：定义标题

<p>：定义段落

：定义简单的换行

<hr>：定义水平线

<!--...-->：定义注释

（2）文本修饰

<b>：定义粗体文本

<font>：定义文本的字体、尺寸和颜色

<i>：定义斜体文本

<em>：定义强调文本

<big>：定义大号文本

<strong>：定义强调文本

<small>：定义小号文本

<sup>：定义上标文本

<sub>：定义下标文本

（3）超链接

<a>：定义锚

<link>：定义文档与外部资源的关系

（4）列表

<ul>：定义无序列表

<ol>：定义有序列表

<li>：定义列表的项目

<dl>：定义定义列表

<dt>：定义定义列表中的项目

<dd>：定义定义列表中项目的描述

（5）图像

<img>：定义图像

<map>：定义图像映射

<area>：定义图像地图内部的区域

（6）表格

<table>：定义表格

<caption>：定义表格标题

<th>：定义表格中的表头单元格

<tr>：定义表格中的行

<td>：定义表格中的单元

<thead>：定义表格中的表头内容

<tbody>：定义表格中的主体内容

<tfoot>：定义表格中的表注内容（脚注）

<col>：定义表格中一个或多个列的属性值

<colgroup>：定义表格中供格式化的列组

（7）表单

<form>：定义供用户输入的 HTML 表单

<input>：定义输入控件

<textarea>：定义多行的文本输入控件

<button>：定义按钮

<select>：定义选择列表（下拉列表）

<optgroup>：定义选择列表中相关选项的组合

<option>：定义选择列表中的选项

<label>：定义 input 元素的标注

<fieldset>：定义围绕表单中元素的边框

<legend>：定义 fieldset 元素的标题

（8）脚本语言

<script>：定义客户端脚本

<noscript>：定义针对不支持客户端脚本的用户的替代内容

<applet>：定义嵌入的 applet

<object>：定义嵌入的对象

<param>：定义对象的参数

（9）框架

<frame>：定义框架集的窗口或框架

<frameset>：定义框架集

<noframes>：定义针对不支持框架的用户的替代内容

<iframe>：定义内联框架

（10）预定义格式文本

<style>：定义文档的样式信息

<div>：定义文档中的节（块元素）

<span>：定义文档中的节（行内元素）

<pre>：定义预格式文本

<code>：定义计算机代码文本

6.2　Web 窗体与常用服务器控件

6.2.1　Web 窗体

Web 窗体（Web Form）是基于 ASP.NET 的可扩展编程模型，支持快速生成 Web 应用程序。它可以使用.NET 提供的各种控件来为 Web 应用程序构建用户界面、使用支持.NET 的语言（Visual Basic.NET、C#.NET 等）编写代码来提供交互功能、调用业务对象和执行其他任务，并且可以实现页面内容与代码的完全分离。

1．Web 窗体的组成

Web 窗体由两部分构成：用户界面与应用程序实现逻辑。用户界面由静态文本和服务器控件（也可以包括 HTML 控件、HTML 服务器控件以及用户自定义的控件）组成，它负责对浏览器上 Web 窗体进行表示；实现逻辑部分是对 Web 窗体进行逻辑处理的 ASP.NET 代码，负责生成页面上动态显示的内容，实际上是一个用于封装用户数据及其操作方法的 Page 类。

Visual Studio 2005 为 Web 应用程序中的每个 Web 窗体提供了以下三个不同的视图。

（1）设计视图。用于用户界面设计，对应于.aspx 页面文件。采用所见即所得的方式，可以使用鼠标和键盘直接设置控件或其他可视效果。

（2）源视图。用于可视化组件设计，对应于.aspx 页面文件。可以查看、修改 Web 窗体的 HTML 代码。用户界面可以在“设计”视图中创建和修改，也可以在“源”视图中通过编辑 HTML 代码进行创建和修改。

（3）逻辑代码视图。用于实现逻辑代码设计，每个 Web 窗体都可有一个对应的逻辑代码文件，其文件名称是在对应的 ASP.NET 页面文件名称后再加后缀名（C#语言源文件加“.cs”，VB 语言源文件加“.vb”），例如，Default.aspx 的逻辑代码文件为 Default.aspx.cs。

2．代码内联与后台编码

ASP.NET 通过建立逻辑代码文件，可以将用户界面与实现逻辑代码分离，使界面设计工作由专业设计人员完成，而实现逻辑由程序设计人员完成，这被称为后台编码方式。ASP.NET 也支持代码内联，如果例 6.1 在新建 ASP.NET 页面时，不选中“将代码放在单独的文件中”，则使用的是代码内联，这时候不建立单独的逻辑代码文件，而是和 HTML 代码存放在同一个文件中，即只有.aspx 文件，而没有.cs 文件。实际上后台编码的文件在 ASP.NET 页面执行时，两个文件会编译到一起生成一个可执行的页面对象。

3．事件驱动编程

Web 窗体基于事件驱动编程，事件的发生可以触发相关程序的执行，例如单击按钮、按键、移动鼠标、窗体加载等都产生事件。事件过程框架下的逻辑代码会被事件触发执行，也称为事件处理程序。如例 6.1 中单击“确定”按钮会触发程序更改标签显示内容。

4．Web 窗体常用事件

窗体上的界面对象都可以响应相关的事件，各控件能响应的事件略有不同，下面介绍两个 Web 窗体处理过程中常用的页面事件。这些事件以 Page 类开头，因为当浏览器第一次请求一个页面时，相应的 Web 窗体被编译为一个 Page 类并实例化。

（1）Page_Load 事件：所有窗体都包含 Page_Load 事件，该事件在内存加载页面时自动发生，可利用事件处理代码来初始化控件属性、建立数据绑定或者创建数据库的连接对象等。

（2）Page_UnLoad 事件：和 Page_Load 事件相对应，从内存中卸载页面时发生，该事件框架中通常编写清除内存变量、数组、对象以及关闭数据库连接等代码。

【例 6.5】 采用后台编码方式实现例 6.1，观察实现过程和 Web 窗体各视图中的内容。

（1）新建 ASP.NET 页面 HelloWorld.aspx 时，在图 6.7 中勾选“将代码放在单独的文件中”，以便创建后台编码程序，在程序窗格中可以看到两个文件“HelloWorld.aspx”和“HelloWorld.aspx.cs”（如图 6.19（a）所示）。

（2）在“设计”视图中，设计 Web 窗体界面（如图 6.19（b）所示）。包括直接书写在窗体上的静态文本以及文本框 Textbox、标签 Label 和按钮 Button 控件组成，通过“属性”窗口设置各控件的视觉效果。

（3）切换到“源”视图，查看 HelloWorld.aspx 文件（如图 6.19（c）所示），可以看到 HTML 代码如下。修改 HTML 代码，可以改变界面布局或效果，例如修改“<title>无标题页</title>”中的“无标题页”为“后台编码实验”。

```
<%@ Page Language="C#" AutoEventWireup="true" CodeFile="HelloWorld.aspx.cs" %>

<!DOCTYPE html PUBLIC "-//W3C//DTD XHTML 1.0 Transitional//EN" "http://www.w3.org/TR/xhtml1/DTD/
xhtml1-transitional.dtd">

<html xmlns="http://www.w3.org/1999/xhtml" >
<head runat="server">
    <title>后台编码实验</title>
</head>
<body>
    <form id="form1" runat="server">
    <div>
        请输入你的姓名：
        <asp:TextBox ID="TextBox1" runat="server" Width="109px"></asp:TextBox>
        <asp:Button ID="Button1" runat="server" OnClick="Button1_Click" Text="确定" /><br />
         <asp:Label ID="Label1" runat="server" Text="label" Width="242px"></asp:Label>
      </div>
    </form>
</body>
</html>
```

本段 HTML 代码中：

① 通过 CodeFile="HelloWorld.aspx.cs"语句说明其编译时需要连接的逻辑代码文件。

② 用<asp:Button ID="Button1" runat="server" OnClick="Button1_Click" Text="确定" />语句将 Button1 的过程 Button1_Click 和 OnClick 事件进行了绑定。

（4）在“设计”视图中，双击“确定”按钮可换到逻辑代码视图，并在 HelloWorld.aspx.cs 中自动生成“确定”按钮的主事件 Click 的处理过程 Button1_Click 框架，该框架下可编辑实现应用程序业务逻辑的代码（如图 6.19（d）所示）。

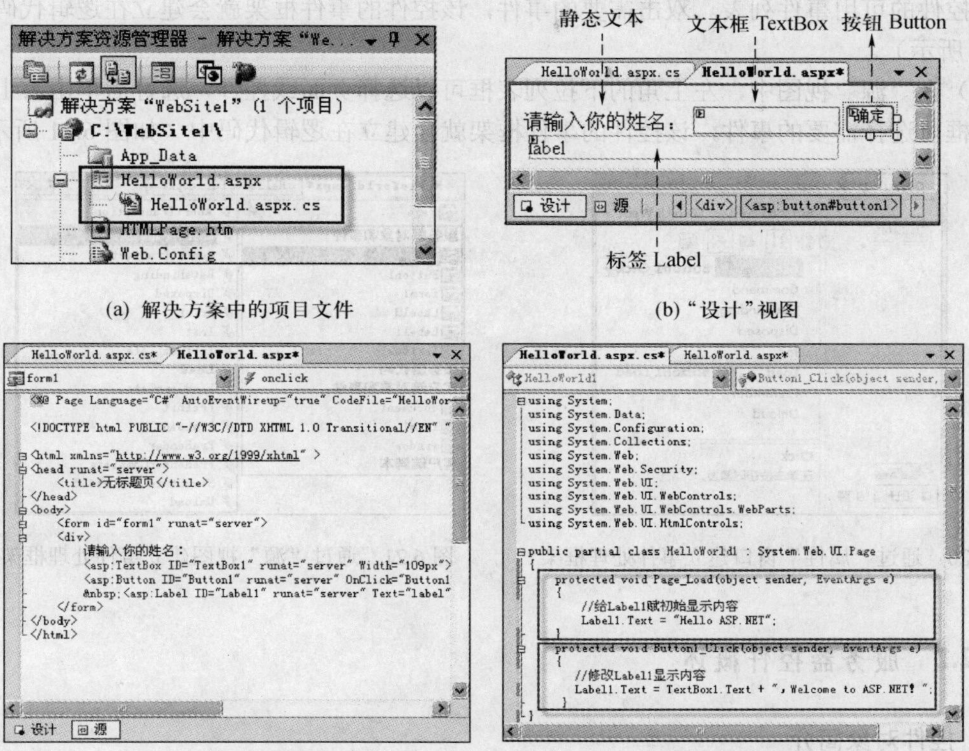

(a) 解决方案中的项目文件　(b)“设计”视图

(c)“源”视图　(d) 逻辑代码视图

图 6.19　Web 窗体的开发过程和各视图

① 由于在窗体设计时，标签 Label1 的显示的初始值是“Label”（如图 6.5 所示），为了在页面初始时显示“Hello ASP.NET!”，事件 Page_Load 的处理过程如下。

```
protected void Page_Load(object sender, EventArgs e)
    {
        Label1.Text = "Hello ASP.NET";   //给 Label1 赋初始显示内容
    }
```

② 按钮 Button1 的事件处理程序修改标签 Label1 的 Text 属性改变标签的显示内容。

```
protected void Button1_Click(object sender, EventArgs e)
{
    Label1.Text = TextBox1.Text + "， Welcome to ASP.NET！ "; //修改 Label1 显示内容
}
```

> 提示：也可以在窗体设计时，在 Label1“属性”窗口中设置其 Text 属性值为“Hello ASP.NET！”。请读者通过本例体会 Page_Load 事件的应用。

本例通过在“设计”视图中，双击要创建事件的服务器控件建立该控件的处理程序框架，例如 Button1_Click。控件的事件框架也可以通过以下两种方法创建。

（1）在“设计”视图中，选中某一服务器控件，然后在“属性”窗口中单击事件图标会打开该控件的可用事件列表。双击需要的事件，该控件的事件框架就会建立在逻辑代码中（如图 6.20 所示）。

（2）在“源”视图中，左上角的下拉列表框可以选择页面或控件，选好后单击右上角的下拉列表框可选择需要的事件，该控件的事件框架就会建立在逻辑代码中（如图 6.21 所示）。

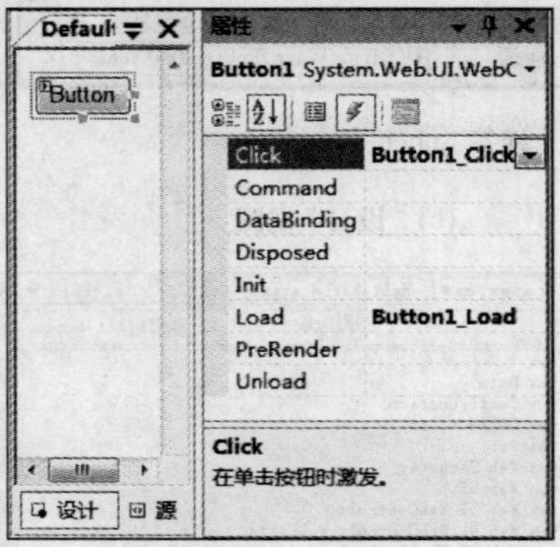

图 6.20 通过“属性”窗口建立事件处理框架

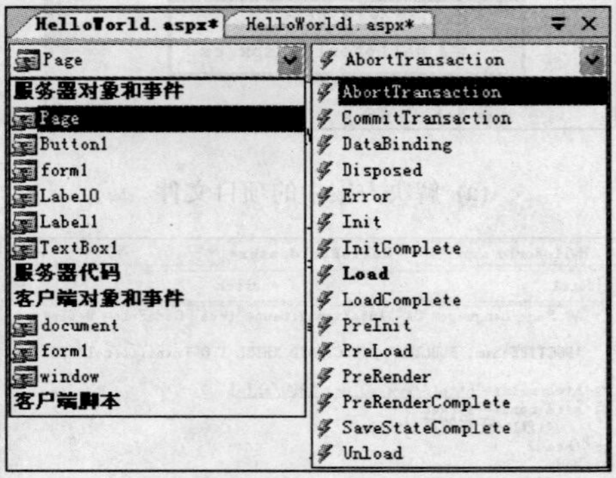

图 6.21 通过“源”视图建立事件处理框架

6.2.2 服务器控件概述

1. 控件对象简介

控件是 Web 窗体上的对象，每类对象都具有属性、方法和事件三个要素。

1）属性

属性是用来描述对象特征的参数。例如，窗体上一个按钮的标题、颜色、大小等。通过给对象的属性赋值，可以设置对象的特征。对象的属性可以通过以下两种方法来设置。

（1）在“设计”视图的“属性”窗口中直接设置对象的属性值。

（2）在程序运行阶段，可通过赋值语句来设置对象属性，其格式为：

```
对象名.属性名=属性值
```

例如，Label1.Text = "Hello ASP.NET!"在程序运行中改变 Label1 显示的内容。

2）方法

对象的方法可看成是对象所能进行的操作。方法对应一个过程或函数，可在程序中被调用，以完成某种功能，其格式为：

```
对象名.方法([参数表])
```

例如，语句 TextBox1.Focus()可使 TextBox1 获得焦点。

3）事件

事件是发生在对象上的一件事情。某个事件发生后，程序中需要有一段代码来处理这个事件，这段代码称为事件过程。

系统为每个对象都预先定义了一系列事件，如页面的装载事件（Page_Load），按钮的单击事件（Button_Click）等。对于每个事件，系统可生成相应事件过程的框架，当该对象的相应事件发生时，触发执行框架中用户编写的事件过程代码。事件过程的框架格式如下：

```
protected void 对象名_事件(触发事件的对象, 事件相关参数)
{
    //事件过程代码
}
```

2. Web 服务器控件

使用 ASP.NET 开发 Web 应用程序非常便捷，关键是它有一组强大的控件，包括 HTML 服务器控件和 Web 服务器控件（也称 ASP.NET 服务器控件）。这两种服务器控件的事件处理模型不同，HTML 服务器控件的事件处理在客户端的页面上，而 Web 服务器控件则是在服务器上，能够展现更高级的功能，方便业务处理编程。

如图 6.22 所示为工具箱中的常用控件类。除了 HTML 控件，其他都是 Web 服务器控件。它不仅包括如按钮、文本框等标准控件，还包括数据、验证、导航、登录、Crystal Reports 等常用的窗体控件。

使用 Web 服务器控件构建 ASP.NET 页面有以下两种方式。

（1）一种是在“设计”视图中将工具箱中的控件拖放到页面上，左上角的绿色三角形表示该控件是服务器控件。添加到窗体上的每个控件都会生成相应的 HTML 语句，一般格式如下：

```
<asp:控件类型 ID="控件名称" runat="server" 控件其他属性/>
```

或

```
<asp:控件类型 ID="控件名称" runat="server" 控件其他属性/></asp:控件类型>
```

其中，asp 代表命名空间，所有 Web 服务器控件的命名空间都是 asp；ID 是控件的唯一标识，系统按序号自动为窗体上的同类控件编号，例如 Label1、Label2 等，用户也可重新命名；runat="server"表明是一个服务器控件。

控件放到窗体上后，可以通过鼠标调整控件的位置、大小、设置外观。更多的属性要通过“属性”窗口进行设置，单击分类显示，单击以字母序显示（如图 6.23 所示）。

图 6.22　常用控件类

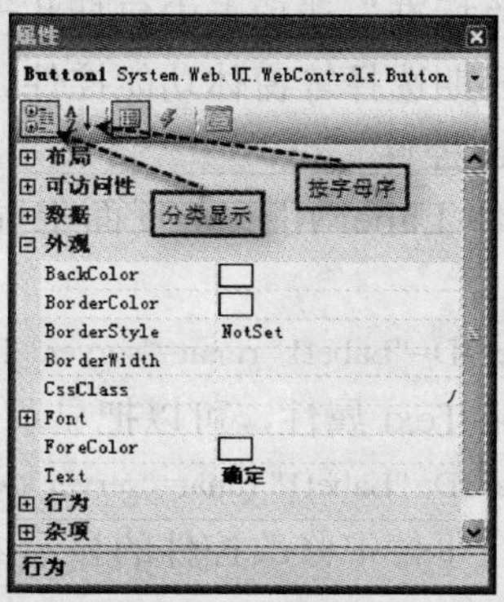

图 6.23　“属性”窗口的显示方式

（2）另外一种方式是在“源”视图中直接编辑代码来设置和使用 Web 服务器控件。

3．常用 Web 服务器控件的共有属性

Web 服务器控件都是 System.Web.UI.WebControls 的派生类，所以它们具有一些共有的属性、方法和事件。表 6.3 中列出了常用控件的一些共有属性。

表 6.3 常用 Web 服务器控件的一些属性

属 性	数 据 类 型	说 明
ID	String	控件的名称，是一个窗体上控件的唯一标识
AccessKey	String	为控件指定键盘快捷键。通过按键盘上的 Alt 键和指定的字符键快速定位到控件。AccessKey 属性只允许单个字符串
BackColor	Color	控件的背景色
BorderColor	Color	控件的边框颜色
BorderStyle	BorderStyle	控件的边框样式
BorderWidth	Unit	控件的边框宽度
ControlStyle	Style	控件的样式
CssClass	String	在客户端呈现的级联样式表（CSS）类
Enabled	Boolean	指示是否启用 Web 服务器控件
EnableTheming	Boolean	指示是否对此控件应用主题
Font	FontInfo	与控件关联的字体属性
ForeColor	Color	控件的前景色（通常是文本颜色）
Height	Unit	控件高度，默认单位是像素（pixels）
Width	Unit	控件宽度，默认单位是像素（pixels）
SkinID	String	要应用于控件的外观

6.2.3 标准控件

工具箱“标准”选项卡中包括几十个标准控件，不仅包括常用的窗体控件如按钮、文本框等，还包括日期选择等窗体功能控件。

1．Label 控件

标签控件 Label 用于在页面上显示文本。它使用 Text 属性指定显示内容，语法格式如下：

```
<asp:Label ID="Label1" runat="server" Text="Hello, World!" ></asp:Label>
```

如果省略 Text 属性，可以把显示内容放在<asp:Label></asp:Label>元素之间：

```
<asp:Label ID="Label1" runat="server" > Hello, World!</asp:Label>
```

也可以在事件中修改控件的显示内容：

```
Label1.Text ="Hello,World!"
```

2．TextBox 控件

文本框控件 TextBox 常用于显示数据或接收用户输入数据。

1）TextBox 的常用属性

（1）Text：用于读取或者设置文本框的文本值。

（2）TextMode：有三种取值 SingleLine（默认）、Password、MultiLine，分别表示单行文本框、密码框和多行文本框。密码框将用户输入的文本以星号（*）表示。

（3）Maxlength：允许输入的最多字符数。

（4）Wrap：取值为 True 表示多行文本自动换行，为 False（默认）不自动换行。

（5）AutoPostBack：取值为 True 或 False（默认），表示当用户按 Enter 键或者 Tab 键离开文本框时，是否要自动触发 OnTextChanged 事件，True 表示触发该事件。

例如，TextBox 服务器控件用作密码框，实现的代码如下：

```
<asp:TextBox ID="TextBox2" runat="server" TextMode="Password" ></asp:TextBox>
```

2）TextBox 的常用方法

Focus()方法。Focus()方法可以将用户端的焦点置于 TextBox 控件上面，比如可以在页面显示时将光标置于 TextBox1 控件上，使用如下代码实现：

```
protected void Page_Load(object sender, EventArgs e)
{
        TextBox1.Focus();
}
```

3）TextBox 的常用事件

TextChanged 事件。当客户端的焦点离开文本框后，TextBox 的内容传到服务器，服务器经过比对发现输入的内容和上次不同之后，该事件发生。

> 提示：设置 AutoPostBack 为 True，并在 TextChanged 事件过程中编写代码，可以在文本框内容改变时立即触发事件，执行代码。

3. Button 控件、LinkButton 控件和 ImageButton 控件

按钮控件 Button 是最常用的 Web 控件，一般用来提交表单。基本语法格式如下：

```
<asp:Button ID="控件名称" runat="server" Text="按钮标题" OnClick="控件名称_事件" />
```

（1）Button 的常用属性为 Text，用来设置或获取按钮显示的标题。

（2）Button 的常用事件为 Button_Click，是用户单击按钮时发生的事件。

超链接按钮控件 LinkButton 是 Button 控件的一种变体，基本上与 Button 控件相同，只是采用超链接的形式。如果 Web 窗体上有非常多的按钮，可以使用 LinkButton。

图像按钮控件 ImageButton 也是 Button 控件的一种变体，基本上与 Button 控件相同，只是外观采用图片的形式表示。其主要属性是 ImageUrl：指明图像文件的路径和文件名，图像可以是 jpg、bmp、gif 等格式。设置该属性的方法为：将要显示的图片通过“添加现有项”命令添加到应用程序中（如图 6.24 所示），随后在“属性”窗口中设置 ImageUrl 为该图片文件，如图 6.25 中为“~/Quit.jpg”（其中“~”表示当前目录），也可在程序运行时指定。

【例 6.6】 使用 Textbox、Label、Button 实现密码验证程序（如图 6.26 所示），图 6.26（a）为运行初始窗口，焦点在“姓名”文本框处；图 6.26（b）为输入姓名为“Tom”、密码为“8888”，单击“确定”按钮在窗体标签上显示“欢迎 Tom 使用教务系统”；单击“清空”超链接按钮则

姓名和密码清空；单击图像按钮则在窗体下部显示（或隐藏）多行只读文本框来查看或隐藏帮助信息。

（1）新建一个页面 Login.aspx，窗体上的控件及布局如图 6.26（c）所示，表 6.4 为各控件及其属性初始值（未说明的取默认值）。

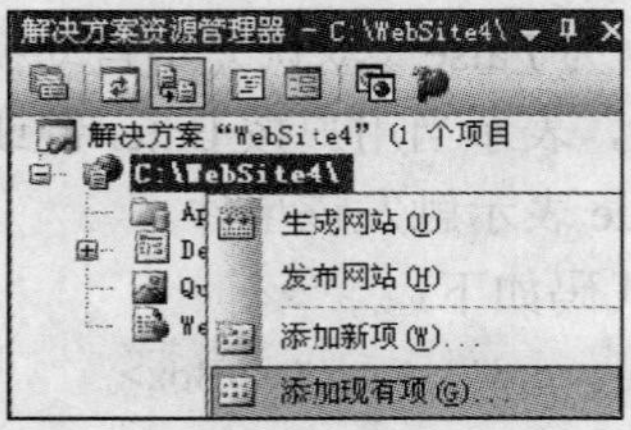

图 6.24　添加图片

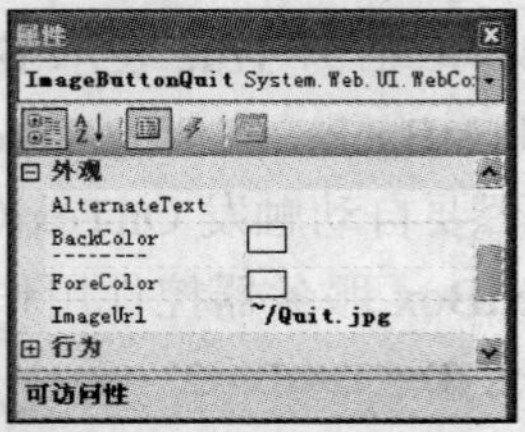

图 6.25　在“属性”窗口中设置 ImageUrl 属性

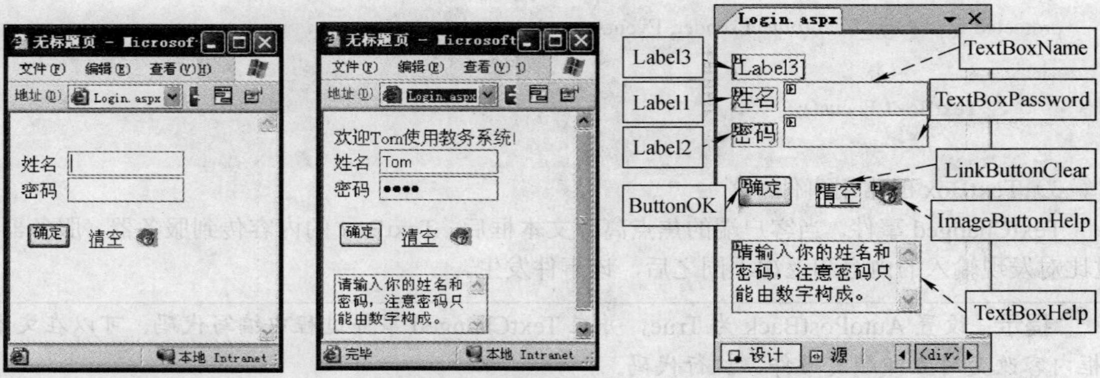

(a) 运行初始窗口　(b)“确定”和“帮助”按钮效果　(c) 页面中的控件说明

图 6.26　密码验证程序的运行效果和页面设计

表 6.4　页面控件及其属性初始值

类　型	ID	属　性	说　明
Label	Label1	Text="姓名"	“姓名”文本框前提示
	Label2	Text="密码"	“密码”文本框前提示
	Label3	Text=" "	密码验证结果信息
TextBox	TextBoxName	Text=" "	“姓名”文本框
	TextBoxPassword	Text=" ", TextMode=Password, MaxLength=6	“密码”文本框
	TextBoxHelp	Visible=False, TextMode=MultiLine, ReadOnly=True	“帮助”文本框
Button	ButtonOK	Text="确定"	“确定”按钮
LinkButton	LinkButtonClear	Text="清空"	“清空”按钮
ImageButton	ImageButtonHelp	Imageurl=" ~/Help.jpg"	“帮助”按钮

（2）Login.aspx.cs 中的相关事件处理程序如下。

① 页面加载时，TextBoxName 文本框获得输入焦点。

```
protected void Page_Load(object sender, EventArgs e)
{
    TextBoxName.Focus();    // TextBoxName 文本框获得输入焦点
}
```

② 输入姓名和密码，单击 ButtonOK 按钮进行密码验证，并报告结果。

```
protected void ButtonOK_Click(object sender, EventArgs e)
{
    if (TextBoxPassword.Text == "8888")    //判断用户输入的密码是否为“8888”
    {
        Label3.Text="欢迎" + TextBoxName.Text + "使用教务系统!";//密码正确，显示欢迎信息
    }
    else
    {
        Label3.Text= "用户名或密码错误!";  //密码错误，显示出错信息
    }
}
```

③ 单击 LinkButtonClear 按钮清空 TextBoxName 文本框和 TextBoxPassword 文本框。

```
protected void LinkButtonClear_Click(object sender, EventArgs e)
{
    TextBoxName.Text = "";          //清空 TextBoxName
    TextBoxPassword.Text ="";    //清空 TextBoxPassword
}
```

④ 单击 ImageButtonHelp 显示或隐藏 TextBoxHelp 文本框。

```
protected void ImageButtonHelp_Click(object sender, ImageClickEventArgs e)
{
    TextBoxHelp.Visible =! TextBoxHelp.Visible; //设置 Visible 属性为 True 或 False
}
```

4．Image 控件和 ImageMap 控件

图像控件 Image 用于在页面上显示图片。其最重要的属性是 ImageUrl，作用和用法与 ImageButton 的 ImageUrl 属性相同。

ImageMap 控件用来在页面上显示图像，也可以实现图像的超链接形成导航菜单。可以将图像按照坐标（X,Y）划分不同的形状热点区域，分别进行相应的操作，可以是导航到其他页面或者将指定的值回传给服务器。

Image、ImageMap 的常用属性如下。

（1）ImageUrl：设置要显示的图像路径及文件名，可以产生一个图形超链接。

（2）HotSpot：设置超链接区域。

5．HyperLink 控件

超链接控件 HyperLink 用于在网页中设置文本或图像超链接，相当于 HTML 中的<a>标签。

HyperLink 的常用属性如下。

（1）NavigateUrl：要打开页面的 URL。

（2）Target：可以在设有框架的网页上，决定此链接要开启哪个框架或者另外可以打开的窗体。设置 Target="_blank"时表示开启一个新窗体。

（3）ImageUrl：设置要显示的图像路径及文件名，可以产生一个图形超链接。

6．Panel 控件和 PlaceHolder 控件

Panel 控件和 PlaceHolder 控件都可以作为其他控件的容器。可以把一组控件放在其中，便于整体布局和控制整体的隐藏或显示，常用属性为 Visible。也可以用编程方式通过 Controls 集合的 Add、Remove 等方法动态添加或移除容器内的控件。

7．RadioButton 控件和 RadioButtonList 控件

单选按钮控件 RadioButton 一般用于在多个选项之中只能选择其中一项的情况，所以，单选按钮一般是成组使用。

（1）RadioButton 的常用属性（如表 6.5 所示）

表 6.5　RadioButton 的常用属性

属　性	描　述
AutoPostBack	在 Checked 属性被改变后，是否立即回传表单。默认为 False
Checked	设置或判断某个 RadioButton 是否被选中，True 表示选中，False 为未选中
GroupName	单选按钮所属控件组的名称。同组内的单选按钮是互斥的，只能选中其中一项
OnCheckedChanged	当 Checked 属性被改变时，被执行的函数的名称
Text	单选按钮旁边的文本说明
TextAlign	文本应出现在单选按钮的哪一侧（左侧还是右侧）
SelectedItem	程序中通过“控件名称.SelectedItem.Value”获取被选中按钮的选项值；通过“控件名称.SelectedItem.Text”获取被选中按钮的显示文本

（2）RadioButton 的常用事件

① CheckedChanged：在单选钮选中项发生变化时发生。

② Click：单击按钮时发生。

RadioButtonList 控件的作用和 RadioButton 控件相同，如果组中 RadioButton 控件数量比较多或者其值可以通过现有的数据库中的值表示，用 RadioButtonList 控件可以简化页面设计和程序代码，但界面设计不灵活，属于同一组的 RadioButton 可以以任何方式排列，而 RadioButtonList 只能选择水平或者垂直的方式进行排列。RadioButtonList 常用属性如表 6.6 所示。

表 6.6　RadioButtonList 控件的相关属性

属　　性	描　　述
CellPadding	单元格边框与内容之间的像素数
CellSpacing	表格单元格之间的像素数
RepeatColumns	当显示单选按钮组时要使用的列数
RepeatDirection	规定单选按钮组应水平重复还是垂直重复
RepeatLayout	单选按钮组的布局
runat	规定该控件是服务器控件，必须设置为“server”
TextAlign	文本应出现在单选按钮的哪一侧（左侧还是右侧）

8．CheckBox 控件

复选框控件 CheckBox 允许用户在多个选项中选择一项或多项。CheckBox 的属性设置和 RadioButton 类似。CheckBoxList 可设置一组复选框。

9．DropDownList 控件和 ListBox 控件

下拉列表框控件 DropDownList 和列表框控件 ListBox 用于创建一个列表，允许用户从中选择需要的项。二者的区别是 DropDownList 在单击后才显示列表，且只允许从中选取一项，适用于空间有限的情况。ListBox 允许用户选择其中的一项或者多项。它们的常用属性如表 6.7 所示。

表 6.7　DropDownList、ListBox 控件常用属性

属　　性	描　　述
Items	可选项集合
SelectedIndex	选中项的索引号
SelectedValue	选中项的值
AutoPostBack	当用户更改选定内容后是否向服务器回传消息
OnSelectedIndexChanged	当被选项目的 index 被更改时被执行的函数的名称
Selected	指定选项是否被选中，选中为 True；否则为 False
DataSource	填入数据项时使用的数据源
DataTextField	设置备选项显示文本的数据源字段
DataValueField	设置备选项值的数据源字段
Rows	指定控件的高度，即显示的可见行的数目（仅限于 ListBox）
SelectionMode	Single 表示单项选择，Multiple 表示多项选择（仅限于 ListBox）

10．FileUpLoad 控件

文件上传控件 FileUpLoad 显示一个文本框控件和一个浏览按钮，可以实现浏览和选定磁盘文件、上传文件到服务器指定位置的功能。

1）常用的属性

（1）HasFile：说明是否已经选定文件，True 表示已选定。

（2）FileName：要上传文件的文件名，不包括路径。

2）常用的方法

SaveAs(string filepath)：上传文件保存到服务器指定位置 filepath。

【例 6.7】 综合以上各类控件的应用，实现如图 6.27 所示的学生信息维护程序。

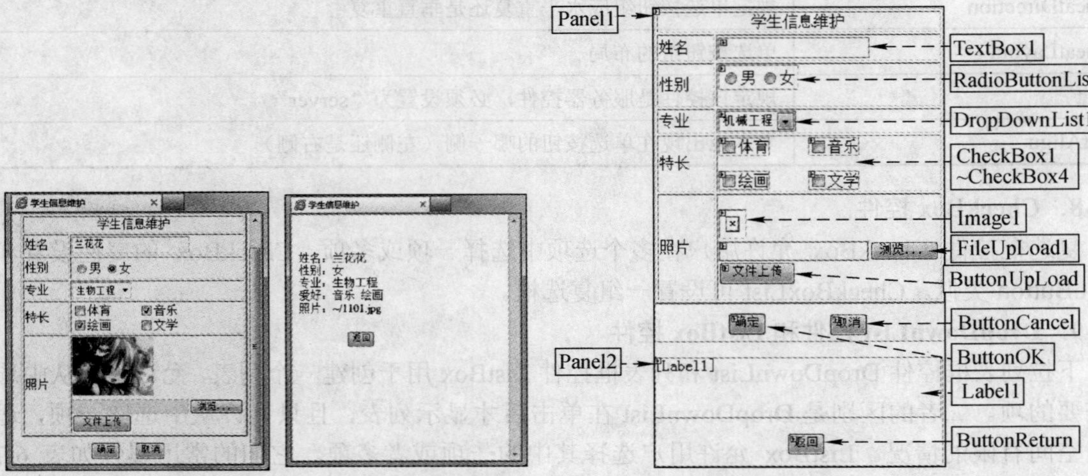

(a) 运行初始页面　　(b) 单击“确定”按钮后页面　　(c) 页面中的控件说明

图 6.27 学生信息维护程序的运行效果和界面设计

（1）新建一个网页，设计网页上的控件

① 为了让页面控件被整体控制是否显示和摆放位置，首先在页面中添加一个 Panel1。

② 为了控件布局整齐，选择“布局”→“插入表”菜单在 Panel1 上插入一个 6 行 2 列的表。拖动鼠标选中第一行的两个格后，右击选择“合并单元格”命令合并，在格内输入“学生信息维护”，选中该格右击选择“属性”菜单，在“属性”窗口中设置 Align 为 Center。

> **提示**：选中表格，在其“属性”窗口中设置 Rules 属性为 all 或 Border 属性为 1，可以显示表格边框，使信息布局更清晰。

③ 在第二行第一格中直接输入“姓名”，第二格中添加一个 TextBox1。

④ 在第三行第一格中直接输入“性别”，第二格中添加一个 RadioButtonList1，出现控件后，单击右上角的小三角▶在任务列表中选择“编辑项...”菜单（如图 6.28 所示），弹出“ListItem 集合编辑器”对话框，单击“添加”按钮可添加一个成员，设置 Text 为“男”；再添加一项“女”，然后单击“确定”按钮，然后在“属性”窗口中设置 RepeatDirection 值为 Horizontal 使各项水平列出。

⑤ 在第四行第一格中直接输入“专业”，第二格中添加一个 DropDownList1，出现控件后，单击右上角的小三角▶在任务列表中选择“编辑项...”菜单，弹出“ListItem 集合编辑器”对话框，添加“机械工程”、“生物工程”、“应用数学”、“传播学”4 项。

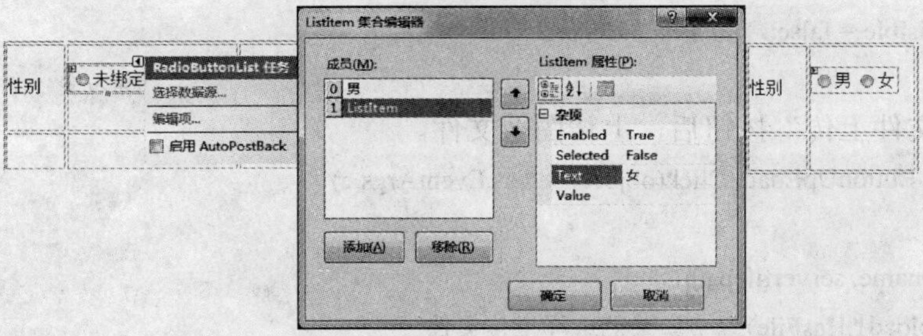

图 6.28　RadionButtonList 的设置

⑥ 在第五行第一格中直接输入“特长”，第二格中添加 4 个 CheckBox，通过鼠标拖动调整位置排成两行，分别将各控件的 Text 属性设置为“体育”、“音乐”、“文学”、“绘画”。

提示：此处也可使用 CheckBoxList，用法类似 RadioButtonList。

⑦ 在第六行第一格中直接输入“照片”，第二格中添加一个 Image1。在解决方案资源管理器中右击项目选择“添加现有项”，找到一个图像文件添加到项目文件中（本例为“1101.jpg”），选择设置 Image1 的 ImageUrl 为“~/1101.jpg”（如图 6.29 所示）。

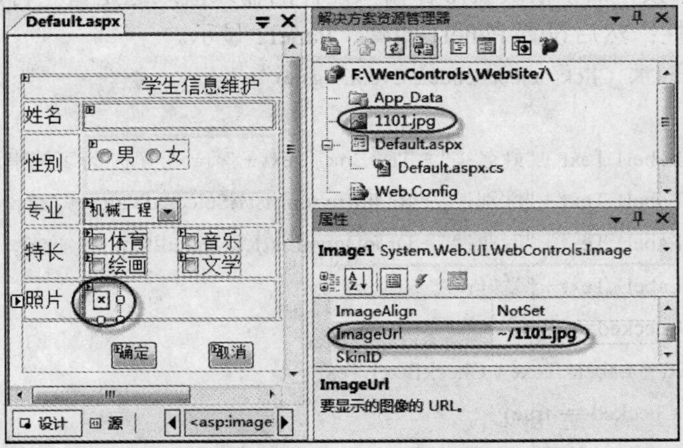

图 6.29　Image 页面整体效果及图像设置

在照片下添加一个 FileUpLoad1 控件，下面添加一个 Button 按钮，在“属性”窗口中修改 ID 为“ButtonFileUpLoad”，Text 属性为“文件上传”。

⑧ 在 Panel1 的下部添加两个按钮 Button，分别在“属性”窗口中修改 ID 为“ButtonOK”，Text 属性为“确定”；ID 为“ButtonCancel”，Text 属性为“取消”。

⑨ 在 Panel1 的后面再添加一个 Panel2，上面添加一个 Label1，Text 设置为空，添加一个 Button，在“属性”窗口中修改 ID 为“ButtonReturn”，Text 属性为“返回”。

（2）为各个按钮添加事件代码

① 页面加载时，Panel2 隐藏。

```
protected void Page_Load(object sender, EventArgs e)
{
```

```
        Panel2.Visible = false;     //不显示 Panel2
    }
```

② 单击“文件上传”按钮后，上传图像文件。

```
protected void ButtonUpLoad_Click(object sender, EventArgs e)
{
    string filename, serverfilepath;
    if (FileUpload1.HasFile)     //如果已选择上传文件
        {
        filename = FileUpload1.FileName;       //获取客户端要上传文件的文件名
        //设置服务器端保存上传文件的物理路径为当前目录，文件名与上传的相同
        serverfilepath = Server.MapPath(".") + "\\" + filename;
        FileUpload1.SaveAs(serverfilepath);   //上传文件按指定物理路径和文件名在服务器端保存
        Image1.ImageUrl = "~/" + filename;   //替换 Image1 所显示的照片为所上传的照片
    }
}
```

③ 单击“确定”按钮后，依次获得各输入控件的输入值或选定值字符串，并连接到 Panel2 的 Label1 的 Text 属性；然后设置 Panel1 隐藏、Panel2 显示。

```
protected void ButtonOK_Click(object sender, EventArgs e)
{
    Label1.Text = Label1.Text + "姓名：" + TextBox1.Text + "<br>"; //“+”为字符串连接，<br>表示换行
    Label1.Text = Label1.Text + "性别：" + RadioButtonList1.SelectedValue + "<br>";
    Label1.Text = Label1.Text + "专业：" + DropDownList1.SelectedItem + "<br>";
    Label1.Text = Label1.Text + "爱好：";
    if(CheckBox1.Checked==true)
        Label1.Text = Label1.Text + CheckBox1.Text + "    ";
    if (CheckBox2.Checked == true)
        Label1.Text = Label1.Text + CheckBox2.Text + "    ";
    if (CheckBox3.Checked == true)
        Label1.Text = Label1.Text + CheckBox3.Text + "    ";
    if (CheckBox4.Checked == true)
        Label1.Text = Label1.Text + CheckBox4.Text + "    ";
    Label1.Text = Label1.Text + "<br>"  + "照片：" + Image1.ImageUrl;
    Panel1.Visible = false;    //隐藏 Panel1
    Panel2.Visible = true;     //显示 Panel2
  }
```

④ 单击“取消”按钮后，依次清空或设置各控件的初始选定值。

```
protected void ButtonCancel_Click(object sender, EventArgs e)
{
```

```
    TextBox1.Text = "";            //“姓名”文本框清空
    for (int i = 0; i <=1; i++ )   //“性别”的两个单选钮设置不选中
        RadioButtonList1.Items[i].Selected = false;
    DropDownList1.Text = DropDownList1.Items[0].Text;//专业设置为原列表中的第一项
    CheckBox1.Checked = false;     //以下设置爱好对应的 4 个复选框不选中
    CheckBox2.Checked = false;
    CheckBox3.Checked = false;
    CheckBox4.Checked = false;
    Image1.ImageUrl = "";          //设置 Image1 无图片
}
```

⑤ 单击“返回”按钮后，显示 Panel1、隐藏 Panel2。

```
protected void ButtonReturn_Click(object sender, EventArgs e)
{
    Panel1.Visible = true;      //显示 Panel1
    Panel2.Visible = false;     //隐藏 Panel2
}
```

6.2.4 验证控件

验证控件用于校验用户输入数据的正确性，通常作为 TextBox 等控件的辅助控件。它使用简单，不用编写程序代码就可实现验证。如果输入数据不符合限定，则显示一条提示信息。

常用的验证控件有以下几个。

（1）RegularExpressionValidator 判断用户输入的表达式是否正确，如电话、邮编、URL 等。

（2）RangeValidator 用来判断用户输入的值是否在某一特定范围内。

（3）CompareValidator 用来比较两个输入控件之间的数据一致性，同时也可以用来校验控件中内容的数据类型，如整型、字符串型等。

（4）RequiredFieldValidator 用于保证所验证的字段值不为空。

各控件具有的共同属性如下。

① ControlToValidate：要进行检查的控件 ID。

② ErrorMessage：当检查不合法时，出现的错误提示信息。

各控件的其他属性如表 6.8 所示。

表 6.8　常用验证控件的其他属性说明

控　件	属　性	描　述
RegularExpressionValidator	ValidationExpression	"."表示任意字符；"*"表示和其他表达式一起，表示任意组合；"[A-Z]"表示任意大写字母；"\d"表示任意一个数字
RangeValidator	MinimumValue	指定有效范围的最小值

续表

控　件	属　性	描　述
RangeValidator	MaximumValue	指定有效范围的最大值
	Type	用于指定要比较的值的数据类型
CompareValidator	ControlToCompare	用来设置进行比较的控件

【例 6.8】 使用验证控件对窗体控件进行输入数据的验证，验证内容和错误提示如图 6.30 所示。

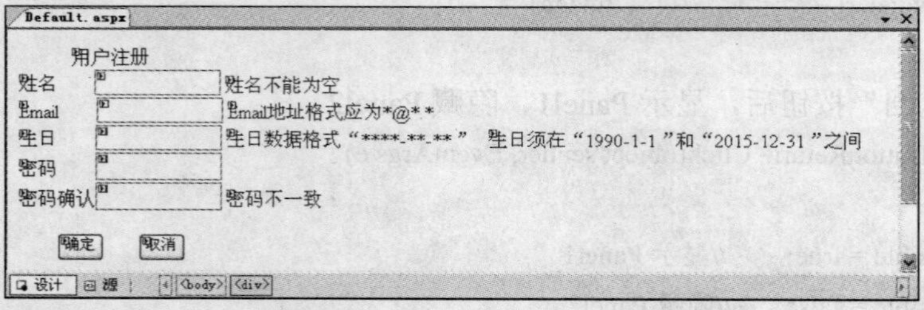

图 6.30 验证控件及其提示信息

① 新建一个网页。为了控件布局整齐，选择“布局”→“插入表”菜单在 Panel1 上插入一个 7 行 3 列的表。第一行前两个格“合并单元格”，在格内输入“用户注册”。各行的第一列中输入提示信息，第二列中放文本框，第三列中放有关验证控件并设置有关属性（如表 6.9 所示）。

表 6.9 各验证控件的相关属性设置

<table>
<tr><th>控　件</th><th>属　性</th><th>值</th></tr>
<tr><td rowspan="2">RequiredFieldValidator1</td><td>ControlToValidate</td><td>TextBoxName</td></tr>
<tr><td>ErrorMessage</td><td>姓名不能为空</td></tr>
<tr><td rowspan="3">RegularExpressionValidator1</td><td>ControlToValidate</td><td>TextBoxEmail</td></tr>
<tr><td>ErrorMessage</td><td>Email 地址格式应为*@*.*</td></tr>
<tr><td>ValidationExpression</td><td>\w+([-+.']\w+)*@\w+([-.]\w+)*\.\w+([-.]\w+)*</td></tr>
<tr><td rowspan="3">RegularExpressionValidator2</td><td>ControlToValidate</td><td>TextBoxBirthday</td></tr>
<tr><td>ErrorMessage</td><td>生日数据格式“****-**-**”</td></tr>
<tr><td>ValidationExpression</td><td>\d{4}\-(\d{2}|\d{1})\-(\d{2}|\d{1})</td></tr>
<tr><td rowspan="5">RangeValidator1</td><td>ControlToValidate</td><td>TextBoxBirthday</td></tr>
<tr><td>ErrorMessage</td><td>生日须在“1990-1-1”和“2015-12-31”之间</td></tr>
<tr><td>Type</td><td>Date</td></tr>
<tr><td>MaximumValue</td><td>2015-12-31</td></tr>
<tr><td>MinimumValue</td><td>1990-1-1</td></tr>
</table>

续表

控　件	属　性	值
CompareValidator1	ControlToValidate	TextBoxPasswordConfirm
	ControlToCompare	TextBoxPassword
	ErrorMessage	密码不一致

② 生成“确定”按钮的事件处理过程框架（可以无程序代码）。

③ 运行程序，输入各数据项，单击“确定”按钮，如果有不符合验证要求的数据，则在相关文本框后显示预先设置的错误信息。

6.2.5　导航控件

一个 Web 站点包含很多页面，这些页面之间存在着层次结构关系，使用 Menu、SiteMapPath 和 Tree 等导航控件可以实现站点导航功能。

1．Menu 控件

Menu 控件用于创建导航菜单。菜单有静态和动态两种显示模式，静态模式的菜单项始终是完全展开的，动态模式的菜单需要单击才能展开。通过设置 StaticDisplayLevels 属性指定静态显示的级别，超过级别的菜单则为动态显示。

【例 6.9】 建立一个有 5 个页面的网站，使用 Menu 控件实现导航菜单（如图 6.31 所示）。

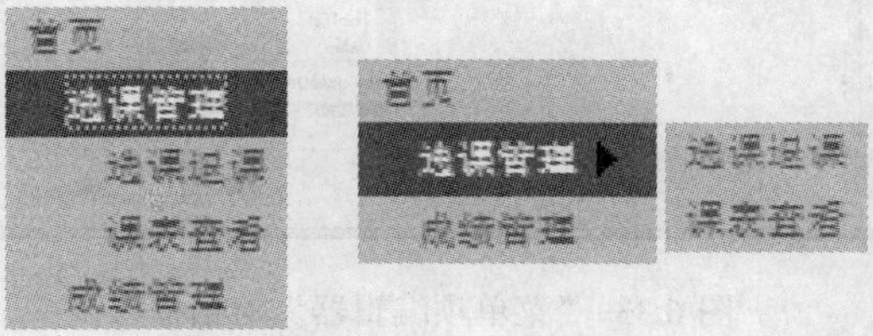

(a)　　(b)

图 6.31　Menu 控件运行效果

（1）建立 5 个页面，分别命名为 Default.aspx、Default2.aspx、Default3.aspx、Default4.aspx、Default5.aspx。为导航时用户能从视觉上区分各空页面，在各页面上直接输入页面号，设置页面 title 分别对应各菜单显示的文本。

> **提示**：可通过已有网页快速建立新的网页。在例 6.9 的网站中，通过复制已有网页建立新网页（如图 6.32 所示）：右击 Default.aspx 文件，选择“复制”命令，然后选中项目，右击选择“粘贴”命令，可建立一个页面副本，将其重命名为 Default1.aspx。
>
> 通过复制、粘贴可快速建立新页面，在 aspx 文件被复制的同时，相关的 aspx.cs 文件也被复制。如果 Visual Studio 的“网站”→“启动选项…”设置为使用“当前页”，则调试运行程序时，以当前页面为启动页面。

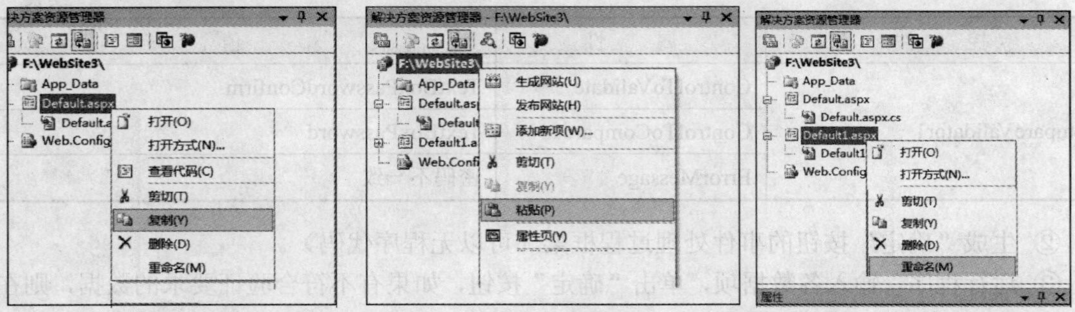

(a) 复制 default.aspx 页面文件　　(b) 粘贴Default.aspx 文件　　(c) 重命名为Default1.aspx

图 6.32　通过复制新建网页

（2）在 Default.aspx 设计页面上拖放一个 Menu 控件，设置 StaticDisplayLevels 为 3 或 2。单击 Menu 任务栏上的“编辑菜单项”菜单，在弹出的“菜单项编辑器”对话框中添加菜单（如图 6.33 所示）：利用“添加根项”添加菜单“首页”、用“添加子项”添加其他菜单。利用其他按钮可调整各菜单项层次和顺序。

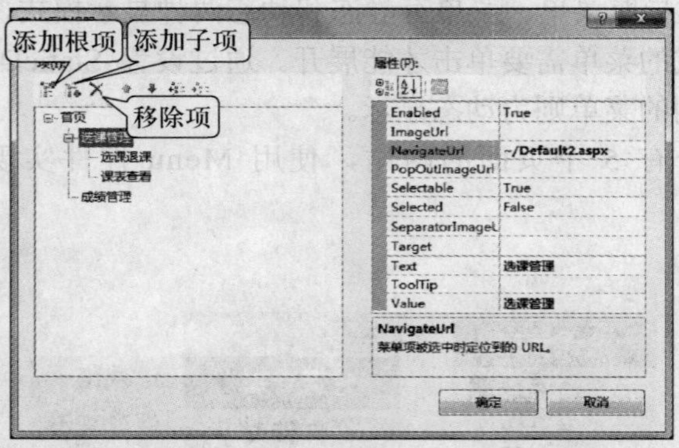

图 6.33 “菜单项编辑器”对话框

> 提示：StaticDisplayLevels 设为 3 则静态显示三级菜单，效果如图 6.31（a）所示；设为 2 则静态显示二级菜单，单击后显示第三级，效果如图 6.31（b）所示。

在“菜单项编辑器”对话框中的“属性”区域设置各菜单项属性，其中 Text 属性为菜单中显示的文本，NavigateUrl 属性为该文本的导航 URL， Target 属性设置 URL 页面的打开方式，“_blank”表示新窗口。设置“选课管理”、“选课退课”、“课表查看”、“成绩管理”菜单的导航 URL 分别为 Default2.aspx～Default5.aspx。

（3）单击 Menu 任务栏上的 “自动套用格式”，可选择样式进行美化。

（4）页面运行后菜单显示如图 6.31 所示，单击菜单项可展开子菜单或导航到菜单项对应的页面。

2．SiteMapPath 控件

SiteMapPath 控件会显示一个导航路径，以显示用户当前在 Web 网站上所处的位置，并提供返回到主页的链接。SiteMapPath 控件需要使用来自站点地图文件中的导航数据，这些数据包括网站中的网页信息及其层次结构信息。

【例 6.10】 在例 6.9 的各个页面中添加 SiteMapPath 控件，实现浏览位置显示和导航。

（1）通过复制例 6.9 的网站快速建立新的网站 WebSite10。

> **提示：** 可通过复制建立新网站。在 Visual Studio 主菜单中选择“网站”→“复制网站”，在“连接”处选择“连接到”命令找到以新网站命名的文件夹（如不存在，会自动创建），然后选中源网站中的所有文件后，单击按钮即可复制建立一个网站（如图 6.34 所示）。
>
> 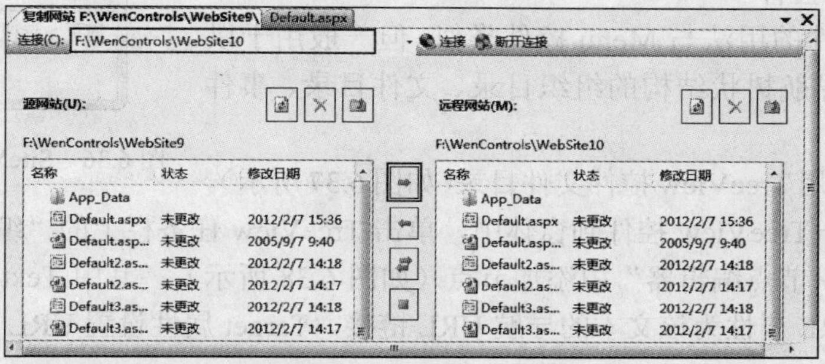
>
>
> 图 6.34　通过复制新建网站

（2）在解决方案资源管理器中，右击应用程序，选择“添加新项”命令，在“添加新项”对话框中单击站点地图，会新增一个站点地图文件（Web.sitemap 文件）（如图 6.35 所示）。

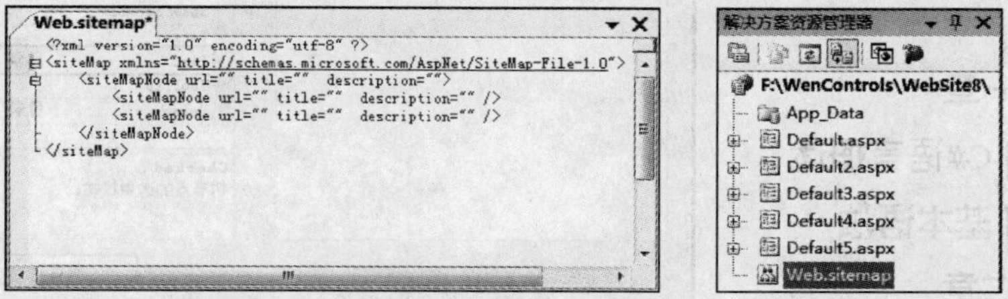

图 6.35　添加“站点地图”文件

（3）打开 Web.sitemap 文件，可以看到以 XML 的形式描述了站点的基本结构框架，用来说明各页面 URL、标题、描述及其在导航层次结构中的位置等。编辑该文件使其反映页面文件结构信息，以下文件描述了包含 5 个页面文件的站点地图。

```
<?xml version="1.0" encoding="utf-8" ?>
<siteMap xmlns="http://schemas.microsoft.com/AspNet/SiteMap-File-1.0" >
    <siteMapNode url="~/Default.aspx" title="首页"  description="">
        <siteMapNode url="~/Default2.aspx" title="选课管理"  description="">
            <siteMapNode url="~/Default3.aspx" title="选课退课"  description="" />
            <siteMapNode url="~/Default4.aspx" title="课表查看"  description="" />
        </siteMapNode>
        <siteMapNode url="~/Default5.aspx" title="成绩管理"  description=""/>
```

```
    </siteMapNode>
</siteMap>
```

（4）在 Default.aspx、Default2.aspx、Default3.aspx、Default4.aspx 文件中分别添加 SiteMapPath 控件，会发现控件自动显示导航信息，包括根节点与当前节点之间的所有页面，形式是横向排列并以大于号（>）分隔每个链接，可以方便向父节点导航。

（5）运行程序，可以通过上例的菜单导航，也可通过 SiteMapPath 导航。如图 6.36 所示控件显示用户正位于“选课退课”页面。

图 6.36　SiteMapPath 控件显示效果

3．TreeView 控件

TreeView 控件的用法与 Menu 控件类似，但一般用于以层次结构显示和导航树状结构的组织目录、文件目录、事件目录等。

【例 6.11】 使用 TreeView 控件文件目录(如图 6.37 所示)。

（1）拖放一个 TreeView 控件到窗体中，单击 TreeView 任务栏上的“编辑节点”菜单，在弹出的“TreeView 节点编辑器”中添加节点（如图 6.38 所示），其中 Text 属性为节点显示的文本，NavigateURL 属性为该文本的导航 URL 链接，Target 属性设置 URL 页面的打开方式。

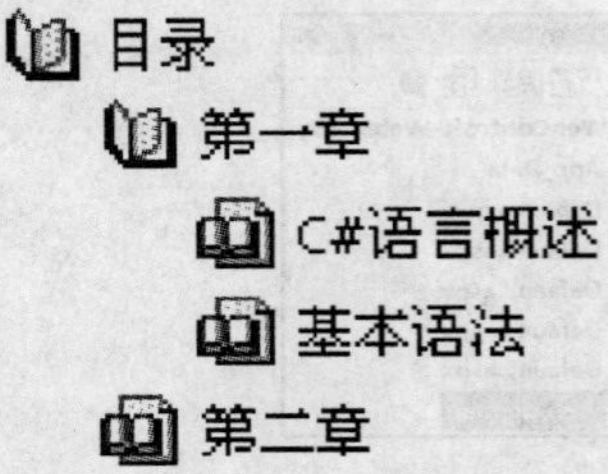

图 6.37　TreeView 文件目录

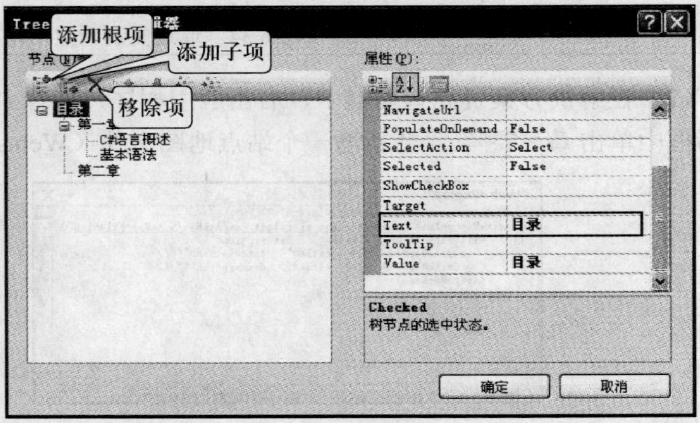

图 6.38　TreeView 节点编辑器

（2）单击任务栏上的“自动套用格式”，例如“选择 Windows 帮助”样式。

6.3 主题和母版页

主题和母版的使用都是为了统一网站的设计风格。主题针对网站外观的统一，使所有的窗体都采用相同的界面风格；母版针对网站内容的统一，如每个页面都有公司的 Logo。

6.3.1 主题

主题是指控件和页面外观属性设置的集合。使用主题首先需要创建主题，然后将其应用到单个页面、应用程序的所有页面或所有应用程序中。主题中可以包含皮肤文件（SKIN 文件）、样式文件（CSS 文件）以及图片文件。皮肤文件可以定义一个或多个控件的外观，样式文件定义页面外观，如背景、超链接文本的样式等。

1. 皮肤文件的创建和应用

皮肤文件（SKIN 文件）可以定义一个或多个控件的外观，可以使用默认皮肤和命名皮肤。

【例 6.12】 针对例 6.8 的用户注册窗体创建和应用皮肤文件。

（1）复制例 6.8 的项目。

（2）在解决方案资源管理器中，右击应用程序选择“添加 ASP.NET 文件夹”→“主题”菜单项（如图 6.39（a）所示），应用程序中出现一个名为“App_Themes”的主题文件夹，并创建了名为“主题 1”的子文件夹（如图 6.39（b）所示），“主题 1”就是新建主题的名称，可改为自己想要的名称。

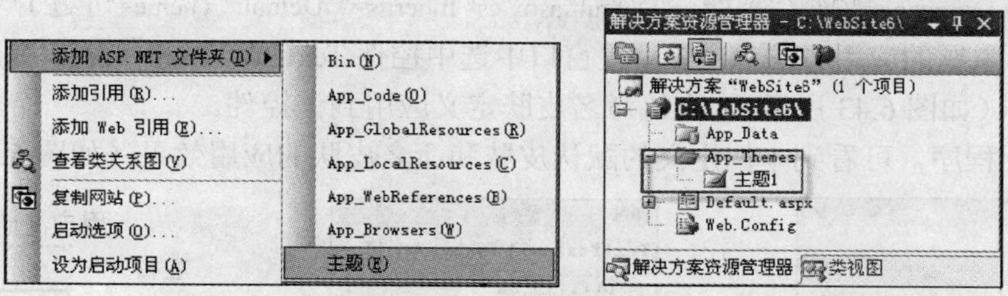

(a) 选择新建主题菜单　　(b) 建立的主题文件夹

图 6.39　新建主题文件夹

> **提示：** 主题文件夹中可以存放多个主题设置文件。每个主题必须用一个单独的子文件夹进行存放。主题中可以包含 SKIN 文件、CSS 文件以及图片文件。这些主题文件一般由公司里面的美工设计。如果使用现有的主题文件，请将主题文件夹复制到应用程序文件夹下，并使用“添加现有项”命令将这些文件夹添加到网站应用程序中。

（3）在主题文件下选择“添加新项”→“外观文件”（如图 6.40 所示）可以添加皮肤文件（如图 6.41 所示）。在皮肤文件中可以定义用于一类控件的默认皮肤，或者用于单个控件设置的命名皮肤。

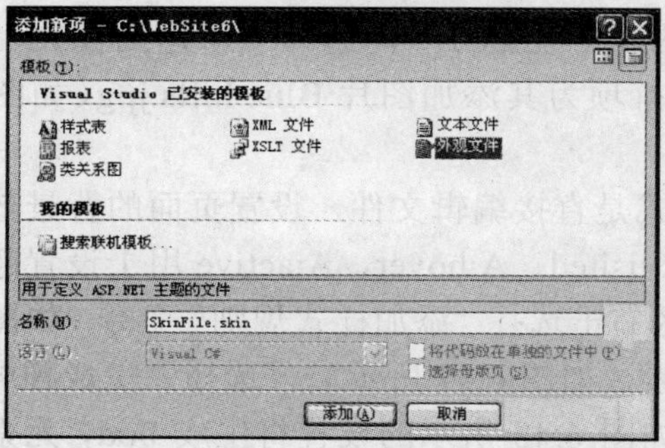

图 6.40　添加新项——外观文件

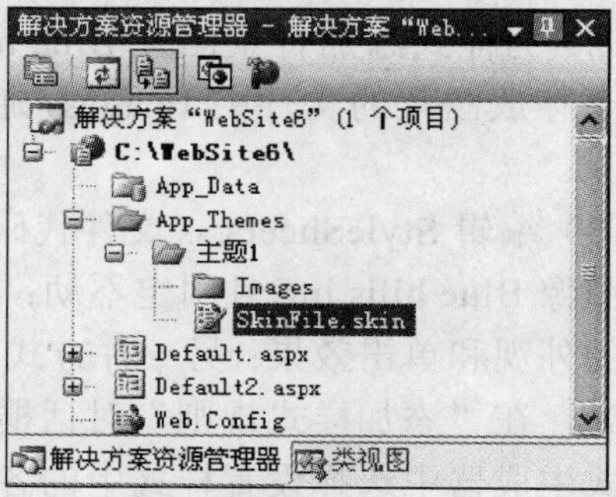

图 6.41　已添加 SkinFile.skin

（4）编辑 SkinFile.skin 文件如下所示。编辑文件有两种方法，一是直接编辑代码，其中定义了 Label 控件的默认皮肤——前景色为蓝色；定义了 TextBox 控件的默认皮肤——前景色为黑色、边框红色、边框风格为点状；定义了一个名为“BorderDouble”的 TextBox 控件的命名皮肤——边框红色、边框风格为 Double。另一种实现代码的简便方法是在设计窗口中设置某一个控件的外观属性，然后复制源窗口中生成的代码到 SkinFile.skin 文件中，去掉控件 ID 属性即可。

```
<asp:Label runat="server"   ForeColor="Blue"/>
<asp:TextBox runat="server" ForeColor="Black" BorderColor="Red" BorderStyle="Dotted"/>
<asp:TextBox SkinID="BorderDouble" runat="server" BorderColor="Red" BorderStyle="Double"/>
```

（5）有两种应用默认主题的方法。一是在窗体的属性页中选择对象 DOCUMENT，然后设置 Theme 属性为“主题 1”（如图 6.42 所示）。二是直接在窗体代码中添加 Theme 说明。

```
<%@ Page Language="C#" CodeFile="Default.aspx.cs" Inherits="_Default" Theme="主题 1" %>
```

（6）命名主题的应用方法为：在设置窗口中选中控件 TextBoxEmail，设置 SkinID 属性值为 BorderDouble（如图 6.43 所示），则该命名皮肤定义应用到该控件。

（7）运行程序，可看到本例定义的默认皮肤和命名皮肤的应用效果（如图 6.44 所示）。

图 6.42 应用主题

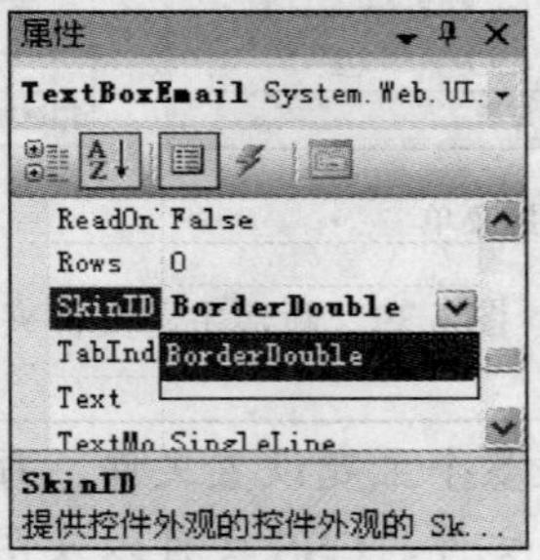

图 6.43 应用命名主题

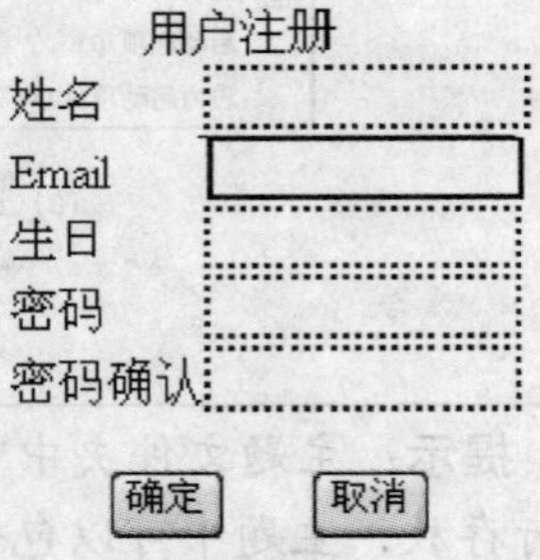

图 6.44 应用了主题的页面

2．样式文件的创建和应用

样式文件（CSS 文件）定义页面外观，如背景、超链接文本的样式等。

【例 6.13】 针对例 6.12 的用户注册窗体创建和应用样式文件。

（1）在主题文件下选择“添加新项”→“样式表”可以添加样式文件 StyleSheet.css（如图 6.45 所示）。

（2）为样式添加背景图片 Blue hills.jpg。右击“主题 1”，选择“新建文件夹”，添加一个存放图片的文件夹 Images，通过添加现有项为其添加图片 Blue hills.jpg（如图 6.45 所示）。

（3）编辑 StyleSheet.css 文件代码。一种方式是直接编辑文件，设置页面的背景效果：平铺图像 Blue hills.jpg 且固定不动；A:link、A:visited、A:hover、A:active 用于设置超文本链接的外观和单击效果；另一种方式是在编辑区右击选择“添加样式规则”命令（如图 6.46 所示），在“添加样式规则”对话框中添加元素（如图 6.47 所示），选择“生成样式”，在样式生成器中选择设置样式中的各个细节，如图 6.48 所示的设置将生成 body 元素中的代码。

图 6.45　添加样式文件和图片

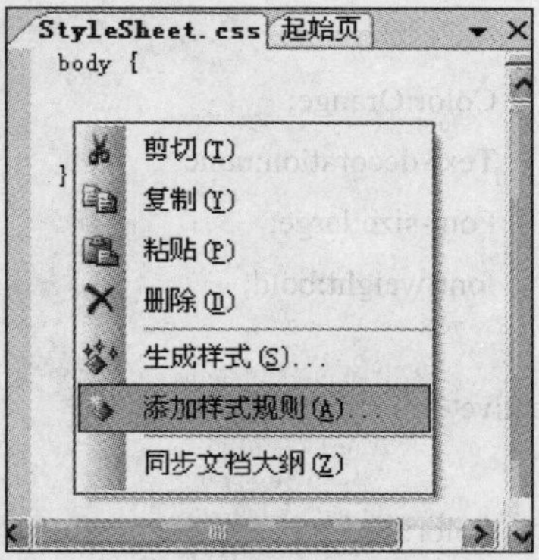

图 6.46　选择添加样式规则菜单

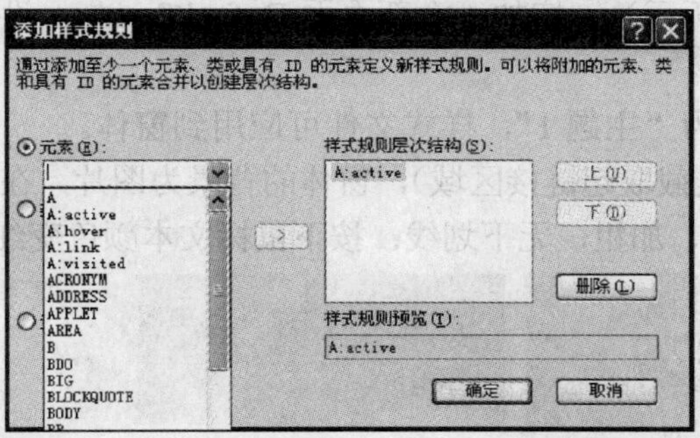

图 6.47　添加样式规则

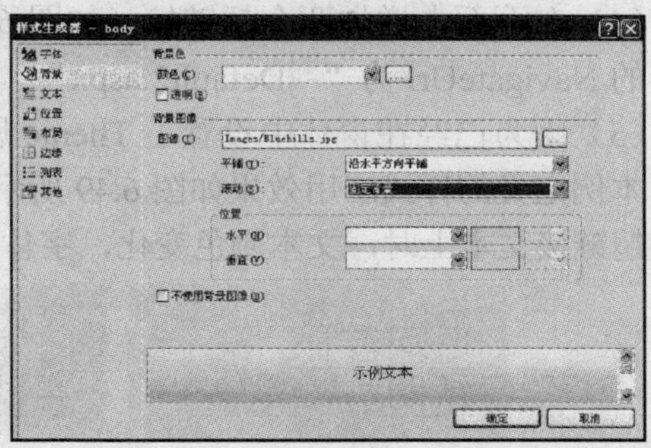

图 6.48　生成样式

```
body
{
    Background-image:url("Images/Blue hills.jpg");
    Background-repeat:repeat;
    Background-attachment:fixed;
}
A:link
{
    Color:Blue;
    Text-decoration:underline;
}
A:visited
{
    Color:Blue;
    Text-decoration:underline;
}
A:hover
```

```
{
    Color:Orange;
    Text-decoration:none;
    Font-size:large;
    font-weight:bold;
}
A:active
{
    Color:Red;
    Text-decoration:none;
}
```

（4）在页面上增加两个超链接（如图 6.49 所示）。增加一个新页面 Default2.aspx，设置超链接的 NavigateUrl 为“~/Default2.aspx”。

（5）因为已经在窗体中设置了 Theme 属性为“主题 1”，样式文件可应用到窗体。

本例定义的样式应用效果如图 6.49 所示（仅截取超链接区域），窗体的背景为图片，在鼠标移到超链接文本上时，文本颜色变化，字体变大、加粗，无下划线；按下鼠标文本颜色变红色。

(a) 程序启动时的超链接　　(b) 鼠标指向的超链接　　(c) 鼠标按下的超链接

图 6.49　样式文件的应用效果

3．将主题应用于整个应用程序

前面通过为单个页面设置 Theme 属性，将创建的.skin 和.css 文件应用到了单个页面。如果希望应用程序的所有页面使用同一主题，可以在应用程序的 Web.config 文件中定义。

（1）在应用程序中选择“添加新项”→“Web 配置文件”。

（2）编辑 Web.config 文件，为<Pages>属性设置 Theme 属性即可将主题应用到所有页面。

```
<configuration>
    <appSettings/>
    <connectionStrings/>
    <system.web>
        <pages theme="主题 1"/>
    </system.web>
</configuration>
```

6.3.2　母版

母版可以为应用程序的多个页面创建一致的布局。母版页实际由两部分组成，即母版页本身与一个或多个内容页，当用户请求页面时，母版页与内容页组合在一起后输出。

【例 6.14】 创建和应用母版。

（1）在解决方案资源管理器中右击应用程序，选择“添加新项”，在模板列表中选择母版页，默认的文件名为“MasterPage.master”。

（2）编辑 MasterPage.master 文件，就像设计普通网页一样将要在母版上显示的信息或控件设计好，需要内容变动的地方就放置一个 ContentPlaceHolder。例如，要设计一个有 4 部分结构的母版页，可以在主菜单中选择“布局”→“插入表”，选择模板“页眉、页脚和边”（如图 6.50 所示）。页眉部分添加一个 Image 控件显示图像，添加文字或标签显示“欢迎使用教务系统！”，左边是导航菜单，设置三个可以导航到内容页的 Hyperlink 控件（也可以使用 Menu），页脚显示版权说明，中间右部添加一个 ContentPlaceHolder1，用来显示内容页面（如图 6.51 所示）。

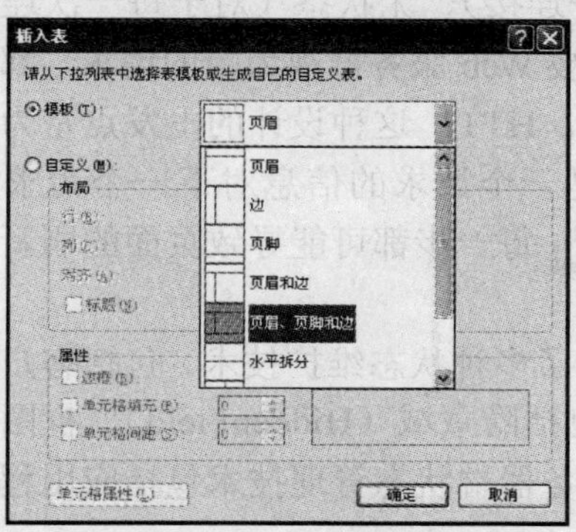

图 6.50　插入表

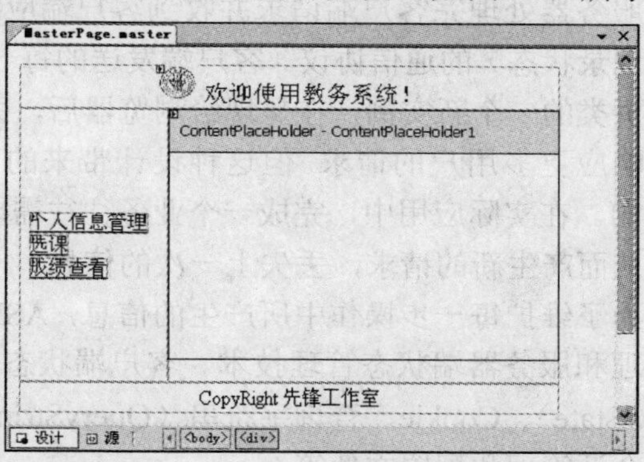

图 6.51　母版设计

> 提示：表格边框可以在“属性”窗口中设置 Border 属性为 1，还可以选择 Style 属性，在“样式生成器”对话框中对表格进行样式设计。
>
> 为了使页眉和页脚文字居中，需要在 aspx 源代码中设置该行的 align="center"，style 中的 width 属性为一定的值，例如本例中“width: 613px”。

（3）应用母版。在新建窗体时，在对话框下方选中“选择母版页”，将自动出现“选择母版页”对话框，选中要应用的母版文件（如图 6.52 所示），出现的页面设计窗口如图 6.53 所示，页面的设计与设计其他页面方法相同，只是限制在 Content 内进行，母版会跟随每一页。本例添加三个内容页，分别通过“个人信息管理”、“选课”、“成绩查看”超链接进行导航，这里内容页窗体上只写个页面说明，读者可进一步设计，例如将例 6.7 的页面内容和代码复制到个人信息管理窗口等。

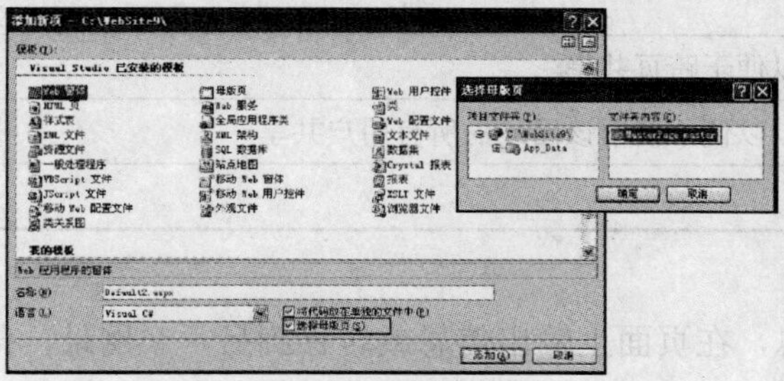

图 6.52　应用母版图

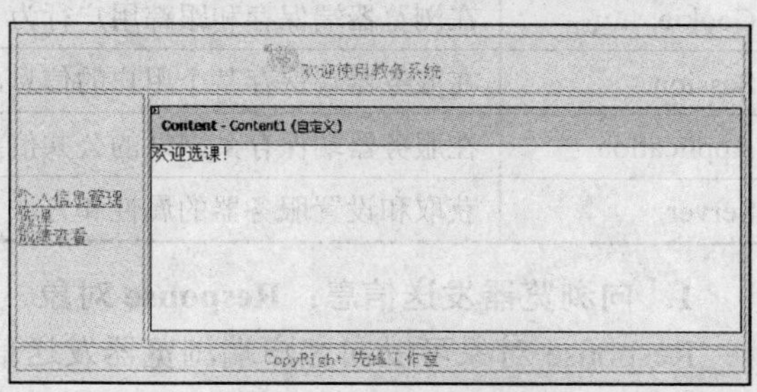

图 6.53　应用母版

（4）运行程序，单击超链接时，只有 Content 区域的内容发生变化。

6.4 Web 应用的状态管理

在一个 Web 应用程序中，需要实现跨页传值，使页面间共享信息；还需要解决多个用户共享页面信息的问题，这需要对 Web 应用的状态进行管理。

6.4.1 状态管理概述

在一个 Web 应用程序中，浏览器通过 HTTP 与 Web 服务器进行通信。HTTP 是一种无连接（服务器处理完客户端请求并收到客户端应答后就断开连接）、无状态（对于每一次连接处理不记录状态）的通信协议。客户端发送的每一个请求均被 Web 服务器视为新的请求，都会创建网页类的一个新实例，在呈现给浏览器后，丢弃该实例。HTTP 这种设计的出发点是为了更快地响应更多用户的请求。但这种设计带来的一个问题是一个请求的信息对下一个请求是不可用的。在实际应用中，完成一个业务往往需要多个步骤，每一步都可能导致页面的刷新或提交，从而产生新的请求，丢失上一次的信息。

为了维护每一步操作中所产生的信息，ASP.NET 提供了多种状态维护技术，包括客户端状态管理和服务器端状态管理技术。客户端状态管理技术包括隐藏域（HiddenField）、视图状态（ViewState）、Cookie、查询字符串（QueryString）等。服务器端状态管理技术包括应用程序状态、会话管理和配置文件等。

6.4.2 状态管理的常用对象

ASP.NET 提供的状态维护和管理的内置对象如表 6.10 所示，由于篇幅所限，本书主要介绍 Response 对象、Session 对象和 Application 对象。

表 6.10 ASP .NET 状态维护相关的几个内置对象

对 象	说 明
Request	从客户端获取信息，包括浏览器信息和用户提交的信息
Response	发送信息到客户端，包括向浏览器写入信息和发送指令到客户端
Cookie	在浏览器端保存和跟踪用户行为
Session	在服务器端保存某个用户的信息，以便于跨页共享
Application	在服务器端保存某网站的公共信息，以便于使用该网站的所有用户共享
Server	获取和设置服务器的属性和方法

1. 向浏览器发送信息：Response 对象

Response 对象可以向客户端浏览器发送信息，在页面上输出信息或转移到另一个网址，传递页面的参数，还可输出和控制 Cookie 信息等。Response 的常用方法如下。

（1）Write(字符串)：将指定字符串写入 HTTP 响应输出流。

（2）Redirect(URL)：将客户端重定向到新的 URL。

（3）End()：终止 ASP.NET 程序的处理。

2．用户会话状态维护：Session 对象

Session 对象用来在服务器端存储跨网页的信息。每个连接服务器的客户端都对应各自的 Session 对象且不能被他人访问，其有效范围为整个网站内，生存期终止于客户离线时，即网页使用完关闭浏览器或者设定的时间超时。Session 可以支持用户在站内各网页间共享信息。

1）向 Session 中添加和移除项

一个 Session 可以与多个任何类型的数据相关联，好像一个容器，可以把数据添加到其中，例如以下语句：

```
Session["UserName"]="王红" 或者 Session.Add("UserName","王红")
```

将一个新项 UserName 添加到 Session 中，并设置其值为“王红”，在站点的任何页面只要使用 Session["UserName"]就可读取该项值。

移除该项的语句为 Session.Remove["UserName"]。Session.RemoveAll 将移除所有项。

2）结束 Session

如果设置了 Session.TimeOut 属性（以分钟计量，默认值为 20 min），那么用户超过该时间没有动作，服务器会结束该 Session；也可调用 Session.Abandon()方法，在页面执行完后，Session 被结束；关闭浏览器退出网站程序也会同时结束 Session。

> **提示**：Session 与特定用户相关联，用户访问网站时，项的取值各不相同；Session 中可以放任何类型的变量，且无大小限制。例如在数据库程序中可存放数据集 DataSet、DataTable 等。但要注意 Session 占用服务器的内存，占用的大小和时间长度都影响服务器性能。

【例 6.15】 建立一个登录程序：如果密码正确，跳转到下一个页面，并在下一页显示针对该用户的欢迎信息；如果不正确，提醒错误。效果如图 6.54 所示。

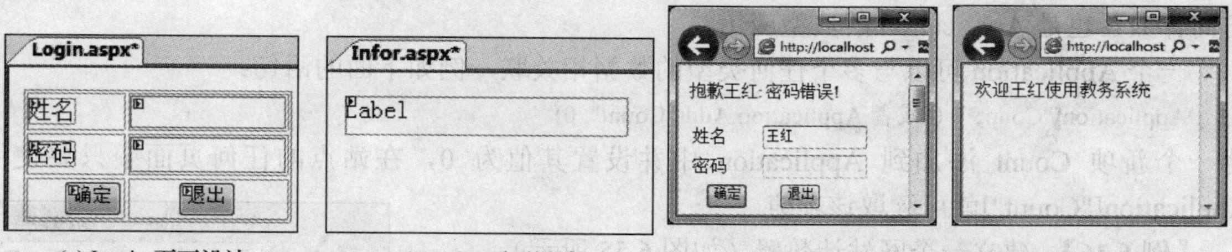

(a) Login 页面设计　(b) Infor 页面设计　(c) 密码错误　(d) 密码正确转到下个页面

图 6.54　页面设计和程序运行效果

（1）创建 Web 站点，添加 login.aspx 页面，页面设计如图 6.54(a)所示，含有两个文本框、两个按钮；添加 Infor.aspx 页面，只含有一个标签。

（2）login.aspx 页面中各事件处理代码如下。

① 单击“确定”进行密码验证，正确则转到另一个页面 Infor.aspx，错误则报告消息。

```
protected void ButtonOK_Click(object sender, EventArgs e)
{
    if (TextBoxPassword.Text == "8888")
```

```
    {
        Session["UserName"] = TextBoxName.Text;   //在 Session 中添加 UserName 存放用户名
        Response.Redirect("Infor.aspx");              //网页转到另一个页面 Infor.aspx
    }
    else
    {
        Response.Write("抱歉" + TextBoxName.Text + ": 密码错误!"); //报告出错消息
    }
}
```

② 单击“退出”结束程序。

```
protected void ButtonExit_Click(object sender, EventArgs e)
{
    Response.End();     //结束 ASP.NET 程序
}
```

③ Infor.aspx 页面中各事件处理代码如下。

```
protected void Page_Load(object sender, EventArgs e)
  {
    Label1.Text = "欢迎" + Session["UserName"] + "使用教务系统"; //使用 Session 中的 UserName 值
  }
```

3．应用程序状态维护：Application 对象

和 Session 类似，Application 对象用来在服务器端保存所有用户的公共信息，但与 Session 不同的是，任何一个用户都可以读写其中的信息，并且可持久保存信息，关闭客户浏览器后依然存在，直到关闭或重启服务器。例如，在网络聊天室中所有用户需同时查看交流信息，网站访问计数器也是 Application 的典型应用。

一个 Application 可以与多个任何类型的数据相关联，例如下面的语句：

```
Application["Count"]=0 或者 Application.Add("Count", 0)
```

将一个新项 Count 添加到 Application 中并设置其值为 0，在站点的任何页面中只要使用 Application["Count"]就可读取该项值。

【例 6.16】 建立一个网站计数器（如图 6.55 所示）。

（1）新建一个网站项目，在 Default.asp 网页上添加一个标签 Label1。

（2）在该项目根目录下添加一个“全局应用程序类”文件 Global.asax。

图 6.55 网站计数器程序运行效果

> 提示：每一个 ASP.NET 应用程序仅有一个 Global.asax 文件，当启动一个应用程序时，会先读取根目录下的 Global.asax 文件，然后执行 Application_Start()事件的处理代码。

（3）在 Global.asax 文件的 Application_Start()事件中添加如下代码。使用 Application 对象的 Count 变量记录访客总数，在 Application 启动时初始化为 0。

```
void Application_Start(object sender, EventArgs e)
{
    Application["Count"] = 0;   //将访问人数变量 Count 添加到 Application 对象，并初始化为 0
}
```

（4）在 Default.aspx.cs 中添加如下代码。

```
protected void Page_Load(object sender, EventArgs e)
{
    //在页面加载时，计数器加 1
    Application.Lock();
    Application["Count"] = (int)Application["Count"] + 1;     //计数器变量 Count 加 1
    Application.UnLock();
    Label1.Text = "您是本站第" + (int)Application["Count"] + "位访客。"; //使用标签显示访问计数器值
}
```

提示：Application.Lock()方法锁定 Application 对象，避免多个用户同时修改其中的变量，修改完成后，使用 Application.UnLock()解除锁定。

6.4.3　应用程序配置文件

使用配置文件可以对整个网站进行个性化配置和管理，常用以下文件。

（1）Global.asax 文件。每个网站可包含一个该文件，创建在网站根目录下。该文件可存放 Application 对象、Seesion 对象启动或结束事件的过程代码，如例 6.16 中的用法。

（2）Web.Config 文件。网站的每一级目录下都可包含一个该文件。该文件可存放为网站进行的个性化设置，存放应用程序的一些常量和环境设置量。例如，将主题应用于整个应用程序，配置整个应用程序使用的数据源等。

习题 6

1．简述静态网页和动态网页的工作原理。
2．简述 Web 信息系统开发和部署环境。
3．列举几种 Web 应用程序的发布方法。
4．简介超文本标记语言 HTML 的主要特点。
5．列举常用服务器控件的特点和用途。
6．简述主题和母版的作用。
7．简述跨页面传递信息的方法。

第7章 ADO.NET数据库应用程序初步

数据库应用程序是信息系统中完成特定信息处理功能的应用程序，它的核心是访问和操作数据库，一般采用高级程序设计语言作为宿主语言开发。Microsoft .NET 框架提供了 ADO.NET（Active Data Objects，ADO）组件，可以方便地实现数据库的访问。

本章简单介绍数据库应用程序基本结构，重点讲解使用 ADO.NET 数据源控件 SqlDataSource 和 ASP.NET 服务器控件中的数据绑定控件实现数据库应用程序的基本方法。

7.1 ADO.NET 数据库应用程序概述

7.1.1 数据库应用程序的结构

数据库应用程序一般可分为三层结构：数据层、数据访问层和表示层，如图 7.1 所示为采用 SQL Server 和 ASP.NET 开发数据库应用程序的结构。

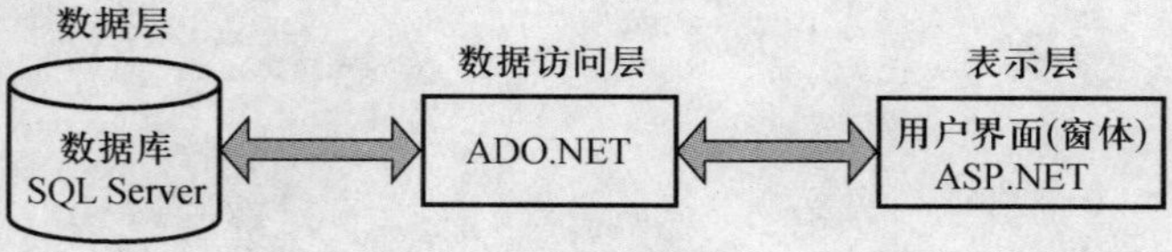

图 7.1 数据库应用程序的三层结构

数据层是指集中存储数据的数据库，负责完成数据的存储、操纵和管理功能。本书使用 SQL Server，也可以选用 Aceess、Oracle、MySQL、达梦、金仓等各种数据库管理系统。

表示层是应用程序的交互界面，为用户提供基于数据库的业务功能服务。本书使用 ASP.NET 技术开发数据库应用程序，可以使用 ASP.NET 常用界面控件（例如 TextBox、Label、

ListBox、ComboBox 等）和高级数据绑定控件（例如 GridView、DetailsView、FormView、TreeView、Menu 等）实现在 Web 页面中的数据表现。

数据访问层位于数据层和表示层之间，主要负责数据层与表示层之间的数据访问和数据传输。.NET 框架提供了 ADO.NET 组件支持数据库访问。

7.1.2　ADO.NET 组件简介

ADO.NET 是.NET 框架提供的一组用于访问数据源的面向对象类库。数据源可以是数据库，也可以是文本、Excel 或者 XML 等文件。ADO.NET 包含两大核心组件：数据集（DataSet）和.NET 框架数据提供程序（.NET Framework Data Provider）（如图 7.2 所示）。

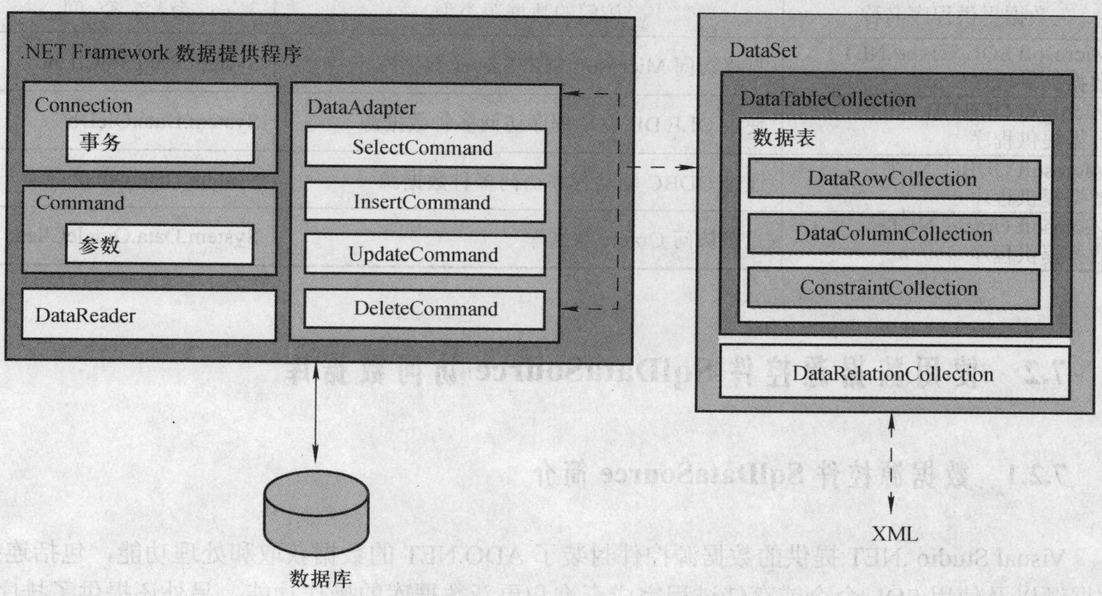

图 7.2　ADO.NET 组件

1．数据集（DataSet）

DataSet 用来处理从数据库等数据源获得的数据，是数据的内存驻留表示形式。DataSet 包括来自于数据源的一个或多个表、约束和表间关系在内的整个数据集，无论是什么数据源，它都提供一致的编程模型，实现独立于数据源的数据访问。

DataSet 中的对象和方法与关系数据库模型中的对象和方法是一致的。DataSet 包含一个或多个 DataTable 对象的集合，这些对象由数据行和数据列以及主键、外键、约束和有关 DataTable 对象中数据的关系信息组成。每个 DataTable 对象中包含 DataRow 和 DataColumn 集合。DataRow 中包含一个元组的所有信息，保留着原始和任何改变的数据；DataColumn 表示属性列的信息。DataRelation 对象存储关系表之间的联系信息，包括主键和外键间的对应关系。

2．.NET Framework 数据提供程序

数据提供程序用来和数据源建立连接并且访问数据源。它包括 4 个核心对象：Connection、

Command、DataAdapter 和 DataReader，这些对象以及 DataSet 对象相互配合实现数据库访问。

Connection 对象主要提供与数据源的连接；DataAdapter 可将数据源中的数据读入到本机的数据集 DataSet 以及将数据集数据回写到数据源，实现“断开式”数据访问；DataReader 对象可直接从数据库获取只读的数据流，Command 对象可执行 SQL 命令，也可以调用存储过程，它们可实现“连接式”数据访问。

.NET 框架提供多种数据提供程序类库访问不同的数据源（如表 7.1 所示）。在各自的关联命名空间内，每个提供程序都提供了自己的一系列对象。由于本书是以 Microsoft SQL Server 2005 为数据库管理系统，所以后续程序实例都采用 SQL Server .NET 数据提供程序中的对象。

表 7.1 ADO .NET 的 4 类数据提供程序

数据提供程序名称	访问的数据源类型	命 名 空 间
Microsoft SQL Server .NET 数据提供程序	直接访问 Microsoft SQL Server 数据库	System.Data.SqlClient
Microsoft OLE DB .NET 数据提供程序	使用 OLE DB 驱动程序访问多种数据源	System.Data.OleDb
Microsoft ODBC .NET 数据提供程序	通过 ODBC 驱动程序访问多种数据源	System.Data.Odbc
Microsoft Oracle .NET 数据提供程序	直接访问 Oracle 数据库	System.Data.OracleClient

7.2 使用数据源控件 SqlDataSource 访问数据库

7.2.1 数据源控件 SqlDataSource 简介

Visual Studio .NET 提供的数据源控件封装了 ADO.NET 的数据获取和处理功能，包括连接数据源以及使用 SQL 命令或存储过程完成查询和更新数据库的操作功能，另外还提供了排序、分页等功能，数据源控件便于可视化方式使用 ADO.NET，减少了编程代码量。

Visual Studio .NET 提供了 5 个数据源控件，分别适用于访问不同类别的数据源（如表 7.2 所示）。本书后续主要介绍 SqlDataSource 数据源控件的使用。

表 7.2 常用的数据源控件

控 件 名	描 述
AccessDataSource	是一个与 Microsoft Access 数据库配套使用的数据源控件
SqlDataSource	可以访问位于关系数据库（包括 Microsoft SQL Server 和 Oracle 数据库以及 OLE DB 和 ODBC 数据源）中的数据
SiteMapDataSource	从网站图提供程序中检索导航数据，可传递给 TreeView 和 Menu 等控件显示数据
XmlDataSource	用于访问 XML 数据文件，但也可用该控件同时显示分层数据和表格数据
ObjectDataSource	用于使用自定义数据对象访问数据库，支持其他数据源不可用的高级排序和分页方案

7.2.2　数据源控件 SqlDataSource 使用步骤与实例

使用数据源控件 SqlDataSource 可以可视化、快速地完成数据访问流程，结合数据绑定控件 GridView 自动显示数据，无需编写代码就可实现数据库访问程序。下面通过一个例子详细介绍 SqlDataSource 的使用方法。本章所有例题访问的都是 School 数据库，后续不再说明。

【例 7.1】 实现一个 Web 程序，使用 GridView 显示所有学生信息。页面运行效果如图 7.3 所示。

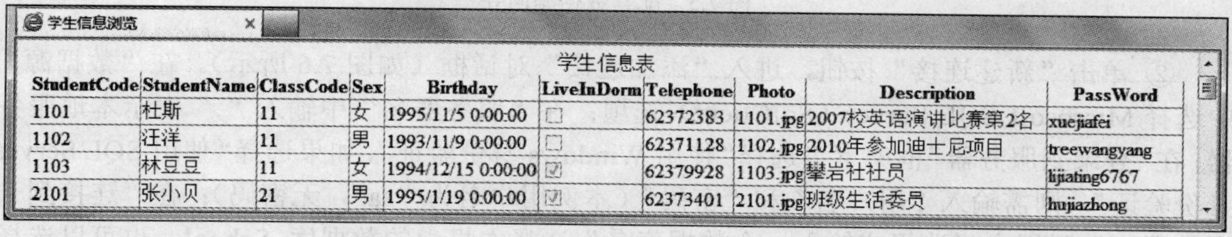
学生信息浏览
学生信息表
StudentCode StudentName ClassCode Sex Birthday LiveInDorm Telephone Photo Description PassWord
1101 杜斯 11 女 1995/11/5 0:00:00 62372383 1101.jpg 2007校英语演讲比赛第2名 xuejiafei
1102 汪洋 11 男 1993/11/9 0:00:00 62371128 1102.jpg 2010年参加迪士尼项目 treewangyang
1103 林豆豆 11 女 1994/12/15 0:00:00 62379928 1103.jpg 攀岩社社员 lijiating6767
2101 张小贝 21 男 1995/1/19 0:00:00 62373401 2101.jpg 班级生活委员 hujiazhong

图 7.3　学生信息显示页面的运行效果

（1）建立一个新的 ASP.NET 网站，为页面添加一个 GridView 控件

在页面设计窗口，展开工具箱中的“数据”选项卡，拖放一个 GridView 到页面上，在“属性”窗口设置 GridView1 的 Caption 属性值为“学生信息表”（如图 7.4 所示）。

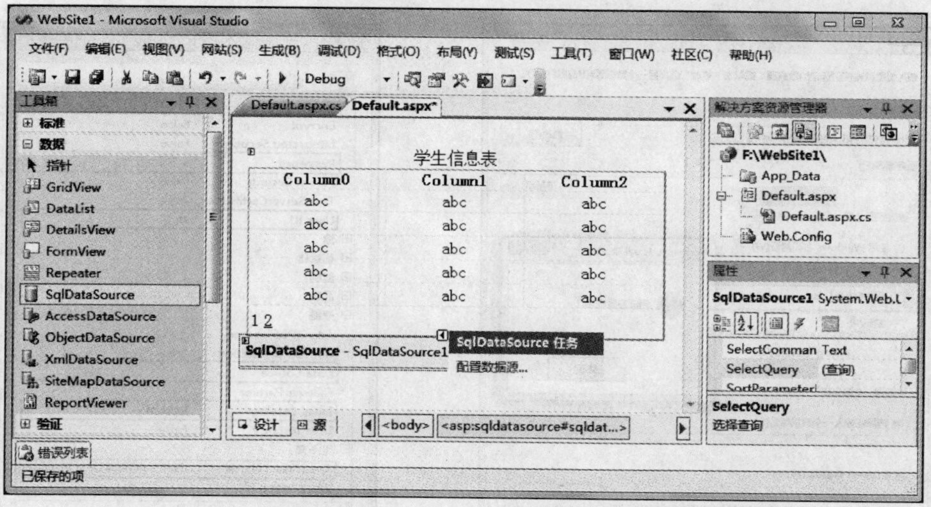

图 7.4　拖放工具箱中的控件到页面上

（2）添加和配置数据源控件，用来访问 School 数据库和查询显示学生表的信息

① 拖放一个 SqlDataSource 到页面上（如图 7.4 所示）。单击 SqlDataSource1 控件右上角的小三角▸，展开 SqlDataSource 任务列表，选择“配置数据源”，打开配置数据源向导（如图 7.5 所示）。

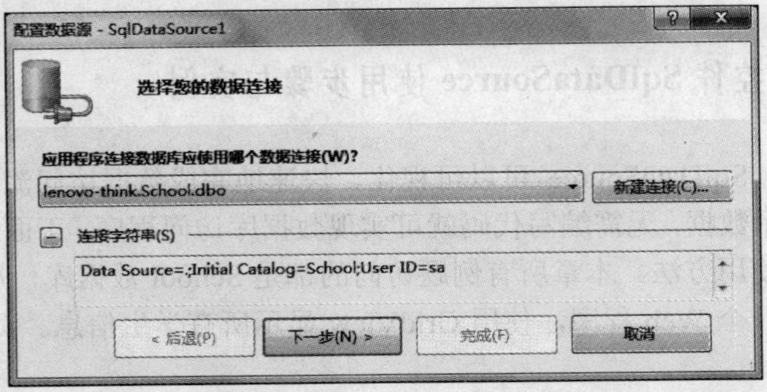

图 7.5　配置数据源向导

② 单击“新建连接”按钮，进入“添加连接”对话框（如图 7.6 所示）。在“数据源”中选择 Microsoft SQL Server（SqlClient）选项；在“服务器名”中输入“.”表示本地服务器；在“登录到服务器”框架下可选择“使用 Windows 身份验证”，如果选择“使用 SQL Server 身份验证”，则需输入“用户名”和“密码”（本例用户名为“sa”，无密码）；在“连接到一个数据库”区域中“选择或输入一个数据库名”选择本机上的数据库 School，也可以选择“附加一个数据库文件”（School.mdf）。单击“测试连接”按钮，如果出现“测试连接成功”对话框，则说明数据库连接成功。单击“高级”按钮可直接查看或设置 SqlDataSource 各属性值（如图 7.7 所示）。单击“确定”按钮回到图 7.5，可以看到在“连接字符串”文本框中自动生成了一个连接字符串“Data Source=.;Initial Catalog=School;User ID=sa”，以代码方式说明该连接。

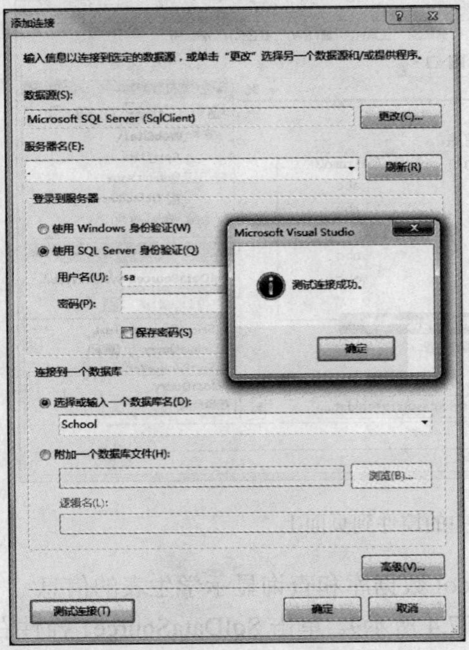

图 7.6　添加一个数据库连接

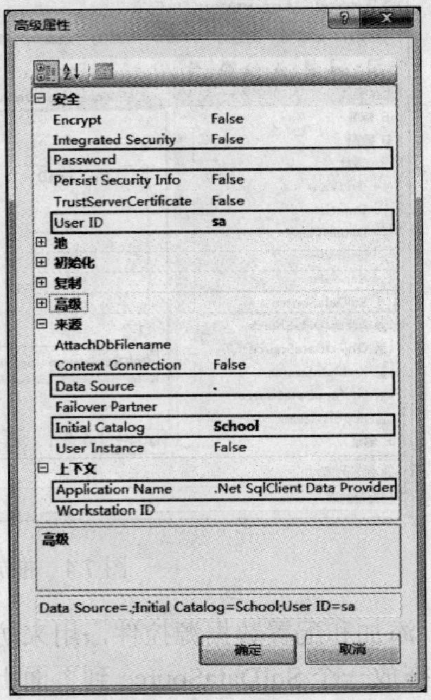

图 7.7　SqlDataSource 高级属性设置

> **提示**：在“服务器名”中选择 SQL Server 服务器的名称，可以是机器 IP 地址或者是机器名称；如果是本地服务器，也可以使用“.”、(Local)、LocalHost 表示；如果是 SQL Server Express 版本，则要在机器名后加“\EXPRESS”。
>
> 附加一个数据库文件会将数据库文件（例如 School.mdf）附加到项目中。

③ 在图 7.5 中单击“下一步”按钮，进入配置向导第二步（如图 7.8 所示），在“是否将连接保存到应用程序配置文件中？”下的复选框中选择“是，将此连接另存为”，并为连接命名（本例默认名为“SchoolConnectionString”），该操作将连接字符串保存到应用程序配置文件 Web.config 中。

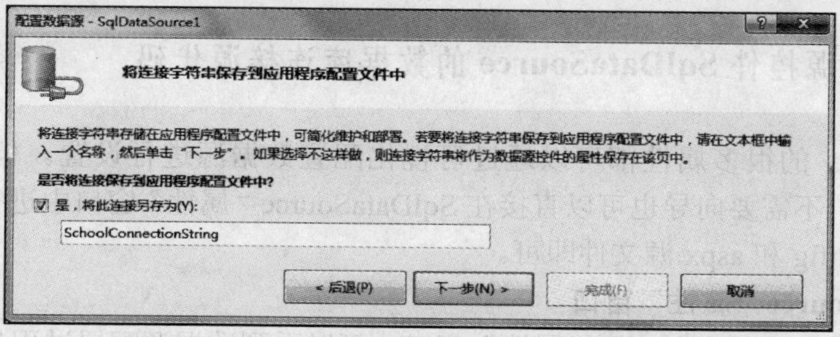

图 7.8　保存连接字符串

④ 在图 7.8 中单击“下一步”按钮，进入配置向导第三步“配置 Select 语句”（如图 7.9 所示），本例选择“指定来自表或视图的列”，在“名称”下选择 Student，在“列”中选择“*”表示选择所有列。向导将自动根据所做选择生成相应的 SELECT 语句，显示在下部的文本框中。

⑤ 在图 7.9 中单击“下一步”按钮，进入配置向导第四步“测试查询”（如图 7.10 所示），单击“测试查询”按钮可以浏览查询获取的数据。单击“完成”按钮，完成数据源的配置。

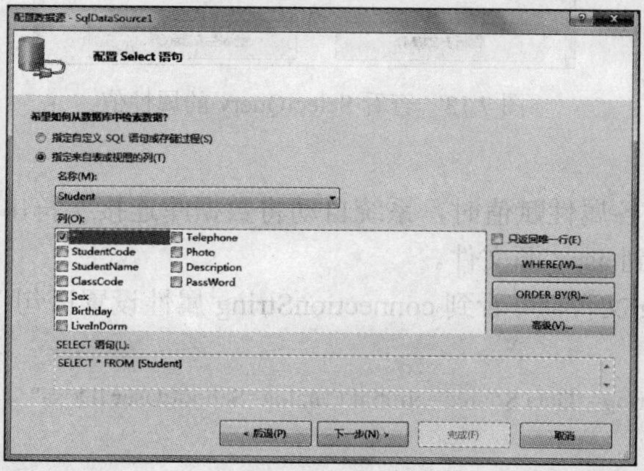

图 7.9　配置 SELECT 语句

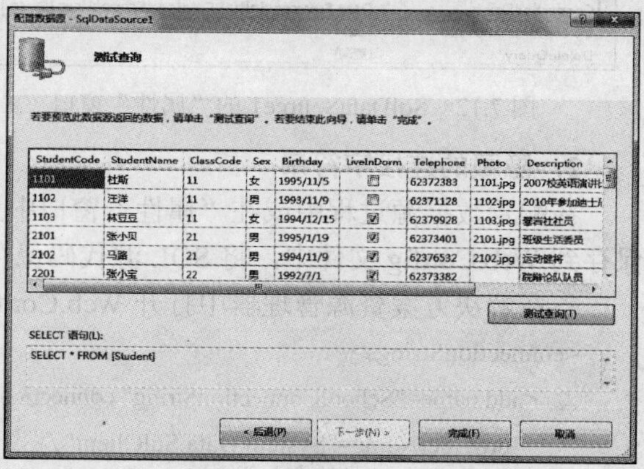

图 7.10　测试查询

（3）为 GridView 控件设置绑定数据源，用来显示从数据库查询的数据

单击 GridView1 右上角的小三角▶，展开 GridView 任务，在“选择数据源”下拉列表中选择 SqlDataSource1（如图 7.11 所示）(也可在其“属性”窗口的 DataSourceID 属性中选择 SqlDataSource1)，即可将 SqlDataSource1 查询获取的数据绑定到 GridView1。

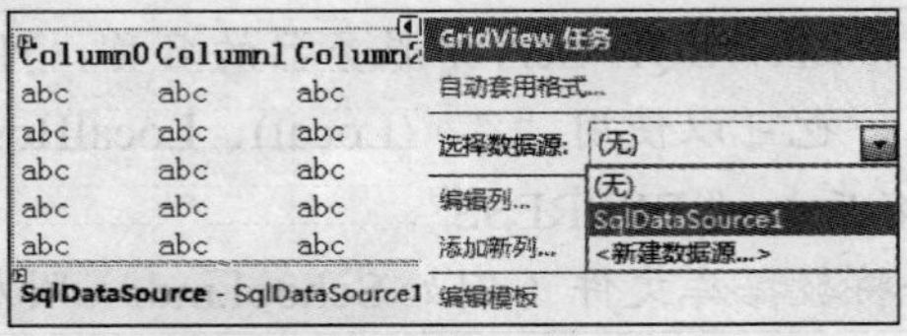

图 7.11　为 GridView1 绑定数据源

(4) 运行程序，查看结果

在 Visual Studio 2005 主菜单中选择“调试”→“启动调试”即可调试运行应用程序，获得结果。

7.2.3　数据源控件 SqlDataSource 的数据库连接源代码

SqlDataSource 的很多属性都可以通过可视化配置数据源进行设置。但读者在熟练掌握 SqlDataSource 后，不需要向导也可以直接在 SqlDataSource“属性”窗口中进行属性设置，或者直接编写 Web.Config 和 aspx 源文件即可。

1．SqlDataSource“属性”窗口

在例 7.1 中 SqlDataSource1 的“属性”窗口，可以看到数据源配置过程自动生成两个重要属性值（如图 7.12 和图 7.13 所示）：ConnectionString 的属性值为“Data Source=.;Initial Catalog=School;User ID=sa”；SelectQuery 的属性值为“SELECT * FROM [Student]”。

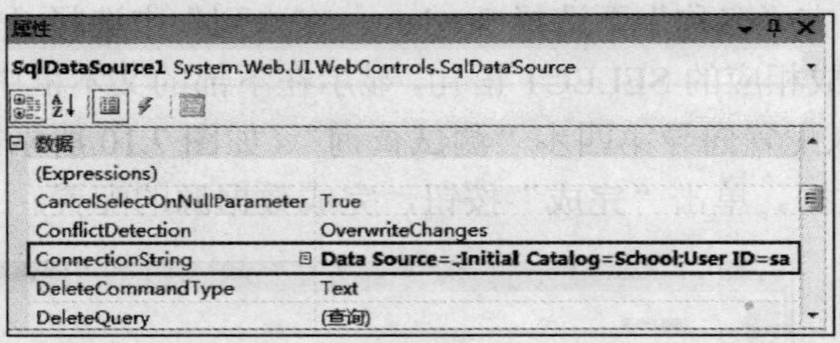

图 7.12　SqlDataSource1 的“属性”窗口

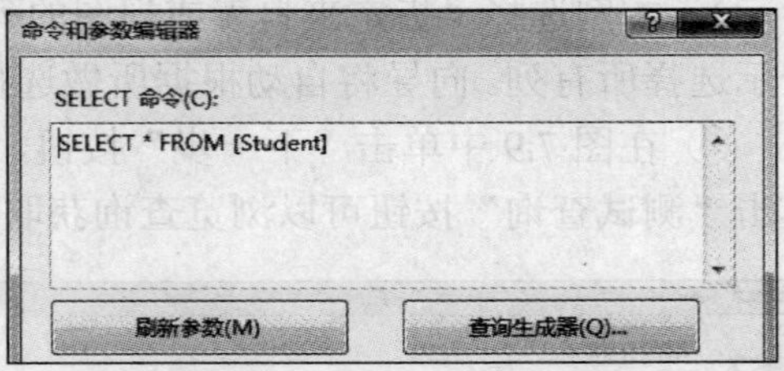

图 7.13　查看 SelectQuery 的属性值

2．隐藏的连接字符串

在配置数据源过程中或在“属性”窗口中为各属性赋值时，系统自动将数据库连接字符串保存到 Web.Config 文件中，将 SQL 源代码保存到 aspx 源文件。

在解决方案资源管理器中打开 Web.Config 文件，可看到 connectionString 属性设置语句：

```
<connectionStrings>
    <add name="SchoolConnectionString" connectionString="Data Source=.;Initial Catalog=School;User ID=sa"
        providerName="System.Data.SqlClient" />
</connectionStrings>
```

打开 aspx 源文件，可看到自动生成的下列语句：

```
 <asp:SqlDataSource ID="SqlDataSource1" runat="server"
        ConnectionString="<%$ ConnectionStrings:SchoolConnectionString %>"
        SelectCommand="SELECT * FROM [Student]">
</asp:SqlDataSource>
```

其中，ConnectionString="<%$ ConnectionStrings:SchoolConnectionString%>"用于获取隐藏在 Web.Config 文件中的 SchoolConnectionString 的字符串值。

3．连接字符串 ConnectionString 的格式

（1）Name：用于标识连接字符串的名称。

（2）ProviderName：指定连接数据库的提供程序名称，默认为 System.Data.SqlClient。

（3）ConnectionString：获取或设置用于打开数据源的字符串。字符串内容包括用分号分隔的多个子串，各子串的含义如表 7.3 所示。

表 7.3　ConnectionString 的内容

子串格式	子串内容
Data Source=服务器名;	提供 SQL Server 的服务器和实例名，可用 IP 地址或域名；如果使用默认的 SQL Server 实例，可以只指定服务器名；如果 SQL Server 服务器是本机，可以写为“(local)”或“localhost”或“.”
Initial Catalog=数据库名;	指定使用的数据库名
Integrated Security=True；或者 User ID=用户名; Password=密码;	身份认证方式：“Integrated Security=True”表示用 Windows 集成安全身份验证连接数据库；“User ID=用户名;Password=密码”表示用 SQL Server 用户身份验证连接数据库，如密码为空，可省略“Password=密码”

7.2.4　数据源控件 SqlDataSource 的常用属性

SqlDataSource 的常用属性如表 7.4 所示。

表 7.4　SqlDataSource 的常用属性

分类	属性	描述
缓存	EnableCaching	设置是否启用缓存
数据	ProviderName	指定连接数据库的提供程序名称，默认为 System.Data.SqlClient
	ConnectionString	获取或设置用于打开数据源的字符串
	SelectQuery InsertQuery UpdateQuery DeleteQuery	分别用来设置查询、插入、修改或删除数据库中数据所使用的 SQL 命令或存储过程名，这些命令可以使用参数
	SelectCommandType InsertCommandType UpdateCommandType DeleteCommandType	分别说明 SelectQuery、InsertQuery、UpdateQuery、DeleteQuery 中代码的类型：Text 表示 SQL 命令，StoredProcedure 表示存储过程
	SelectParamenters InsertParamenters UpdateParamenters DeleteParamenters	分别用来设置 SelectQuery、InsertQuery、UpdateQuery、DeleteQuery 等 SQL 语句所需要的参数的集合

续表

分类	属　性	描　述
数据	FilterExpression	设置调用 Select 语句时的筛选表达式
	FilterParameters	表示从 FilterExpression 字符串中获得的参数集合
	SortParameterName	设置存储过程执行检索时能进行的排序的参数名
行为	DataSourceMode	设置返回数据的形式：DataReader 或 DataSet。数据集 DataSet 是内存中的记录集合，可以在检索数据之后以各种方式来操作数据，如果在检索数据之后对数据进行筛选、排序或更新，或者要保留缓存，则应选择返回数据集；数据读取器 DataReader 提供一个可以获取单个记录的只读游标，如果只要返回数据并加载（绑定）到页上的控件中，则应使用数据读取器

当在设计窗口中可视化设计界面对象和配置数据源时，系统自动生成源代码，读者可打开.aspx 文件查看代码，进一步理解 SqlDataSource、GridView 以及其他各类界面对象的属性应用，在熟练掌握之后，可直接编写和修改代码。例 7.1 的源代码如下。

```
<%@ Page Language="C#" AutoEventWireup="true"   CodeFile="Default.aspx.cs" Inherits="_Default" %>
<!DOCTYPE html PUBLIC "-//W3C//DTD XHTML 1.0 Transitional//EN"
"http://www.w3.org/TR/xhtml1/ DTD/xhtml1-transitional.dtd">
<html xmlns="http://www.w3.org/1999/xhtml" >
<head runat="server">
    <title>学生信息浏览</title>
</head>
<body>
  <form id="form1" runat="server">
  <div>
      <asp:GridView ID="GridView1" runat="server" AutoGenerateColumns="False"
           DataKeyNames="StudentCode" DataSourceID="SqlDataSource1">
          <Columns>
              <asp:BoundField DataField="StudentCode" HeaderText="StudentCode" ReadOnly="True"
                     SortExpression="StudentCode" />
              <asp:BoundField DataField="StudentName" HeaderText="StudentName"
                     SortExpression="StudentName" />
              <asp:BoundField DataField="ClassCode" HeaderText="ClassCode" SortExpression="ClassCode" />
              <asp:BoundField DataField="Sex" HeaderText="Sex" SortExpression="Sex" />
              <asp:BoundField DataField="Birthday" HeaderText="Birthday" SortExpression="Birthday" />
              <asp:CheckBoxField DataField="LiveInDorm" HeaderText="LiveInDorm"
                      SortExpression="LiveInDorm" />
              <asp:BoundField DataField="Telephone" HeaderText="Telephone" SortExpression="Telephone" />
              <asp:BoundField DataField="Photo" HeaderText="Photo" SortExpression="Photo" />
              <asp:BoundField DataField="Description" HeaderText="Description" SortExpression="Description" />
              <asp:BoundField DataField="PassWord" HeaderText="PassWord" SortExpression="PassWord" />
```

```
        </Columns>
    </asp:GridView>
    <asp:SqlDataSource ID="SqlDataSource1" runat="server"
        ConnectionString="<%$ ConnectionStrings:SchoolConnectionString %>"
        SelectCommand="SELECT * FROM [Student]"></asp:SqlDataSource>
    </div>
    </form>
</body>
</html>
```

由于篇幅所限，本书后续不再给出各例题的代码，请读者查看本书所提供的电子资源或自行创建例题查看。

7.3 数据绑定控件

数据绑定控件是指运行在服务器端的可绑定到数据源控件的控件，主要用来在 Web 页面中显示和维护数据，例如 GridView、DetailsView、FormView、TreeView、Repeater、ListView、DataList、Menu 等控件都可以绑定到数据源，只是它们显示和维护数据的形式略有不同。

7.3.1 使用 GridView 显示和维护数据

GridView 以表格的形式显示数据源中的若干条记录，表格中的每一列代表一个字段，每一行代表一条记录。该控件还提供记录的编辑、删除、分页显示、排序和行选择功能，并且支持自定义外观和样式。

1. GridView 的常用属性

GridView 提供了丰富的功能，因此有丰富的属性，可以分为布局、分页、可访问性、数据、外观、行为、样式、杂项等类（如表 7.5 所示）。其他数据绑定控件有许多和 GridView 相同的属性。多数属性可直接在“属性”窗口中设置，有些也可以通过可视化界面设置。

表 7.5 GridView 的常用属性

分类	属性	描述
分页	AllowPaging	设置是否分页显示。True 表示启用分页显示，每页显示记录数为 PageSize 所设置的值；False 表示不启用分页显示
	PageSize	与 AllowPaging 配合使用，设置分页显示时每页的记录数，默认为 10
	PagerSettings\Position	设置分页标记所在的页面位置，Top、Bottom 或 TopAndBottom
	PagerSettings\Mode	设置分页标记的样式，可以用数字或者“>”翻页作为标记
可访问性	Caption	设置显示的标题名
	CaptionAlign	设置标题的排版位置

续表

分类	属 性	描 述
数据	DataKeyNames	设置数据源的主键，是一个字符串数组
	DataMember	当数据源含有多个数据列时，用来设置绑定到数据列的名称
	DataSourceID	指定绑定到的数据源控件的名称
	DataSource	指定绑定到的数据源对象的名称，通常用来动态绑定数据源
外观	BackImageUrl	设置背景图片的 URL
	EmptyDataText	设置控件绑定到一个空的数据源时显示的文本
行为	AllowSorting	设置是否启用自动排序。True 表示启用，程序运行时，GridView 的所有列标题都变成超链接，单击一个列标题就会按该列排序，重复单击同一列标题可以在该列升序、降序切换；False 表示不启用自动排序
	AutoGenerateColumns	设置是否为每个字段自动创建数据绑定列，默认为 True
	AutoGenerateDeleteButton	设置是否显示“删除”按钮。True 表示显示，在每条记录前增加一个“删除”按钮，可以删除该条记录；False 表示不显示
	AutoGenerateEditButton	设置是否显示“编辑”按钮。True 表示显示，在每条记录前增加一个“编辑”按钮，可以编辑该条记录；False 表示不显示
	AutoGenerateSeleteButton	设置是否显示“选择”按钮。True 表示显示，在每条记录前增加一个“选择”按钮，可以选中该条记录；False 表示不显示

2．使用 GridView 控件显示数据

【例 7.2】 实现一个 Web 程序，使用 GridView 显示学生表中的姓名、班级、性别、出生日期等基本信息，并通过定义外观样式进行美化。页面运行效果如图 7.14 所示，其中控件及其属性如表 7.6 所示。

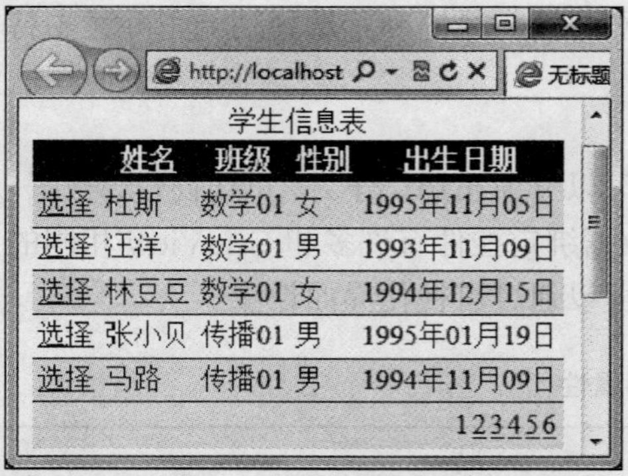

图 7.14 学生信息查询页面运行效果

表 7.6 页面中的控件及其属性

控件名称	属 性	属性值
GridView1	Caption	学生信息表
	AllowPageing	True
	PageSize	5
	RowStyle\ \HorizontalAlign	Center
	DataSourceID	SqlDataSource1
SqlDataSource1	ConnectionString	

（1）建立一个新的 ASP.NET 网站，为页面添加 GridView 和 SqlDataSource 控件各一个。

（2）配置 SqlDataSource1 控件，将其连接到 School 数据库。在配置 SELECT 语句时，因为查询结果来自 Student 和 Class 表，所以需要选择“指定自定义 SQL 语句或存储过程”来自定义 SQL 语句（如图 7.15 所示），也可通过单击“查询生成器”辅助生成 SELECT 语句（如图 7.16 所示）。

```
SELECT Student.StudentCode, Student.StudentName, Student.Sex, Student.Birthday, Class.ClassName
FROM Student INNER JOIN Class ON Student.ClassCode = Class.ClassCode
```

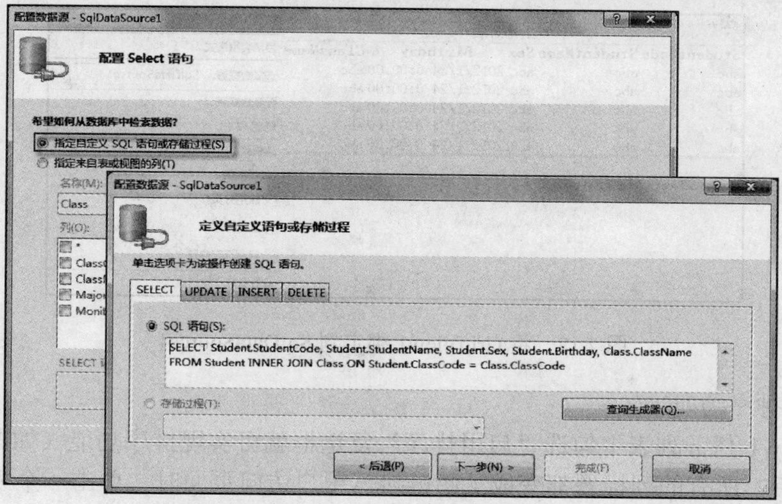

图 7.15　自定义 SELECT 语句

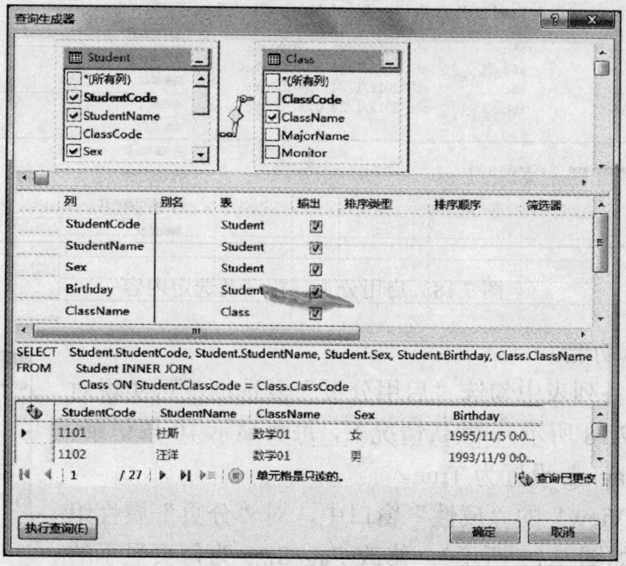

图 7.16　查询生成器

> **提示：也可事先定义好查询视图，这样就可在“指定来自表或视图的列”下选择视图名后，再选择数据列。**

（3）将 GridView1 绑定到 SqlDataSource1 数据源，并进行显示设置。可视化操作步骤如下。

① 绑定数据源。

将 GridView1 绑定到 SqlDataSource1。绑定数据源后，GridView1 会发生许多变化。首先，

GridView1 外观会根据数据源的关系模式而变化；其次，会在 GridView1 任务列表中增加一些智能标记选项，用于设置启用格式化、分页、排序和选定内容等（如图 7.17 所示）。

图 7.17　将 GridView1 绑定到 SqlDataSource1

② 启用列排序功能。

在 GridView1 任务列表中勾选“启用排序”复选框就可实现排序功能（如图 7.18 所示）。启用排序功能后，所有的列标题都变成了超链接。用户访问页面时，单击一个列标题就会按该列排序，重复单击可在该列的升序、降序排列间切换。该操作将属性 AllowSorting 设置为 True。

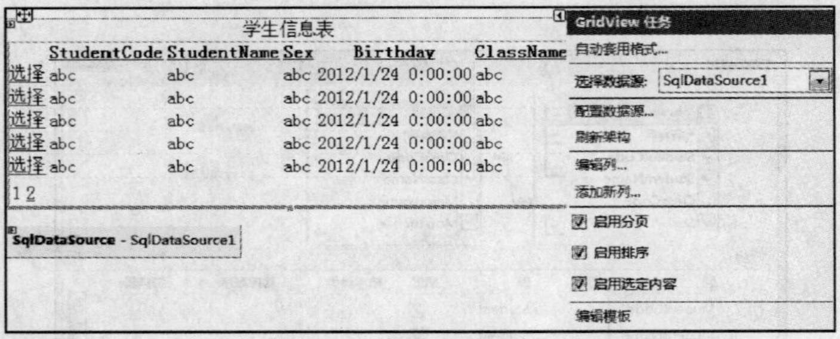

图 7.18　启用分页、排序及选定内容

③ 启用分页显示功能。

在 GridView1 任务列表中勾选“启用分页”复选框就可实现对分页显示功能（如图 7.18 所示）。默认情况下，每页显示 10 条记录。该操作将属性 AllowPaging 设置为 True。

可进一步在 GridView1 的“属性”窗口中，对“分页”属性组中各属性进行修改（如图 7.19 所示）。修改 PageSize 为每页显示的记录数“5”。通过 Position 设置分页标记位置。通过 Mode 设置分页标记的样式是数字或者“>”翻页标记。

④ 套用格式和设置模板样式。

选择 GridView1 任务列表中的“自动套用格式”选项，可以选择各种方案对 GridView1 进行美化（如图 7.20 所示），本例选择“石板”方案美化后页面的运行效果如图 7.21 所示。

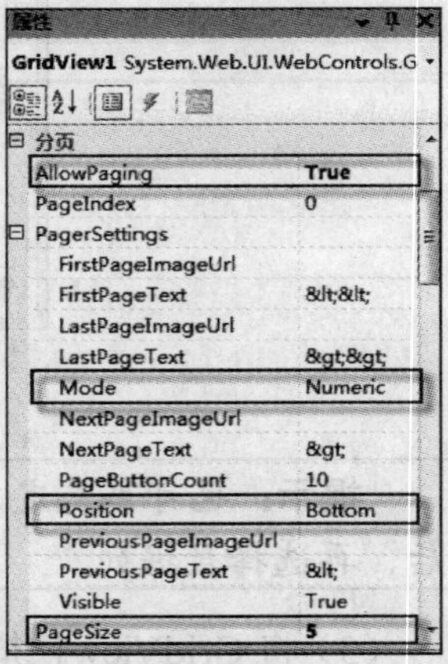

图 7.19　分页属性的设置

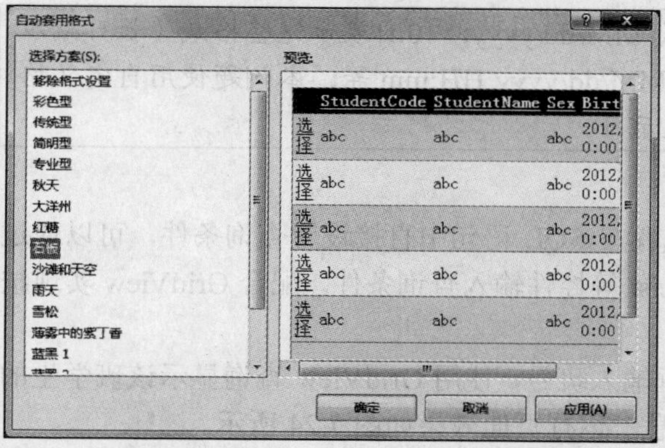

图 7.20　使用“自动套用格式”美化 GridView1

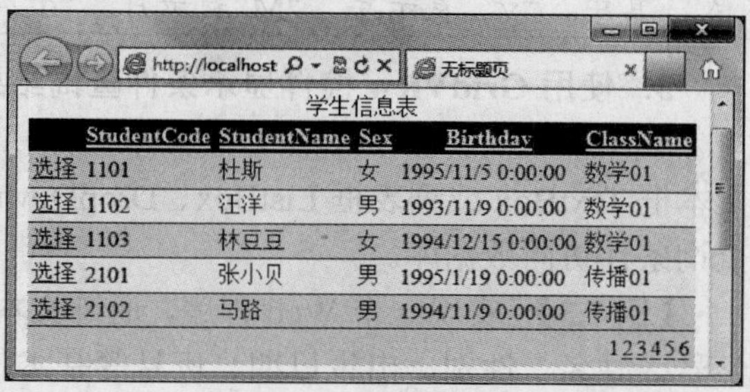

图 7.21　GridView1 美化后的运行效果

另外，可以在 GridView1 的“属性”窗口中，找到“样式”属性组进一步美化。可对标题、页脚、普通数据行、选定行、当前编辑数据行、分页行等的样式（包括 BackColor、BorderColor、BorderStyle、Font、CssClass 等）进行设置。

⑤ 定制输出列。

选择 GridView1 任务列表中的“编辑列”选项，可在如图 7.22 所示对话框的左下部对选定的字段调整显示顺序（用按钮、）或者设置不显示某些列（用按钮），在窗口右部修改选定字段的外观和行为设置等，例如设置 HeaderText 属性，可改变字段显示的列标题，修改 Birthday 的 DataFormatString 属性值为“{0:yyyy 年 MM 月 dd 日}”，HtmlEnCode 属性值为 False。如图 7.23 所示为调整了字段顺序、不显示学号，并且列标题设置为中文的页面运行效果。

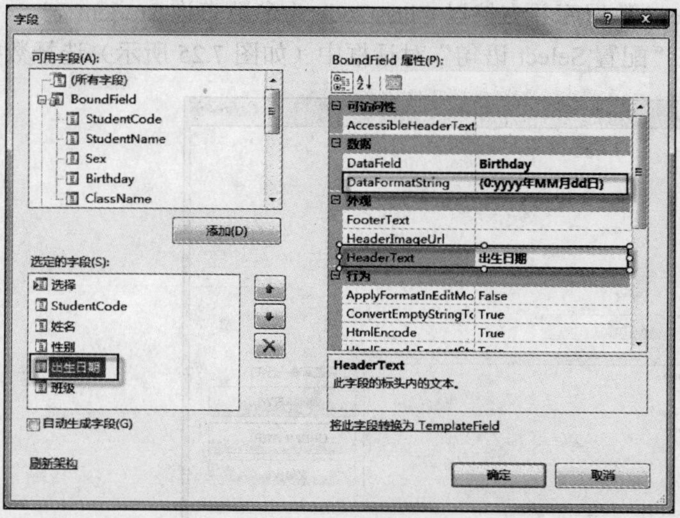

图 7.22　定制 GridView1 输出列

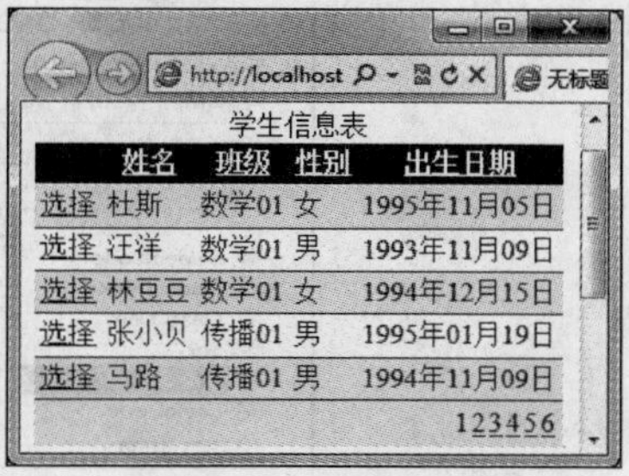

图 7.23　定制输出列后页面的运行效果

提示：ASP.NET 提供了丰富的格式设置方案，DataFormatString 属性设置语法为："{0:格式字符串}"，其中 0 表示数据本身，冒号后面的格式字符串代表所希望的数据显示格式。

常用日期格式有：{0:d}表示精简日期格式 MM/dd/yyyy；{0:f}表示完整格式（长日期短时间）；{0:g}表示一般格式（短日期短时间）MM/dd/yyyy HH:mm 等；本例题使用自定义格式，其中，“y”表示年，“M”表示月，“d”表示日。

3. 使用 GridView 控件显示条件查询结果

SqlDataSource 支持以参数配置数据源，或者在 SQL 语句中直接设置查询条件，可以通过文本框 TextBox 或列表框 ListBox、DropDownList 等控件输入查询条件，配合 GridView 实现按查询条件访问数据库。

【例 7.3】 实现一个 Web 程序，通过文本框输入班号，使用 GridView 查询显示该班学生的学号、姓名、性别、出生日期、班号等基本信息，运行页面效果如图 7.24 所示。

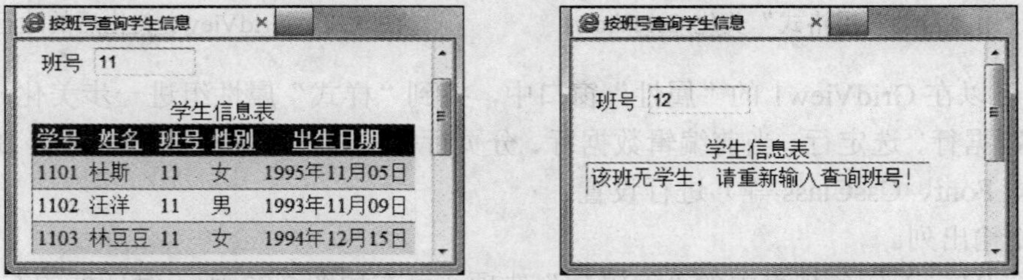

(a) 查询结果有记录　　(b) 查询结果无记录

图 7.24 通过文本框输入班号查询学生信息

（1）建立一个新的 ASP.NET 网站页面，添加标签 Label1、文本框 TextBox1、GridView1、数据源控件 SqlDataSource1。

（2）配置数据源，用来访问 School 数据库并支持以 ClassCode 为参数查询 Student 表。

配置 SqlDataSource1 控件时，在“配置 Select 语句”对话框中（如图 7.25 所示）选择数据

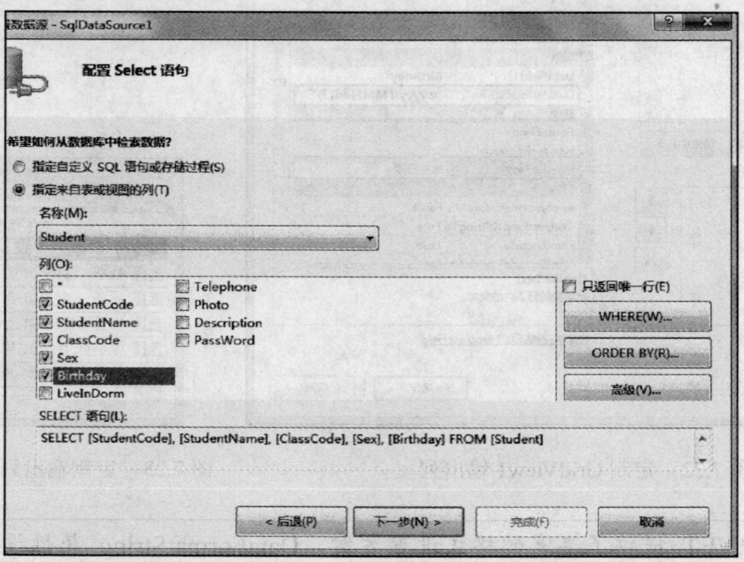

图 7.25 “配置 Select 语句”对话框

来自 Student 表，并在列中选中相关列；单击“WHERE”按钮，弹出“添加 WHERE 子句”对话框设置查询条件（如图 7.26 所示）：“列”下选择“ClassCode”，“运算符”选择“=”，“源”选择“Control”表示参数值来自控件，“控件 ID”选择“TextBox1”，单击“添加”按钮后，在“WHERE 子句”处出现 SQL 表达式和值。单击“确定”按钮返回“配置 Select 语句”对话框。

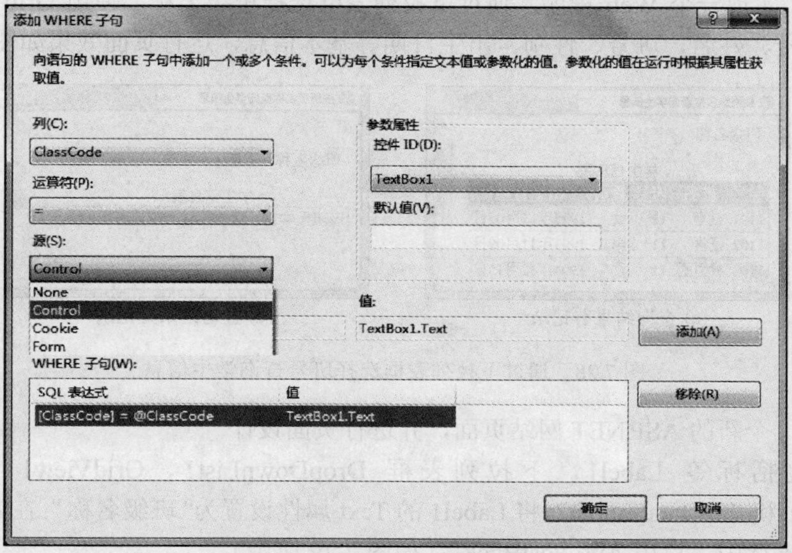

图 7.26 “添加 WHERE 子句”对话框

下一步在“测试查询”对话框中单击“测试查询”按钮，弹出“参数值编辑器”对话框，例如在“值”的位置处输入“11”，单击“确定”按钮返回查询结果（如图 7.27 所示）。

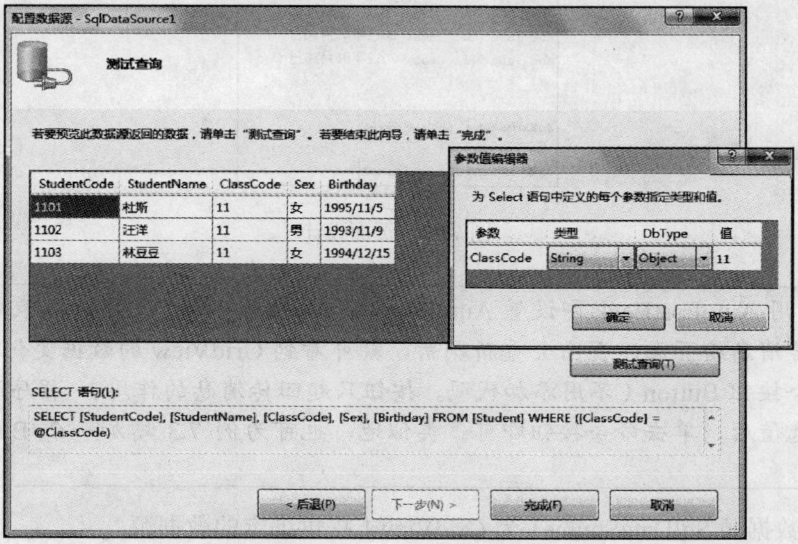

图 7.27　根据输入参数测试查询

（3）将 GridView1 绑定到 SqlDataSource1 数据源，参照例 7.2 进行显示设置，并设置 GridView1 的 EmptyDataText 属性值为“该班无学生，请重新输入查询班号！”，以便当查询结果为空时提示用户。

（4）运行程序，在文本框中输入一个班号，按 Enter 键，即可得到查询结果（如图 7.24 所示）。

【例 7.4】 实现一个 Web 程序，通过下拉列表框选择班级名称，使用 GridView 查询显示该班学生的学号、姓名、班号、性别、出生日期等基本信息，运行页面效果如图 7.28 所示。

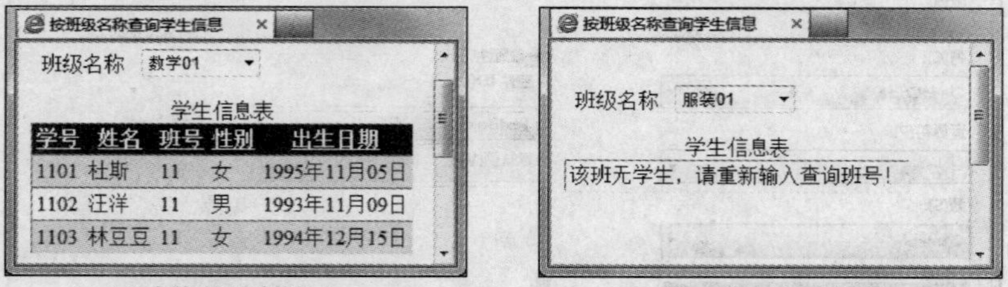

(a) 查询结果有记录　　(b) 查询结果无记录

图 7.28　通过下拉列表框选择班号查询学生信息

（1）建立一个新的 ASP.NET 网站页面，并进行页面设计

页面上包括标签 Label1、下拉列表框 DropDownList1、GridView1、数据源控件 SqlDataSource1 和 SqlDataSource2。将 Label1 的 Text 属性设置为“班级名称”；在 DropDownList1 任务列表中设置选中“启用 AutoPostBack”（如图 7.29 所示）。

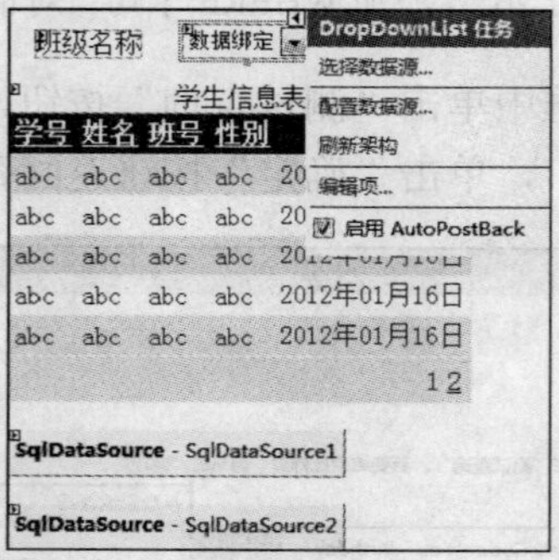

图 7.29　页面设计

> 提示：启用 AutoPostBack 即设置 AutoPostBack 属性为 True，当下拉列表框选择值变化时，自动回传消息给页面，页面会重新刷新，就可看到 GridView 的数据变化。如不启用，可添加一命令按钮 Button（不用添加代码，按钮只起回传消息的作用），程序运行时，在下拉列表框中选值后，单击命令按钮即可。类似地，也可为例 7.3 增加一个 Button，替代按 Enter 键。

（2）配置数据源 SqlDataSource1 为 GridView1 提供绑定的数据源

配置 SqlDataSource1 控件，连接到 School 数据库查询 Student 表的相关属性，配置 Select

语句时，添加 WHERE 子句并设置 ClassCode 参数来自控件 ID 为 DropDownList1（如图 7.30 所示）。然后将 GridView1 绑定到 SqlDataSource1。

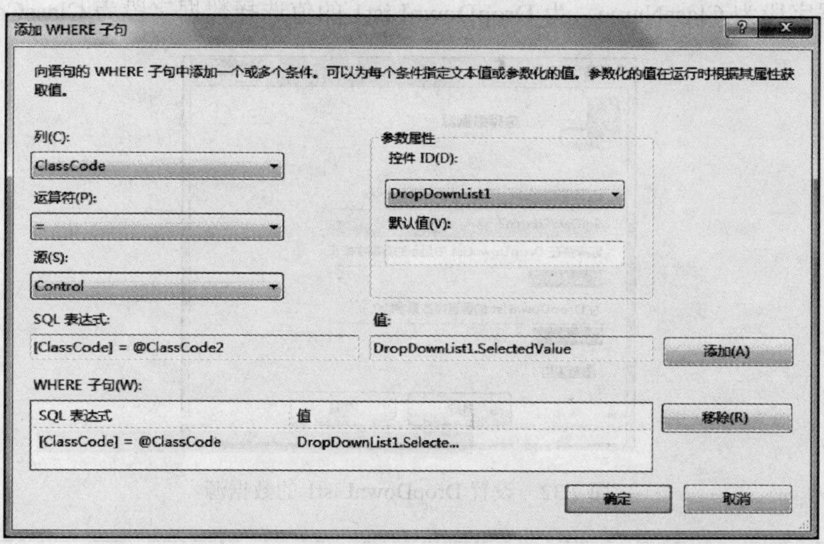

图 7.30　SqlDataSource1 添加 WHERE 子句

（3）配置数据源 SqlDataSource2 为 DropDownList1 提供绑定的数据源

配置 SqlDataSource2 控件，连接到 School 数据库查询 Class 表的信息，在配置 SELECT 语句时，选择 Class 表，选中 ClassCode 和 ClassName 列（如图 7.31 所示）；单击“ORDER BY”按钮设置排序方式为 ClassCode 升序。

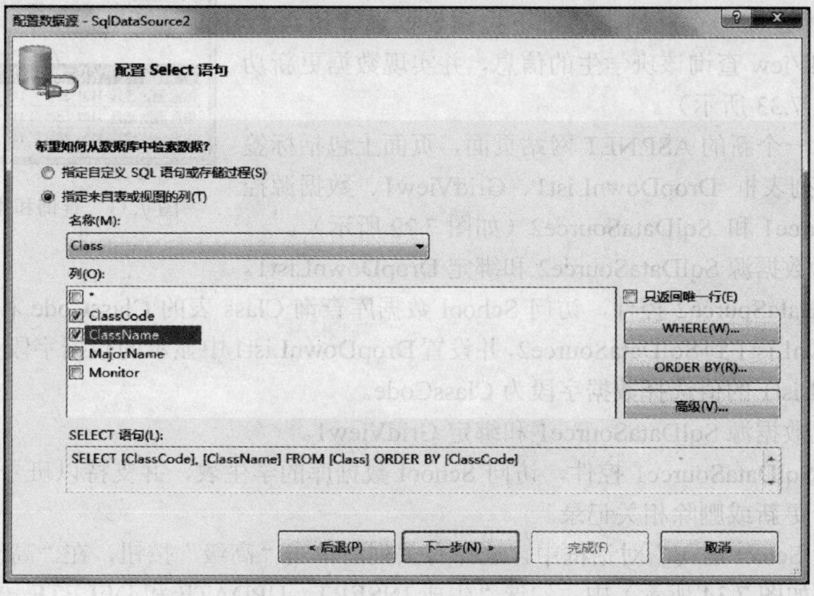

图 7.31　SqlDataSource2 配置 SELECT 语句

单击 DropDownList1 控件右上角的小三角▶，展开其任务列表，选择“选择数据源”后弹出数据源配置向导（如图 7.32 所示），“选择数据源”为 SqlDataSource2，并设置 DropDownList1 中显示的数据字段为 ClassName，为 DropDownList1 的值选择数据字段为 ClassCode。

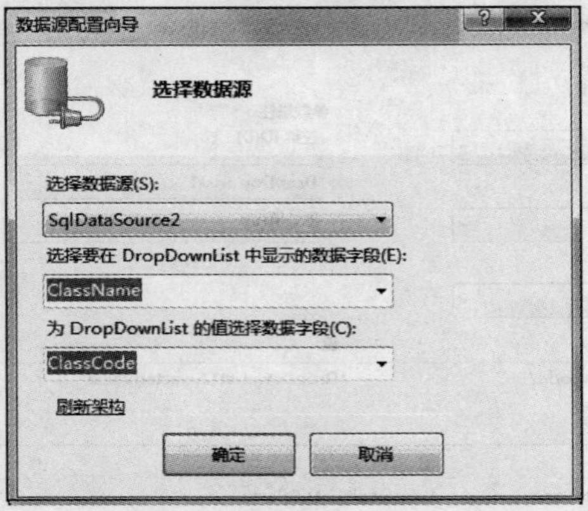

图 7.32 设置 DropDownList1 的数据源

提示：注意 DropDownList1 显示的是 ClassName，而其绑定的数据字段是 ClassCode。

（4）运行程序，在下拉列表框中选择一个班名，GridView 显示查询结果（如图 7.28 所示）。

4. 使用 GridView 控件修改和删除数据

SqlDataSource 支持添加、修改和删除数据的更新操作，在 SqlDataSource 中设置 SQL 更新命令 UpdateQuery、DeleteQuery、InsertQuery，通过 GridView 内置的“编辑”、“删除”按钮即可实现更新数据库，但要注意 GridView 不支持“添加”操作。

【例 7.5】 建立一个网站，通过下拉列表框选择班级名称，使用 GridView 查询该班学生的信息，并实现数据更新功能（页面如图 7.33 所示）。

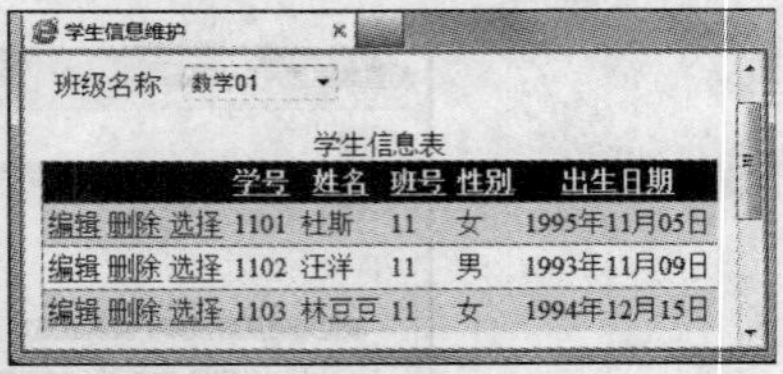

图 7.33 查询和维护学生信息

（1）建立一个新的 ASP.NET 网站页面，页面上包括标签 Label1、下拉列表框 DropDownList1、GridView1、数据源控件 SqlDataSource1 和 SqlDataSource2（如图 7.29 所示）。

（2）配置数据源 SqlDataSource2 和绑定 DropDownList1。

配置 SqlDataSource2 控件，访问 School 数据库查询 Class 表的 ClassCode 和 ClassName。绑定 DropDownList1 到 SqlDataSource2，并设置 DropDownList1 中显示的数据字段为 ClassName，为 DropDownList1 的值选择数据字段为 ClassCode。

（3）配置数据源 SqlDataSource1 和绑定 GridView1。

① 配置 SqlDataSource1 控件，访问 School 数据库的学生表，并支持以班号为参数查询班级表、按班号更新或删除相关记录。

在“配置 Select 语句”对话框中，选择有关列后单击“高级”按钮，在“高级 SQL 生成选项”对话框（如图 7.34 所示）中，勾选“生成 INSERT、UPDATE 和 DELETE 语句”，该操作将基于 SELECT 语句自动生成 INSERT、UPDATE 和 DELETE 语句。

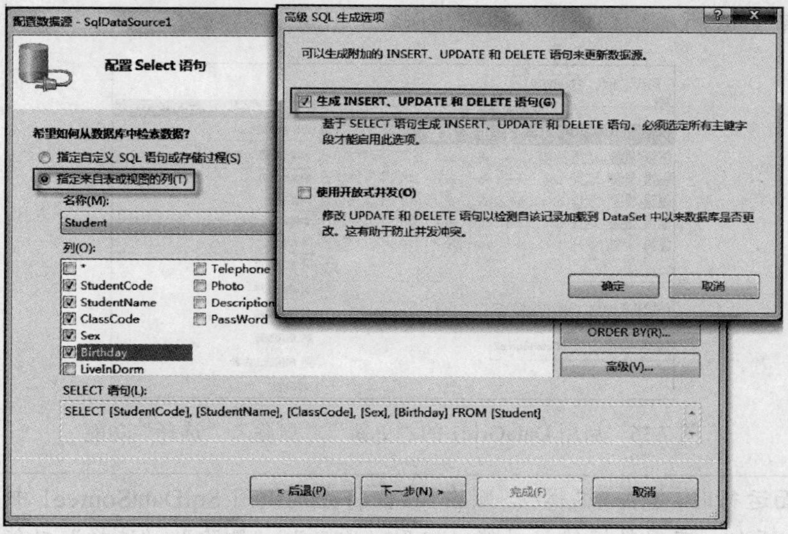

图 7.34　配置 Select 语句和生成更新语句

提示：在配置 SELECT 语句时，必须包含所有主键字段，否则更新语句无法生成，因为更新操作要依据主键进行。当下一次进入配置数据源时，选择“指定自定义 SQL 语句或存储过程”，单击“下一步”可查看或修改自动生成的 SELCET、INSERT、UPDATE 和 DELETE 语句（如图 7.35 所示）。也可查看 SqlDataSource 属性 SelectQuery、InsertQuery、UpdateQuery 以及 DeleteQuery。

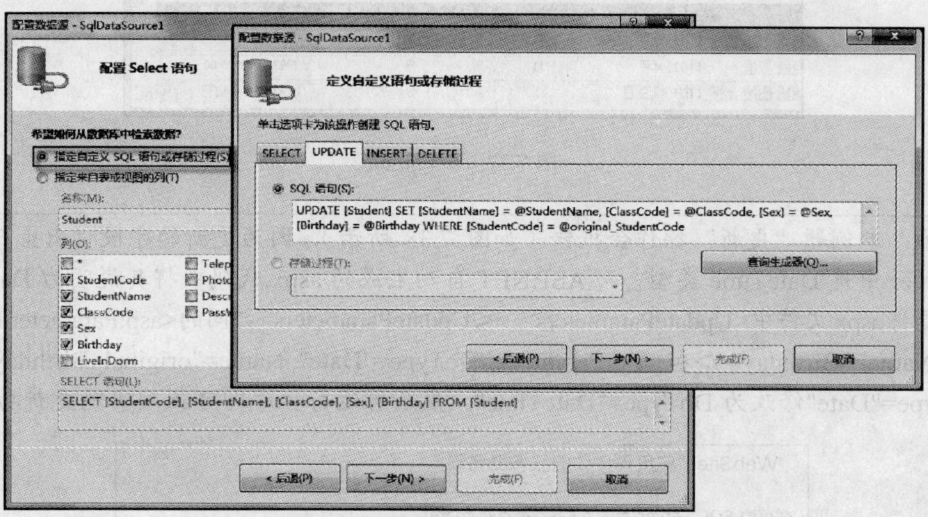

图 7.35　查看生成的 SQL 语句

② 绑定 GridView1 到 SqlDataSource1，并启用“更新”、“删除”、“选择”功能。

单击 GridView1 右上角的小三角▶，展开任务列表，选择数据源 SqlDataSource1；勾选“启用编辑”、“启用删除”、“启用选定内容”复选框，则在每一条记录前增加“编辑”、“删除”、“选择”按钮（如图 7.36 所示）。页面格式化与例 7.4 相同。

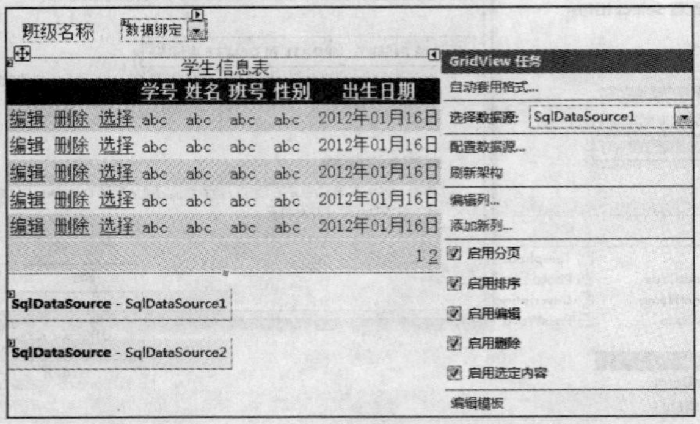

图 7.36 启用 DataGrid1 的“更新”、“删除”、“选择”功能

提示： 页面运行时，单击“编辑”、“删除”按钮将分别调用 SqlDataSource1 中生成的 Update 语句和 Delete 语句，实现数据维护功能。启用“更新”、“删除”、“选择”功能，也可通过在 GridView1 的“属性”窗口中设置 AutoGenerateEditButton、AutoGenerateDeleteButton 和 AutoGenerateSeleceButton 为 True 来实现。

（4）运行程序（如图 7.37 所示）。单击任一行上的“编辑”按钮，即可对该行记录进行编辑，单击“更新”按钮完成修改，单击“取消”按钮放弃修改；单击“删除”按钮可删除该条记录。

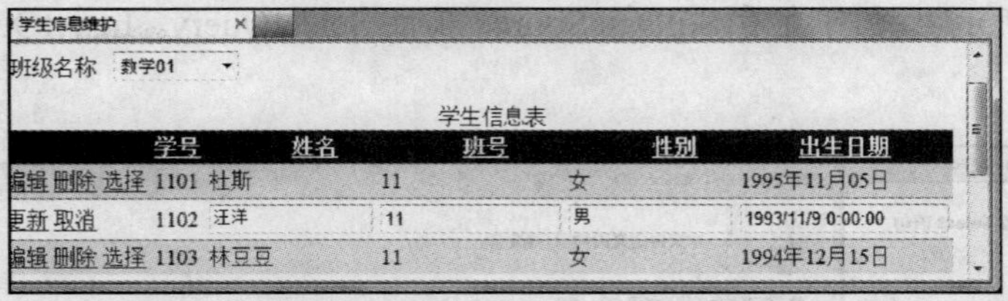

图 7.37 编辑记录

提示： 本例题“更新”操作会报错（如图 7.38 所示），因为更新的字段“出生日期”在 SQL Server 中是 DateTime 类型，而 ASP.NET 自动生成的 aspx 代码中将其说明为 Date 类型，因此需要将 aspx 文件中<UpdateParameters>…</UpdateParameters>之间的<asp:Parameter DbType="Date" Name="Birthday" />和<asp:Parameter DbType="Date" Name="original_Birthday" /> 中的 DbType="Date"修改为 DbType="DateTime"。然后再运行程序即可正确实现更新功能。

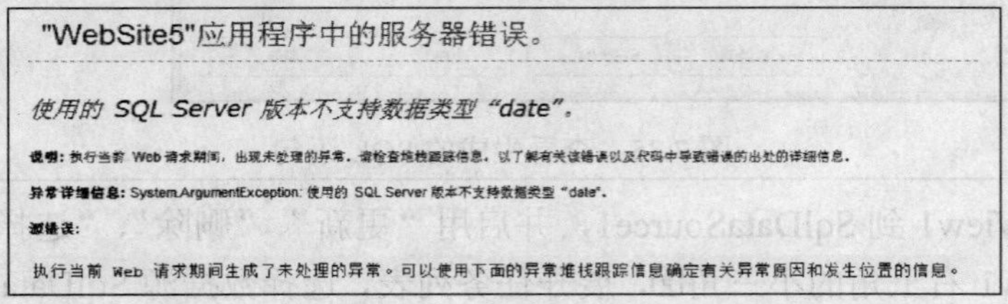

图 7.38 程序运行错误

（5）如果在页面中只允许更新某些字段（如图 7.39 所示只允许更新姓名），则可以在 GridView1 的任务列表中选择“编辑列”，选中不允许更新的字段，设置其 ReadOnly 属性为 True。

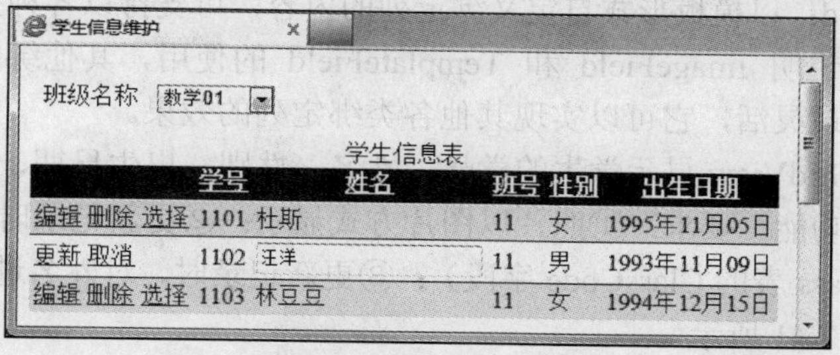

图 7.39　只允许更新部分字段的程序运行效果

（6）单击“选择”按钮选中一条记录，GridView1 的属性 SelectedDataKey.Value 可获得该记录的主键值，SelectedValue 可获得选中列的第一个键字段的数据键值，并且会触发 GridView1_SelectedIndexChanged 事件，利用该值可进行其他操作。

例如，为本例编写 GridView1_SelectedIndexChanged 的事件响应代码，添加一个 Label2 来显示查看获得的主键值（如图 7.40 所示）。本书例 7.8 将进一步说明选中键值的使用。

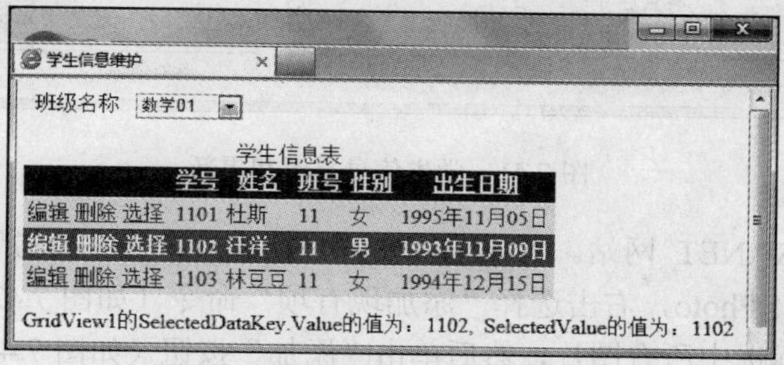

图 7.40　选择记录后通过标签显示主键值

```
protected void GridView1_SelectedIndexChanged(object sender, EventArgs e)
    {
      Label2.Text = "GridView1 的 SelectedDataKey.Value 的值为："+GridView1.SelectedDataKey.Value+ ",
                SelectedValue 的值为：" + GridView1.SelectedValue;
    }
```

5．使用 GridView 控件中的数据绑定列实现特殊数据类型显示

如果将 GridView 控件的 AutoGenerateColumns 属性设置为 True，将自动生成数据绑定列，设置为 False，可自定义数据绑定列。通过自定义数据绑定列可在列表中显示一些如按钮、图像、超链接等特殊类型的数据。可以绑定的数据类型如下。

（1）BoundedField：默认的数据绑定类型，用于显示普通文本。

（2）CommandField：用于创建命令按钮列，按钮可以是普通按钮、超链接的文字或图片。

（3）ButtonField：用于创建自定义命令按钮。

（4）CheckBoxField：以复选框显示的布尔数据类型字段。

（5）HyperLinkField：以超链接形式显示所绑定的字段值，单击链接可打开指定的 URL。

（6）ImageField：以图片显示所绑定的字段的值，绑定字段的内容是图片的存放路径。

（7）TemplateField：以模板形式自定义绑定列的内容，可支持以各种控件显示绑定的值。

下面用一个例子说明 ImageField 和 TemplateField 的使用，其他绑定列用法相似。其中 TemplateField 绑定列最灵活，它可以实现其他各类绑定列的效果。

【例 7.6】 使用 GridView 显示学生的学号、姓名、性别、出生日期、班号、照片等基本信息，并实现数据更新功能。要求：①照片以图片方式显示；②更新记录时，班号通过下拉列表框选择（数据来自 Class 表的 ClassCode 字段）；③更新记录时，对姓名进行验证，要求必须输入值。页面运行如图 7.41 所示。

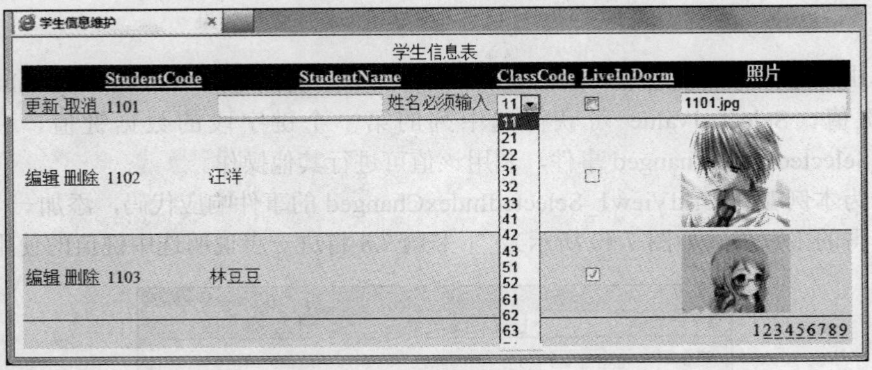

图 7.41 学生信息显示和更新

（1）建立一个 ASP.NET 网站。首先导入图片，即在解决方案资源管理器中的网站文件夹下建立一个新的文件夹 Photo，右击选择“添加现有项”命令（如图 7.42（a）所示），找到图片所在文件夹，用鼠标选中所有图片，然后单击“添加”按钮（如图 7.42（b）所示），在解决方案资源管理器中的 Photo 文件夹下可看到这些文件（如图 7.42（c）所示）。

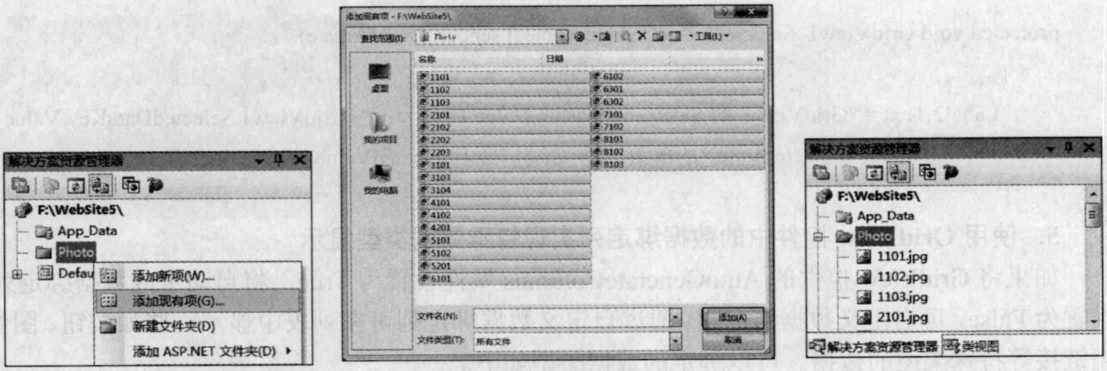

(a) 建立Photo 文件夹和添加现有项　　(b) 添加选中文件　　(c) 图片添加后

图 7.42 建立 Photo 文件夹和添加现有图片

（2）添加和配置数据源控件 SqlDataSource1，用来访问 School 数据库并生成查询、更新学生表相关信息（如图 7.43 所示）。添加和配置数据源控件 SqlDataSource2，用来访问 School

数据库并生成查询班级表按升序排列的班号（如图 7.44 所示）。

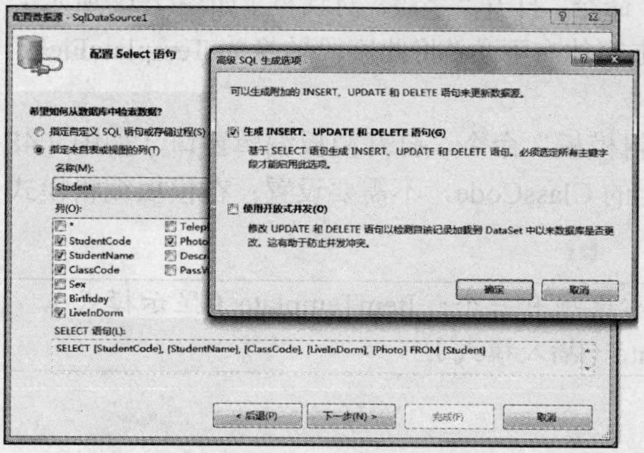

图 7.43　配置 SqlDataSource1

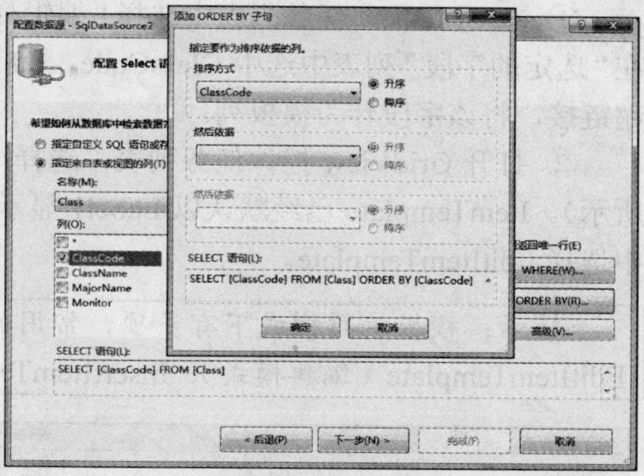

图 7.44　配置 SqlDataSource2

（3）添加 GridView1 控件并设置绑定的数据源为 SqlDataSource1，并启用分页、排序、编辑、删除功能。

（4）添加 ImageField 数据绑定列显示照片。

① 在 GridView 任务列表中选择“编辑列…”命令，打开“字段”对话框（如图 7.45 所示）。在“可用字段”列表中选择 ImageField，单击“添加”按钮，将其添加到“选定的字段”列表中，并从“选定的字段”列表中删除原来的 Photo 字段。

② 设置 ImageField 的属性（如图 7.45 所示）。设置字段显示标题 HeaderText 属性值为“照片”；通过下拉列表选择设置 DataImageUrlField 属性与 Photo 字段绑定；设置图片文件路径字符串 DataImageUrlFormatString 为“~/Photo/{0}”。运行程序可得到如图 7.46 所示页面。

> **提示**：DataImageUrlFormatString 为“~/Photo/{0}”，其中波浪号“~”表示站点根目录；“Photo”为照片子目录，{0}表示插入值的位置，该值来自数据库。如果程序运行时，图片位置显示一个图标×，表示无法找到图片，说明图片文件路径字符串有错误。

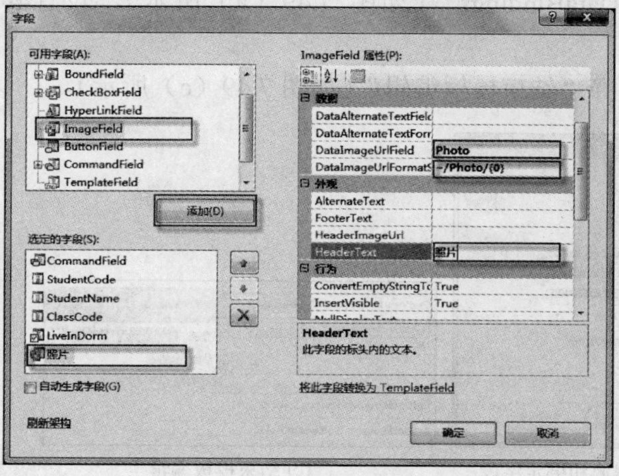

图 7.45　ImageField 字段设置

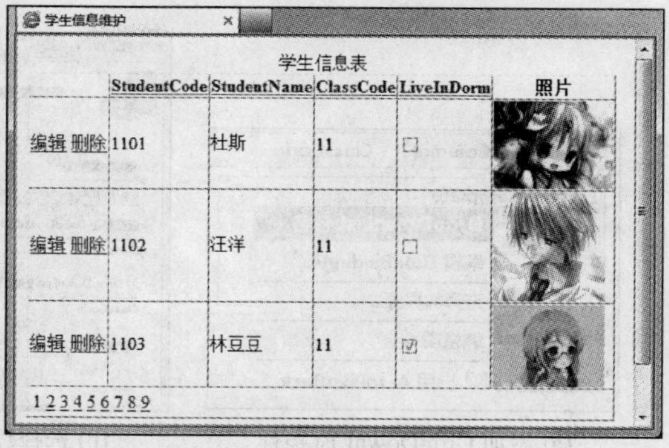

图 7.46　程序运行效果

（5）将 ClassCode 转换为 TemplateField，当编辑记录时，用下拉列表显示 ClassCode。

① 在 GridView 任务列表中选择“编辑列…”命令，打开“字段”对话框（如图 7.47 所示）。在“选定的字段”列表中选中 ClassCode，然后单击窗体右下角“将此字段转换为 TemplateField”超链接，将该字段转为模板列。

② 打开 GridView 控件任务列表，选择“编辑模板”命令，打开模板编辑窗口（如图 7.48 所示）。ItemTemplate 已经默认以 Label1 显示绑定的 ClassCode，不需要设置；在模板编辑模式中选择 EditItemTemplate。

> **提示：** 模板编辑模式下有多项，常用的核心选项有三个：ItemTemplate（显示模式）、EditItemTemplate（编辑模式）、InsertItemTemplate（插入模式）。

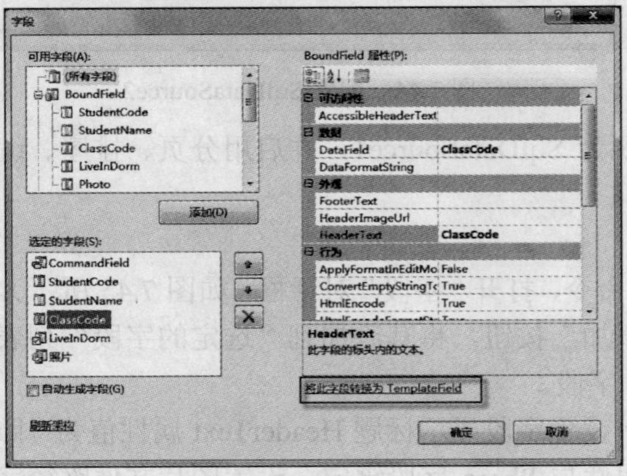

图 7.47　ClassCode 字段转换为 TemplateField 类型

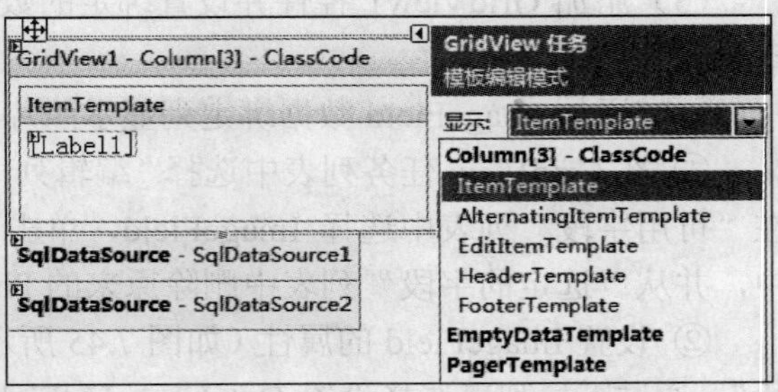

图 7.48　编辑模板

③ 在 EditItemTemplate 编辑区删除 TextBox1 控件，添加一个 DropDownList 控件，打开 DropDownList1 任务列表，选择“选择数据源”（如图 7.49（a）所示），绑定数据源为 SqlDataSource2，设置 DropDownList1 的显示和选择字段均为 ClassCode（如图 7.49（b）所示）；在 DropDownList1 任务列表中选择“编辑 DataBindings”（如图 7.49（a）所示），设置其 SelectedValue 绑定到 ClassCode。

④ 在 GridView 模板编辑区任务列表中选择“结束模板编辑”（如图 7.49（c）所示）。

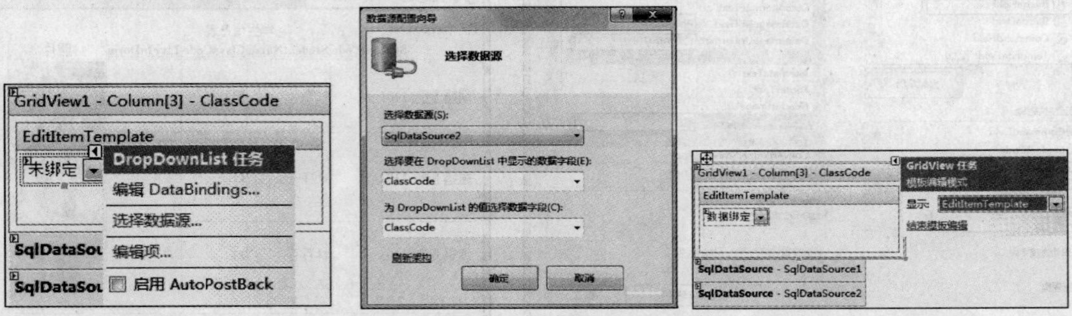

(a) 添加 DropDownList 控件　　(b) 选择数据源和绑定字段　　(c) 结束模板编辑

图 7.49　在 EditItemTemplate 编辑区设置用 DropDownList 显示班号

（6）将 StudentName 转换为 TemplateField，当编辑记录时，验证 StudentName 不允许为空。

① 在 GridView 任务列表中选择“编辑列…”命令，打开“字段”对话框（如图 7.45 所示）。在“选定的字段”列表中选中 StudentName，并单击“将此字段转换为 TemplateField”。

② 右击 GridView 控件，选择“编辑模板”命令，打开模板编辑窗口，在模板编辑模式中选择 EditItemTemplate，在 TextBox2 控件下添加一个验证控件 RequiredFieldValidator1，并设置其 ControlToValidate 属性为 TextBox2，Text 属性为“姓名必须输入！”。

③ 打开 RequiredFieldValidator1 任务列表，选择“编辑 DataBindings…”（如图 7.49（a）所示），设置 Text 字段值绑定到 StudentName。

④ 在 GridView 模板编辑区任务列表中选择“结束模板编辑”。

（7）运行程序，就可获得如图 7.41 所示的查询结果页面。

> **提示**：当本例中编辑一条记录时，姓名不允许为空，班号只能从下拉列表中选择，这样通过界面保证数据录入的有效性，从而保证入库数据符合数据库中的数据参照完成性约束。
>
> 本例的 Photo 列显示图片，也可以使用 TemplateField 而不用 ImageField。

7.3.2　使用 DetailsView 显示和维护数据

DetailsView 控件以表格形式显示来自数据源的单条记录，该表格有两列，一列显示字段名，一列显示字段值。虽然每次显示一条记录，但可通过分页逐个显示所有记录。它支持数据记录的插入、修改和删除功能。该控件适合显示字段个数比较多、字段内容又比较复杂的记录信息，而且支持添加记录功能。DetailsView 的使用方法与 GridView 基本相同。

1．使用 DetailsView 显示和维护数据

【例 7.7】 使用 DetailsView 显示学生信息，并通过定义外观样式进行美化。页面如图 7.50 所示。

(a) 显示记录　　(b) 编辑记录　　(c) 新建记录

图 7.50　使用 DetailsView 浏览和编辑数据

（1）新建一个网站，在页面中添加一个 DetailsView 控件，一个 SqlDataSource 控件。在网站下新建一个 Photo 文件夹，并导入所有学生照片的图片文件。

（2）配置 SqlDataSource1。选择 School 数据库的学生表的所有字段，并单击“高级”按钮，选中“生成 INSERT、UPDATE 和 DELETE 语句”（如图 7.51 所示）。

（3）设置 DetailsView 控件，绑定 DetailsView1 到 SqlDataSource1，并启用“分页”、“插入”、“删除”、“编辑”功能（如图 7.52 所示）。

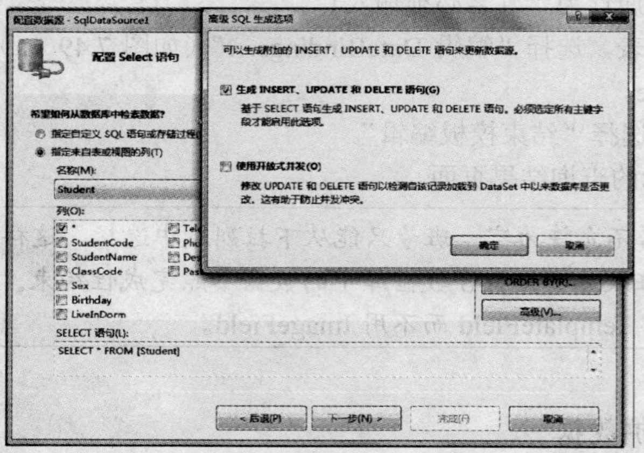

图 7.51 配置数据源

图 7.52 选择数据源和启用各项功能

（4）格式化 DetailsView。选择自动套用格式“大洋洲”，设置 HeaderText 属性值为“学生信息表”、HeaderStyle→HorizontalAlign 属性值为 Center。

（5）为 DetailsView 编辑字段。修改 Birthday 字段的 DataFormatString 属性值为“{0:d}”；将 Photo 字段转换为 TemplateField。

（6）为 Photo 字段定义模板。打开 GridView 的模板编辑窗口。在模板编辑模式中选择 ItemTemplate，在编辑区删除 Label1 控件，添加一个 Image 控件，并通过任务列表编辑 DataBindings，设置其绑定到 Photo 字段，格式为“~/Photo/{0}”。

（7）运行程序，就可获得如图 7.50 所示页面，完成查询、编辑、删除和新建记录的功能。

> 提示：可以为 DetailsView 的每个字段定义模板，以使用最适合的控件显示信息。例如，为每个字段增加验证控件，设置 ClassCode 值来自下拉列表框，以单选钮选择设置性别，设置 PassWord 以密文显示等。

2．使用 DetailsView 作为 GridView 从属控件显示细节数据

DetailsView 控件还经常被作为 GridView 的从属控件，显示和维护在 GridView 中选定记录的明细数据或者与 GridView 中选定记录相关的其他数据，形成主控—细节关系。

【例 7.8】 修改例 7.7，增加一个 GridView，用 DetailsView 作为 GridView 的从属控件辅助维护详细信息。页面如图 7.53 所示。

（1）在页面上增加 GridView1 控件，增加 SqlDataSource2。配置 SqlDataSource2 并将 GridView1 与其绑定（如图 7.54 所示），查询 4 个字段，每页显示三条记录，支持“选择”功能。

（2）重新配置 SqlDataSource1，添加 WHERE 子句时设置 StudentCode 值来自 GridView1（如图 7.54 所示），其他同例 7.7。

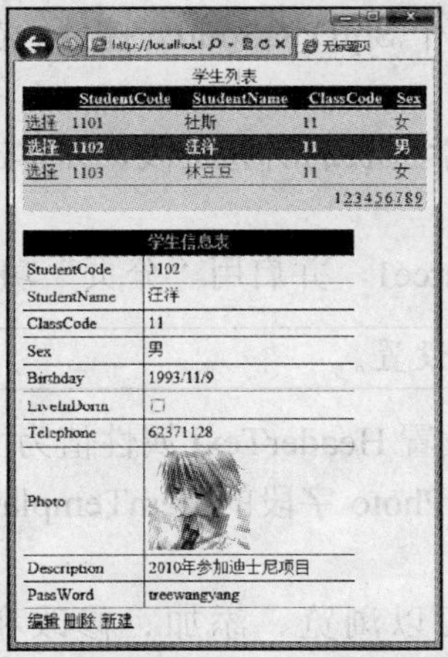

图 7.53　主控—细节关系

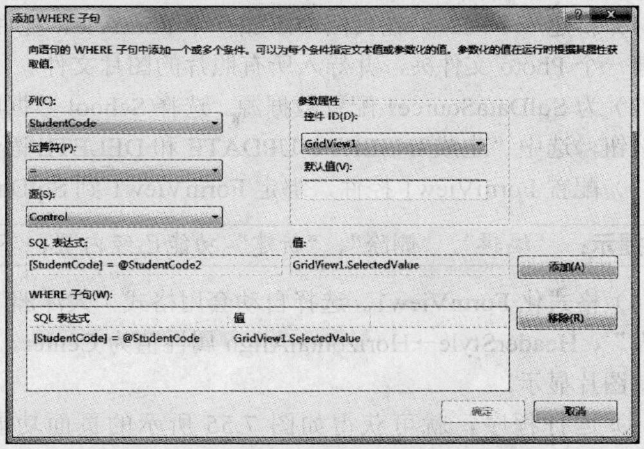

图 7.54　配置数据源的“高级 SQL 生成选项”对话框

> **提示：** 程序运行时，如果在 GridView1 中选择一条记录，含有该记录主键 StudentCode 值的 SelectedValue 被作为 SqlDataSource1 的查询条件。

（3）运行程序，就可获得如图 7.53 所示的查询结果页面，在 GridView1 中选择一条记录后，就可在 DetailsView 中对该记录的详细信息进行查看、添加、编辑和删除。

7.3.3　使用 FormView 显示与维护数据

FormView 控件与 DetailsView 控件相似，以单条记录方式访问和操作数据库。二者的区别主要是：DetailsView 默认形成每个字段占一行的表格布局，使用简单；FormView 可以自定义布局，页面效果灵活多变。

1．使用 FormView 显示和维护数据

【例 7.9】 使用 FormView 显示学生所有信息，并通过定义数据模板进行格式化。页面运行如图 7.55 所示。

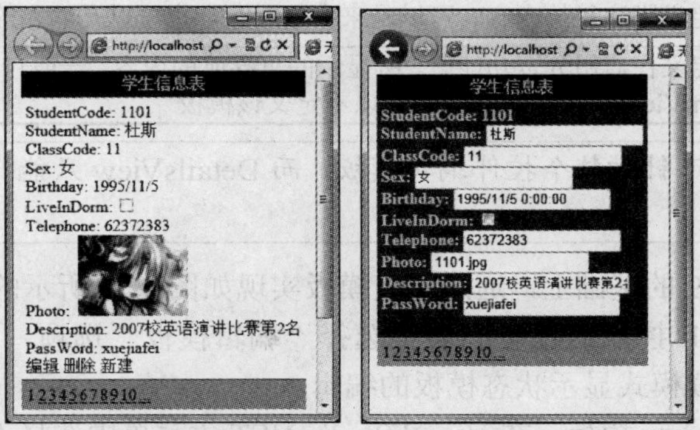

(a) 浏览查看数据　　(b) 编辑数据

图 7.55　使用 FormView 维护学生表

（1）新建一个网站，在页面中添加一个 FormView 控件，一个 SqlDataSource 控件。在网站下新建一个 Photo 文件夹，并导入所有照片的图片文件。

（2）为 SqlDataSource1 配置数据源。选择 School 数据库的学生表的所有字段，并单击“高级”按钮，选中“生成 INSERT、UPDATE 和 DELETE 语句”。

（3）配置 FormView1 控件，绑定 FormView1 到 SqlDataSource1，并启用“分页”功能。

> **提示：**“编辑”、“删除”、“新建”功能已经内置，不需要设置。

（4）格式化 FormView1。选择自动套用格式“大洋洲”，设置 HeaderText 属性值为“学生信息表”、HeaderStyle→HorizontalAlign 属性值为 Center。编辑 Photo 字段的 ItemTemplate，使其支持图片显示。

（5）运行程序，就可获得如图 7.55 所示的页面功能，可以浏览、添加、修改和删除记录。

2．使用 FormView 的自定义模板实现页面布局

从例 7.9 可见，FormView 的基本用法和效果与 DetailsView 相似。但 FormView 支持更强的自定义功能和效果，可以通过编辑 FormView 的显示模板来修改各种页面状态下的页面布局效果，添加和定义各种命令按钮。FormView 支持 7 种自定义显示模板（如表 7.7 所示）。

表 7.7 FormView 的自定义显示模板及作用

模板类型	作用
ItemTemplate	定义只读模式时显示的内容，一般包含当前记录的值和“浏览”、“编辑”、“删除”、“新建”按钮
EditItemTemplate	定义编辑模式时显示的内容，一般包含用来编辑当前记录的输入控件和命令按钮
InsertItemTemplate	定义插入模式时显示的内容，一般包含用来添加新记录的输入控件和命令按钮
EmptyDataTemplate	定义数据源为空时显示的内容，一般包含提示用户的语句
HeaderTemplate	定义标题行的内容，可以是来自数据源，也可以是输入的字符串、图片等
FooterTemplate	定义脚注行的内容，可以是来自数据源，也可以是输入的字符串、图片等
PagerTemplate	定义在启用分页功能时，所显示的页导航的内容，一般包含导航到前后记录的按钮。FormView 有内置导航，也可以不定义该模板

> **提示：**FormView 可针对整个控件编辑模板，而 DetailsView 只能针对 TemplateField 的字段编辑模板。

【例 7.10】 在例 7.9 的基础上，通过定义模板实现如图 7.56 所示的页面功能和效果。

（1）在 FormView1 控件的任务列表中选择“编辑模板”选项，从显示下拉列表中选择 ItemTemplate，进入只读模式显示状态模板的编辑。

（2）编辑 ItemTemplate 模板。在 Visual Studio.NET 主菜单中选择“布局”→“插入表”命令，插入一个 8 行 4 列的表格（如图 7.57 所示），并将相应的字段名和绑定字段、按钮等拖放到相应位置（如图 7.58 所示）；修改“新建”按钮的 Text 属性为“添加”。

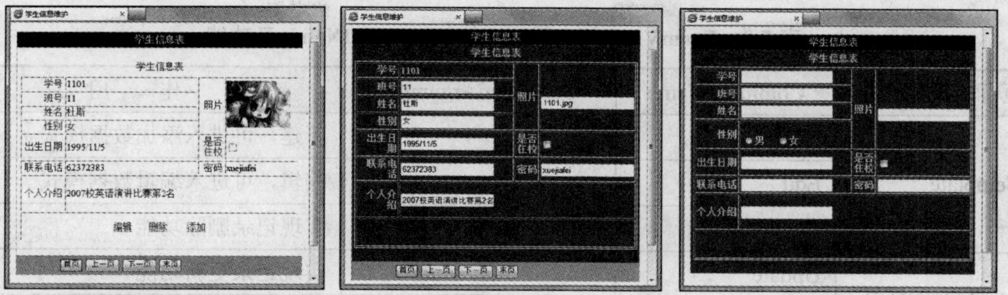

(a) 浏览查看学生记录　　　(b) 修改学生记录　　　(c) 添加学生记录

图 7.56　通过编辑 FormView 的显示模板后的运行页面

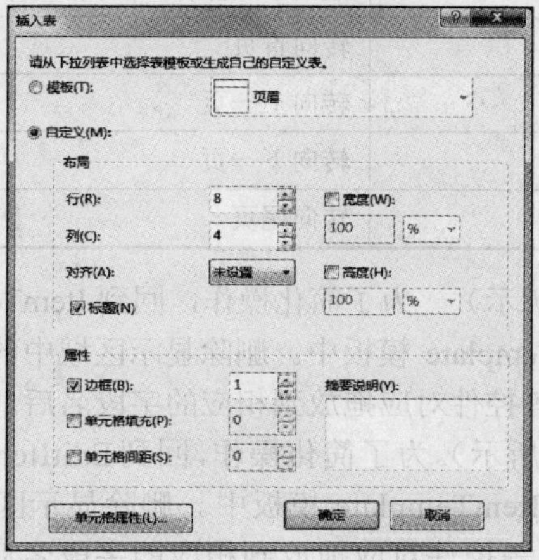

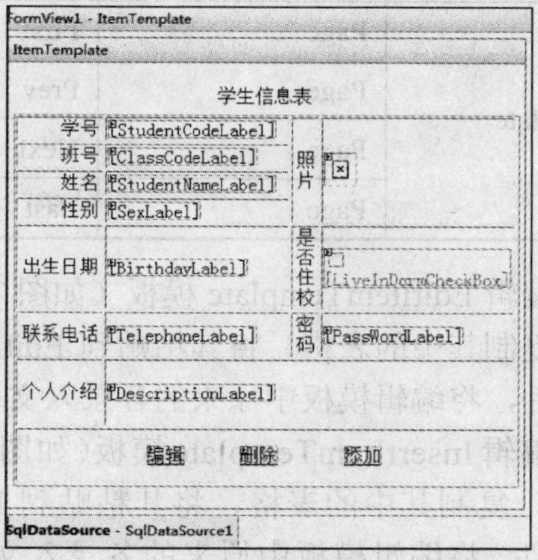

图 7.57　插入表格　　　图 7.58　编辑 ItemTemplate 中的表格内容

> **提示**：需要根据各字段内容长度和内容摆放位置，一些位置需要合并单元格，显示字段的标题可手工输入，最后一行放按钮。

（3）编辑 PagerTemplate 模板（如图 7.59 所示）。添加 4 个 Button，其 Text 属性分别设置为“首页”、“上一页”、“下一页”、“末页”；CommandName 属性统一设置为 Page；CommandArgument 分别设置为 First、Prev、Next、Last（如表 7.8 所示），运行程序，通过这 4 个按钮即可实现浏览导航功能。

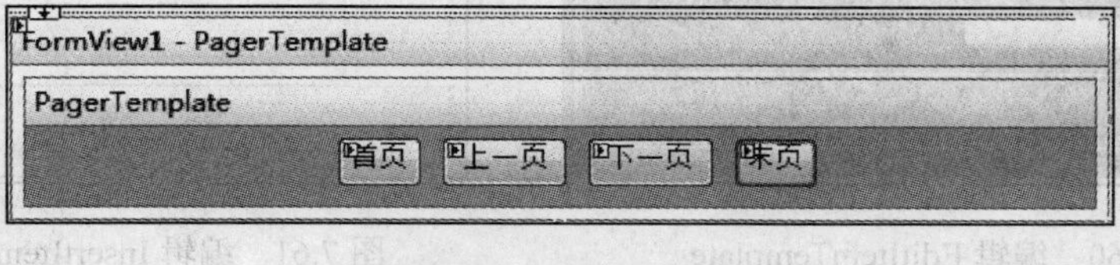

图 7.59　编辑 PagerTemplate

> **提示**：FormView 模板中使用的命令按钮都是可编辑的，但注意要与其内置的功能一致，即 CommandName 属性和 CommandArgument 属性要设置正确，其他属性可自定义。

表 7.8 FormView 的内置按钮的 CommandName 及功能

页 面 模 板	CommandName	CommandArgument	作 用
ItemTemplate	New		新建，可进入添加数据模式
	Edit		编辑，可进入编辑数据模式
	Delete		实现记录删除功能
EditItemTemplate	Update		实现记录更新功能
	Cancel		取消更新操作，回到只读页面
InsertItemTemplate	Insert		实现记录添加功能
	Cancel		取消添加操作，回到只读页面
PagerTemplate	Page	First	转向首页
	Page	Prev	转向上一页
	Page	Next	转向下一页
	Page	Last	转向尾页

（4）编辑 EditItemTemplate 模板（如图 7.60 所示）。为了简化操作，回到 ItemTemplate 编辑状态，复制其中的表格，将其粘贴到 EditItemTemplate 模板中。删除显示区域中的各个标签和图片控件，将编辑模板中原来的各录入文本框等控件对应拖放到相应的字段名后。

（5）编辑 InsertItemTemplate 模板（如图 7.61 所示）。为了简化操作，回到 EditItemTemplate 编辑状态，复制其中的表格，将其粘贴到 InsertItemTemplate 模板中。删除显示区域的各个文本框控件，将编辑模板中原来的各录入文本框等控件对应拖放到相应的字段名后，并将按钮替换为原来的“插入”、“取消”按钮，或手工添加两个按钮，按照表 7.8 设置为 Insert 和 Cancel。

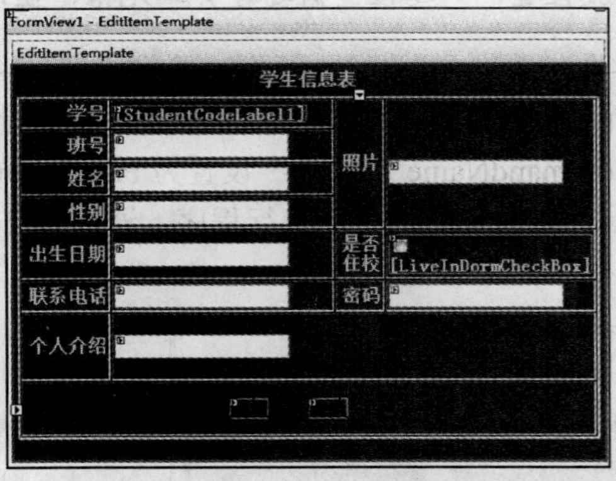

图 7.60 编辑 EditItemTemplate

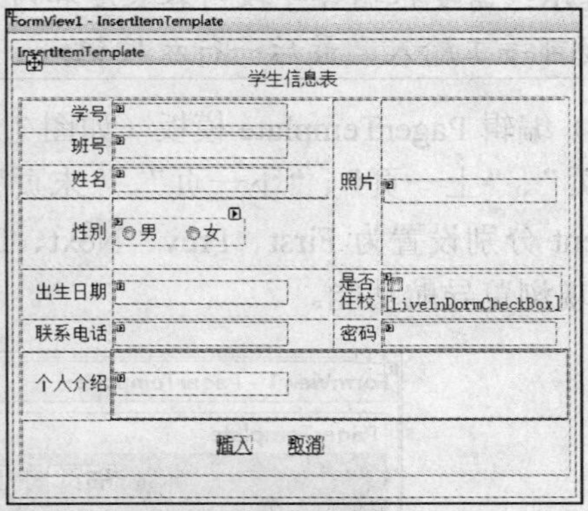

图 7.61 编辑 InsertItemTemplate

（6）编辑 InsertItemTemplate 模板，使添加记录时，性别通过 RadionButtongList 选择“男”或“女”输入。删除“性别”右侧的文本框，添加一个 RadioButtonList 控件，在该控件的“属性”窗口中选择 Items 属性，打开“ListItem 集合编辑器”对话框，添加“男”、“女”两个成员（如图 7.62 所示），设置 RadioButtonList 的 RepeatDirection 属性为 Horizontal。将 RadioButtonList 的 SelectedValue 属性绑定到 Sex 字段（如图 7.63 所示）。

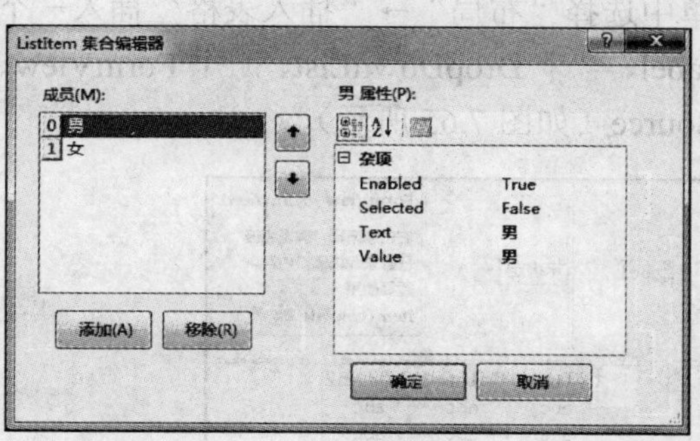

图 7.62 为 RadioButtonList 添加成员

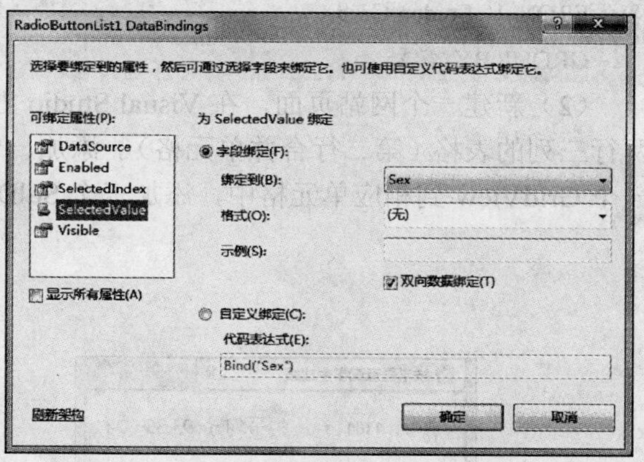

图 7.63 绑定 RadioButtonList 到 Sex 字段

（7）运行程序，就可获得如图 7.56 所示的查询、编辑、添加各个页面运行效果及功能。

提示：类似本例中通过 RadioButtonList 选择“男”或“女”输入，可以定义班号用 DropDownList 录入，出生日期用 Calendar 录入等，也可以为各字段增加有效性验证控件等。

7.4 使用视图和存储过程配置数据源

7.4.1 使用视图配置数据源

视图是数据库系统提供给用户以多种角度观察数据库中数据的重要机制，根据应用需求，在数据库基础上根据用户观点定义数据结构，可以简化客户端程序和提高访问安全性。

【例 7.11】 按学号查询学生选课成绩单及平均成绩。要求使用视图配置数据源，使用 GridView 和 FormView 显示信息。页面如图 7.64 所示。

（1）创建学生课程成绩视图 V_StudentGrade 和平均成绩视图 V_StudentAvgGrade。

① 创建 V_StudentGrade 查询学生姓名、课程名和成绩，语句如下：

```
CREATE VIEW V_StudentGrade
AS
SELECT Grade.StudentCode As 学号, StudentName As 姓名, CourseName As 课程名称, Grade As 成绩
FROM Grade INNER JOIN Course ON Grade.CourseCode = Course.CourseCode
INNER JOIN Student ON Grade.StudentCode = Student.StudentCode
WHERE Grade IS NOT NULL
```

② 创建 V_StudentAvgGrade 统计每位学生的平均成绩，语句如下：

```
CREATE VIEW V_StudentAvgGrade
```

```
As
SELECT 学号, AVG(成绩) AS 平均分
FROM V_StudentGrade
GROUP BY 学号
```

（2）新建一个网站页面，在 Visual Studio 主菜单中选择“布局”→“插入表格”插入一个两行三列的表格（第二行合并单元格），添加一个 Label、一个 DropDownList、一个 FormView、一个 GridView 到相应单元格中，添加三个 SqlDataSource（如图 7.65 所示）。

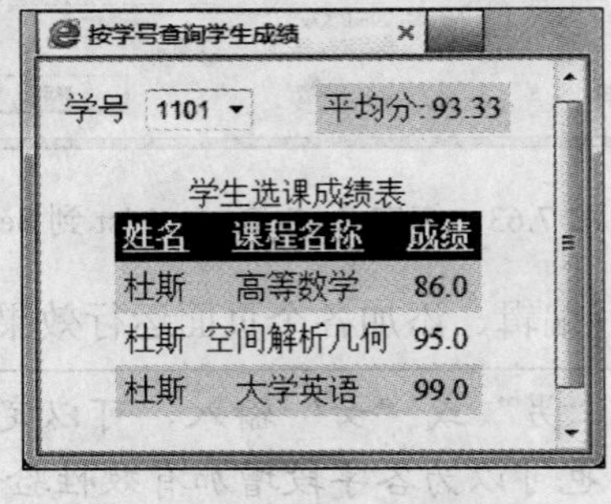

图 7.64 按学号查询学生所有选成绩

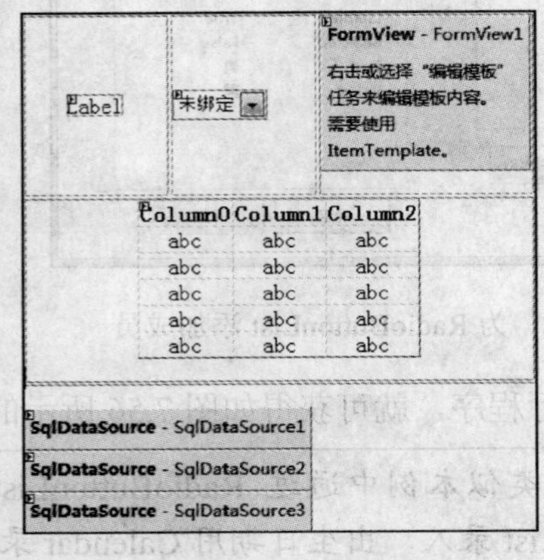

图 7.65 页面设计

（3）配置三个 SqlDataSource 数据源，然后将相关控件与之绑定。

① 配置 SqlDataSource1 访问学生表的学号并按升序排序，将 DropDownList1 绑定到 SqlDataSource1。

② 配置 SqlDataSource2 访问 V_StudentAvgGrade，注意在“配置 Select 语句”时在 Where 子句中设置“学号”等于 DropDownList1 的选定值，然后将 FormView1 绑定到 SqlDataSource2，并且编辑 FormView 的 ItemTemplate 模板，只保留平均分。

③ 配置 SqlDataSource3 访问 V_StudentGrade 的姓名、课程名称和成绩，注意在“配置 Select 语句”时在 Where 子句中设置“学号”等于 DropDownList1 的选定值，将 GridView1 绑定到 SqlDataSource3。

（4）将各控件格式化。运行程序就可获得如图 7.64 所示页面运行效果及功能。

7.4.2 使用存储过程配置数据源

存储过程是存储在 SQL Server 端的数据库中已经编译好的可执行 SQL 语句段，其执行效率高于客户端发出的 SQL 命令，且可避免在页面文件中暴露 SQL 代码，增强安全性。

另外，自动生成 SQL 语句虽比较简单，但操作涉及所有字段，实际应用中查询可能很复杂，而更新可能只涉及相关字段，在这种情况下，使用自定义 SQL 或存储过程更合适。

【例 7.12】 按课程号查询选课学生，更新录入考试成绩。要求使用存储过程配置数据源，使用 GridView 显示信息。页面如图 7.66 所示。

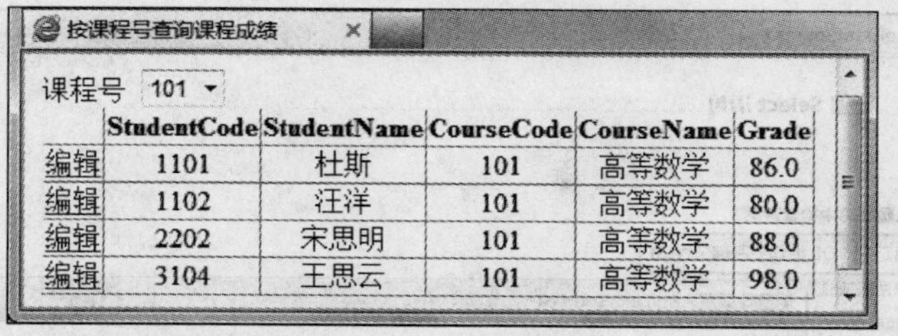

图 7.66　按课程更新学生考试成绩页面

（1）创建存储过程。

① 创建查询课号的存储过程 proc_SelectCourse。

```
CREATE PROC proc_SelectCourse AS
SELECT CourseCode FROM Course ORDER BY CourseCode
```

② 创建按课号查询选课名单的存储过程 proc_SelectStudentGrade。

```
CREATE PROC proc_SelectStudentGrade
    @CourseCode Char(3)
AS
SELECT Grade.StudentCode,StudentName,Grade.CourseCode,CourseName,Grade
FROM Student JOIN Grade ON Student.StudentCode=Grade.StudentCode
JOIN Course ON Course.CourseCode=Grade.CourseCode
WHERE Course.CourseCode=@CourseCode
```

③ 创建按指定学号和课程号更新成绩的存储过程 proc_UpdateGrade。

```
CREATE PROC proc_UpdateGrade
    @StudentCode Char(4), @CourseCode Char(3), @Grade Numeric(4,1)
AS
UPDATE Grade
SET Grade=@Grade
WHERE StudentCode=@StudentCode and CourseCode=@CourseCode
```

（2）新建一个网站，在页面上插入一个两行两列的表格（第二行合并单元格），添加一个 DropDownList、一个 GridView 到相应单元格中（如图 7.66 所示），添加两个 SqlDataSource。

（3）配置两个 SqlDataSource 数据源，然后将相关控件与之绑定。

① 配置 SqlDataSource1，注意在“配置 Select 语句”时选择“使用自定义 SQL 语句或存储过程”，进入下一步选择 SELECT 选项卡，在“存储过程”处选择 proc_SelectCourse（如图 7.67 所示）。将 DropDownList1 绑定到 SqlDataSource1；勾选 DropDownList1 的 AutoPostBack。

② 配置 SqlDataSource2，注意在“配置 Select 语句”时选择“使用自定义 SQL 语句或存储过程”，选择 SELECT 选项卡，在“存储过程”处选择 proc_SelectStudentGrade、在 UPDATE 选项卡下“存储过程”处选择 proc_UpdateGrade；进入下一页，系统检测到参数（如图 7.68 所示），选择参数 CourseCode 来自 DropDownList1。将 GridView1 绑定到 SqlDataSource2。

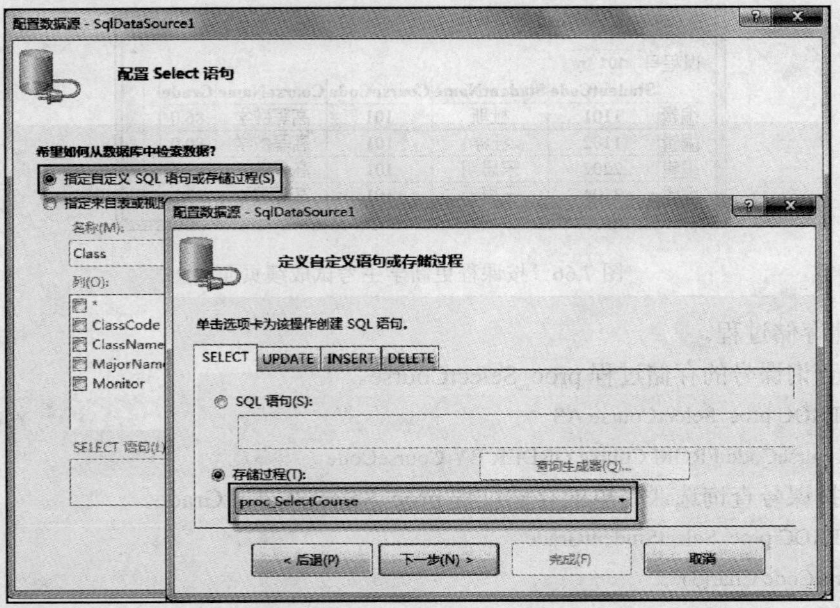

图 7.67 配置 SqlDataSource1

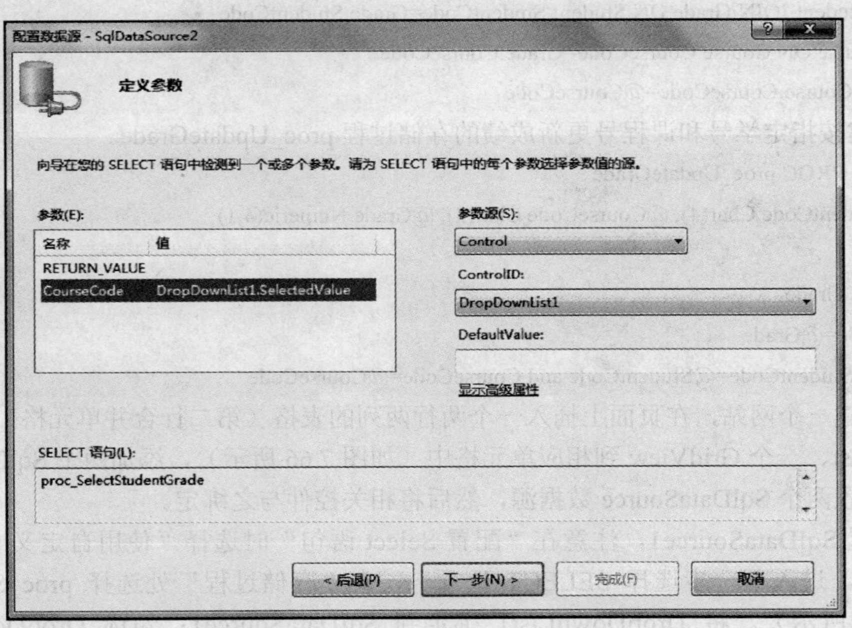

图 7.68 配置 SqlDataSource2

提示：在 SqlDataSource 中使用存储过程与直接使用 SQL 语句差别不大。上述设置将 SqlDataSource 属性的 SelectQuery、UpdateQuery 命令设置为存储过程名，并将它们对应的 CommandType 设置为 StoredProcedure。读者可查看 SqlDataSource 的属性进一步体会。

（4）选择 GridView1 的任务列表，启用“编辑”功能；选择“编辑列”，将除了 Grade 字段以外的其他字段的 ReadOnly 属性都设置为 True。

提示：本例中设置 proc_SelectStudentGrade 的参数 CourseCode 来自 DropDownList1; proc_UpdateGrade 有三个参数，由于与 GridView1 绑定，参数自动从相关字段获得值，不需要设置。采用绑定方法调用存储过程要注意存储过程中参数的名字要与数据库字段名一致。另外，也由于绑定的原因，与存储过程中维护字段无关的其他字段设置为 ReadOnly；否则会出现“参数过多”的错误。

（5）将各控件格式化。运行程序就可获得如图 7.66 所示页面运行效果及功能。

习题 7

1. 简述数据库应用程序的三层结构中各层的作用。
2. 说明 ADO.NET 所包含的主要对象及功能。
3. 使用数据源控件 SqlDataSource 访问数据库的主要步骤是什么？
4. 简述数据绑定控件 GridView、DetailsView、FormView 各自的特点和适用场合。
5. 说明使用视图和存储过程配置数据源的方法。

第**8**章

ADO.NET 程序设计

数据源控件提供了一种数据源获取方法，它支持在 Web 窗体静态设计时，以声明方式使用数据源定义，配合数据绑定控件的使用，以极其少量的代码，支持从标准的参数化 SQL 语句到存储过程等各种形式的数据库访问。

数据源访问的另一种方式是使用 ADO.NET 的类和对象以编程方式在动态生成 Web 窗体时实现。本章介绍 ADO. NET 主要对象的用法、访问数据库的模式和程序流程。

8.1 ADO.NET 组件及编程基础

8.1.1 ADO.NET 的数据访问方式

ADO.NET 提供了两种数据访问模式。如图 8.1 所示，从数据库（DB）出发向上的一条路径是“断开式”数据访问模式，向下的一条路径是“连接式”数据访问模式。

1．“断开式”数据访问模式

“断开式”数据访问模式主要通过数据集 DataSet 实现。客户端通过 Connection 对象与数据库建立连接后，DataAdapter 对象通过执行命令，把从数据库获取到的信息提取填充到客户端的内存数据集 DataSet 对象内，然后 DataAdapter 就自动脱离和数据库的连接。在断开的情况下，应用客户端程序可继续对 DataSet 数据集进行查询或更新操作。只有当需要再次获取数据或需要将 DataSet 数据回写到数据库时，DataAdapter 再重新建立与数据库的连接，实现对数据库的更新。

“断开式”数据访问模式可以减少数据库服务器的工作负载和网络数据传输流量，增强系统安全性。对于具有系统规模较大、并发用户多、数据传输量大、客户机和服务器不在同一局域网络内等特点的应用系统，“断开式”数据访问模式可以大大提高信息系统整体性能。

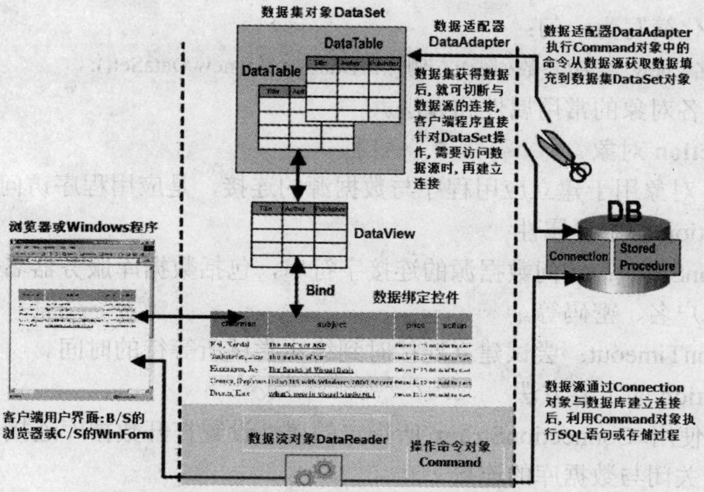

图 8.1　ADO.NET 的数据访问流程

2．“连接式”数据访问模式

“连接式”数据访问模式使用 Command 对象直接操作数据库或者借助 DataReader 对象直接读取数据流。客户端通过 Connection 对象与数据库建立连接后，应用程序与数据库一直保持连接，所有对数据库的操作都是在数据库连接状态下完成，而不管有没有数据交换。

“连接式”数据访问模式适合浏览只读数据流或进行数据更新操作，但不支持分页、排序等功能。

8.1.2　ADO.NET 的主要对象

每类数据提供程序都提供了自己的一个对象集合。本教材使用 Microsoft SQL Server .NET 数据提供程序（SqlClient），它包含的对象如表 8.1 所示。

表 8.1　SQL Server .NET 数据提供程序的主要对象功能

对　　象	说　　明
SqlConnection	建立与数据源的连接
SqlDataAdapter	用数据源填充 DataSet 并将更新回填到数据源
SqlCommand	对数据源执行命令
SqlDataReader	从数据源中读取向前的只读的数据流

在使用 ADO.NET 时，必须在程序中添加相关对象命名空间的引用，格式为：

```
using System.Data.SqlClient        //表示引用 SqlClient 的命名空间
using System.Data                  //表示引用 DataSet 的命名空间
```

在 C#语言中，对象声明及创建实例的语法格式为：

```
类名 对象变量名;                          例如：DataSet ds;
对象变量名=new 类名(参数列表);                  ds= new DataSet();
```

或者将声明和实例化简写为一句：

```
类名 对象变量名= new 类名(参数列表);   例如：DataSet ds= new DataSet();
```

下面简要介绍各对象的常用属性和方法。

1．SqlConnection 对象

SqlConnection 对象用于建立应用程序与数据源的连接，是应用程序访问数据库的第一步。

1）SqlConnection 的主要属性

（1）ConnectionString：访问数据源的连接字符串，包括数据库服务器名、数据库名、数据提供程序类型、用户名、密码等。

（2）ConnectionTimeout：尝试建立连接时到终止尝试所等待的时间。

2）SqlConnection 的主要方法

（1）Open()：使用 ConnectionString 所指定的属性设置打开数据库连接。

（2）Close()：关闭与数据库的连接。

3）声明和创建 SqlConnection 对象的语法格式

```
SqlConnection 对象变量名 = new SqlConnection(连接字符串);
```

其中，连接字符串就是访问数据源的连接字符串，此处也可省略，通过 SqlConnection 对象的属性 ConnectionString 说明。例如，创建和使用 SqlConnection 一个对象实例 cn：

```
string cnstr="Initial Catalog=School; Data Source=.; Integrated Security=SSPI;"
SqlConnection cn=new SqlConnection(cnstr);
```

2．SqlDataAdapter 对象

在 SqlConnection 建立数据源连接之后，SqlDataAdapter 对象在数据库和 DataSet 之间执行数据传输的工作。它使用 Command 对象所封装的命令来获得数据源中的数据，填充 DataSet；或者将 DataSet 产生的改变回写到数据源。

1）SqlDataAdapter 的常用属性

SelectCommand、InsertCommand、DeleteCommand、UpdateCommand：这 4 个属性用来设置各自的 SQL 语句或存储过程（可以带参数），用于访问数据源，分别实现查询、插入、删除、修改功能。

2）SqlDataAdapter 的常用方法

（1）Fill()方法：用于执行查询操作并将结果填充到数据集 DataSet。有以下两种用法。

Fill(DataSet, Table)：填充或刷新 DataSet 数据集中的表 Table，如果 Table 不存在，会首先创建一个名为 Table 的 DataTable 对象。

Fill(DataSet.Table)：填充或刷新 DataSet 数据集中的表 Table，要求 Table 已存在。

（2）Update()方法：用于将针对 DataSet 的更新写回到数据源，通过执行 Insert、Update 或 Delete 命令完成。有以下两种用法。

Update(DataSet)：将修改操作回写到 DataSet。

Update(DataTable)：将修改操作回写到 DataSet 中的数据表 DataTable。

3）声明和创建 SqlDataAdapter 对象的语法格式

```
SqlDataAdapter 对象变量名= new SqlDataAdapter (命令字符串, SqlConnection 对象变量);
举例：SqlDataAdapter da = new SqlDataAdapter ("Select * From Grade", cn);
```

其中，SqlConnection 对象变量是已经创建的 SqlConnection 实例，可直接用连接字符串替代，省去创建 SqlConnection 的步骤；命令字符串是 SQL 语句或存储过程。

3．SqlCommand 对象

SqlCommand 用来封装要发给数据源的操作命令，可以是 SQL 语句或存储过程。

1）SqlCommand 对象的常用属性

（1）CommandText：说明对数据源执行的 SQL 语句或存储过程名。

（2）CommandType：说明 CommandText 所设置的命令类型。Text 表示是 SQL 语句，StoredProcedure 表示是存储过程，TableDirect 表示是表名。默认值是 Text。

（3）Connection：说明所要使用的数据连接，值是一个 SqlConnection 对象。

（4）Parameters：设置 SQL 语句或存储过程的参数，可以使用其 Add(string parameterName) 方法将一个 Parameter 添加到参数集合中。

2）SqlCommand 对象的常用方法

（1）ExecuteNonQuery()：执行 CommandText 属性所指定的操作，返回受影响的行数，一般用于 Update、Insert 和 Delete 操作。

（2）ExecuteReader()：执行 CommandText 属性所指定的操作，并返回 SqlDataReader 对象，对象中仅存放一个结果行，可通过读取下一条记录获得新行。

（3）ExecuteScalar()：执行 CommandText 属性所指定的操作，返回结果中首行首列的值。只能用于执行 SELECT 操作，通常用于统计查询。

3）声明和创建 SqlCommand 对象的语法格式

```
SqlCommand 对象变量名 =new SqlCommand([命令字符串, SqlConnection 对象变量]);
举例：SqlCommand cmd = new SqlCommand ("Select * From Grade", cn);
```

其中，SqlConnection 对象变量是已创建的实例，也可直接用连接字符串替代以省去创建 SqlConnection 对象的步骤；命令字符串是 SQL 语句或存储过程或表名。上例也可写为：

```
SqlCommand cmd = new SqlCommand();             //定义和创建 SqlCommand 对象变量 cmd
cmd.CommandType = CommandType.Text;            //定义 cmd 的命令类型为 SQL 语句
cmd.CommandText = "Select * From Grade";       //定义 cmd 的 SQL 命令
cmd.Connection = cn;                           //定义 cmd 所使用的数据库连接为 cn
```

4．SqlParameter 对象

SqlParameter 用来说明 SqlCommand 的参数，也可以是它到 DataSet 列的映射。

SqlParameter 的常用属性如下。

（1）Value：说明该参数的值。

（2）SqlDbType：说明参数的数据类型。

（3）Direction：指示参数类型，可以是 Input（输入参数）、Output（输出参数）、InputOutput（输入输出参数）或 ReturnValue（返回值）。

5．SqlDataReader 对象

SqlDataReader 用来存放执行 SqlCommand 的 ExecuteReader()方法的返回结果，它类似于 DataSet 的作用，但存放的是一种向前、只读数据流，不支持分页、排序、更新等操作。使用 DataReader 可减少本机开销，因为 ExecuteReader()方法每执行一次获取一行，在内存中只有一个缓冲行，之前的数据不再有效；但它占用数据库连接，如不及时关闭，影响服务器性能。

1）SqlDataReader 对象的常用属性

（1）FieldCount：返回 SqlDataReader 中一行数据的字段个数。

（2）HasRows：说明 SqlDataReader 是否包含记录，为 True 表示有记录，为 False 表示空。

（3）提取 SqlDataReader 中某一项的数据值，需要指明字段名或字段序号，格式为 SqlDataReader 对象名["字段名"]或者 SqlDataReader 对象名[字段序号]。

（4）IsClosed：判断 SqlDataReader 对象状态，True 表示已关闭，False 表示处于打开状态。

2）SqlDataReader 对象的常用方法

（1）Read()：读取到下一条记录。起始时默认位置为第一条记录之前，每执行一次，移动记录指针到下一行数据，如果存在记录，返回 True，当到达数据集末尾时返回 False。

（2）Close()：关闭 SqlDataReader 对象。在 SqlDataReader 没有关闭之前，数据库连接会一直被占用，因此，使用完毕应该马上关闭它。

（3）GetName(int i)：获得第 i 个字段的字段名。

（4）Object GetValue(int i)：获得第 i 个字段的值，用 Object 类型来接收返回数据。

（5）GetString(int i)、GetDateTime(int i)、GetDouble(int i)、GetIn32(int i)等：用指定类型获得第 i 个字段的值。

3）声明和创建 SqlDataReader 对象的语法格式

```
SqlDataReader 对象变量名 =new SqlDataReader();
```

6．DataSet 对象

在断开式数据访问模式下，通过 DataAdapter 对象从数据源获取的数据，传送给 DataSet 对象，之后断开与数据源的连接。数据集可以包含一个或多个表（DataTable 对象），这些表可以来源于一个数据库，也可以来源于多个数据库。除了包含表，数据集还可以包含说明表之间关系的对象的数据结构，即相关约束、表与表之间的联系。所以，DataSet 可看作内存中的一个临时数据库。

1）DataSet 的常用属性

（1）Tables：数据集中包含的数据表的集合。

（2）Relations：数据集中包含的数据联系的集合。

2）DataSet 的常用方法

（1）Clear()：清除数据集包含的所有表中的数据，但不清除表结构。

（2）HasChanges()：判断当前数据集是否发生了更改（包括添加、修改或删除操作）。

（3）RejectChanges()：撤销数据集中所有的更改。

3）声明和创建 DataSet 对象的语法格式

```
DataSet 对象变量名 = new DataSet();
```

下例声明并创建一个 SqlDataAdapter 对象实例 da 和 DataSet 对象实例 ds，并且调用 da 的 Fill 方法向 ds 填充数据，数据集 ds 中的数据表命名为“成绩表”。

```
SqlDataAdapter da = New SqlDataAdapter(“Select * From Grade”,cn);
DataSet ds = new DataSet();
da.Fill(ds, "成绩表");
```

4）DataSet 中数据的访问

数据集是断开式的数据容器，没有当前记录的概念，数据集中的所有记录都可以随机访问。数据集包含数据表的集合，数据表包含数据行和列的集合，即 DataSet 对象包含数据表的集合 Tables，而 DataTable 对象包含数据行的集合 Row、数据列的集合 Columns，因此可以直接使用这些对象访问数据集中的数据。

（1）访问数据表：数据集.Tables[表名|索引]

例如，访问成绩表 Grade：DataTable table=ds.Tables["Grade"];

（2）访问数据行：DataTable.Rows[索引]

例如，访问成绩表的第一行数据：DataRow row=ds.Table["Grade"].Rows[0];

（3）访问指定行列的值：DataTable.Rows[行索引][列索引]

例如，访问成绩表第一行 CourseCode 列：ds.Table["Grade"].Rows[0]["CourseCode"];

（4）访问数据集中的视图：数据集中除了数据表以外，还可以包含视图。可以通过 DataTable 的 DefaultView 属性，访问与数据表相关的视图；也可以通过 DataView 类的构造函数创建视图。例如

```
DataView dv1=ds.Tables["Grade"].DefaultView;
DataView dv2=new DataView(ds.Tables["成绩表"]);
```

8.1.3　使用 ADO.NET 的编程思路

直接在 Web 应用程序中使用 ADO.NET 编程实现各种数据库访问功能虽然有一定代码量，但是它更灵活，易于程序员控制各处细节，修改也比较方便；由于流程清晰，编程有固定的步骤，所以也很容易掌握。主要工作如下。

1．Web.config 文件的配置

首先，要在 Web.config 文件中保存数据库的连接字符串，避免在源程序代码中直接书写，而且可以被网站项目中的多个文件共用。在<connectionStrings>节点添加<add>元素，按照连接字符串格式输入即可。如果有多个数据源就添加多个<add>元素。例如

```
<connectionStrings>
    <add name="SchoolConnectionString" connectionString="Data Source=.;Initial Catalog=School;User ID=sa"
     providerName="System.Data.SqlClient" />
</connectionStrings>
```

2．在数据库管理系统中建立存储过程、视图

为简化 SQL 命令和存储过程的编写，同时为了增强数据库安全性，建立一些视图，应坚持数据库操作与程序分离的原则，尽可能根据业务要求事先编写好各类存储过程，页面程序只需调用存储过程就可实现数据库访问。

3．编写程序

根据数据访问需要选择“断开式”或“连接式”数据访问模式，并根据访问模式不同使用相关 ADO.NET 对象、采用相关流程编写数据库访问程序。

1）ADO.NET“断开式”数据访问流程

如图 8.1 所示，ADO.NET“断开式”数据访问模式主要通过 SqlDataAdapter 和 DataSet 实

现，基本程序流程如下。

（1）创建 SqlConnection 对象来连接数据库。

（2）创建 SqlCommand 对象，设置操作命令。

（3）创建 SqlDataAdapter 对象，建立数据库和数据集之间的“桥”。

（4）创建 DateSet 对象。通过 SqlDataAdapter 填充数据集或将更新过的 DataSet 中的数据回写到数据库中。

（5）设置页面控件的 DataSource 属性，使其和 DataSet 对象中的表和属性列绑定。

（6）编写应用程序针对 DataSet 进行数据检索和数据更新操作。

在上述流程中，第（2）步创建 SqlCommand 对象可以省略，直接在 SqlDataAdapter 对象中设置操作命令。

2）ADO.NET“连接式”数据访问流程

如图 8.1 所示，ADO.NET“连接式”访问数据库主用通过 SqlCommand 实现，基本流程如下。

（1）创建 SqlConnection 对象来连接数据库。

（2）创建 SqlCommand 对象，设置操作命令。

（3）执行 SqlCommand 中的操作命令实现对数据库的操作。

① 如果是查询命令，执行 ExecuteReader()可返回一个结果行到 DataReader 对象；执行 ExecuteScalar()可返回结果中首行首列的值。

② 如果是更新命令，执行 ExecuteNonQuery()可直接完成对数据库的更新（包括 Update、Insert 和 Delete 操作），并返回受影响的行数。

8.2　使用 DataSet 实现“断开式”数据访问

8.2.1　基于 DataSet 的数据查询

利用“断开式”数据访问模式可以方便地查询数据库，将数据集提取到客户端的 DataSet，然后利用界面控件显示。例 8.1 实现简单的数据查询功能，说明“断开式”数据访问流程。

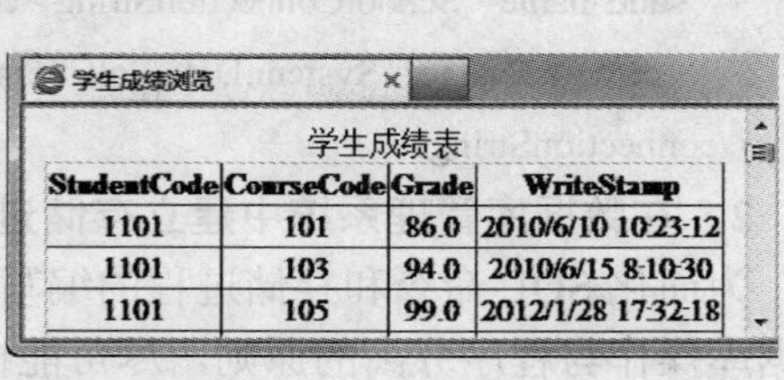

图 8.2　显示学生考试成绩页面

【例 8.1】 使用 ADO.NET 对象编程，实现访问 School 数据库 Grade 表的网站页面，使用 GridView 显示信息。页面运行效果如图 8.2 所示。

（1）新建一个网页，添加一个 GridView，设置其 Caption 为“学生成绩表”。

（2）打开 Web.config 文件，添加连接字符串 SchoolConnectionString。

```
<?xml version="1.0"?>
<configuration>
    <appSettings/>
```

```
    <connectionStrings>
        <add name="SchoolConnectionString" connectionString="Data Source=.; Initial Catalog=School;
                User ID=sa" providerName="System.Data.SqlClient"/>
    </connectionStrings>
    <system.web> <compilation debug="true"/></system.web>
</configuration>
```

> **提示**：连接字符串也可通过 Visual Studio 的“网站”→“ASP.NET 配置”菜单命令完成，或者添加一个 SqlDataSource，配置完成后再删除 SqlDataSource。

（3）打开页面文件对应的 cs 文件，编写程序如下。

```
using System;
using System.Data;
using System.Configuration;
using System.Web;
using System.Web.Security;
using System.Web.UI;
using System.Web.UI.WebControls;
using System.Web.UI.WebControls.WebParts;
using System.Web.UI.HtmlControls;
using System.Data.SqlClient;      //添加对 SqlClient 命名空间的引用

public partial class _Default : System.Web.UI.Page
{
    //页面加载时连接并访问数据库，实现数据查询和显示
    protected void Page_Load(object sender, EventArgs e)
    {
        //从 Web.Config 文件提取连接字符串
        ConnectionStringSettings Settings;   //定义连接字符串变量 Settings
        Settings = ConfigurationManager.ConnectionStrings["SchoolConnectionString"]; //提取连接字符串
        if (Settings != null)     //如果连接字符串不为空则访问数据库
        {
            //第一步：定义和创建数据库连接对象实例 cn
            SqlConnection cn= new SqlConnection(Settings.ConnectionString);
            //第二步：定义和创建 SqlCommand 对象 cmd 实例，并设置操作命令和使用的数据源
            SqlCommand cmd = new SqlCommand();
            cmd.CommandText = "Select * From Grade";
            cmd.Connection = cn;
            //第三步：定义和创建数据适配器 SqlDataAdapter 对象实例 da，并指定操作命令对象
```

```
            SqlDataAdapter da = new SqlDataAdapter();
            da.SelectCommand = cmd;
            /*第四步：定义和创建数据集 DataSet 实例 ds，打开数据库连接 cn，用 da 执行查询填充 ds
            的 Grade 表，然后关闭数据库连接*/
            DataSet ds = new DataSet();
            cn.Open();
            da.Fill(ds, "Grade");
            cn.Close();
            //第五步：为控件 GridView1 指定显示的数据源，将数据源绑定到 GridView 控件
            GridView1.DataSource = ds.Tables["Grade"].DefaultView;
            GridView1.DataBind();
        }
    }
}
```

提示：请认真阅读注释信息，体会程序流程。另外，为简化说明，本例未使用存储过程。

（4）运行程序，即可得到如图 8.2 所示的页面运行结果。

8.2.2 基于 DataSet 的数据汇总

编程方式可以灵活实现各种对数据库的复杂查询，而且流程清晰，代码维护比较方便。使用 ADO.NET“断开式”数据访问，查询获得数据集 DataSet 后，还可进行各种汇总操作。

例 8.2 说明了带参数 SQL 语句、带参数的存储过程的使用，还示例了使用 DataSet 中数据进行数据汇总的功能。

【例 8.2】 扩展例 8.1，系统启动时自动在 DropDownList 中显示所有学生学号的列表；选择学号后单击“查看成绩”按钮在 GridView 中显示该生所有课程成绩；单击“平均分”按钮计算该生平均分；单击“最高分”按钮调用存储过程查询该生最高分。运行页面如图 8.3 所示。

图 8.3 查询显示学生考试成绩并统计平均分和最高分

（1）创建实现按学号求最高分功能的存储过程 proc_MaxGrade。

```
CREATE PROCEDURE proc_MaxGrade
    @StudentCode Char(4)
As
```

```
SELECT Max(Grade) From Grade
Where StudentCode=@StudentCode
Group by StudentCode
```

（2）建立一个新的项目，页面设计如图 8.4 所示。

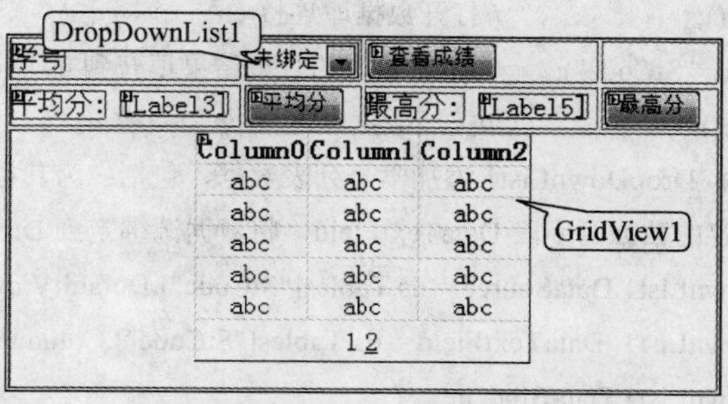

图 8.4 页面设计

（3）编写程序代码。下面给出几个主要功能的源代码，其他同例 8.1。

① 在_Default 类开头定义公共变量，需要保持值的使用为静态变量。

```
public partial class _Default : System.Web.UI.Page
{
    //定义本网页内各过程都有效的公共变量，需要保持值的使用为静态变量
    static SqlConnection cn;                          //定义数据库连接对象 SqlConnection 变量 cn
    SqlCommand cmd = new SqlCommand();    //定义和创建 SqlCommand 对象变量 cmd
    SqlDataAdapter da = new SqlDataAdapter();//定义和创建 SqlDataAdapter 对象变量 da
    static DataSet ds    = new DataSet();             //定义和创建 DataSet 对象变量 ds
    //…以下为后续②~⑤中的程序代码
}
```

② 页面第一次加载时，查询 Student 数据库中的表 StudentCode，填充 ds，绑定 DropDownList 显示。

```
protected void Page_Load(object sender, EventArgs e)
{
    If (!IsPostBack)   //如果是页面首次加载执行下面代码，如因按钮回传消息加载页面，则不执行
    {
        //从 Web.Config 文件中提取连接字符串
        ConnectionStringSettings Settings;      //定义连接字符串变量 Settings
        Settings = ConfigurationManager.ConnectionStrings["SchoolConnectionString"];//提取连接字符串
        if (Settings != null)   //如果连接字符串不为空，则执行下面代码
        {
            cn = new SqlConnection(Settings.ConnectionString); //创建数据库连接对象 cn
            //为 cmd 的操作命令和数据源赋值，并将 cmd 赋值给 da
```

```
            cmd.CommandText = "Select StudentCode From Student Order By StudentCode";
            cmd.Connection = cn;
            da.SelectCommand = cmd;
            //将数据适配器 da 获得的查询结果填充到数据集 ds 的 StCode 表
            cn.Open();                    //打开数据库连接 cn
            da.Fill(ds, "StCode");     //将 da 获得的查询结果填充到 ds 的 StCode 表
            cn.Close();                   //关闭数据库连接 cn
            /*为控件 DropDownList1 添加学号列表数据，包括：为其指定数据源，设置提供
            文本内容的数据源字段 DataTextField，将数据源绑定到 DropDownList1*/
            DropDownList1.DataSource = ds.Tables["StCode"].DefaultView;
            DropDownList1. DataTextField = ds.Tables["StCode"].Columns[0].ColumnName;
            DropDownList1.DataBind();
        }
    }
}
```

> **提示**：Page.IsPostBack 是页面对象 Page 的一个属性，在页面加载时，如果是首次加载和访问，值为 false，如果是为响应客户端回发消息而加载该页，值为 true。本例中 if (!IsPostBack) 通过判断该值保证在页面首次加载时执行一次代码，为 DropDownList1 获取和填充列表数据，而因各种按钮回发消息加载页面时，不执行该功能。

③ 单击"查看成绩"按钮按学号查询学生课程成绩，填充 ds，并通过 GridView1 显示。本过程说明了使用带参数 SQL 语句生成数据源的方法。

```
protected void Button1_Click(object sender, EventArgs e)
{
    //定义和创建 SqlCommand 对象 cmd
    cmd.CommandText = "Select * From Grade Where StudentCode = @StudentCode";
    cmd.Connection = cn;
    //定义和创建 SqlParameter 对象 param,并为 cmd 的操作命令的参数赋值
    SqlParameter param = new SqlParameter("@StudentCode", SqlDbType.Char, 4); //创建 param
    param.Value = DropDownList1.Text;     //设置 param 的值来自 DropDownList1.Text
    cmd.Parameters.Add(param);                //添加 param 到 cmd 的参数集合
    //定义数据适配器 SqlDataAdapter 实例 da，设置其操作命令为 cmd
    da.SelectCommand = cmd;
    //清空 ds，打开数据库连接，用 da 填充到 ds 的 Grade 表，然后关闭数据库连接
    ds.Clear();    //清空上一次填充到 ds 的所有数据表及数据，否则 Grade 中的数据会累积
    cn.Open();
    da.Fill(ds, "Grade");  //填充数据集 ds 的 Grade 表
    cn.Close();
```

```
        //为控件 GridView1 指定显示的数据源,将数据源绑定到 GridView 控件
        GridView1.DataSource = ds.Tables["Grade"];
        GridView1.DataBind();
        Label3.Text = "";     //平均分清空
        Label5.Text = "";     //最高分清空
    }
```

④ 单击“平均分”按钮循环遍历数据集 ds 中的数据，计算平均成绩，用标签显示。本过程演示了“断开式”访问模式中，数据库连接断开后，DataSet 数据集中数据的应用。

```
    protected void Button2_Click(object sender, EventArgs e)
    {
        int i, coursenum = 0;     //i 表示第 i 门课，coursenum 表示课程数
        decimal sum = 0;          //sum 表示各门课程成绩之和
        if (ds.Tables["Grade"].Rows.Count > 0)       //如果该生选课数大于 0
        {
            for (i = 0; i <= ds.Tables["Grade"].Rows.Count - 1; i++)   //循环遍历 ds 中所有课程成绩记录
            {
                if (ds.Tables["Grade"].Rows[i][2] != DBNull.Value)    //如果成绩不为空累计求和
                {
                    sum = sum + (decimal)ds.Tables["Grade"].Rows[i][2];
                    coursenum = coursenum + 1;
                }
            }
            Label3.Text = (sum / coursenum).ToString();     //求平均分并用 Label3 显示
        }
        else
        {
            Label3.Text = "";     //如果没有选课，平均分显示空
        }
    }
```

⑤ 单击“最高分”按钮调用存储过程 proc_MaxGrade 求最高分并用标签显示。本过程演示了存储过程的调用方法，与带参数 SQL 语句的使用方法类似。

```
    protected void Button3_Click(object sender, EventArgs e)
    {
        //定义和创建 SqlCommand 对象 cmd
        cmd.CommandText = "proc_MaxGrade";      //设置 cmd 的命令为存储过程名为"proc_MaxGrade"
        cmd.CommandType = CommandType.StoredProcedure;   //设置 cmd 的命令类型为 StoredProcedure
        cmd.Connection = cn;                    //设置 cmd 的数据源
```

```
        //定义和创建 SqlParameter 对象 param,并为 cmd 的操作命令的参数赋值
        SqlParameter param = new SqlParameter("@StudentCode", SqlDbType.Char, 4);   //创建 param
        param.Value = DropDownList1.Text;        //设置 param 的值来自 DropDownList1.Text
        cmd.Parameters.Add(param);               //添加 param 到 cmd 的参数集合
        //定义数据适配器 SqlDataAdapter 实例 da，设置其操作命令为 cmd
        da.SelectCommand = cmd;
        /*定义数据集 DataSet 实例 ds，打开数据库连接，将 da 获得的查询结果填充到 ds
        的 MaxGrade 表，然后关闭数据库连接*/
        DataSet ds = new DataSet();
        cn.Open();
        da.Fill(ds, "MaxGrade");   //填充数据集 ds 的 MaxGrade 表
        cn.Close();
        if (ds.Tables["MaxGrade"].Rows.Count > 0)   //如果有最高成绩，用 Label5 显示
        {
            //为控件 Label5 指定显示的内容，注意要把 decimal 强制转换为 string 类型
            Label5.Text = Convert.ToString(ds.Tables["MaxGrade"].Rows[0][0]);
        }
}
```

8.2.3 基于 DataSet 的数据更新

使用 ADO.NET“断开式”数据访问，查询获得数据集 DataSet 后，还可进行各种数据更新操作，通过 DataAdapter 可以将更新回写到数据库，从而实现对数据库的更新操作。

例 8.3 演示说明了在“断开式”连接访问中，通过 DataSet 维护数据的方法。

【例 8.3】 通过网页显示学生成绩信息，可以删除、修改或添加记录。页面如图 8.5 所示。

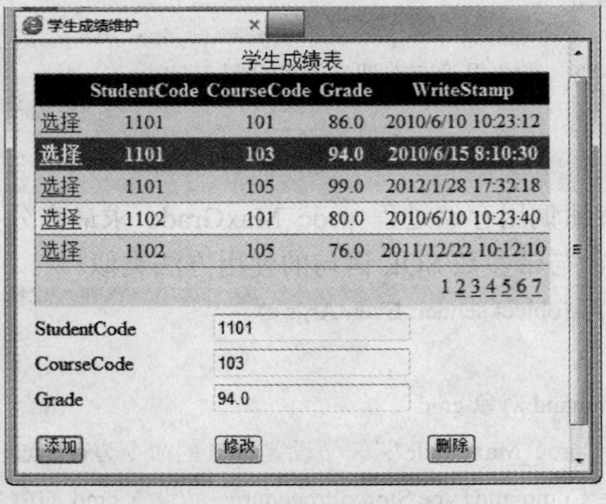

图 8.5 学生成绩信息维护页面运行效果

（1）新建一个网页，页面中包括一个 GridView、三个标签、三个文本框和五个按钮。设置 GridView1 的 Caption 为“学生成绩表”，自动套用格式“石板”，启用分页、选择功能（如图 8.6 所示）。

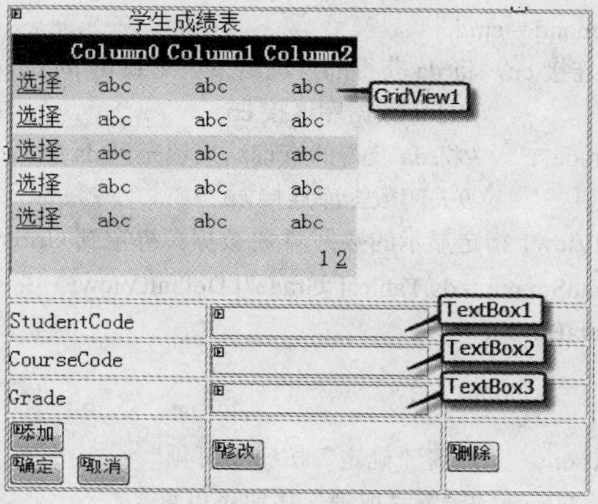

图 8.6　页面设计

（2）下面仅给出 cs 文件的程序代码。其他请参照例题 8.2。

① 在_Default 类开头定义页面内各过程通用的公共变量，需要保持值的使用静态变量。

```
public partial class Default2 : System.Web.UI.Page
{
    static SqlConnection cn;                              //定义数据库连接对象 SqlConnection 变量 cn
    static SqlDataAdapter da = new SqlDataAdapter();      //定义和创建 SqlDataAdapter 对象变量 da
    static SqlCommandBuilder sqlBuilder = new SqlCommandBuilder(da); //为 da 建 SqlCommandBuilder 对象
    static DataSet ds = new DataSet();                    //定义和创建 DataSet 对象变量 ds
    //…此处为后续②~⑩中的程序代码
}
```

提示：注意必须为 da 定义和创建 SqlCommandBuilder 对象，它能自动为 da 生成更新 DataSet 的 SQL 语句；否则更新语句（Update、Insert、Delete）需要自定义。

② 页面第一次加载时，查询 Grade 中所有信息，填充 ds，并通过 GridView1 显示。

```
Protected void Page_Load(object sender, EventArgs e)
{
    if (!IsPostBack)   //如果是页面首次加载执行下面代码，如因按钮回传消息加载页面，则不执行
    {
        //从 Web.Config 文件中提取连接字符串
        ConnectionStringSettings Settings;      //定义连接字符串变量 Settings
        Settings = ConfigurationManager.ConnectionStrings["SchoolConnectionString"]; //提取连接字符串
        if (Settings != null)   //如果连接字符串不为空，则执行下面代码
        {
            cn = new SqlConnection(Settings.ConnectionString);    //创建数据库连接对象 cn
```

```
            //定义和创建 SqlCommand 对象 cmd，并赋值给 da
            SqlCommand cmd = new SqlCommand();
            cmd.CommandText = "Select * From Grade";
            cmd.Connection = cn;
            da.SelectCommand = cmd;
            //打开数据库连接 cn，将 da 获得的查询结果填充到 ds 的 Grade 表，然后关闭 cn
            cn.Open();              //打开数据库连接 cn
            da.Fill(ds, "Grade");   //将 da 获得的查询结果填充到 ds 的 Grade 表
            cn.Close();             //关闭数据库连接 cn
            //为控件 GridView1 指定显示的数据源,将数据源绑定到 GridView 控件
            GridView1.DataSource = ds.Tables["Grade"].DefaultView;
            GridView1.DataBind();
        }
    }
    ButtonOK.Visible = false;       //设置“确定”按钮不可见
    ButtonCancel.Visible = false;   //设置“取消”按钮不可见
}
```

③ 在 GridView1 中选择一条记录，文本框中显示该记录的各字段值。

```
protected void GridView1_SelectedIndexChanged(object sender, EventArgs e)
    {
        //获得 GridView1 的选中行，并把各项赋给各 TextBox 显示
        GridViewRow row = GridView1.SelectedRow;
        TextBox1.Text = row.Cells[1].Text;
        TextBox2.Text = row.Cells[2].Text;
        TextBox3.Text = row.Cells[3].Text;
    }
```

④ 在 GridView1 翻页时，刷新 GridView1。

```
protected void GridView1_PageIndexChanging(object sender, GridViewPageEventArgs e)
  {
    GridView1.PageIndex = e.NewPageIndex;
    GridView1.DataSource = ds.Tables["Grade"].DefaultView;
    GridView1.DataBind();
  }
```

⑤ 单击“修改”按钮，在数据集中找到选中记录后修改成绩，然后更新数据集。

```
protected void Button4_Click(object sender, EventArgs e)
  {
    int i;     //i 表示循环控制变量，表示数据集的第 i 条记录
    for (i = 0; i <= ds.Tables["Grade"].Rows.Count - 1; i++)   //通过循环查找选中记录
    { //如果该记录为选定记录(判断 StudentCode 和 CourseCode 是否和文本框内容一致)，则修改成绩
      if (((string)ds.Tables["Grade"].Rows[i]["StudentCode"] == TextBox1.Text) &
          ((string)ds.Tables["Grade"].Rows[i]["CourseCode"] == TextBox2.Text))
```

```
            {
                ds.Tables["Grade"].Rows[i].BeginEdit();     //开始修改序号为 i 的记录行
                    ds.Tables["Grade"].Rows[i][ "Grade"] = Convert.ToSingle(TextBox3.Text);//修改 Grade
                ds.Tables["Grade"].Rows[i].EndEdit();       //结束修改序号为 i 的记录行
                break;                                      //修改完成，跳出循环
            }
        }
        //调用自定义过程 UpdateDataBaseAndRefreshGridView()，将更新回写数据库且刷新 GridView1
        UpdateDataBaseAndRefreshGridView();
}
```

⑥ 单击"删除"按钮，在数据集中找到选中记录后删除该记录，然后更新数据集。

```
protected void Button5_Click(object sender, EventArgs e)
  {
     int i;    //i 表示循环控制变量，表示数据集的第 i 条记录
     for (i = 0; i <= ds.Tables["Grade"].Rows.Count - 1; i++)   //通过循环查找选中记录
     {   //如果该记录为选定记录(判断 StudentCode 和 CourseCode 是否和文本框内容一致)，则删除记录
         if (((string)ds.Tables["Grade"].Rows[i][0] == TextBox1.Text) &
           ((string)ds.Tables["Grade"].Rows[i][1] == TextBox2.Text))
         {
           ds.Tables["Grade"].Rows[i].Delete();   //删除序号为 i 的记录行
           break;                                 //修改完成，跳出循环
         }
     }
     //调用自定义过程 UpdateDataBaseAndRefreshGridView()，将更新回写数据库且刷新 GridView1
     UpdateDataBaseAndRefreshGridView();
}
```

⑦ 单击"添加"按钮，显示"确定"和"取消"按钮，清空各文本框。

```
protected void Button1_Click(object sender, EventArgs e)
  {
     ButtonOK.Visible = true;
     ButtonCancel.Visible = true;
     TextBox1.Text = "";
     TextBox2.Text = "";
     TextBox3.Text = "";
  }
```

⑧ 单击"确定"按钮，添加一条新记录，将文本框的内容赋给该新记录，更新数据集。

```
protected void ButtonOK_Click(object sender, EventArgs e)
{
    DataRow dr=ds.Tables["Grade"].NewRow();//定义和创建一个 DataRow 变量 dr，作为 Grade 的新记录
```

```
        dr["StudentCode"]=TextBox1.Text;      //为 dr 的 StudentCode 字段赋值
        dr["CourseCode"]=TextBox2.Text;       //为 dr 的 CourseCode 字段赋值
        dr["Grade"]=Convert.ToDecimal(TextBox3.Text); //为 dr 的 Grade 字段赋值
        ds.Tables["Grade"].Rows.Add(dr);      //将 dr 添加到 Grade 表
        //调用自定义过程 UpdateDataBaseAndRefreshGridView()，将更新回写数据库且刷新 GridView1
        UpdateDataBaseAndRefreshGridView();
}
```

⑨ 单击“取消”按钮，清空文本框。

```
protected void ButtonCancel_Click(object sender, EventArgs e)
{
        TextBox1.Text = "";
        TextBox2.Text = "";
        TextBox3.Text = "";
}
```

⑩ 将更新回写数据库，并且刷新 GridView1 和清空文本框。

```
protected void UpdateDataBaseAndRefreshGridView()
{
        da.Update(ds,"Grade");   //通过数据适配器 da 将更新后的数据集 ds 回写数据库
        //重新获取数据源
        ds.Clear();              //清空数据集 ds
        cn.Open();               //打开数据库连接 cn
        da.Fill(ds, "Grade");    //填充数据集 ds
        cn.Close();              //关闭数据库连接 cn
        //为控件 GridView1 指定显示的数据源,将数据源绑定到 GridView 控件
        GridView1.DataSource = ds.Tables["Grade"].DefaultView;
        GridView1.DataBind();
        TextBox1.Text = "";
        TextBox2.Text = "";
        TextBox3.Text = "";
}
```

8.3 使用 SqlCommand 实现“连接式”数据访问

8.3.1 基于 SqlCommand 的数据查询

通过 SqlCommand 可以实现“连接式”数据访问，并且可以实现查询以及插入、修改和删

除等更新操作。例 8.4 演示了使用 SqlCommand 的 ExecuteReader()方法查询单行数据流、使用 ExecuteScalar()方法查询单一数值操作的实现。

【例 8.4】 完成课程信息的统计。具体要求是：给定课程号查询该课程的课程名称、参加考试的人数和不及格人数。页面运行效果如图 8.7 所示。页面设计如图 8.8 所示。

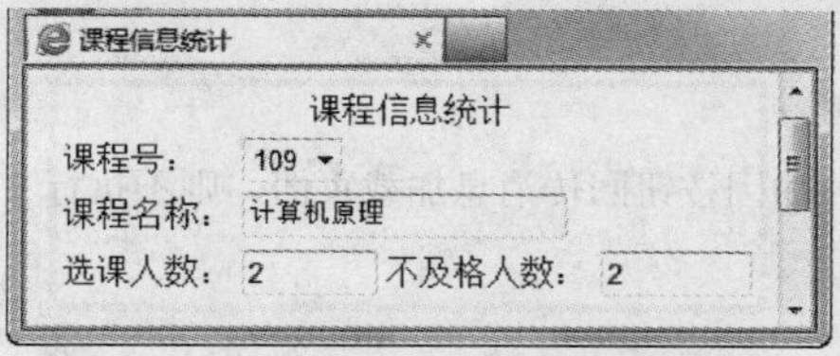

图 8.7　统计课程的选课和成绩信息

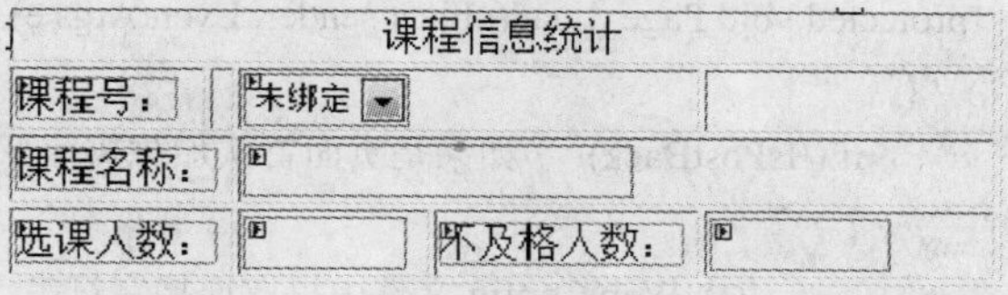

图 8.8　页面设计

（1）新建一个网页，页面中包括四个标签、三个文本框和一个 DropDownList。设置 DropDownList1 的 AutoPostBack 为 true。

> 提示：在本例中，用 ExecuteReader()执行 SQL 语句获取数据集课程号填充 DropDownList1；用 ExecuteReader()执行存储过程获得包括课程名程和选课人数的单行数据；用 ExecuteScalar()执行存储过程获得单一数值不及格人数。

（2）创建存储过程。

① 按课程统计选课人数的存储过程 proc_StatisticsGrade。

```
Create Procedure proc_StatisticsGrade
@CourseCode char(3)
As
Select CourseName, count(StudentCode)
From Course Inner Join Grade On Course.CourseCode=Grade.CourseCode
Where Course.CourseCode=@CourseCode
Group by CourseName
```

② 按课程统计不及格人数的存储过程 proc_StatisticsGradeFail。

```
Create Procedure proc_StatisticsGradeFail
@CourseCode char(3)
As
Select count(StudentCode)
From Grade
Where Grade<60 and CourseCode=@CourseCode And Grade IS NOT NULL
```

（3）下面仅给出 cs 文件的程序代码。

① 在_Default 类开头定义页面内各过程使用的公共变量，需要保持值的使用静态变量。

```
public partial class _Default : System.Web.UI.Page
{
    //定义各过程都有效的公共变量，需要保持值的使用静态变量
    static SqlConnection cn;                    //定义数据库连接对象 SqlConnection 变量 cn
```

```
    SqlCommand cmd = new SqlCommand();  //定义和创建 SqlCommand 对象变量 cmd
    //…以下为后续②~③中的程序代码
}
```

② 页面第一次加载时，使用 DataReader 获得课程号列表，绑定 DropDowList1 显示。

```
protected void Page_Load(object sender, EventArgs e)
  {
    if (!IsPostBack)  //如果是页面首次加载执行下面代码，如因按钮回传消息加载页面，则不执行
    {
        //从 Web.Config 文件中提取连接字符串
        ConnectionStringSettings Settings;  //定义连接字符串变量 Settings
        Settings = ConfigurationManager.ConnectionStrings["SchoolConnectionString"];//提取连接字符串
        if (Settings != null)   //如果连接字符串不为空，则执行下面代码
        {
            //定义和创建数据库连接对象 cn
            cn = new SqlConnection(Settings.ConnectionString);
            cn.Open();
            //给 SqlCommand 对象 cmd 的相关属性赋值，指定 SQL 命令
            cmd.CommandText = "Select CourseCode From Course Order By CourseCode";
            cmd.Connection = cn;
            //定义 SqlDataReader 对象 rd，通过 cmd 执行 ExecuteReader()获得查询结果
            SqlDataReader rd = cmd.ExecuteReader();
            //采用 DropDownList1 绑定到 rd 的方法为 DropDownList1 指定显示内容
            DropDownList1.DataSource = rd;  //指定数据源 rd
            DropDownList1.DataTextField = rd.GetName(0); //获取 rd 第一个字段名为 Text 提供值
            DropDownList1.DataBind();       //与 rd 绑定
            //关闭 rd，关闭 cn
            rd.Close();
            cn.Close();
        }
    }
  }
```

上面代码中，为 DropDownList1 指定显示内容可不用绑定方法，依次读入 rd 的记录添加。

```
if (rd.HasRows)
{
    while (rd.Read())
    {
        DropDownList1.Items.Add(rd.GetString(0));  //绑定第一个字段
    }
}
```

③ 在 DropDownList1 中选择课程号，使用 DataReader 获得课程号列表，通过 SqlCommand 执行 ExecuteReader()调用存储过程获得含有“课程名称”和“选课人数”两个字段的单行数据；执行 ExecuteScalar()调用存储过程不及格人数单个值。

```
protected void DropDownList1_SelectedIndexChanged(object sender, EventArgs e)
{
    //给 SqlCommand 对象 cmd 的相关属性赋值，指定命令类型和存储过程名
    cmd.CommandText = "proc_StatisticsGrade";
    cmd.CommandType = CommandType.StoredProcedure;
    cmd.Connection = cn;
    cn.Open();
    //定义和创建 SqlParameter 对象 param,并为 cmd 的操作命令的参数赋值
    SqlParameter param = new SqlParameter("@CourseCode", SqlDbType.Char, 3);
    param.Value = DropDownList1.Text;
    cmd.Parameters.Add(param);
    //定义 SqlDataReader 对象 rd，执行 ExecuteReader()获得查询结果，读 rd 第一条记录显示结果
    SqlDataReader rd = cmd.ExecuteReader();   //执行 cmd. ExecuteReader()，获得课程名和选课人数
    if (rd.HasRows)    //如果 rd 中有记录
      {
        rd.Read();                          //读 rd 中的一行
        TextBox1.Text =(string) rd[0];    //获取课程名称
        TextBox2.Text =rd[1].ToString(); //获取选课人数，并将数值转换为字符串
      }
    rd.Close();    //关闭 rd

    //修改 cmd 的 CommandText 为新的存储过程名，执行 ExecuteScalar()获得不及格人数
    cmd.CommandText = "proc_StatisticsGradeFail";
    TextBox3.Text = cmd.ExecuteScalar().ToString();   //执行 cmd.ExecuteScalar()，获得不及格人数
    cn.Close();   //关闭 cn
}
```

> **提示**：SqlDataReader 创建后的默认位置在第一条记录前面，第一次执行 Read()方法获取第一条记录。再次执行则获得下一条记录。

8.3.2 基于 SqlCommand 的数据更新

在与数据库建立连接后，可直接采用 SqlCommand 的 ExecuteNonQuery()方法执行 SqlCommand 中的更新命令实现对数据库的更新，并且客户端返回受影响的记录行数。

例 8.5 演示了使用 ExecuteNonQuery()方法实现添加、修改、删除数据等数据更新操作。

【例 8.5】 采用 SqlCommand 的 ExecuteNonQuery()实现例 8.3 的数据维护功能，并通过窗体底部标签显示操作状态的提示信息。页面运行效果如图 8.9 所示。页面设计如图 8.10 所示。

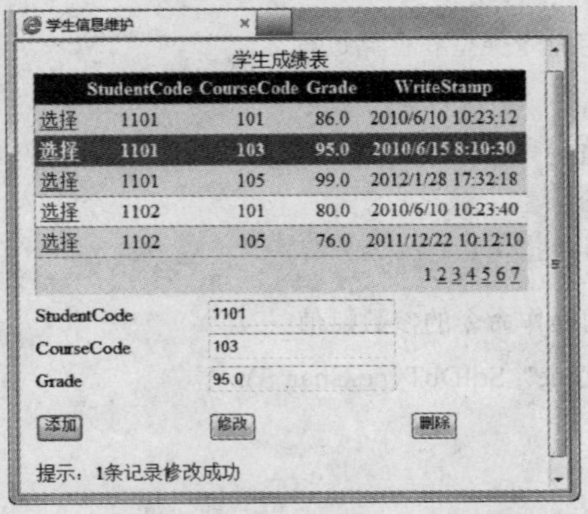

图 8.9 学生成绩信息维护页面运行效果

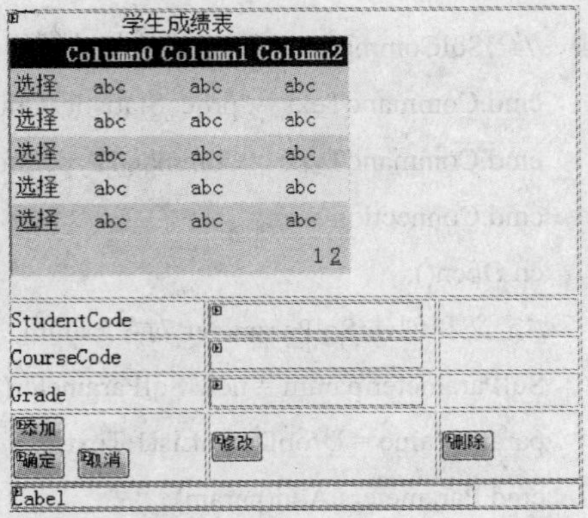

图 8.10 页面设计

（1）创建存储过程。

① 向 Grade 添加记录的存储过程 proc_AddGradeRecord。

```
Create Procedure proc_AddGradeRecord
@StudentCode Char(4),@CourseCode Char(3),@Grade Decimal(4,1)
As
Insert Into Grade(StudentCode,CourseCode,Grade)
Values(@StudentCode,@CourseCode,@Grade)
```

② 修改 Grade 中记录的存储过程 proc_UpdateGradeRecord。

```
Create Procedure proc_UpdateGradeRecord
@StudentCode Char(4),@CourseCode Char(3),@Grade Decimal(4,1)
As
Update Grade Set Grade=@Grade
Where StudentCode=@StudentCode And CourseCode=@CourseCode
```

③ 删除 Grade 中记录的存储过程 proc_DeleteGradeRecord。

```
Create Procedure proc_DeleteGradeRecord
@StudentCode Char(4),@CourseCode Char(3)
As
Delete From Grade
Where StudentCode=@StudentCode And CourseCode=@CourseCode
```

（2）这里仅给出“修改”按钮所对应的程序代码。“添加”和“删除”按钮代码相似，只是调用存储过程名不同、参数个数不同以及提示语句不同，具体代码参见本书所附电子资源。

```
protected void Button4_Click(object sender, EventArgs e)      //修改选中记录
    {
        //cn 是全局变量，已在 Page_Load 中创建
        //创建 SqlCommand 对象 cmd 并给相关属性赋值，指定命令类型和存储过程名
        SqlCommand cmd = new SqlCommand();
        cmd.CommandText = "proc_UpdateGradeRecord";
        cmd.CommandType = CommandType.StoredProcedure;
        cmd.Connection = cn;
        //定义和创建 SqlParameter 对象 param，并为 cmd 的操作命令的参数赋值
        SqlParameter param1 = new SqlParameter("@StudentCode", SqlDbType.Char, 4);
        param1.Value = TextBox1.Text;
        cmd.Parameters.Add(param1);
        SqlParameter param2 = new SqlParameter("@CourseCode", SqlDbType.Char, 3);
        param2.Value = TextBox2.Text;
        cmd.Parameters.Add(param2);
        SqlParameter param3 = new SqlParameter("@Grade", SqlDbType.Float);
        param3.Value = TextBox3.Text;
        cmd.Parameters.Add(param3);
        cn.Open();
        try
        {
            int i=cmd.ExecuteNonQuery(); //执行存储过程插入记录，变量 i 为受影响的记录行数
            if (i > 0)
            {
                Label1.Text= "提示：" + i + "条记录修改成功";
            }
        }
        catch (SqlException ex)              //捕获 Try 后的程序段执行异常
        {
            Label1.Text = ex.Message; //报告出错的异常原因
        }
        cn.Close();                          //关闭数据库连接
        //调用自定义过程 RefreshGridView()，刷新 GridView1
        RefreshGridView();
    }
```

（3）刷新 GridView1 以便显示更新结果，并且清空文本框。

```
protected void RefreshGridView()
{
```

```
    //重新获取数据源
    ds.Clear();              //清空数据集 ds
    cn.Open();               //打开数据库连接 cn
    da.Fill(ds, "Grade");    //填充数据集 ds
    cn.Close();              //关闭数据库连接 cn
    //为控件 GridView1 指定显示的数据源,将数据源绑定到 GridView 控件
    GridView1.DataSource = ds.Tables["Grade"].DefaultView;
    GridView1.DataBind();
    TextBox1.Text = "";
    TextBox2.Text = "";
    TextBox3.Text = "";
}
```

SqlCommand 的 ExecuteNonQuery()不仅用来执行更新命令，也可以执行查询命令，通过存储过程的 OUTPUT 类型参数返回结果。

【例 8.6】 利用 SqlCommand 的 ExecuteNonQuery()实现例 8.4，给定课程号查询该课程的课程名称、参加考试的人数和不及格人数的功能。页面效果如图 8.11 所示，页面设计如图 8.12 所示。

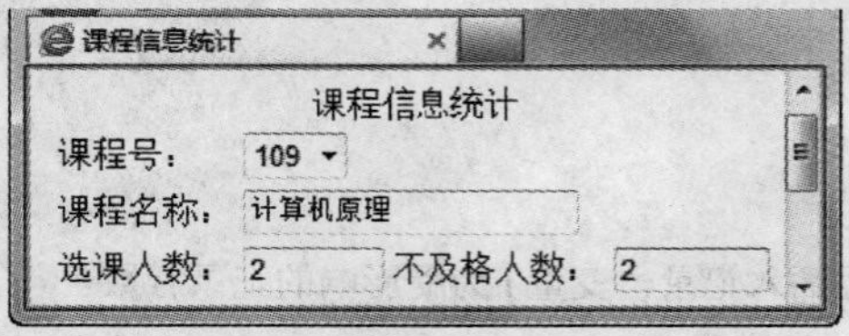

图 8.11　统计课程的选课和成绩信息

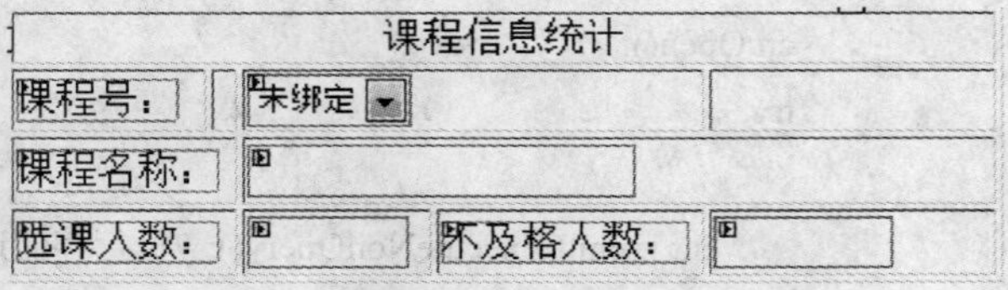

图 8.12　页面设计

（1）创建按课程统计选课人数、不及格人数的存储过程 proc_StatisticsGradeAll。

```
CREATE Procedure proc_StatisticsGradeAll
@CsCode char(3), @CsName NvarChar(16) OUTPUT, @TotalSt int OUTPUT, @TotalFailSt int OUTPUT
As
Select @CsName=CourseName, @TotalSt=count(StudentCode)
From Course Inner Join Grade On Course.CourseCode=Grade.CourseCode
Where Course.CourseCode=@CsCode Group by CourseName
Select @TotalFailSt=count(StudentCode)
From Grade Where Grade<60 and CourseCode=@CsCode and Grade IS NOT NULL
```

（2）程序代码如下。

```
protected void DropDownList1_SelectedIndexChanged(object sender, EventArgs e)
   {    //cn 和 cmd 已经在 Page_Load 中创建
        //给 SqlCommand 对象 cmd 的相关属性赋值，指定命令类型和存储过程名
```

```
        cmd.CommandText = "proc_StatisticsGradeAll";
        cmd.CommandType = CommandType.StoredProcedure;
        cmd.Connection = cn;
        //定义和创建 SqlParameter 对象 param，并为各参数赋值
        SqlParameter param1 = new SqlParameter("@CsCode", SqlDbType.Char, 3);
        param1.Value = DropDownList1.Text;
        cmd.Parameters.Add(param1);
        SqlParameter param2 = new SqlParameter("@CsName", SqlDbType.NVarChar, 16);
        param2.Direction = ParameterDirection.Output;
        cmd.Parameters.Add(param2);
        SqlParameter param3 = new SqlParameter("@TotalSt", SqlDbType.Int);
        param3.Direction=ParameterDirection.Output;
        cmd.Parameters.Add(param3);
        SqlParameter param4 = new SqlParameter("@TotalFailSt", SqlDbType.Int);
        param4.Direction = ParameterDirection.Output;
        cmd.Parameters.Add(param4);
        cn.Open();
        try
            {
                cmd.ExecuteNonQuery();        //调用 cmd 指定的存储过程，执行查询
                TextBox1.Text = param2.Value.ToString(); //输出课程名
                TextBox2.Text = param3.Value.ToString(); //输出选课人数
                TextBox3.Text = param4.Value.ToString(); //输出不及格人数
            }
            catch (SqlException ex)     //异常处理
            {
                Response.Write(ex.Message);   //报告出错消息
            }
          cn.Close();                   //关闭数据库连接
    }
```

8.4　数据库应用程序中事务的应用

在数据库应用程序中，往往存在一些需要保证其原子性的数据库操作序列，第 5 章中介绍了事务机制，就是将一组需要保证其原子性的数据库操作定义为事务，当事务执行完毕之后，它所包含的所有数据库操作要么都成功执行被提交，要么都被取消。

可以在存储过程中使用事务，也可以在 ADO.NET 程序中，使用 SqlConnection 对象、

Transaction 对象和 SqlCommand 对象来控制事务，其一般的操作步骤如下。

（1）创建一个 SqlConnection 对象，建立与数据库的连接。

（2）用 SqlConnection 对象的 BeginTransaction()方法创建一个 Transaction 对象，启动本地事务。即调用 SqlConnection 对象的 BeginTransaction()方法来标记事务的开始，BeginTransaction()方法会返回对 Transaction 对象的引用。

（3）创建一个 SqlCommand 对象，将 Transaction 对象分配给 SqlCommand 对象的 Transaction 属性。

（4）执行事务的数据库命令。

（5）根据数据库命令的执行情况，调用 Transaction 对象的 Commit()方法来提交事务，或者调用 Rollback()方法来取消事务，即回滚在数据源中所做的修改。

【例 8.7】 将教务系统中学生退学的操作定义为一个事务（包括将 Student 表和 Grade 表中的退学学生相关信息放入历史表 HistoryStudent 和 HistoryGrade，然后再从两个表中删除这些信息），本例假定优秀生不会被退学。页面如图 8.13 所示，启动后下拉列表中自动显示学号列表，选择学号后在 GridView 中显示该生信息。单击“退学”按钮执行事务。

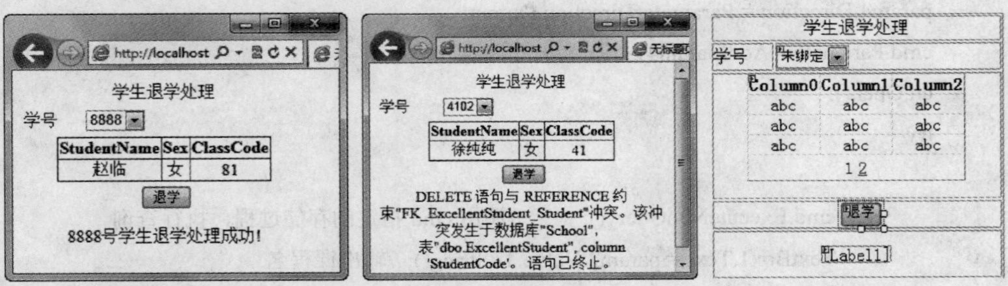

(a) 事务执行成功　　(b) 事务执行失败　　(c) 页面设计

图 8.13 程序运行效果及页面设计

这里只给出“退学”按钮下的程序代码。其他代码请参照本书所附电子资源。

```
protected void Button1_Click(object sender, EventArgs e)
  {
     //从 Web.Config 文件中提取连接字符串
     ConnectionStringSettings Settings;
     Settings = ConfigurationManager.ConnectionStrings["SchoolConnectionString"];
     if (Settings != null)     //如果连接字符串不为空，则执行下面代码
     {
          //定义和创建数据库连接对象 cn
          SqlConnection cn = new SqlConnection(Settings.ConnectionString);
          cn.Open();
          /*用 SqlConnection 的 BeginTransaction 方法创建名为 Trans 的 Transaction 对象，
          将 SqlTransaction 对象分配给 SqlCommand 对象的 Transaction 属性*/
```

```
SqlTransaction Trans = cn.BeginTransaction();
SqlCommand cmd = new SqlCommand();
cmd.Connection = cn;
cmd.Transaction = Trans;
try
{
    //在 HistoryGrade 表中插入一条记录
    string sql="Insert Into HistoryGrade Select * From Grade Where StudentCode=@StCode";
    cmd.CommandText = sql;
    //定义和创建 SqlParameter 对象 param，并为 cmd 的操作命令的参数赋值
    SqlParameter param1 = new SqlParameter("@StCode", SqlDbType.Char, 4);
    param1.Value = DropDownList1.Text;
    cmd.Parameters.Add(param1);
    cmd.ExecuteNonQuery();
    //删除 Grade 表中相应的记录
    sql="Delete From Grade Where StudentCode=@StCode";
    cmd.CommandText = sql;
    cmd.ExecuteNonQuery();
    //在 HistoryStudent 表中插入一条记录，本句未使用 SqlParameter，直接构造 SQL 语句
    sql = "Insert Into HistoryStudent Select * From Student Where StudentCode=@StCode";
    cmd.CommandText = sql;
    cmd.ExecuteNonQuery();
    //删除 Student 表中相应的记录，本句未使用 SqlParameter，直接构造 SQL 语句
    cmd.CommandText = "Delete From Student Where StudentCode=@StCode";
    cmd.ExecuteNonQuery();
    //事务提交
    Trans.Commit();
    Label1.Text = DropDownList1.Text + "号学生退学处理成功!";
}
catch (Exception ex)   //捕捉异常
{
    //回滚事务
    Trans.Rollback();
    Label1.Text = ex.Message;
}
finally
{
```

```
                cn.Close();
            }
        }
    }
```

如果在存储过程中使用事务，存储过程代码如下，创建好后，在程序中调用执行，该存储过程会利用事务保证 4 个操作的原子性，即如出错会回滚在数据库中所做的修改。

```
Create Procedure proc_StudentExit
@stCode Char(4)
As
BEGIN TRANSACTION
Insert Into HistoryGrade Select * From Grade Where StudentCode=@StCode
Delete From Grade Where StudentCode=@StCode
Insert Into HistoryStudent Select * From Student Where StudentCode=@StCode
Delete From Student    Where StudentCode=@StCode
IF @@error <> 0   --发生错误
    BEGIN
        ROLLBACK TRANSACTION
        RETURN 0
    END
ELSE
    BEGIN
        COMMIT TRANSACTION
        RETURN 1      --执行成功
    END
```

8.5 ASP.NET 数据库应用程序的分层架构

第 7 章和本章介绍了在 ASP.NET 应用中实现数据库访问的两种方法：使用 SqlDataSource 数据源控件和在代码页中编写 ADO.NET 代码。这两种实现方法的共同特点是将数据访问代码以及业务逻辑紧密耦合在一起，并且直接包含在 ASP.NET 网页中，对于简单的小型系统开发比较方便。但对于业务规则复杂易变、团队开发的项目，程序采用分层架构设计，便于代码共享和功能维护扩展，如果分层部署在不同的机器上也有利于灵活配置系统硬件和软件资源。

目前常用的分层架构是三层架构，即将用户界面层、业务逻辑层和数据访问层分离，各层的主要任务如下。

（1）数据访问层实现对数据源的数据访问操作，包括数据的检索、插入、删除、更新、排序与统计等。

（2）业务逻辑层又称为组件层，它针对具体的问题实现相应的业务逻辑处理，包括业务规则的实现、数据访问以及合法性验证等。它是用户界面层和数据访问层之间的纽带。

（3）用户界面层又称表示层，包含人机交互界面，实现数据的显示、输入与输出等操作，有时也包含合法性验证。

ASP.NET 借助于 ADO.NET 的数据源访问功能，可以方便地使用三层架构设计思想开发应用程序，三层体系架构的各部分实现如图 8.14 所示。

表示层为 ASP.NET 页面（.aspx 和.cs 文件），业务逻辑层是根据用户需求设计的若干业务逻辑组件，数据访问层直接使用 ADO.NET 的内置对象来访问数据库。系统的实现是从数据库到表示层从底向上依次完成。例 8.8 说明三层架构程序的设计思想和实现步骤。

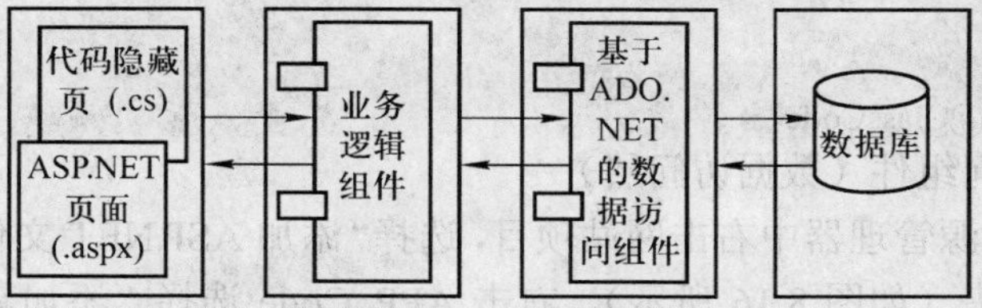

图 8.14 基于 ADO.NET 的 ASP.NET 三层架构示意图

【例 8.8】 采用三层架构的设计思想建立一个网站，实现按班号查询指定班级信息，并对选定班级信息进行维护。页面运行效果如图 8.15 所示。

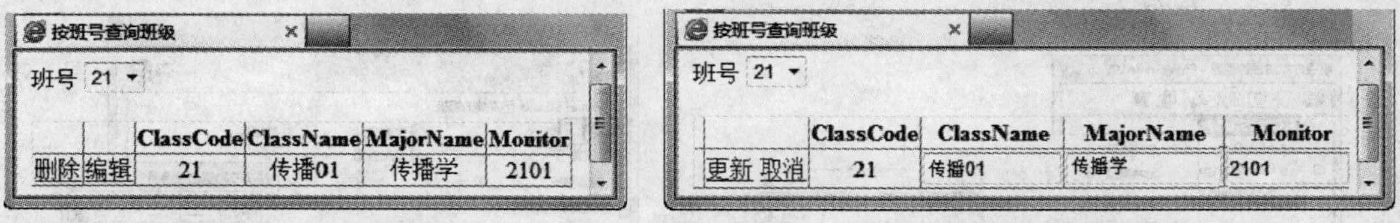

(a) 查询班级信息 (b) 修改班级信息

图 8.15 查询和维护班级信息的程序运行效果

（1）创建存储过程，为数据访问层提供操作命令

① 查询所有班级记录信息。

```
CREATE PROC proc_GetClasses
AS
SELECT * FROM Class
Order by ClassCode
```

② 按班号查询班级信息。

```
CREATE PROC proc_GetClass
@ClassCode char(2)
AS
SELECT * FROM Class
Where ClassCode=@ClassCode
```

③ 按班号修改该班级信息。

```
CREATE PROC proc_UpdateClass
    @ClassCode char(4),@ClassName nvarchar(10),@MajorName nvarchar(10),@Monitor char(4)
AS
UPDATE Class
SET   ClassName=@ClassName,MajorName=@MajorName,Monitor=@Monitor
WHERE ClassCode=@ClassCode
```

④ 按班号删除该班级信息。

```
CREATE PROC proc_DelClass
    @ClassCode char(4)
AS
Delete From Class
WHERE ClassCode=@ClassCode
```

（2）创建数据访问组件（数据访问层）

① 在解决方案资源管理器中右击网站项目，选择“添加 ASP.NET 文件夹”下的 APP_Code，建立 APP_Code 文件夹（如图 8.16 所示）。右击 APP_Code 选择“添加新项”命令，在“添加新项”对话框中选择“类”，并输入类的文件名（本例命名为 DataBase.cs），单击“添加”按钮（如图 8.17 所示）。

提示：APP_Code 文件夹专门用于存放数据访问层和业务逻辑层的各种用户自定义组件。

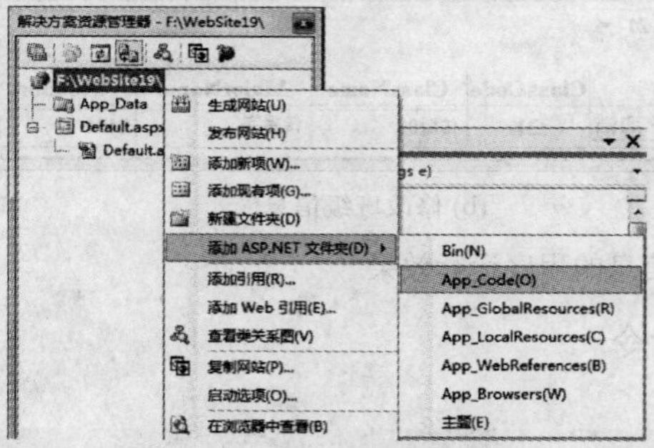

图 8.16　添加 APP_Code 文件夹

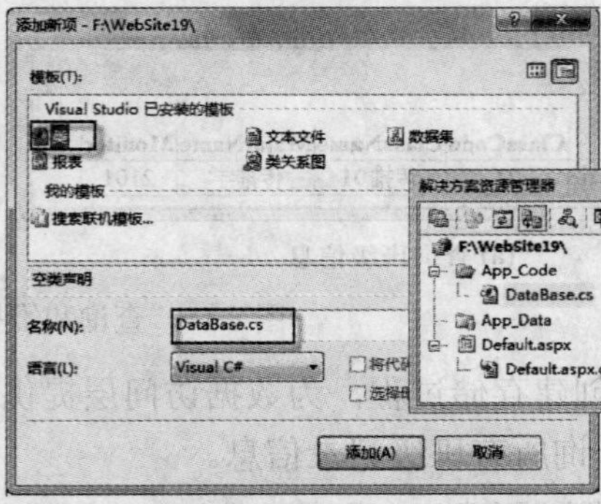

图 8.17　添加类

② 在代码编辑器中为 DataBase.cs 编写数据访问组件，该类成员包括一个属性和两个方法（如表 8.2 所示）。读者可以参照定义其他类成员。

表 8.2　DataBse 类成员说明

成员类别	名　称	功　能
属性	cnString	数据库连接字符串
方法	GetDataSetFromProc()	执行存储过程，返回一个数据集合 DataSet
方法	GetAffectedRecordNum()	执行存储过程，完成更新操作并返回受影响的行

DataBase.cs 的源代码如下。

```
using System;
using System.Data;
using System.Configuration;
using System.Data.SqlClient;   //添加数据访问提供程序
//创建数据访问组件 DataBase
public class DataBase
{
      string cnString       //通过 Web.config 获取连接字符串 cnString
        {
            get
            {
             ConnectionStringSettings settings;
             settings=ConfigurationManager.ConnectionStrings["SchoolConnectionString"];
             if (settings!=null)
                return settings.ConnectionString;
             else
                 return "";
            }
        }
//执行指定的存储过程，查询返回数据集。spName 表示存储过程名，ps 是参数数组
    public DataSet GetDataSetFromProc(string spName, SqlParameter[] ps)
    {
        SqlConnection cn;                          //定义数据库连接对象 cn
        DataSet ds=new DataSet();                  //定义数据集对象 ds
        if (cnString !="")
        {
            cn = new SqlConnection(cnString);
            SqlCommand cmd =new SqlCommand(); //定义 SqlCommand 对象 cmd
            cmd.Connection=cn;
            cmd.CommandType=CommandType.StoredProcedure;
            cmd.CommandText=spName;
            foreach(SqlParameter p in ps)              //封装存储过程的参数
            {
            cmd.Parameters.Add(p);
            }
            SqlDataAdapter da= new SqlDataAdapter(); //创建 SqlDataAdapter 对象 da;
```

```
                da.SelectCommand=cmd;
                cn.Open();
                da.Fill(ds);      //填充数据集 ds
                cn.Close();
            }
            return ds;              //返回数据集 ds
        }
    //执行指定的存储过程，更新数据库，并返回受影响的行。spName 表示存储过程名，ps 是参数数组
        public int ExecNonQueryFromProc(string spName, SqlParameter[] ps)
        {
            SqlConnection cn;                       //定义数据库连接对象 cn
            DataSet ds=new DataSet();               //定义数据集对象 ds
            int n=0;
            if (cnString !="")
            {
                cn = new SqlConnection(cnString);
                SqlCommand cmd =new SqlCommand(); //定义 SqlCommand 对象 cmd
                cmd.Connection=cn;
                cmd.CommandType=CommandType.StoredProcedure;
                cmd.CommandText=spName;
                foreach (SqlParameter p in ps)              //封装存储过程的参数
                {
                cmd.Parameters.Add(p);
                }
                cn.Open();
                n=cmd.ExecuteNonQuery();                    //执行存储过程
                cn.Close();
            }
            return n;       //返回影响的记录个数 n
        }
    }
```

从以上代码中可见，数据访问层的方法以存储过程名及其参数（也可以是 SQL 语句及其参数）作为自己的参数，借助 ADO.NET 的各内置对象实现数据源的操作，但并不限定具体访问的数据表和要执行的操作，因此，该类可以被不同的业务程序重用。

（3）创建业务逻辑组件（业务逻辑层）

在 APP_Code 文件夹下添加一个新的“类”（本例命名为 Classes.cs，表示班级）。Classes.cs 的源代码如下。

```
using System;
using System.Data;
using System.Configuration;
using System.Data.SqlClient; //添加数据访问提供程序
//创建业务逻辑组件，实现班级信息的维护
public class Classes
{
    //查询所有班级的记录信息
    public DataSet getClasses()
    {
        DataSet ds =new DataSet();
        DataBase db = new DataBase();   //定义 DataBase 对象实例
        //调用数据访问层的 DataBase 的方法 GetDataSetFromProc 完成查询
        ds=db.GetDataSetFromProc("proc_GetClasses", new SqlParameter[0]);
        return ds;    //返回结果集
    }
    //添加一条班级记录
    public int insClass(string ClassCode,string ClassName,string MajorName, string Monitor)
    {   //构造数据访问组件 ExecNonQueryFromProc 所需要的参数集合
        SqlParameter[] ps = new SqlParameter[4];
        ps[0]= new SqlParameter("@ClassCode",ClassCode);
        ps[1]= new SqlParameter("@ClassName",ClassName);
        ps[2]= new SqlParameter("@MajorName",MajorName);
        ps[3]= new SqlParameter("@Monitor",Monitor);
        DataBase db= new DataBase();
        //调用数据访问层的 DataBase 的方法 ExecNonQueryFromProc 来完成插入
        return db.ExecNonQueryFromProc("proc_InsClass", ps);
    }
    //按班号删除一个班级记录
    public int delClass(string ClassCode)
    {   //构造数据访问组件 ExecNonQueryFromProc 所需要的参数集合
        SqlParameter[] ps = new SqlParameter[1];
        ps[0]= new SqlParameter("@ClassCode",ClassCode);
        DataBase db= new DataBase();
        //调用数据访问层的 DataBase 的方法 ExecNonQueryFromProc 来完成删除
        return db.ExecNonQueryFromProc("proc_DelClass",ps);
    }
    //更新班级记录
```

```
    public int updateClass(string ClassCode,string ClassName,string MajorName, string Monitor)
      {   //构造数据访问组件 ExecNonQueryFromProc 所需要的参数集合
         SqlParameter[] ps = new SqlParameter[4];
         ps[0]= new SqlParameter("@ClassCode",ClassCode);
         ps[1]= new SqlParameter("@ClassName",ClassName);
         ps[2]= new SqlParameter("@MajorName",MajorName);
         ps[3]= new SqlParameter("@Monitor",Monitor);
         DataBase db= new DataBase();
         //调用数据访问层的 DataBase 的方法 ExecNonQueryFromProc 来完成修改
         return db.ExecNonQueryFromProc("proc_UpdateClass",ps);
      }
    //按班号查询班级记录
    public DataSet getClass(string ClassCode)
      {
         DataSet ds =new DataSet();
         DataBase db = new DataBase();
         SqlParameter[] ps = new SqlParameter[1];
         ps[0]= new SqlParameter("@ClassCode",ClassCode);
         ps[0].Value=ClassCode;
         //调用数据访问层的 DataBase 的方法 GetDataSetFromProc 完成查询
         ds=db.GetDataSetFromProc("proc_GetClass", ps);
         return ds;    //返回结果集
      }
}
```

从以上代码中可见，业务逻辑层根据业务处理需要和数据访问层的方法要求，构造传递给数据访问层的入口参数，调用数据访问层的方法操作数据库，并接收返回结果，也可以对结果进行一定的处理，最后返回给用户界面层。业务逻辑层要明确具体访问的数据表和进行的操作，并要准确体现业务处理流程，但并不需要考虑用户界面的表现形式。

（4）创建 Web 窗体页面（用户界面层）

首先创建一个新的 Web 窗体，并添加各种页面控件。然后将这些控件与业务逻辑层关联，调用相关方法完成业务功能，通过控件呈现操作结果。界面调用业务逻辑层的方法可以采用代码实现，也可以使用 ObjectDataSource 对象数据源控件。为说明两种方法，本例中的 GridView 采用 ObjectDataSource 配置和绑定数据源，DropDownList 采用代码实现调用。

① 在“设计”视图中（如图 8.18 所示）添加一个 Label、一个 DropDownList、一个 GridView、一个 ObjectDataSource。在 DropDownList 任务列表中勾选 AutoPostBack。

② 为 GridView1 配置 ObjectDataSource 数据源。在 ObjectDataSource1 任务列表中选择“配置数据源”命令（如图 8.18 所示），开始配置数据源。

第一步：在“选择业务对象”对话框中的业务对象列表中会自动列出 APP_Code 文件夹下

的所有组件，这里要选择已创建的业务逻辑组件 Classes（如图 8.19 所示）。

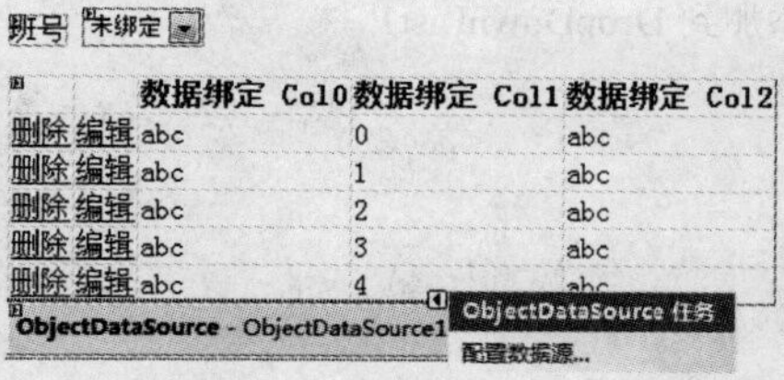

图 8.18　页面设计

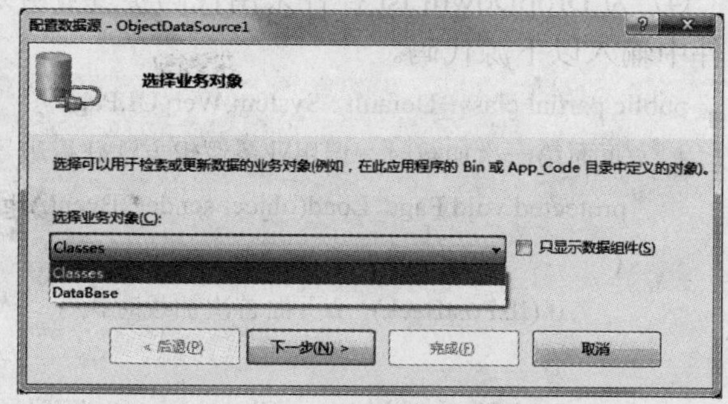

图 8.19　配置 ObjectDataSource 之选择业务对象

第二步：在“定义数据方法”对话框中，依次在 SELECT、UPDATE、INSERT、DELETE 选项卡下分别为各类操作选择业务逻辑组件 Classes 所定义的方法（如图 8.20 所示）。

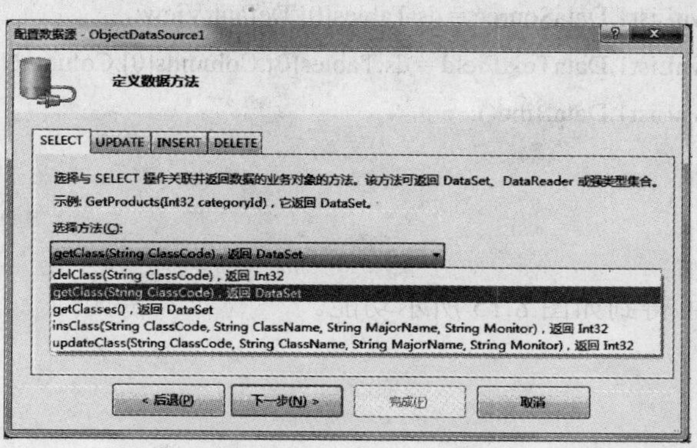

图 8.20　配置 ObjectDataSource 之定义数据方法

第三步：系统检测到 SELECT 下的 getClass 有一个参数，可以在这里定义参数来自 DropDownList1（如图 8.21 所示）。

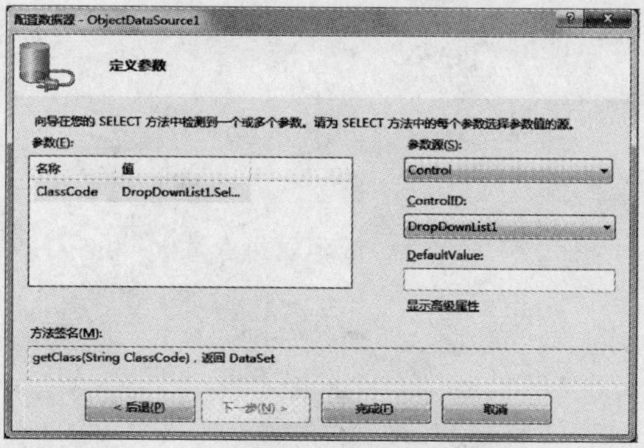

图 8.21　配置 ObjectDataSource 之定义参数

③ 为 GridView1 选择数据源为 ObjectDataSource1，并启用编辑、删除功能。

④ 为 DropDownList 控件采用代码实现业务逻辑的调用。在页面（本例为 Default.aspx.cs）文件中输入以下源代码。

```
public partial class _Default : System.Web.UI.Page
{   //页面第一次加载时，调用业务逻辑方法获得班号列表并添加到 DropDownList1
    protected void Page_Load(object sender, EventArgs e)
    {
        if (!IsPostBack)   //页面首次加载时执行
        {
            Classes cls = new Classes();        //定义和创建 Classes 类实例 cls
            DataSet ds = new DataSet();         //定义和创建数据集类实例 ds
            ds = cls.getClasses();     //调用业务逻辑方法 getClasses()查询所有班级信息
            //将查询获得的班号列表绑定到 DropDownList1
            DropDownList1.DataSource = ds.Tables[0].DefaultView;
            DropDownList1.DataTextField = ds.Tables[0].Columns[0].ColumnName;
            DropDownList1.DataBind();
        }
    }
}
```

（5）运行程序，即可得到如图 8.15 所示功能。

习题 8

1．试述 Microsoft SQL Server .NET 数据提供程序中包含的 ADO.NET 的主要对象及用途。
2．简述“断开式”和“连接式”数据访问模式的主要流程。
3．简述应用程序中事务的定义和使用方法。
4．数据库应用程序开发的三层架构体系中各层的主要任务是什么？

第9章 数据报表与数据图表

在信息系统中，一些数据需要以报表形式显示或打印，以帮助用户汇总、分析和解释重要信息，因此，数据报表和数据图表是信息系统不可或缺的部分。

本章介绍在 ASP.NET 环境下使用 Crystal Reports 实现数据报表和数据图表的方法。

9.1 数据报表和数据图表概述

1．认识数据报表和数据图表

数据报表和数据图表是将信息汇总输出或打印的一种表现形式，不仅可以集中、分类显示数据，还可以帮助用户进一步分析信息。例如，教务系统中的点名册、成绩表、销售系统中的销售分析图表等都是数据报表。

如图 9.1 所示是 Crystal Reports 自带的示例数据报表 World Sales Report.rpt 的运行效果。报表右侧为产品在各国家销售总额的数据表，左侧是以饼图展示的各国家销售比例的数据图表，另外，图中还包括图表的页眉、页脚等。这是一份数据内容简明、设计风格独特的报表。

2．数据报表设计

在 Web 应用程序中实现报表之前，首先应当进行报表设计，即根据业务需要和用户需求确定报表基本内容，列出信息大纲和布局，主要包括以下几方面。

（1）确定报表的总体目的和用途。

（2）确定报表布局：为报表拟订标题、页眉页脚中所需要的识别信息（如打印日期、报表页码、制表人信息、描述报表目的的文字、数据包含的范围）等。

（3）确定数据来源：确定报表中所使用的数据，包括所用数据库的类型和来源、获取数据库表中的数据、对数据字段值进行运算等。

（4）明确数据处理方法：包括数据的分组、排序、筛选、汇总、标记等。

（5）确定打印区域特性：包括确定打印顺序、打印频率等。

（6）设计报表的纸张原型：即在纸上规划出报表内容和布局。

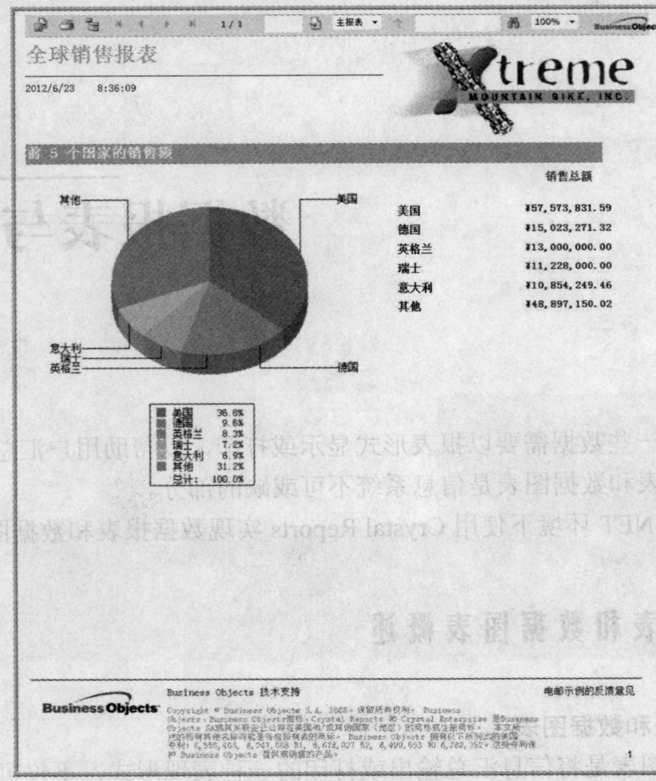

图 9.1 数据报表示例

3．数据图表设计

在数据报表中，除了数据列表和汇总，还可以包含彩色的、易读的图表，以增加报表的可读性和分析能力。要根据数据特点选择合适的图表类型，报表中常用的图表有条形图、饼图、散点图、面积图、雷达图等。图表不仅是一种表示数据的方法，也是一种分析工具，能够深化对数据的理解。

当向报表中添加图表时，通常根据组级的汇总和小计信息绘制图表。根据所用数据特点，也可以为报表创建高级图表、交叉表图或 OLAP 网格图表。

9.2 .NET 水晶报表

Visual Studio 2005 集成了标准报表创建工具 Crystal Reports，可以方便地支持创建和使用报表。开发人员也可以使用第三方报表工具设计开发报表。

9.2.1 .NET 水晶报表简介

1．.NET 水晶报表的核心组件

.NET 水晶报表包括以下核心组件，用来支持报表的设计和将报表嵌入到应用程序中。

1）嵌入式 Crystal Reports Designer

嵌入式 Crystal Reports Designer 可用于创建或修改报表。它由一个图形用户界面（用于进行“所见即所得”的报表设计）和一系列“报表创建向导”（用于简化数据连接、排序、分组和报表设计工作）组成。

2）报表查看器控件 CrystalReportViewer 和 CrystalReportPartsViewer

报表查看器控件 CrystalReportViewer 和 CrystalReportPartsViewer 封装了在窗体上显示报表所需的全部信息，可以添加到 Windows 或 Web 应用程序中的窗体上，用于显示、导出和打印报表。CrystalReportViewer 将报表显示在基于页面的布局中，可在页面之间进行移动，CrystalReportPartsViewer 控件将报表摘要信息显示在一个类似于门户的小窗口中，可通过一系列的链接部件向下钻取到报表。

3）对象模型

.NET 水晶报表提供了包含 CrystalReportViewer 和 ReportDocument 两个基本对象模型的 SDK。使用对象模型可以采用代码方式开发专业的数据报表。

2．.NET 水晶报表的数据访问方式

Crystal Reports 通过特定的数据库驱动程序与数据库连接，提供两种数据访问方式：拉模式（如图 9.2（a）所示）和推模式（如图 9.2（b）所示）。

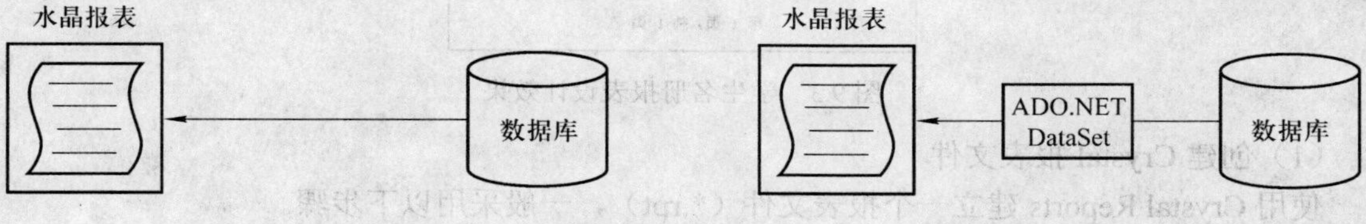

(a) 拉模式数据访问　　(b) 推模式数据访问

图 9.2　.NET 水晶报表的数据访问方式

1）拉模式

在拉模式中，水晶报表根据指定的驱动连接数据库并直接将需要的数据“拉”进报表。使用这种模式时，与数据库的连接和为了获取数据而执行的 SQL 命令均由 Crystal Reports 自行处理，不需要编写代码。

2）推模式

在推模式中，首先需要创建与报表中的字段相匹配的数据集 DataSet，然后将该数据集“推”送至报表。该方法可以在应用程序中共享数据库连接和数据集，并且在推送之前筛选出所需数据，从而提高报表性能。

9.2.2　以拉模式实现水晶报表

以拉模式实现水晶报表主要包括以下步骤。

（1）根据用户需求确定报表基本内容，设计纸张原型。

（2）在.NET 项目中创建 Crystal 报表文件，使用向导配置数据源。

（3）利用 Crystal Reports Designer 修改报表布局。

（4）向 Web 窗体中添加 CrystalReportViewer 控件，并将创建的 Crystal 报表绑定到 CrystalReportViewer 控件。

【例 9.1】 采用拉模式实现一个学生名册报表。

本例设计的学生名册报表的显示内容和布局如图 9.3 所示，报表中包括学生姓名、性别、生日和联系电话数据项，报表顶端显示“东华大学”和“学生名册”。在页面左上方显示打印日期，在页脚处显示“第 N 页 共 M 页”。

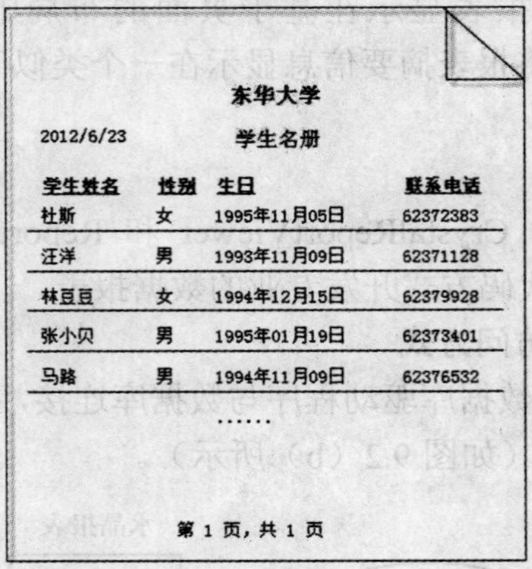

图 9.3 学生名册报表设计效果

（1）创建 Crystal 报表文件

使用 Crystal Reports 建立一个报表文件（*.rpt），一般采用以下步骤。

① 新建 Crystal 报表文件。在解决方案资源管理器中，右击网站项目名称，选择“添加新项”命令，在“添加新项”对话框中（如图 9.4 所示），“模板”选择“Crystal 报表”、“名称”文本框中输入报表文件名，默认文件名为 CrystalReport.rpt，单击“添加”按钮。

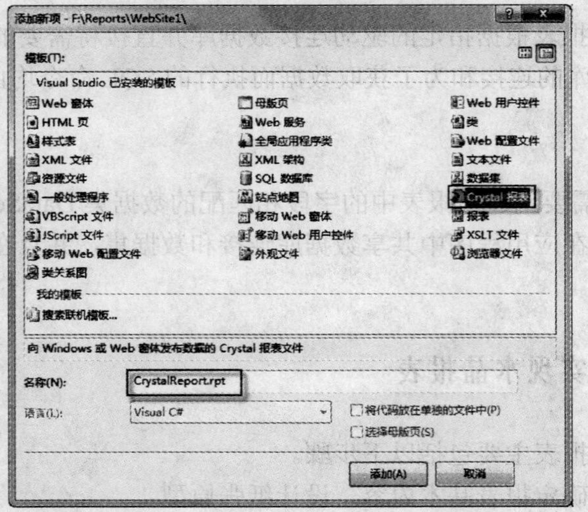

图 9.4 添加水晶报表

提示：第一次创建 Crystal 报表文件时，会出现"Crystal Reports 最终用户许可证"对话框，要求用户接受许可协议，选择接受许可即可。

② 选择报表创建选项。在随后出现的"Crystal Reports 库"对话框中，选择报表创建选项（如图 9.5 所示），使用默认设置"使用报表向导"，单击"确定"按钮。

图 9.5　水晶报表创建选项

③ 选择数据源。出现"标准报表创建向导"对话框（如图 9.6 所示），展开"创建新连接"，单击"OLE DB (ADO)"，在"OLE DB (ADO)"对话框中选择"Microsoft OLE DB Provider for SQL Server"，单击"下一步"按钮。

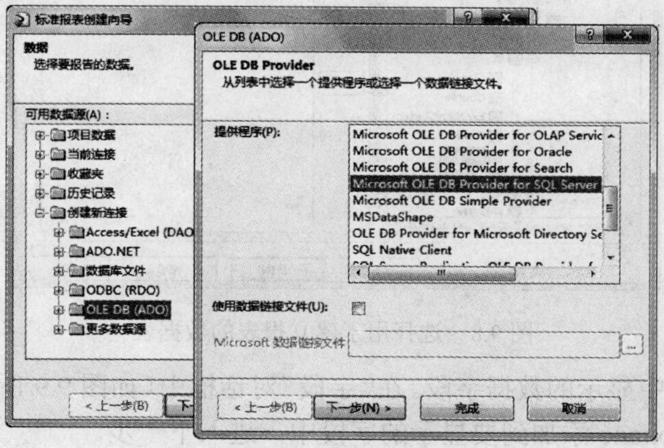

图 9.6　选择 OLE DB(ADO)数据源

④ 指定数据源连接的信息。在"OLE DB (ADO)连接信息"对话框（如图 9.7 所示）中选择或输入要连接的服务器名"."、用户 ID"sa"、密码为空、数据库名"School"，单击"下一步"按钮。在高级信息对话框中，单击"完成"按钮，返回"标准报表创建向导"对话框。

> 提示：也可以在图 9.7 中勾选“集成安全”，则不需要输入用户名和密码。

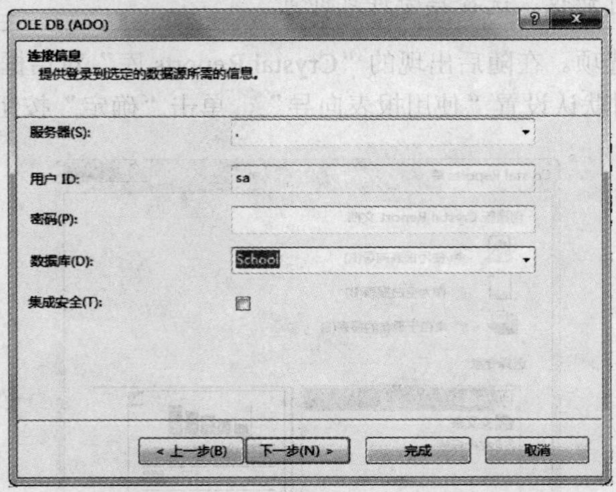

图 9.7　指定 OLE DB (ADO)数据源连接信息

⑤ 选择用于建立报表的数据表。在“数据”对话框中（如图 9.8 所示），展开 OLE DB (ADO)，双击数据源 School 中的 Student 表（或选中后单击 > 按钮）将其设为选定的表，进入下一步。

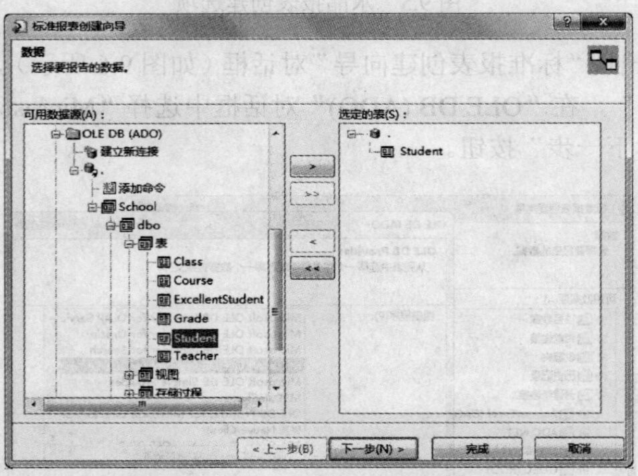

图 9.8　选择用于建立报表的数据表

⑥ 选择要在报表中显示的数据字段。在“字段”对话框中（如图 9.9 所示），将 StudentName、Sex、Birthday 和 Telephone 添加到要显示的字段中，进入下一步。

⑦ 在“分组”（将报表中的信息分组）和“记录选定”（选择要显示的信息子集）对话框中，根据需求做相应的选择。此例不做分组和记录选定，直接进入下一步。

⑧ 在“报表样式”对话框中，为报表选择格式化样式。此例采用默认的“标准”样式，单击“完成”按钮，创建报表向导结束，自动进入 Crystal Report Designer 页面（如图 9.10 所示）。同时，在解决方案资源管理器中将看到 CrystalReport.rpt 文件。

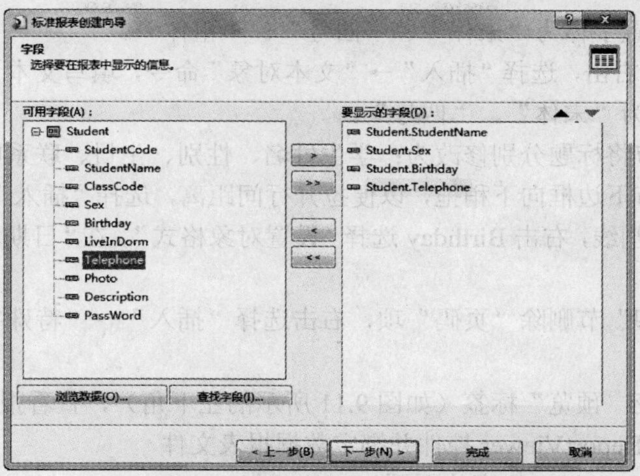

图 9.9　选择要在报表中显示的数据字段

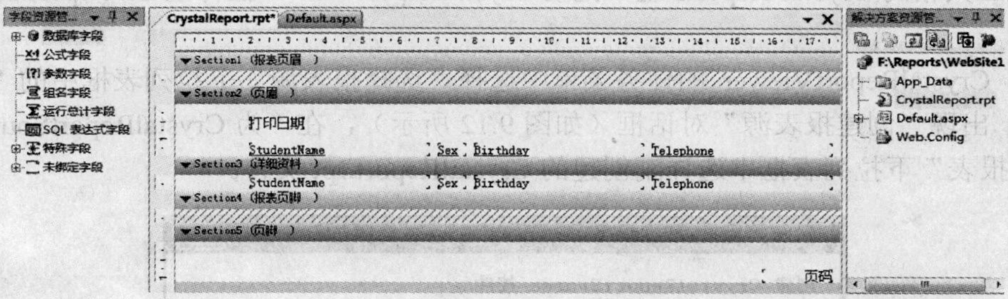

图 9.10　Crystal Reports Designer 和报表初始布局

（2）利用 Crystal Reports Designer 修改报表布局

在嵌入式 Crystal Reports Designer 的报表页眉节、页眉节、详细资料节、报表页脚节、页脚节中，调整报表的布局（如图 9.11 所示）。

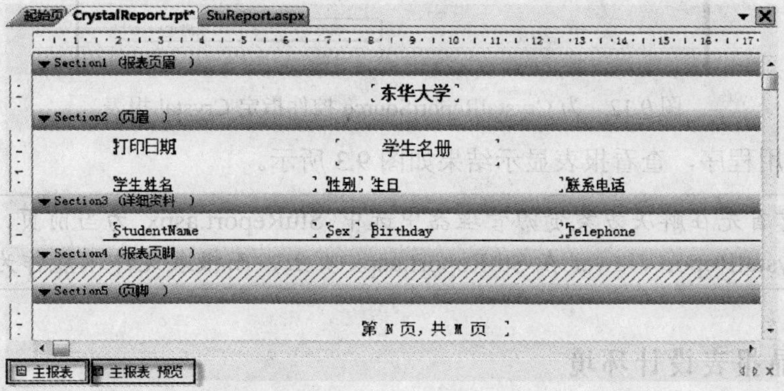

图 9.11　学生名册报表调整后的布局

① 在“报表页眉”处右击，选择“报表”→“节专家”命令进入“节专家”对话框，不选中“抑制显示（无向下钻取）”；选择“插入”→“文本对象”命令，填写文本“东华大学”，

在“属性”窗口中设置字体为“宋体”、“四号”、“粗体”。

② 在“页眉”处右击，选择“插入”→“文本对象”命令，填写文本“学生名册”，在“属性”窗口中设置字体为“宋体”、“四号”。

③ 在“页眉”节将标题分别修改为：学生姓名、性别、生日、联系电话。

④ 将详细资料节下边框向下稍拖，以便拉开行间距离，选择“插入”→“线”命令在下面画一条线作为页眉分割线，右击 Birthday 选择“设置对象格式”，在“日期和时间”中选择“1999年 03 月 01 日”。

⑤ 在“报表页脚”节删除“页码”项，右击选择“插入”→“特殊字段”→“第 N 页，共 M 页”，居中。

⑥ 单击“主报表 预览”标签（如图 9.11 所示的左下角），查看报表显示结果。

（3）添加 CrystalReportViewer 控件并绑定数据报表文件

① 新建一个 ASP.NET Web 窗体页面：StuReport.aspx。

② 从工具箱的 Crystal Reports 组中拖动 CrystalReportViewer 控件至 StuReport.aspx 的设计页面中。

③ 在 CrystalReportViewer 的任务菜单中选择“选择报表源”下拉列表框中的“新建报表源”命令，出现“创建报表源”对话框（如图 9.12 所示），在“为 CrystalReportSource 控件指定 Crystal 报表”下拉列表框中选择刚创建的 CrystalReport.rpt 文件。

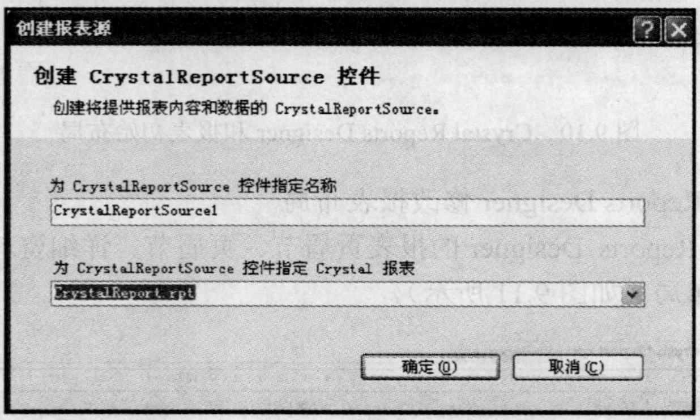

图 9.12 为 CrystalReportSource 控件指定 Crystal 报表

（4）运行应用程序，查看报表显示结果如图 9.3 所示。

提示： 注意首先在解决方案资源管理器中选中 StuReport.aspx 为当前页，再运行；因为浏览报表的 CrystalReportViewer 在 StuReport.aspx 页上，而报表文件不能作为页面。

9.2.3 水晶报表设计环境

为了辅助用户设计报表，系统提供了报表向导，引导用户一步步完成设计过程。为了以可视化方式支持报表设计，系统提供了 Crystal Reports Designer 设计环境。在例 9.1 中使用了这些工具和环境，下面对报表设计环境进行详细的介绍。

1．关于报表创建选项

每次创建新报表时，都有三个选项（如图 9.5 所示），可引导用户以不同的方式创建报表。

1）使用报表向导

报表向导可以一步一步地引导开发人员尽快地创建报表。Crystal Reports 提供了标准、交叉表、邮件标签等各类报表专家供开发人员选用。该方法简单快速。

2）作为空白报表

不经过报表向导直接进入 Crystal Reports Designer，用于从空白开始手工创建报表。数据及汇总运算、特殊字段等都可以通过随 Crystal Reports Designer 出现的“字段资源管理器”配置和获得，直接拖放到报表相应位置。该方式具有完全的灵活性。

3）来自于现有的报表

引导用户选择一个已经存在的报表（.rpt 文件）为模型而生成新的完全一样的报表，然后在 Crystal Reports Designer 中手工修改直到满足要求。该方法可充分利用已有的报表设计。

2．报表向导

“使用报表向导”通过若干步骤指导用户一步步地快速创建报表。下面详细说明向导中的各种选项的含义，便于读者灵活使用，创建满足各种需求的报表。

（1）“数据”：“数据”对话框为新报表选择数据源以及该数据源中的数据表（或视图、存储过程）。“可用数据源”列表（如图 9.13 所示）中会列出各类可选的数据源驱动，引导用户创建新的数据源设置。同时，在各类驱动下会列出在当前机器或当前项目中已配置的数据源，可直接选择使用。可以选择的数据源包括以下几种。

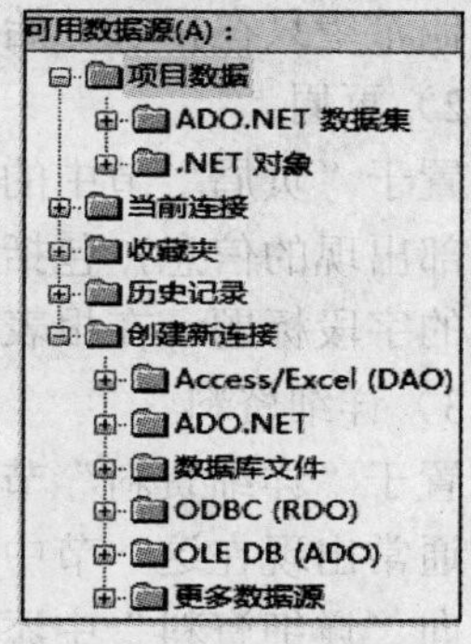

图 9.13　报表可用数据源

① 项目数据：当前连接的数据源列表和添加到当前项目中的 AOD.NET 数据集。

② OLE DB (ADO)：使用 OLE DB 提供程序的列表。

③ ODBC (RDO)：使用 ODBC 数据源的列表。

④ 数据库文件：本地驻留的数据库的列表。

⑤ 收藏夹：在“收藏夹”列表中维护的数据源的列表。

⑥ 历史记录：近期使用的数据源列表（一般显示 5 个）。

⑦ 更多数据源：可通过本机驱动程序访问的其他数据源。

（2）“链接”：如果在“数据”中选择了两个或更多的表，将出现报表创建向导“链接”步骤，用于设置和显示新报表中多个表之间的联接关系。

（3）“字段”：选择要包含在报表中的字段。

（4）“分组”：指定在报表上显示数据时的分组依据字段，是向导中的一个可选步骤。

（5）“汇总”：对已分组的数据选择要进行小计（求和、平均值、最大值、最小值、计数等）、添加百分比以及总计等运算的字段。创建汇总字段是向导中的一个可选步骤。

（6）“组排序”：对在“分组”步骤中创建的组进行排序。可以将所有组进行排序，也可以选择前 5 个组或后 5 个组进行排序。按前 5 个组或后 5 个组排序时，还可以选择排序所基于的汇总字段。仅当在“分组”步骤中指定了一个组并在“汇总”选项卡中指定了一个汇总时，才会出现此步骤。创建组排序是向导中的一个可选步骤。

（7）“图表”：在报表中创建图表是向导中的一个可选步骤。可以选择插入到报表中的各种不同图表类型、指定图表的标题等。

（8）“记录选定”：使用记录选定公式和参数筛选要包含在报表中的记录，是向导中的一个可选步骤。

（9）“报表样式”：从预定义的格式化样式中选择要在报表中使用的样式。

3．水晶报表的布局

创建报表时，大部分报表设计工作是在 Crystal Report Designer 中进行的。在 Crystal Report Designer 中，报表一般分为 5 个报表节（如图 9.11 所示）。

1）报表页眉

置于“报表页眉”节中的对象只在报表开头输出显示一次。此节通常用于显示报表的标题和其他希望只在报表开始位置出现的信息。

2）页眉

置于“页眉”节中的对象输出显示在每个新页的开始位置。此节通常用于显示希望在每页的顶部出现的信息，包括章节名、文档名称和其他类似信息。该节还可以用于显示报表中字段上方的字段标题，在报表中这些字段标题将作为标签显示在字段数据列的顶部。

3）详细资料

置于“详细资料”节中的对象随每条新记录输出显示。此节包含报表正文数据。批量报表数据通常出现在这一节中。当报表运行时，“详细资料”部分随每条记录重复输出显示。例如，如果向“详细资料”中添加了一个数据表对象，而这个数据表包含 100 条记录，那么报表在运行时将输出显示 100 个单独的“详细资料”部分。

4）报表页脚

置于“报表页脚”节中的对象只在报表的结束位置输出显示一次。此节可用来显示希望只在报表的末尾出现一次的信息（如总计）。

5）页脚

置于“页脚”节中的对象输出显示在每页的底部。此节通常包含页码和任何其他希望出现在每页底部的信息。

6）其他报表节

如果将组、汇总或小计添加到报表中，则 Crystal Report Designer 中会增加另外两个节：组页眉（在“详细资料”的上方）和组页脚（在“详细资料”的下方）。

（1）组页眉

置于“组页眉”节中的对象输出显示在每个新组的开始位置。此节通常显示组名字段，也用来显示包含组特定数据的图表或交叉表。“组页眉”节在每组的开始位置输出显示一次。

（2）组页脚

置于“组页脚”节中的对象输出显示在每组的结束位置。此节通常显示汇总数据（如果有），也可用来显示图表或交叉表。“组页脚”节在每组的结束位置输出显示一次。

与原始报表节一样，每个新添加的节也可以包含一个或多个子节。在默认情况下，它们都只包含一个节。出现在最终报表中的数据视用户的设计选择而定。具体地说，报表数据会因用户选择插入某个报表对象的节的不同而不同。

【例 9.2】 采用“拉”模式实现一个有分组汇总的报表，课程成绩汇总表（如图 9.14 所示），要求按课程分组显示每个学生的成绩，并统计各课程的平均成绩。

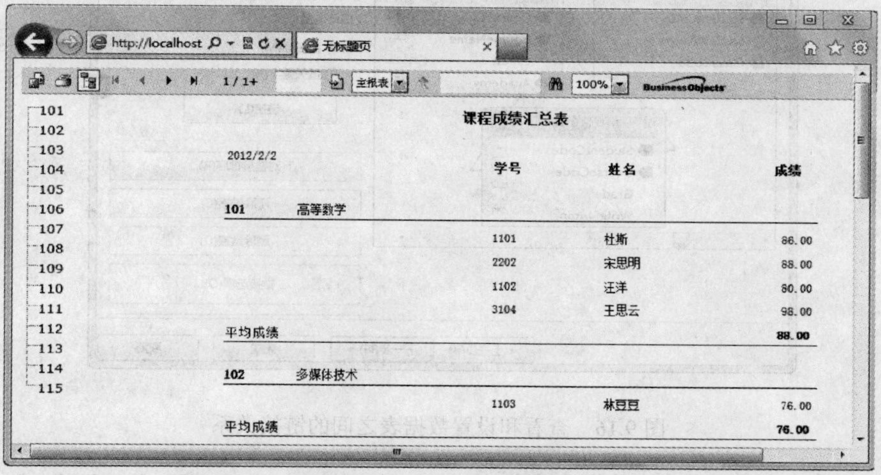

图 9.14　课程成绩汇总表

（1）建立一个新的 ASP.NET Web 网站或打开一个已存在的 ASP.NET Web 网站。

（2）在该网站中创建水晶报表，指定数据源连接信息为 School 数据库。

（3）在报表向导中设计报表内容。

① 选择用于建立报表的数据表。在出现的名为 School 的可用数据源中，选择 Student、Course 和 Grade 表（如图 9.15 所示），下一步出现数据表“链接”对话框，已建立的表间关系会自动显示，查看或修改链接后（如图 9.16 所示），进入下一步。

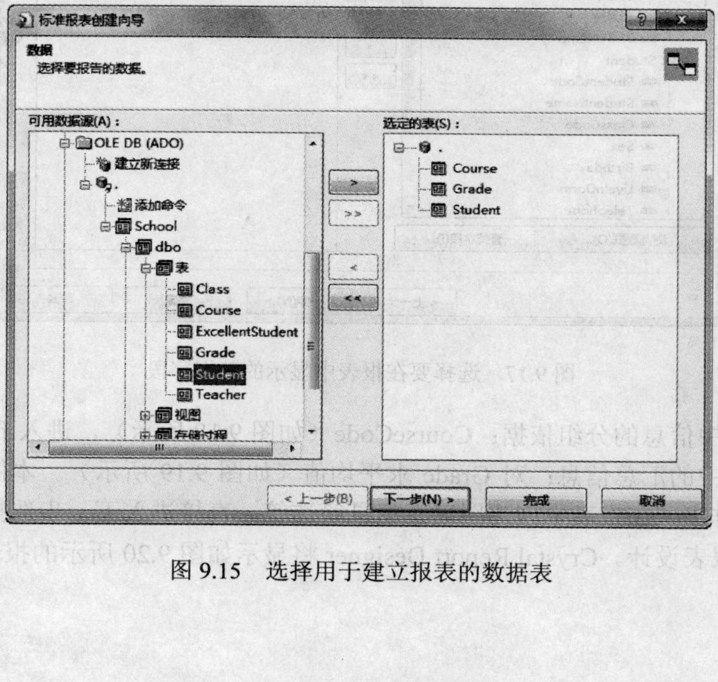

图 9.15　选择用于建立报表的数据表

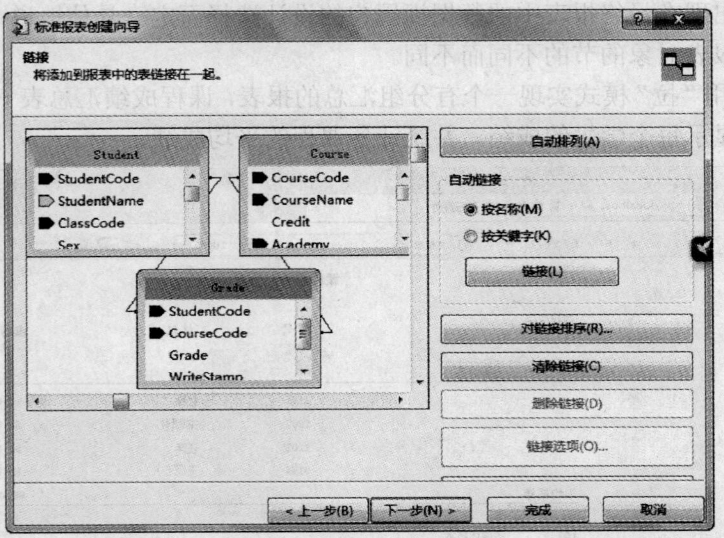

图 9.16 查看和设置数据表之间的链接关系

② 选择要在报表中显示的数据字段：CourseCode、CourseName、StudentCode、StudentName、Grade（如图 9.17 所示），单击“下一步”按钮。

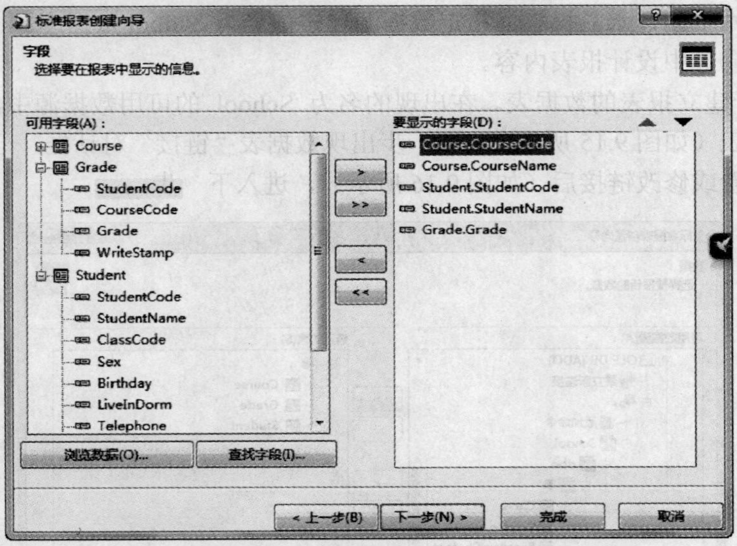

图 9.17 选择要在报表中显示的数据字段

③ 指定报表中信息的分组依据：CourseCode（如图 9.18 所示），进入下一步。

④ 指定报表中的汇总信息：对 Grade 求平均值（如图 9.19 所示）。本例忽略下面步骤基于汇总对组进行排序、在报表中创建图表、记录筛选等，直接进入下一步选择默认的“标准”报表样式，完成报表设计。Crystal Report Designer 将显示如图 9.20 所示的报表布局。

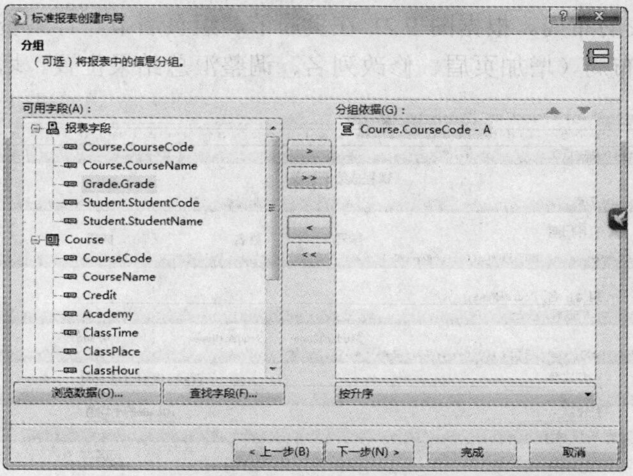

图 9.18　指定报表中信息的分组依据

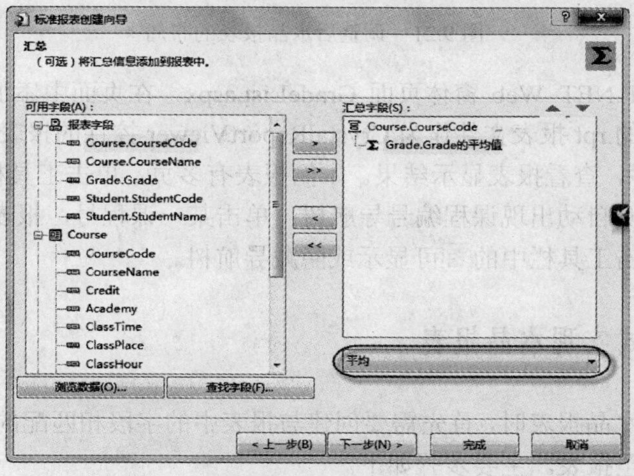

图 9.19　指定报表中数据的汇总信息

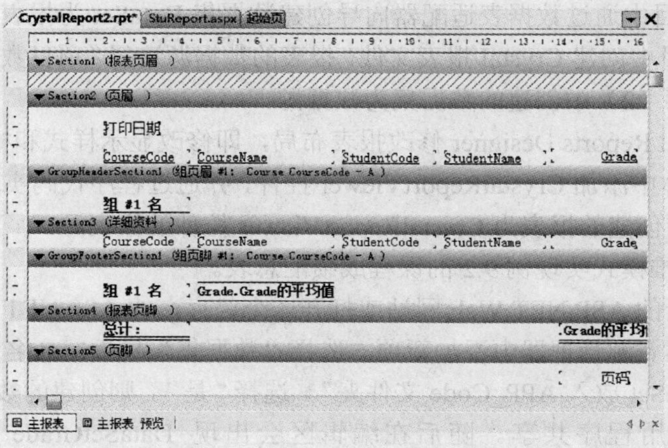

图 9.20　课程成绩汇总表初始布局

⑤ 调整水晶报表的布局。根据图 9.21 在页眉节、组页眉节、详细资料节、组页脚节、报表页脚节中调整报表布局（增加页眉、修改列名、调整汇总结果位置、增加分割线等）。

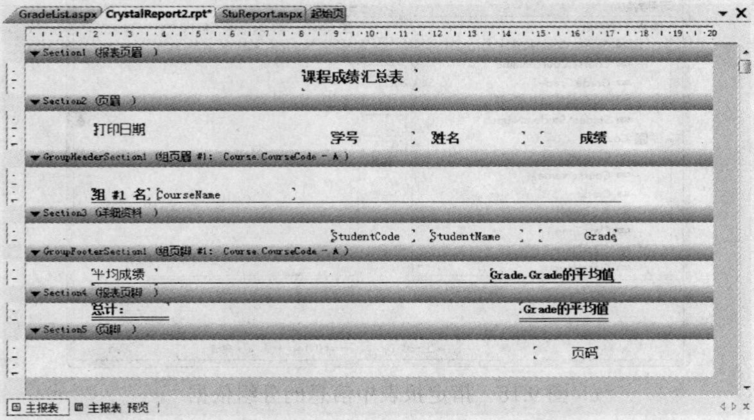

图 9.21 调整后水晶报表的布局

⑥ 新建一个 ASP.NET Web 窗体页面 GradeList.aspx，在页面中添加 CrystalReportViewer 控件，选择上面创建的.rpt 报表文件作为 CrystalReportViewer 控件的报表源。

⑦ 运行应用程序，查看报表显示结果。本例报表有多页，单击工具栏中的 ⏮ ◀ ▶ ⏭ 各按钮可翻页；窗口左侧自动出现课程编号导航树，单击某一课程号，报表显示区域可直接跳转到该课程信息处，单击工具栏中的▣可显示或隐藏导航树。

9.2.4 以推模式实现水晶报表

在以推模式实现水晶报表时，首先需要创建与报表中的字段相匹配的数据集 DataSet，然后将该数据集“推”送至报表。主要步骤如下。

（1）根据用户需求确定报表基本内容，设计纸张原型。

（2）在.NET 项目中通过数据表适配器向导创建数据集 DataSet 为报表提供数据源。

（3）在.NET 项目中创建 Crystal 报表文件，报表的数据源选择“项目数据”中的“ADO.NET 数据集”，使用步骤（2）中创建的数据集为数据源。

（4）利用 Crystal Reports Designer 修改报表布局，即修改显示样式和格式。

（5）向 Web 窗体中添加 CrystalReportViewer 控件，并通过程序代码实现将数据集数据推送给报表，以及设置所创建的报表为 CrystalReportViewer 控件的报表源。

【例 9.3】 采用推模式实现例 9.2 的课程成绩汇总表。

（1）建立一个新的 ASP.NET Web 网站或打开一个已存在的 ASP.NET Web 网站。

（2）在解决方案资源管理器中添加新项，选择“数据集”模板，命名为 DataSetGrade。系统提示“是否将 DataSet 放入 APP_Code 文件夹”，选择“是”，则创建的数据集放在 APP_Code 文件夹，可以被应用程序共享。随后在编辑区会出现 DataSetGrade 窗口，并自动进入“TableAdapter 配置向导”（如图 9.22 所示）。

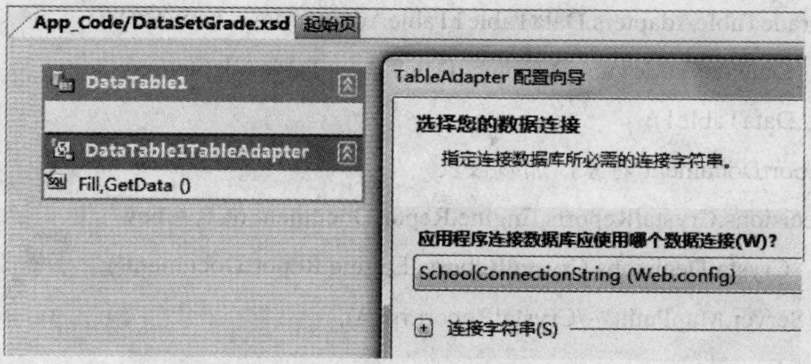

图 9.22　TableAdapter 配置向导

（3）通过数据表适配器（TableAdapter）配置向导创建数据集 DataSetGrade。数据集创建的步骤与 SqlDataSource 相似。主要是生成数据集的查询，该查询涉及三个表 Student、Course 和 Grade，可以使用查询生成器，或直接输入 SQL 语句，配置完成的数据集如图 9.23 所示。

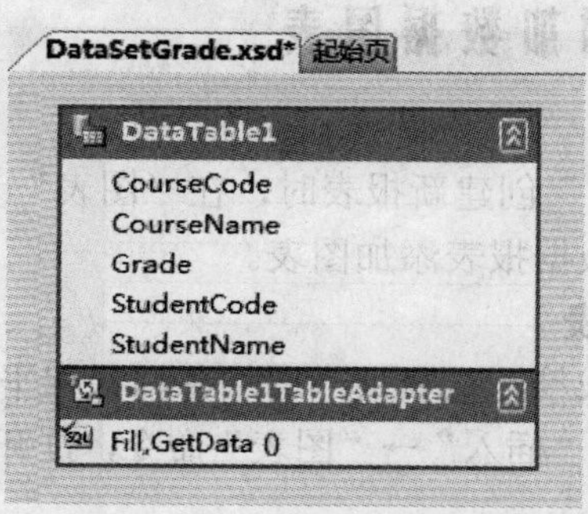

图 9.23　配置完成的数据集

```
SELECT Course.CourseCode,Course.CourseName,Student.StudentCode,Student.StudentName,Grade.Grade
FROM   Course INNER JOIN Grade ON Course.CourseCode = Grade.CourseCode
INNER JOIN Student ON Grade.StudentCode = Student.StudentCode
```

（4）在该网站中新建报表 CrystalReport。仍然采用“标准报表专家”向导。只是在选择“可用的数据源”时，选择“项目数据”中的“ADO.NET 数据集”中本例新创建的数据集对象 DataSetGrade 中的 DataTable1 作为数据源，其他后续操作同例 9.2，直到完成报表设计。

（5）从工具箱中拖动 CrystalReportViewer 控件至 GradeListPush.aspx 的设计页面中。

（6）编写如下的程序代码将数据集中的数据推送到 CrystalReport，并设置 CrystalReport 为 CrystalReportViewer 的报表源。

```
protected void Page_Load(object sender, EventArgs e)
{
    //创建自定义类型的数据集，创建 TableAdapter，填充数据
    DataSetGrade ds = new DataSetGrade();
```

```
        DataSetGradeTableAdapters.DataTable1TableAdapter dta = new
                DataSetGradeTableAdapters.DataTable1TableAdapter();
        dta.Fill(ds.DataTable1);
        //定义 ReportDocument 对象，加载报表
        CrystalDecisions.CrystalReports.Engine.ReportDocument oCR = new
                CrystalDecisions.CrystalReports.Engine.ReportDocument();
       oCR.Load(Server.MapPath("~/CrystalReport.rpt"));
       oCR.SetDataSource(ds);
       //设置为 CrystalReportViewer1 的报表源
       CrystalReportViewer1.ReportSource = oCR;
    }
```

（7）运行应用程序，查看报表显示结果，如图 9.14 所示。

9.3 在水晶报表中增加数据图表

在利用“标准报表创建向导”创建新报表时，在“图表”步骤可向报表中添加图表，或者在 Crystal Report Designer 中向数据报表添加图表。

1．在数据报表顶部增加图表

【例 9.4】 在例 9.2 的课程成绩汇总表顶部增加各门课程平均分对比表（如图 9.24 所示）。

（1）在报表页眉节右击选择“插入”→“图表”命令，打开“图表专家”对话框（如图 9.25 所示）。

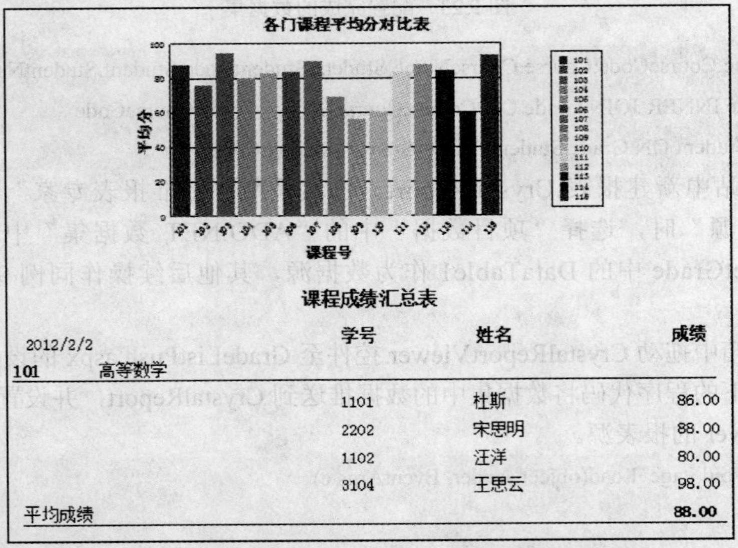

图 9.24 在报表中增加平均分对比图表

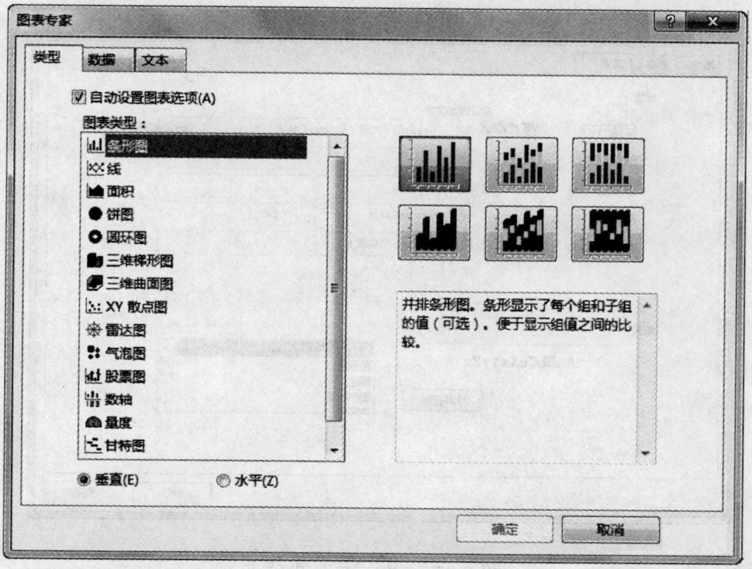

图 9.25 “类型”选项卡

（2）图表专家中可选择图表类型、显示数据、各图表项格式等。

① 在“类型”选项卡中选择图表类型（如图 9.25 所示），这里选择条形图中的并排条形图。

② 在“数据”选项卡中选择显示内容（如图 9.26 所示），因为数据报表已有分类汇总，所以本图表默认以汇总结果为图表内容。

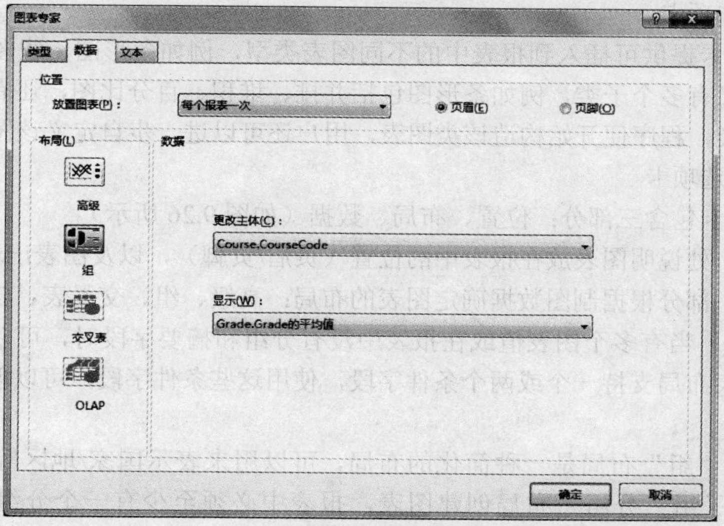

图 9.26 “数据”选项卡

③ 在“文本”选项卡中查看和修改各类标题及格式（如图 9.27 所示）。这里将标题修改为各门课程平均分对比表、组标题为课程号、数据标题为平均分。

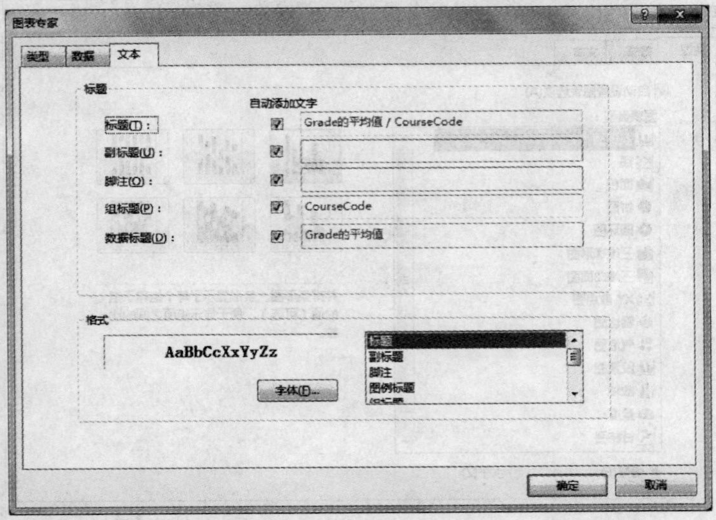

图 9.27 “文本”选项卡

（3）运行程序，即可得到如图 9.24 所示的包含图表的数据报表。

2．使用“图表专家”编辑图表

对于已经创建的图表，也可在 Crystal Report Designer 中继续修改完善。右击图表选择“图表专家”命令，可打开“图表专家”对话框。默认情况下，“图表专家”有“类型”、“数据”和“文本”三个选项卡。如果不勾选“类型”选项卡中的“自动设置图表选项”复选框，“图表专家”将增加“坐标轴”和“选项”两个选项卡。

1）“类型”选项卡

“类型”选项卡提供可插入到报表中的不同图表类型，例如条形图、线图、面积图、饼图等，每一类图表又有多个子类，例如条形图包括并排、堆积、百分比图，还有对应的三维图。单击某类型和子类，程序便开始构造该类图表，用户还可以进一步自定义该图表。

2）“数据”选项卡

“数据”选项卡包含三部分：位置、布局、数据（如图 9.26 所示）。

（1）“位置”处说明图表放在报表中的位置（页眉/页脚），以及图表出现的频率。

（2）“布局”部分根据制图数据确定图表的布局：高级、组、交叉表、OLAP。

① 高级布局。当有多个图表值或在报表中没有分组和摘要字段时，可以使用“高级”布局。“高级”图表布局支持一个或两个条件字段，使用这些条件字段，可以创建二维图表或三维图表。

② 组布局。“组”布局是一种简化的布局，可以用来表示国家/地区等主题字段更改时的汇总信息。为了用“分组”布局创建图表，报表中必须至少有一个分组和用于该分组的汇总字段。

③ 交叉表布局。用于在交叉表对象上绘制图表。交叉表图表使用交叉表中的字段作为其条件和汇总字段。

④ OLAP 布局。用于在 OLAP 网格上绘制图表。OLAP 图表使用 OLAP 网格中的字段

作为其条件和汇总字段。

3）“坐标轴”选项卡

“坐标轴”选项卡（如图 9.28 所示）用于设置每个图表轴的属性。该选项卡因所创建的图表类型而异，可用来自定义图表的某些属性，如坐标轴的刻度、图例、数据点等。

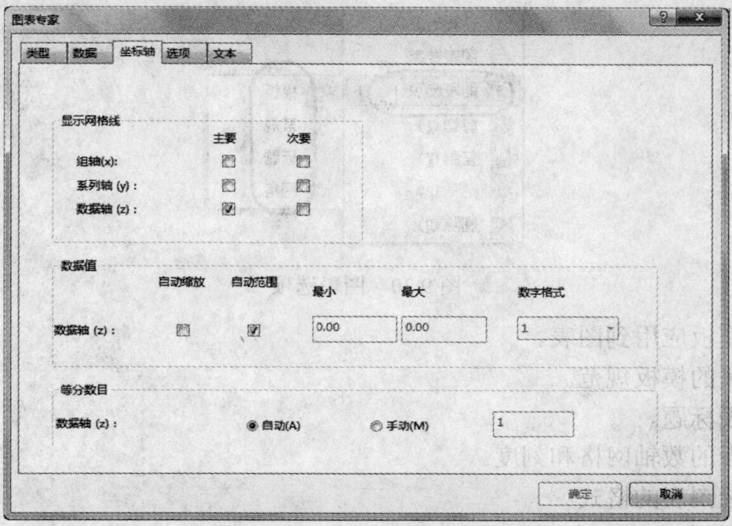

图 9.28　“坐标轴”选项卡

4）“选项”选项卡

“选项”选项卡（如图 9.29 所示）提供显示图表的图表颜色、数据点、透明背景、标记大小、标记形状、查看角度、饼图大小、条形图大小、拆分饼图、图例等设置选项。

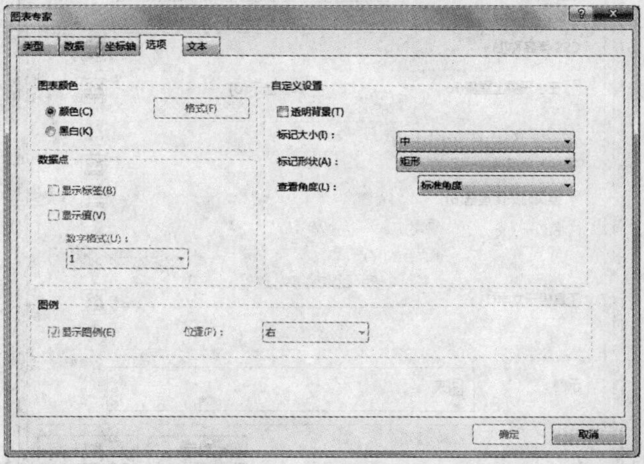

图 9.29　“选项”选项卡

5）“文本”选项卡

“文本”选项卡（如图 9.27 所示）用于指定图表的标题、副标题、脚注、轴标题和系列标题，并可设置字体选项的文本格式。

3．使用“图表选项”编辑图表

在 Crystal Report Designer 中右击图表，选择“图表选项”可看到“模板”、“常规”、“标题”、“网格”等命令菜单（如图 9.30 所示），可对图表进行如下编辑操作。

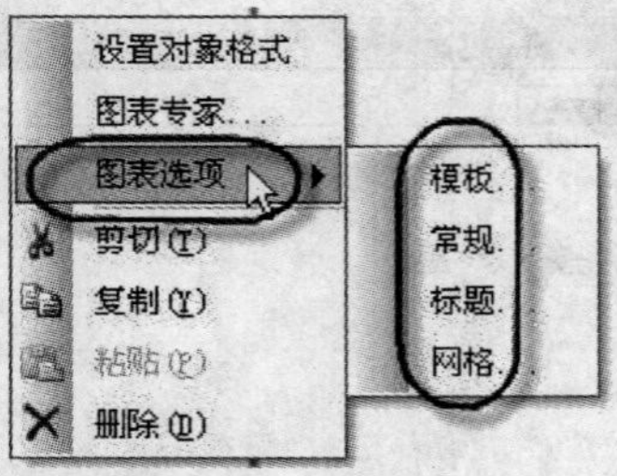

图 9.30　图表选项

（1）将新的模板应用到图表。

（2）更改图表的模板规范。

（3）更改图表标题。

（4）更改图表的数轴网格和刻度。

（5）设置所选图表的格式。

4．使用“格式化编辑器”编辑图表

在 Crystal Report Designer 中右击图表，选择“设置对象格式”命令，可通过“格式化编辑器”对话框（如图 9.31 所示）对图表设置格式、边框、超级链接等。

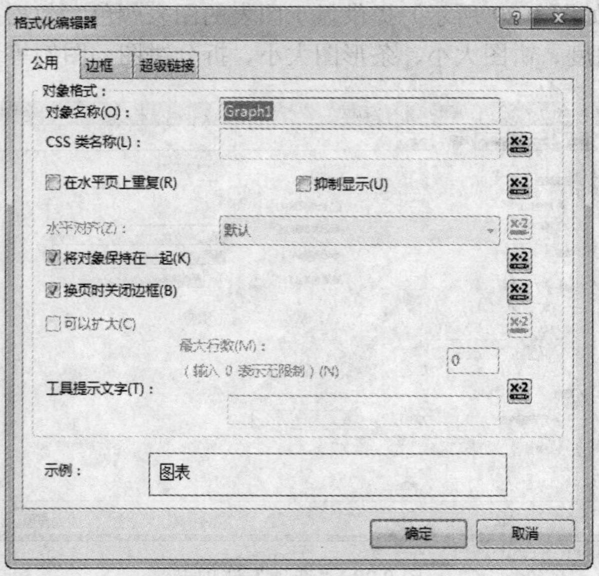

图 9.31　“格式化编辑器”对话框

5．在图表上使用延伸功能

一般创建的图表在报表的页眉或页角。如果在“报表页眉”节中插入一个图表对象，那么该图表将只在报表开头出现一次，并汇总报表所包含的数据。如果将图表对象添加到“组页眉”节中，那么每组数据的开头都将出现一个单独的图表，并汇总只与该组相关的数据。如果想放置在其他位置，可以使用延伸功能来控制位置。

【例 9.5】 将例 9.4 中数据报表头部“各门课程平均分对比表”显示在数据表右侧（如图 9.32 所示）。

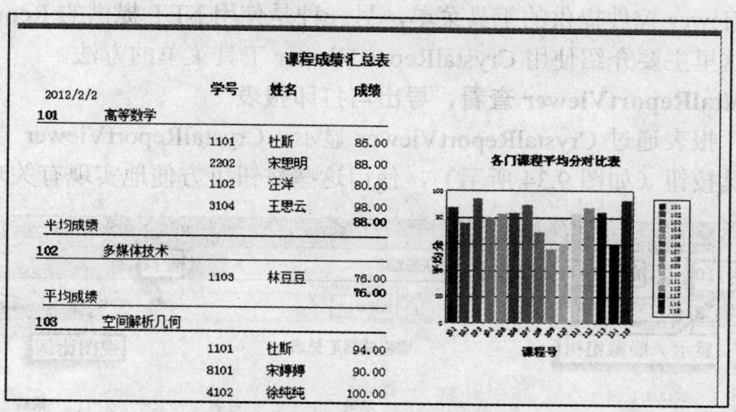

图 9.32　图表显示在数据右侧

（1）为了在数据报表右侧空出一定位置显示图表，在 Crystal Report Designer 中对数据表进行重新布局，使其更紧凑。

（2）在 Crystal Report Designer 中右击任一报表节，选择“报表”→“节专家”命令，在出现的“节专家”对话框中（如图 9.33 所示），在左侧的“节”区域中，单击目前图表所在的位置“报表页眉 a”，然后选中“延伸到后续节”复选框，单击“确定”按钮。

（3）回到 Crystal Report Designer 中，在“报表页眉 a”节中适当移动图表，模仿纸张位置放到中部右侧或调整其大小，即可实现图表延伸功能。

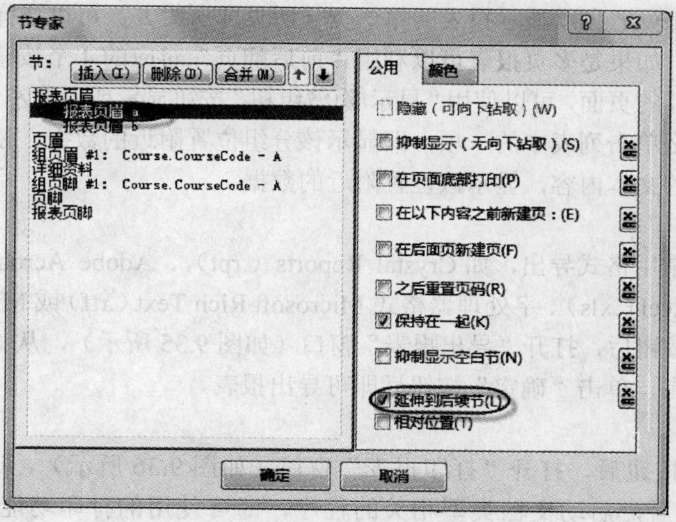

图 9.33　“节专家”对话框

9.4 水晶报表的浏览、导出与打印

Crystal Reports 允许用户以不同视图查看、打印和导出报表，主要有两种方法，一种是使用 CrystalReportViewer 控件提供的工具菜单，另一种是使用.NET 提供的 ReportDocument 对象编写程序实现，这里主要介绍使用 CrystalReportViewer 工具菜单的方法。

1．使用 CrystalReportViewer 查看、导出与打印报表

程序运行时，报表通过 CrystalReportViewer 显示，CrystalReportViewer 自带了浏览、导出和打印报表的工具按钮（如图 9.34 所示），使用这些按钮可方便地实现有关功能。

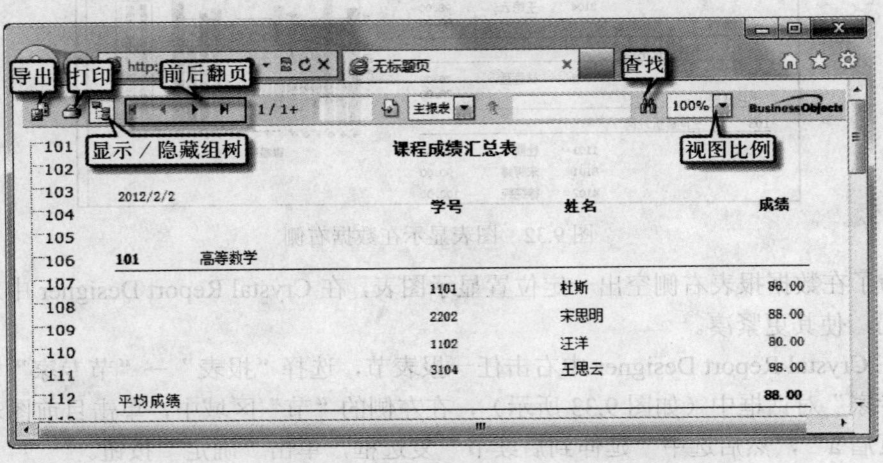

图 9.34 CrystalReportViewer 工具栏

1）浏览报表

CrystalReportViewer 自动显示报表的第一页（所见即所得）。可以选择“视图比例”，放大或缩小页面显示。如果是多页报表可以利用“前后翻页”对应的 4 个按钮转到不同的页。如果是有分组汇总功能的页面，可以使用“显示/隐藏组树”按钮显示或隐藏左侧的分组导航列表，如果显示列表，那么单击列表中的一项，即显示该分组位置附近的数据。使用查找功能可在所有页面内查找指定的文本内容，显示该位置附近的数据。

2）导出报表

报表可以多种常用格式导出，如 Crystal Reports（.rpt）、Adobe Acrobat（.pdf）、电子表格格式 Microsoft Excel（.xls）、字处理器格式 Microsoft Rich Text（.rtf）或 Microsoft Word（.doc）等。单击“导出”按钮后，打开“导出报表”窗口（如图 9.35 所示），从“格式”列表中选择格式、导出页码范围，单击“确定”按钮后即可导出报表。

3）打印报表

单击“打印”按钮后，打开“打印报表”窗口（如图 9.36 所示），选择打印页码范围，单击“确定”按钮后，启动文档类型相关的程序，即可使用的打印功能输出报表，也可保存为文档。

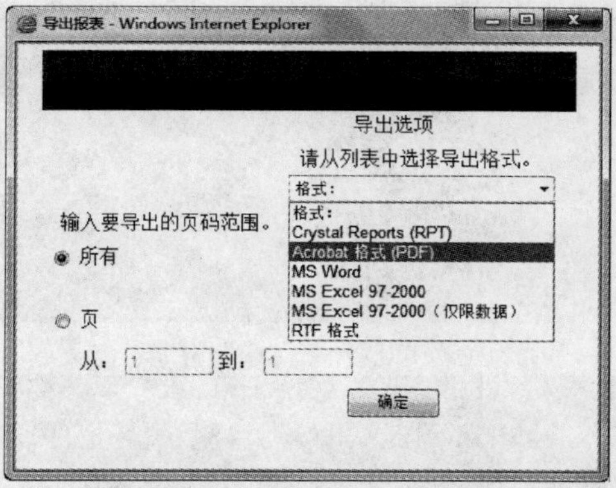

图 9.35　“导出报表”窗口

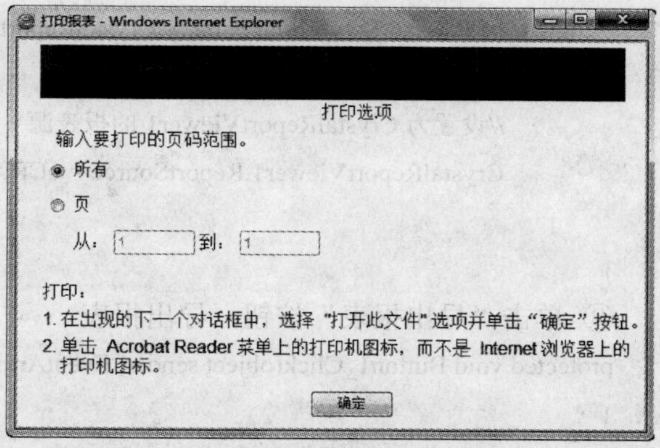

图 9.36　“打印报表”窗口

2．使用 ReportDocument 对象编写报表导出程序

ReportDocument 对象是 CrystalDecisions.CrystalReports.Engine 命名空间下的成员类，它表示一个报表，并且包含定义、格式化、加载、导出和打印该报表的属性和方法。在例 9.3 中使用推模式实现报表的程序中也使用了 ReportDocument。如果读者想更灵活地使用报表，请深入学习 ReportDocument。这里仅给出报表导出的一个实例。

【例 9.6】 采用编程方式将例 9.3 推模式创建的报表导出为“D:\Report.PDF”文件。

（1）在 GradeListPush.aspx 页面中增加一个 Button1，Text 属性设置为“导出报表”。

（2）全部程序代码如下。

① 添加对命名空间的引用，以支持 ReportDocument 和 ExportFormatType。

```
using CrystalDecisions.CrystalReports.Engine;
using CrystalDecisions.Shared;
```

② 页面加载时显示报表，为了使“导出报表”按钮事件过程能共用页面加载时加载的 ReportDocument 对象 oCR（已推送数据），这里将其定义为页面内公共变量。

```
public partial class _Default : System.Web.UI.Page
{
    //定义页面内可使用的公共变量 ReportDocument 对象 oCR
    CrystalDecisions.CrystalReports.Engine.ReportDocument oCR = new
        CrystalDecisions.CrystalReports.Engine.ReportDocument();
    protected void Page_Load(object sender, EventArgs e)
    {
        //创建自定义类型的数据集，创建 TableAdapter，填充数据
        DataSetGrade ds = new DataSetGrade();
        DataSetGradeTableAdapters.DataTable1TableAdapter dta = new
                    DataSetGradeTableAdapters.DataTable1TableAdapter();
        dta.Fill(ds.DataTable1);
        //为 ReportDocument 对象 oCR 加载报表当前应用程序路径下的 CrystalReport.rpt
```

```
        oCR.Load(Server.MapPath("~/CrystalReport.rpt"));
        oCR.SetDataSource(ds);
        //设置为 CrystalReportViewer1 的报表源
        CrystalReportViewer1.ReportSource = oCR;
    }
}
```

③ 单击“导出报表”按钮，导出报表。

```
protected void Button1_Click(object sender, EventArgs e)
{
    //设置导出文档的路径和文件名
    string DiskFileName = @"D:\Report.pdf";
    //将文件导出，此处设置导出文档的格式为 pdf 格式（Portable Doc Format），也可设为其他格式
    oCR.ExportToDisk(ExportFormatType.PortableDocFormat, DiskFileName);
}
```

如果是采用拉模式创建的报表，导出功能相似。

【例 9.7】 采用编程方式将例 9.1 拉模式创建的报表导出为“D:\Report.xls”文件。

在 GradeListPush.aspx 页面中增加 Button1，其 Text 属性设为“导出报表”，代码如下。

```
using CrystalDecisions.CrystalReports.Engine;
using CrystalDecisions.Shared;
protected void Button1_Click1(object sender, EventArgs e)
{
    //定义 ReportDocument 对象 oCR，加载报表
    CrystalDecisions.CrystalReports.Engine.ReportDocument oCR = new
        CrystalDecisions.CrystalReports.Engine.ReportDocument();
    oCR.Load(Server.MapPath("~/CrystalReport.rpt"));
    //设置导出文档的路径和文件名
    string DiskFileName = @"D:\Report.xls";
    //将报表导出，此处设置导出文档的格式为 xls 格式（Excel），也可设为其他格式
    oCR.ExportToDisk(ExportFormatType.Excel, DiskFileName);
}
```

习题 9

1．简述.NET 水晶报表的功能和特点。

2．试述.NET 水晶报表的核心组件及各自功能。

3．简述.NET 水晶报表的两种数据访问方式和具体的实现方法。

4．创建水晶报表文件（*.RPT）时有哪几种报表创建选项？分别适合于何种情形？

5．简述“标准报表创建向导”各步骤的主要作用。
6．嵌入式 Crystal Report Designer 共分为哪几个报表节？分别用于显示哪些报表信息？
7．如何在嵌入式 Crystal Report Designer 中对报表内容进行调整和格式化？
8．试述 CrystalReportViewer 控件的功能和使用方法。
9．Crystal Reports 中可以根据哪些内容绘制图表？
10．简述“图表专家”向导各选项卡的主要作用。
11．在 Crystal Reports 中如何实现图表的延伸功能？
12．Crystal Reports 可以通过哪几种方式导出报表？如何导出？
13．Crystal Reports 可以通过哪几种方式打印报表？如何打印？

第三篇
系统分析设计篇

第10章 信息系统分析与设计

信息系统的开发是一项十分复杂的系统工程。为了保证系统开发的顺利进行，需要有正确的方法论来指导整个过程，还需要合理地组织和有效地协调开发工作。本章介绍比较成熟且常用的两种系统开发方法——生命周期法和原型法，重点讲述信息系统生命周期中各开发阶段的主要工作内容和方法，并以教务系统为例进行系统分析与设计。

10.1 信息系统开发方法

信息系统开发方法将软件工程学和系统工程方法引入系统开发管理，以系统的、规范的、定量的方法用于系统的开发、运行和维护。为确保整个开发过程能够顺利进行，需要对信息系统的开发活动（包括活动以及活动顺序、活动之间的关系）、关键的评价和判定标志提出明确的规范，对系统开发中各阶段的工作方法给出指导说明。

迄今为止应用最广泛最成熟的系统开发方法是生命周期法，在生命周期法的基础上逐渐发展了原型法、面向对象方法以及计算机辅助软件工程等方法。本书主要介绍生命周期法和原型法。

10.1.1 生命周期法

生命周期法也称结构化系统开发方法，它简单有效，在系统开发中得到了广泛的应用和推广，也是其他开发方法的基础。

1．生命周期法的开发过程

系统生命周期是指一个信息系统从目标提出到系统设计、实现、应用直到最终完成系统使命的全过程。生命周期法的基本思想是：“自顶向下，逐步求精”。它按照用户至上的原则，从全局出发全面规划，采用结构化、模块化自顶向下对系统进行分析和设计，严格划分系统开发的各个阶段，一步一步地实现系统。

使用生命周期法开发信息系统通常包括 5 个阶段：系统规划、系统分析、系统设计、系统实施、系统运行与维护（如图 10.1 所示）。每个阶段的任务相对独立，具有明确的完成标志，前一个阶段完成的任务是后一个阶段的前提和基础，后一个阶段的任务是前一阶段任务的更加具体化。

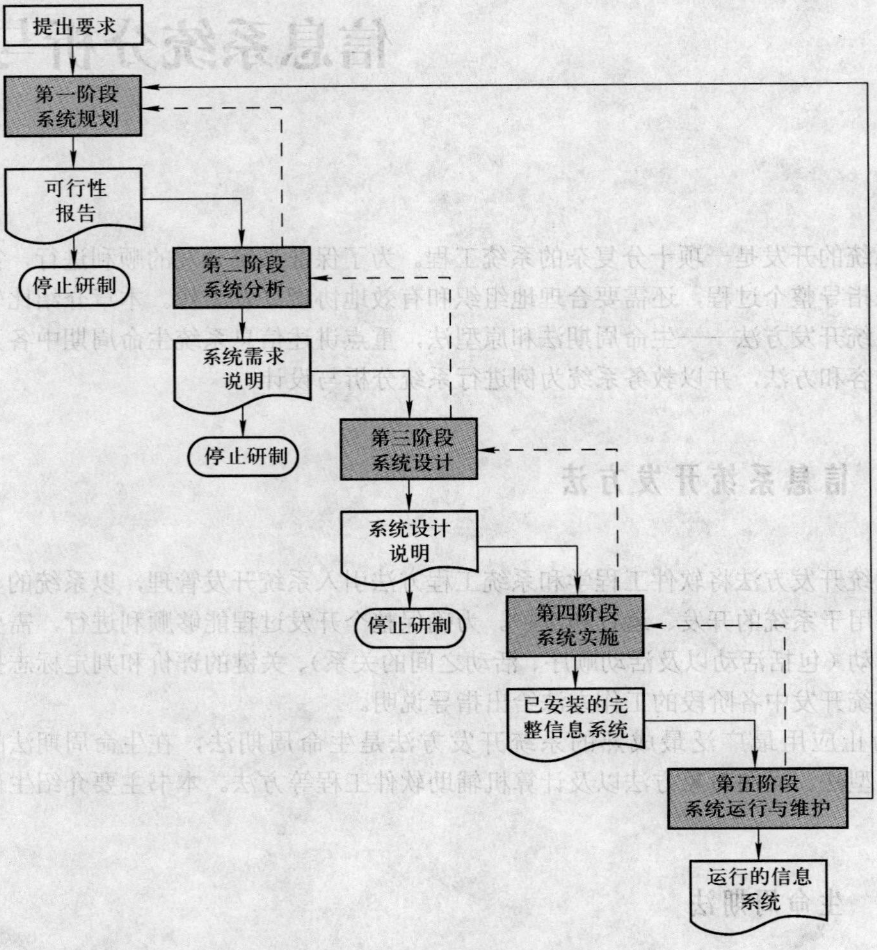

图 10.1 生命周期法开发过程的瀑布模型

1）系统规划阶段

该阶段根据用户的系统开发要求，进行初步调查，明确问题，确定系统目标和总体结构；进行可行性研究，审查预期成本和效益，基于操作、技术、经济、进度等因素确定行动计划，形成“可行性报告”。

2）系统分析阶段

通过详细调查，确定系统的功能和数据模型。通过分析组织结构和业务流程，分析数据与数据流，分析功能与数据之间的关系，确定系统的基本目标和逻辑功能要求，最后提出系统逻辑模型，该阶段解决“系统做什么”的问题。

系统分析阶段的工作成果是“系统需求说明书”，这是系统建设的必备文件，是系统设计的依据，也是将来评价和验收系统的依据。

3）系统设计阶段

系统设计阶段回答“系统怎么做”的问题。该阶段在考虑实际情况的前提下，根据“系统需求说明书”的功能要求，具体设计出实现系统的技术方案，包括系统架构设计、数据库设计、输入输出设计、模块结构与功能设计等。该阶段进一步可以划分为总体设计和详细设计两个阶段。该阶段给出“系统设计说明书”。

4）系统实施阶段

系统实施阶段按照设计方案将系统付诸实现。这一阶段要完成的任务包括应用程序开发和测试、建立文档、系统安装和系统转换，还包括计算机等设备的购置和调试、人员培训、系统评估等。

该阶段的工作应定期写出“实施进度报告”，还会产生“系统测试报告”、“系统评价报告”“系统使用说明”等，最终交付一个具有完整功能的文档化的信息系统。

5）系统运行与维护阶段

系统投入运行之后，需要进行经常性的维护和评价，记录系统运行的情况，维护、增强和保护系统。维护是指更改错误或修改系统以适应一些功能变动；增强是指提供新的特征和优势；保护是通过安全控制使系统免受内部、外部的威胁。

在整个开发过程中，每个阶段结束之前都应该从技术和管理两个角度进行严格的审查，审查的主要标准就是每一个阶段都完成高质量的文档，审核通过才能开始下一阶段工作。每个阶段都可以返回到上一个阶段，甚至返回到第一个阶段。

2．生命周期法的优缺点

生命周期法的突出优点是强调系统开发过程的整体性和全局性，强调在整体优化的前提下考虑具体的分析设计问题，即自顶向下的观点。它从时间角度把系统开发和维护分解为若干阶段，每个阶段有各自相对独立的任务和目标，降低了系统开发的复杂性，提高了可操作性。另外，每个阶段都有文档，并对各阶段成果进行严格的审批，发现问题及时反馈和纠正，保证了系统质量，特别是提高了系统的可维护性。实践证明，由于对整个开发过程的规范和严格定义，生命周期法大大提高了系统开发的成功率。

但是，生命周期法开发周期较长，因为开发顺序是线性的，各个阶段的工作不能同时进行，前一阶段所犯的错误必然带入后一阶段，而且越是前面犯的错误对后面的工作影响越大，更正错误所花的工作量就越大，因此信息系统开发有一条训诫“分析重于设计，设计重于编码”，就是针对生命周期法强调前期工作的重要性。它需要用户提供完整的需求，对于需求不确定或功能经常要变化的情况，难以适应变化要求，不支持反复开发。

10.1.2　原型法

原型法是在 20 世纪 80 年代随着计算机软件技术的发展，在关系数据库和高级程序设计语言以及系统开发和生成环境的基础上提出的一种系统开发方法。原型法从一开始就凭借着系统开发人员对用户要求的理解，在强有力的软件环境支持下，给出一个系统原型，然后与用户反复协商，修改提高原型系统以最终形成实际系统。

原型法与系统生命周期法相比，有两个突出特点：一是简化了烦琐的设计分析，二是鼓励用户与系统开发人员通力合作，参与系统开发的各个阶段。

1. 原型的种类

原型可分为操作型原型和非操作型原型。

操作型原型是指原型能够访问真实的数据库，编辑输入的数据，进行必要的数据计算和比较，并产生实际的输出。通过对操作型原型的逐步完善可以完成实际系统。

非操作型原型一般是一种演示模型，只包含输入与输出的展示说明及格式，不访问真实的数据库，因此非操作型原型的开发比操作型原型要快得多。非操作型原型可能会被抛弃，但根据对它的理解，可设计开发符合用户需求的实际系统。

2. 原型法的工作流程

使用原型法进行系统开发的工作流程包括 4 个步骤（如图 10.2 所示）。

（1）识别基本需求。该阶段收集目标系统的基本需求，包括输入、输出信息，还有一些简单的数据处理方法。

（2）建立初始原型。在基本需求的基础上，建立一个初始原型，通常，只包括用户界面，如数据输入/输出屏幕和打印报表。

（3）用户评价原型。用户对原型进行评价，并提出修改意见。该阶段开始用户评价与修改提高的交互分析循环过程。

（4）修改和提高原型。按照用户意见修改和提高原型，可对已有的原型进行修改并增加各种新要求，然后，再转到上一阶段，由用户对新原型进行评价。

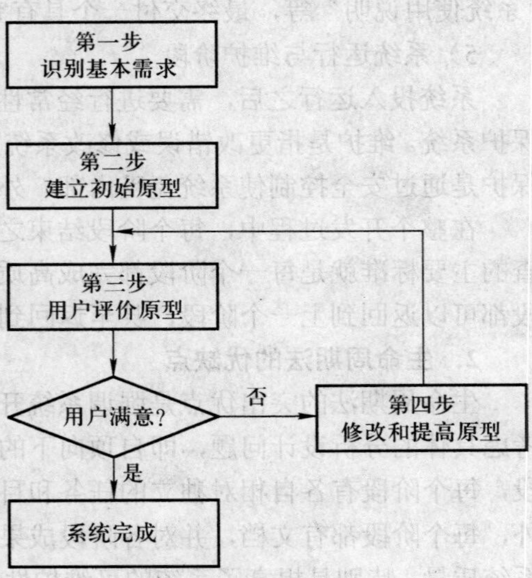

图 10.2 原型法系统开发的工作流程

使用原型法的关键在于第三步和第四步之间的反复循环，直到用户对原型满意为止。原型完成后，可将其作为蓝图和技术方案，在另一种最终系统开发环境中实现，也可以对原型进行不断地完善，直至使它成为最终的交付系统。

3. 原型法的优缺点

原型法将模拟手段引入系统开发的初期阶段，可以鼓励用户密切地参与系统开发过程，使所开发的系统更符合用户需求。原型法可以适应需求或设计方案不确定的情况，特别是在帮助确定需求、证明系统技术可行性、系统推广等方面，系统原型可以发挥很好的作用。

然而，原型法也有一些应用弱点：它需要设计人员对用户需求的较好的理解能力，需要一些软件支撑环境（如数据库管理系统、高效率的程序设计开发环境以及输入输出报告或屏幕生成器）支持，以便快速实现原型；对于大型系统或信息管理基础差、信息处理过程比较复杂的问题，直接构造出供用户评价的原型比较困难；由于原型可能忽略系统实际运行环境，对于并发用户量大、维护海量数据、处理大量事务的系统，系统性能容易被忽视。

10.2　系统规划

系统规划是系统生命周期的第一个阶段，其主要目标是明确系统整个生命周期内的发展动向、系统规模和开发计划。做好系统规划是保证系统具有良好整体性的重要前提，也是使各阶段的开发工作具有一定连贯性的重要保证。此外，还可以降低开发成本，减少开发时间。

10.2.1　系统规划的任务

系统规划是面向高层、着眼全局的需求分析，面向组织整体需求，与企业的战略目标一致。要注意分析组织的业务活动过程，摆脱对现有组织结构的依从性。

系统规划的主要任务如下。

（1）制定信息系统开发的战略。信息系统服务于组织的管理需求，首先要调查分析组织的目标和发展战略，评价现有信息系统的功能、环境和应用状况，再确定新系统的使命，制定信息系统的战略目标及相关政策。

（2）制定信息系统的总体方案结构。针对组织机构“业务—管理—决策”三个不同层次的管理活动，查明信息服务需求，提出信息系统的总体结构方案。

（3）提出信息系统建设的资源分配计划。为实现系统开发所需要的硬件、软件、人员、技术、服务和资金等资源需求做出计划和经费预算。

（4）拟定项目开发计划，确定系统分步实施步骤。根据发展战略和总体结构方案，确定系统开发步骤和时间安排，注意要便于实施。

（5）进行系统开发的可行性分析。分析系统需求，评价系统总体方案、资源计划和开发计划，并从操作、技术、经济和进度 4 个方面对项目进行评估，确定其可实施性和预期效果。

10.2.2　可行性分析

信息系统开发是一个耗资大、周期长、风险性大的过程，因此，在开发行动之前，必须对系统开发的可行性、必要性和合理性进行分析和评估，以减少不必要的损失。

1．可行性分析的内容

信息系统的可行性分析主要包括以下 4 个方面内容。

（1）技术可行性。根据现有技术条件分析能否达到系统所提出的要求。技术条件是指已经广泛采用、确实可行的技术手段，主要包括硬件、软件和专业技术人员。

（2）经济可行性。计算项目的成本和效益，分析项目在经济上是否合理，在一定的效益条件下，费用小的方案，其价值较高。

（3）操作可行性。系统开发的操作方式需要得到组织及用户的支持，目标系统需要得到用户的认可，保证可以成功实施。

（4）进度可行性。评估项目开发时间，保证项目在可接受的时间范围内完成。

2．可行性报告

系统规划最后要完成可行性报告。可行性报告一般包括以下内容，其中最重要的是总体方案和可行性论证。格式如下。

（1）引言。说明系统名称、系统目标、系统功能以及系统的由来。

（2）系统建设的背景、必要性和意义。详尽说明系统规划调查和汇总的过程，让人信服调查是真实的，汇总是有根据的，规划是可信的。

（3）候选方案。可提出一个主方案和多个辅助方案。

（4）可行性论证。要从技术、经济、操作、进度等方面的可行性给予充分论证。

（5）确定方案和拟定开发计划，包括开发进度以及各阶段人员、资金、设备的需求。

【例 10.1】 教务系统开发项目可行性分析。

教务系统开发项目可行性分析

1．引言

（1）系统名称：某大学教务系统。

（2）系统目标：实现学分制教务管理系统，使教学管理实现网络化、信息化，并转变业务模式，提高教学管理服务质量。

（3）系统功能：全面支持教学活动管理和服务。

2．背景

（1）必要性：某大学计划将学年制教学管理改变为学分制。学分制是以选课为核心，通过成绩绩点和学分来衡量学生学习质量的综合教学管理制度。学分制的实施使管理模式必然发生改变，必须重建信息系统，因此，学校信息中心提出教务系统开发项目。

（2）项目意义：项目实施后，教务活动管理将全面实现信息化，支持学分制教学管理，同时提高教学管理的服务效率和服务质量。

（3）用户对象：教务员、学生、教师。

（4）主要业务流程

① 教务员维护教师、班级、学生等基本信息。

② 教务员维护安排本学期课程。

③ 学生自主选课、退课。

④ 教师查看、打印所授课程的学生名单，用于日常教学管理。

⑤ 教师在课程考试结束后，录入所授课程的考试成绩。

⑥ 学生查看考试成绩，对教师授课进行评价。

⑦ 学生所有课程的成绩汇总、平均绩点计算。

⑧ 对于成绩优秀的学生选拔为“优培生”。

3．初步方案

（1）项目开发人员：由学校的信息中心组织 IT 技术人员 4 人与教务部门业务代表两人组成项目组，采用资源内包方式开发，项目组长由教务处副处长担任，在各阶段需要教务部门的其他业务人员以及教师和学生代表参与工作。

（2）系统架构：学校有校园网，公用机房有足够的入网计算机，多数教师和学生在家里和宿舍有入网的计算机，因此，系统拟采用 B/S 架构，使各类用户可以方便地通过浏览器使用系统。

（3）完成时间：计划在 6 个月内完成，在新生入学时使用。

4．可行性分析

（1）技术可行性：具备网络环境和系统应用环境，有成熟的系统开发技术（包括数据库技术、B/S 结构系统开发技术等），开发团队技术力量能满足开发要求。

（2）经济可行性：项目总费用约 18 万元，预算见表 1。

表 1　教务系统项目开发经费预算

项　　目	费 用 说 明	经费预算/万元
服务器（数据库服务器和 Web 服务器）	两台	6
Windows 操作系统	系统软件	2
SQL Server 数据库管理系统	系统软件	3
开发费	12 人/月	6
其他费用	消耗材料	1
合计		18

（3）操作可行性：项目组由教务处管理和业务人员协同信息中心技术人员构成，教务人员对教学管理流程了解，并根据学分制管理重新设计了业务流程，可以配合信息技术人员完成系统分析；开发团队有能力完成任务；学校的网络和计算机设施能保证系统实施和应用。

（4）进度可行性：项目计划 6 个月内完成，进度计划如表 2 所示的甘特图。

表 2　教务系统项目开发进度计划表

ID	任务名称	开始时间	完成	持续时间	Q1 12 年	Q2 12 年			Q3 12 年
					03 月	04 月	05 月	06 月	07 月
1	系统分析	2012-2-15	2012-3-15	4.4 w	■				
2	系统设计	2012-3-1	2012-3-30	4.4 w	■				
3	系统实施	2012-4-2	2012-7-13	15 w		■	■	■	
4	系统试运行	2012-7-16	2012-8-15	4.6 w					■

10.3　系 统 分 析

系统分析是系统生命周期的第二个阶段，是系统设计的基础，关乎整个系统开发的成败。

系统分析的主要工作包括调查组织结构和业务流程、数据与数据流、系统功能划分和数据资源分布、系统涉及的管理模型以及决策方式等，并加以规格化和分析，使用需求建模、数据和过程建模等手段来描述将要建立的系统，最后形成“系统需求说明”报告，通过描述性文本、各种建模技术获得的图、表等对数据信息、系统功能、系统性能及运行的外部行为等进行详细描述。

很多CASE（Computer Aided Software Engineering，计算机辅助软件工程）工具提供需求建模向导和支持。本书使用Microsoft Visio以及Microsoft Word和Excel作为文档工具。Microsoft Visio是一种流行的图形建模工具，自带样板库、模板库和图形库，能创建多种图表，包括业务过程、数据流图、网络图、E-R图等，使用说明见附录B。

10.3.1 系统分析方法

1．需求发现活动

系统分析首先是调查清楚用户对信息系统的实际需求。可以通过面谈、观察业务操作、查阅文档和各种报表、问卷调查、抽样和研究等手段来收集用户的信息内容和处理要求。

系统分析阶段用户的参与非常重要，现在流行的“联合应用程序开发”（Joint Application Development，JAD）和“快速应用程序开发”（Rapid Application Development，RAD）方法都将用户纳入开发团队一起工作，使需求描述更加准确。例如，开发教务系统需要教务员、教师、学生等用户代表参加需求分析，以便准确获取和梳理每类用户的功能需求。

2．系统分析方法

信息系统既要满足业务功能需求，新的工作方式又要能被用户所接受。如何梳理繁杂的需求，形成完整、准确的描述，需要采用合理的系统分析方法。

1）结构化分析方法

结构化分析（Structured Analysis）方法简称SA方法，是一种面向数据流的需求分析方法，其基本思想是：自顶向下，逐层分解。就是把一个大问题分解成若干小问题，再把每一个小问题分解成若干更小的问题，经过多层分解后，每个最底层的问题都是足够简单、易于解决的，于是复杂的问题也就迎刃而解了。

2）面向对象分析方法

面向对象分析是近年来发展起来的一种系统分析方法，它通过识别对象来描述信息系统，对象就是对信息系统来说重要的人、地点、事件或事务。对象可以封装数据和数据处理操作，可以使用对象、属性、方法、消息、类和实例等概念和各类对象图来描述对象。面向对象分析的最大优点是在系统实现阶段可以通过面向对象语言直接将设计转化为程序代码。

由于面向对象分析方法涉及一整套的面向对象技术，比较复杂，本书后续分析采用的是简单有效的结构化分析方法。

10.3.2 需求建模技术

由于开发人员熟悉计算机技术而不熟悉应用领域的业务，而用户往往恰恰相反，对于同一问题，双方的认识可能存在差异，模型有助于以双方容易理解的共同语言准确描述需求。此外，原型法也可以用来引导需求分析。

以需求发现活动获得的资料为基础，通过数据和过程建模来详细描述系统需求，就可以形成系统的逻辑模型。在逻辑模型中，除了一些描述性的文本，可以使用一些建模工具，如用实体来描述数据源或最终目标，可以是用户或其他信息系统；以数据流图来描述数据在系统中的流动过程；以数据字典来描述数据特性及分布；以决策表或决策树来描述复杂处理规则。

1．数据流图

数据流图（Data Flow Diagram，DFD）从数据传递和加工的角度来刻画数据流从输入到输出的移动变换过程。数据流图表达了数据和处理过程的关系。用 SA 方法，任何一个系统都可抽象为如图 10.3 所示的数据流图。

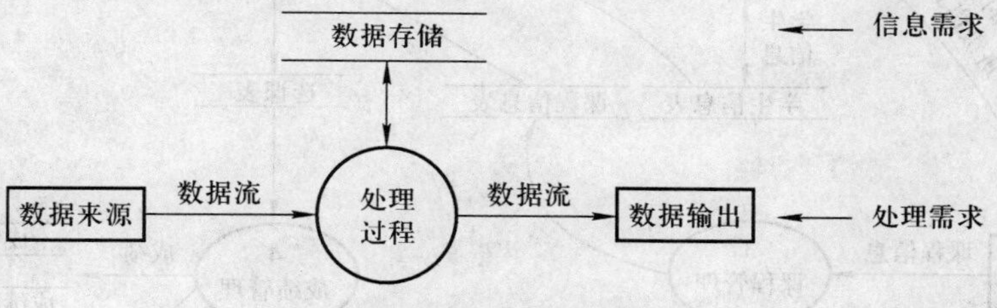

图 10.3　数据流图

在数据流图中，用命名的箭头表示数据流，用圆圈表示处理过程，用矩形表示外部实体，可以是人、物或其他系统，上下平行的双直线表示数据存储或数据输出。

当系统比较复杂时，为了便于理解，控制其复杂性，可以采用分层描述的方法。一般用关联图描述系统的边界和范围，它把整个系统看作一个处理过程，描述实体及数据输入输出流与系统的关系，不包含数据存储；用顶层图（也称为 0 层图）描述关联图的内部细节，它至少包含关联图中的所有实体和数据流，并分解出更多处理过程和数据流，以此类推，1 层图是对 0 层图中的某个处理过程的进一步分解，可以继续细化，直到表达清楚为止。在处理功能逐步分解的同时，它们所用的数据也逐级分解，形成若干层次的数据流图。

【例 10.2】 教务系统的数据流图。

根据教务系统需求，在绘制数据流图时，首先确定系统的输入数据流和输出数据流，也就是决定了系统的范围，然后再考虑系统的内部。在分析伊始，系统究竟有哪些功能还尚不清楚，因此可以把整个系统看作一个大的处理过程，根据系统从外界接收哪些数据，以及系统的哪些数据传送到外界，画出系统的关联图（如图 10.4 所示）。

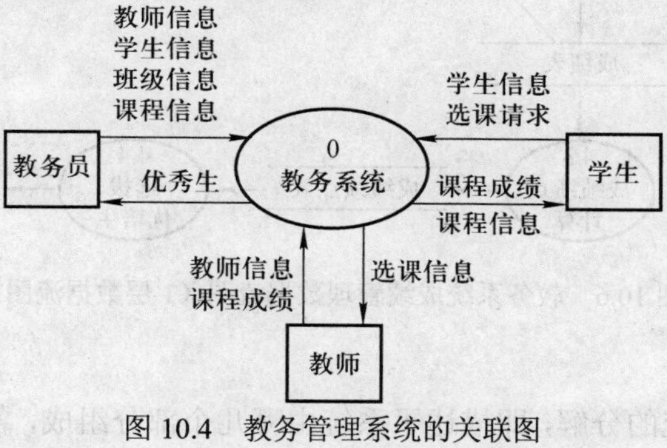

图 10.4　教务管理系统的关联图

将图 10.4 中的处理过程进行分解，形成若干子处理过程，然后用数据流将这些过程连接起来，使得关联图中的输入数据流经过一连串的处理后变换成为输出数据流，便成为教务系统 0 层图（如图 10.5 所示）。

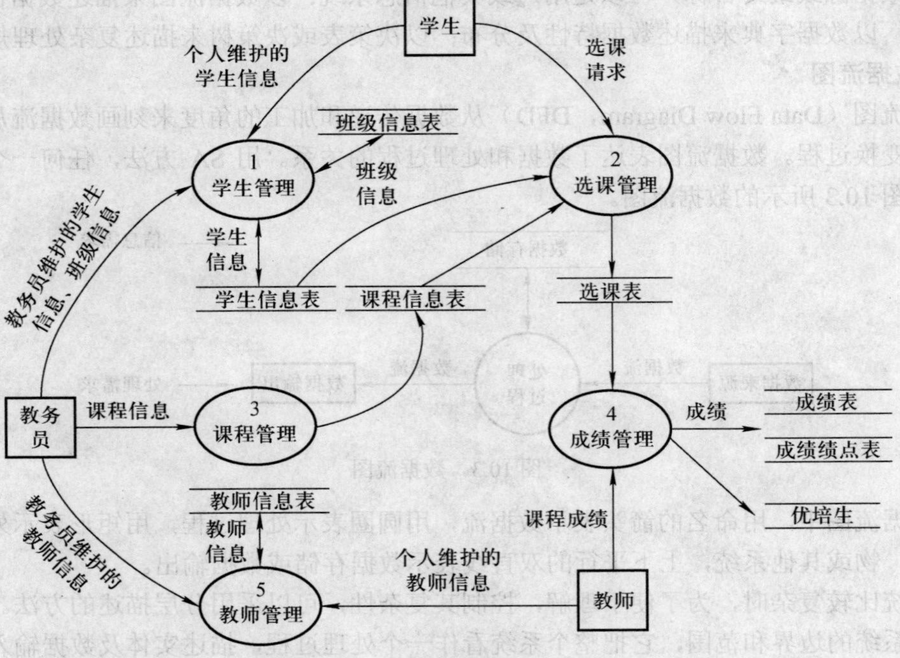

图 10.5 教务系统 0 层数据流图

教务系统 0 层图中包含 5 个编了号的处理过程，下面选择“成绩管理”对其进一步分解，形成成绩管理 1 层图（如图 10.6 所示）。学生管理、课程管理、选课管理、教师管理这 4 个处理过程相对比较简单，读者可自行练习分解。

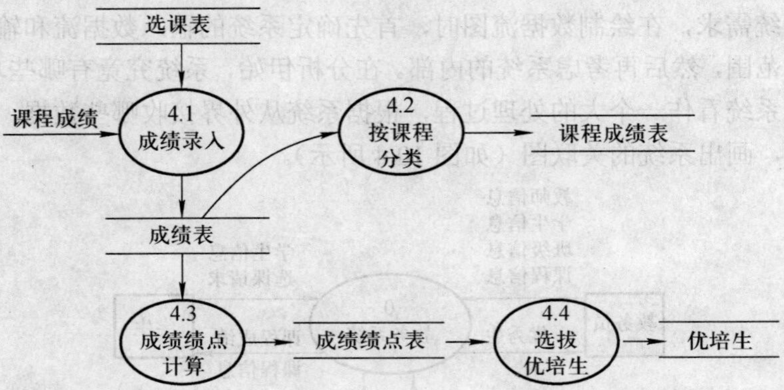

图 10.6 教务系统成绩管理数据流图（1 层数据流图）

2．数据字典

数据流图描述了系统的分解，即描述了系统由哪几个部分组成，各部分之间有什么联系等，但是没有说明系统中各个成分是什么含义。数据字典（Data Dictionary，DD）是关于数据的信息集合，它是对数据流图中包含的所有元素的定义的集合。它为数据流图中每个实体、数据流、数据存储、数据项以及处理过程等做出说明，通常包含的信息有名称、别名、含义、类型、何处使用、如何使用、补充信息等。数据字典可根据描述内容的需要设计为各种表格结构。

数据字典中对系统各个部分所确立的严密一致的定义将有助于系统开发人员与用户之间进行沟通，也有助于开发人员之间交流。根据同一数据字典中对数据和模块的描述来进行设计，可以避免很多接口不一致的问题。此外，数据字典也是进行数据结构分析和数据库设计的依据和基础。数据流图和数据字典共同构成系统的逻辑模型，为系统提供规格说明。

【例 10.3】 教务系统的数据字典。

根据前期绘制的教务系统数据流图，采用数据字典对其构成元素进行详细说明。表 10.1 是实体说明，表 10.2 为数据流说明，表 10.3 为数据记录说明，表 10.4 是数据项说明，表 10.5 是处理过程说明。

表 10.1　教务系统数据字典中的实体说明

实体名	含 义 说 明	输入数据流	输出数据流
学生	在学校有学籍的学生	课程成绩	学生信息、选课请求
教师	在学校任教有工号的教师	选课信息	教师信息、课程成绩
教务员	在学校有工号的教务管理人员	优培生	教师信息、学生信息、班级信息、课程信息

表 10.2　教务系统数据字典中的数据流

数据流	含义说明	数据来源	数 据 去 向	组　成
个人维护的学生信息	学生自己可维护的信息	学生	学生信息表	联系电话，个人介绍，密码
教务员维护的学生信息	教务员维护的学生信息	教务员	学生信息表	学号，姓名，性别，出生日期，是否住校，联系电话，照片，个人介绍，密码，班号
个人维护的教师信息	教师自己可维护的信息	教师	教师信息表	联系电话，个人介绍，密码
教务员维护的教师信息	教务员维护的教师信息	教务员	教师信息表	工号，姓名，学院，性别，入校时间，职称，联系电话，照片，个人介绍，密码，是否教务员
班级信息	一个班级的信息	教务员	班级信息表	班号，班级名，专业名，班长
选课请求	一个学生选一门课	学生、课程信息表	选课表	学号，课程号
课程信息	一门课程的基本信息	教务员	课程信息表	课程号，课程名，学时数，学分，开设时间，任课教师
课程成绩	一个学生选一门课的成绩	教师	成绩表	学号，课程号，成绩，录入时间
成绩	学生某门课程的成绩	成绩管理	成绩表 成绩绩点表	学号，姓名，课程号，课程名，教师号，成绩，绩点

表 10.3 教务系统数据字典中的数据记录说明

记录名	含义说明	数据项组成
学生	一个学生的有关信息	学号，姓名，性别，出生日期，班号，是否住校，联系电话，照片，个人介绍，密码
班级	一个班级的有关信息	班号，班级名，专业名，班长
教师	一个教师的有关信息	工号，姓名，学院，性别，入校时间，职称，联系电话，照片，个人介绍，密码，是否教务员
课程	一门课程的有关信息	课程号，课程名，学时数，学分，开设学期，任课教师，上课时间，上课地点，上课学时，实验学时，最大学生数，成绩分析
选课	一个学生选一门课的有关信息	学号，课程号，成绩，录入时间
优培生	一个优培生的有关信息	学号，认定时间，学分绩点

表 10.4 教务系统数据字典中的数据项说明

数据项	含义说明	类型	长度	取值范围	取值含义	与其他数据项关系	其他说明
学生实体							
学号	唯一标识一个学生	字符型	4	0101~9999	前两位表示班级号，后两位按顺序编号	主关键字	
姓名	学生姓名	字符型	≤20	中英文均可，允许重名		不能为空	
性别	学生性别	字符型	1	“男”或“女”		不能为空	
出生日期	学生生日	日期型					
是否住校	住校还是走读	逻辑型		0 或 1	1 表示住校		默认为 1
联系电话	座机、手机等	字符型	≤40				多个电话以“，”分隔
照片	两寸标准照	字符型	≤50		照片存放的路径和文件名		
个人介绍		文本型		0~10 000	个人的一段文字介绍		
密码	登录密码	文本型	≤16				
班号	班级编号	字符型	2		所属的班级编号	空或班级记录的存在值	
班级实体							
班号	班级编号	字符型	2	01~99		主关键字	
班级名	班级名称	字符型	≤10				
专业名	专业名称	字符型	≤10				
班长	班长学号	字符型	4			空或学生记录的学号存在值	

续表

数据项	含义说明	类型	长度	取值范围	取值含义	与其他数据项关系	其他说明
优培生实体							
学号	唯一标识一个学生	字符型	4	0101~9999	前两位表示班级号，后两位按顺序编号	主关键字学生记录的学号存在值	与学生记录的学号相同
认定时间	被认定时间	日期型					
学分绩点	平均学分绩点	小数型	3	3.5~5，保留两位小数	认定时平均学分绩点	根据所有课程成绩计算得到	
课程实体							
课程号	课程编号	字符型	3			主关键字	
课程名	课程名称	字符型	≤16			不能为空	
学分	课程学分	小数	3	0~100，保留一位小数			
开课学院	开课学院名称	字符型	≤5				
上课时间	上课的时间	字符型	≤20				
上课地点	上课的教室	字符型	≤20				
上课学时	上课学时数	正整数	≤1 000				
实验学时	实验学时数	正整数	≤1 000				
最大学生数	可容纳最多人数	正整数	≤1 000				
剩余名额		正整数	≤1 000				
任课教师	教师工号	字符型	4			教师记录的工号存在值	与教师记录的工号相同
备注	课程描述	字符型	0~10 000				
成绩分析		字符型	0~100				
成绩实体							
学号	唯一标识一个学生	字符型	4	0101~9999	前两位表示班级号，后两位按顺序编号	主关键字学生记录的学号存在值	与学生记录的学号相同
课程号	课程编号	字符型	3			主关键字课程记录的课程号存在值	与课程记录的课程号相同
成绩	成绩	小数	4	保留一位小数			
录入时间	成绩录入时间戳	日期型					

续表

数据项	含 义 说 明	类型	长度	取值范围	取 值 含 义	与其他数据项关系	其他说明
教师实体							
工号	唯一标识一个教师	字符型	4	0001~9999	按顺序编号	主关键字	
姓名	教师姓名	字符型	≤20	中英文均可，允许重名		不能为空	名字长一些
性别	教师性别	字符型	1	“男”或“女”		不能为空	
进校日期	教师进校时间	日期型					
职称		字符型	≤5				
联系电话	座机、手机等	字符型	≤40				多个电话以“,”分隔
照片	两寸标准照	字符型			照片存放的路径和文件名		
个人介绍		文本型	0~10 000		个人的一段文字介绍		
密码	登录密码	文本型	≤16				
是否教务员		逻辑型		0 或 1	1 表示教务员		默认为 0

表 10.5 教务系统数据字典中的处理过程说明

处理过程名：学生管理 输入数据：学生信息、班级信息 输出数据：学生信息表、班级信息表 处理过程：① 对学生信息进行查询和维护（包括增加、修改和删除）；学生密码的修改 ② 对班级信息进行查询和维护（包括增加、修改和删除）；按班级或专业生成学生名单
处理过程名：教师管理 输入数据：教师信息 输出数据：教师信息表 处理过程：对教师信息进行查询和维护（包括增加、修改和删除教师）；教师密码的修改
处理过程名：课程管理 输入数据：课程信息 输出数据：课程信息表 处理过程：对课程信息进行查询和维护（包括增加、修改和删除），在维护时要保证同一教师的上课时间、同一时间各课程的教室等无冲突；按照开课学院汇总生成课程汇总表
处理过程名：选课管理 输入数据：选课请求、学生信息表、课程信息表 输出数据：选课表 处理过程：① 选课：查询课程信息及授课教师信息，选择多门课程，提交选择课程的编号，检测所选课程上课时间以及与已有课程是否有时间冲突，如果不冲突则一个学生选择的多门课程记录新增至选课表，并且被选课程的剩余名额减 1，否则提示冲突回到选课页面 ② 退课：查询选课表，选择退课课程号，从选课表中删除课程，并使该课程剩余名额加 1 ③ 生成选课学生名单报表（点名册）

续表

处理过程名：成绩管理
输入数据：课程成绩、选课表
输出数据：成绩表、成绩绩点表、优培生
处理过程：① 根据选课表学生名单成批录入所教授课程全部学生的考试成绩，生成课程成绩报表，生成课程成绩分析表（平均分、最高分、最低分、各分数段人数、成绩分布图）
② 计算每个学生所选修全部课程的平均学分绩点
学分绩点的计算方法：
60 分折合 1.0 绩点，60 分以上成绩每一分增加 0.1 绩点，低于 60 分的成绩绩点为 0
平均学分绩点计算方法：
- 某门课程的学分绩点＝该课程的绩点数乘以学分数
- 平均学分绩点＝所修全部课程的学分绩点之和除以所修课程学分之和

③ 根据绩点选拔优培生生成优培生信息表
平均学分绩点大于等于 3.5 即认定为优培生，将选拔处理的当前时间和当前学分绩点记录到优培生信息表；生成优培生名单报表
④ 查询、汇总生成学生选修的所有课程的汇总成绩表

3．判定表和判定树

处理过程说明描述了数据流图中各处理过程的业务逻辑（如表 10.5 所示），可以采用自然语言作为一般描述，采用类似程序设计的结构化语言来表现顺序、选择、循环等关系，有些处理过程用语言形式不容易表达清楚，可采用一些图形工具进行描述，判定表或判定树就是适合描述依据多条件进行决策的处理过程描述工具。

判定表（也称决策表）是分析和表达多逻辑条件下执行不同操作情况的工具，可以清晰地描述一个逻辑过程，确保不忽略任何条件和处理行为的逻辑组合。

【例 10.4】 教务系统中关于毕业处理的判定表和判定树。

如表 10.6 所示为教务系统中对学生毕业处理的判定表，根据条件组合决定处理动作，条件有“平均学分绩点大于等于 1.8”、“无学籍处分”、“通过英语四级”，处理行为有三种“毕业且有学位”、“毕业但无学位”、“肄业”，处理规则共有 8 条。

表 10.6　教务系统学生毕业处理的判定表

		1	2	3	4	5	6	7	8
条件	平均学分绩点大于等于 1.8	Y	Y	Y	Y	N	N	N	N
	无学籍处分	Y	Y	N	N	Y	Y	N	N
	通过英语四级	Y	N	Y	N	Y	N	Y	N
动作	毕业且有学位	X							
	毕业但无学位		X	X	X				
	肄业					X	X	X	X

判定树（也称决策树）是判定表的图形表达方式，如图 10.7 所示为表 10.6 的判定树表示，条件写在不同的分支上，终端是处理行为。

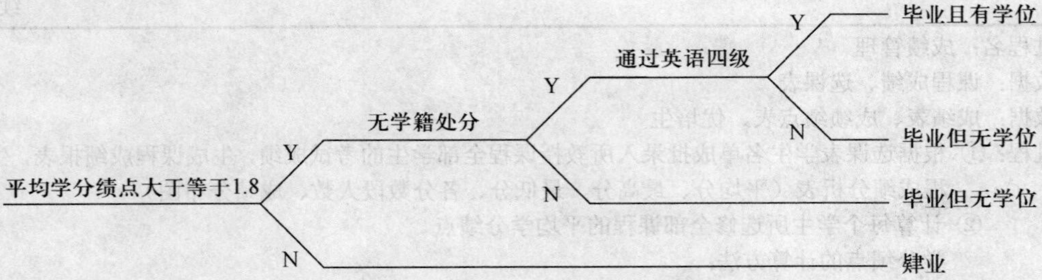

图 10.7 教务系统学生毕业处理的判定树

10.3.3 需求分析说明

在需求分析阶段后期，必须形成“需求分析说明书”，它要以用户可以理解的语言或模型来正确、无二义和完整地表达用户的需求。系统需求说明书一般包含如下内容。

（1）引言。说明编写目的、系统名称、背景、任务提出者及相关者；给出文件中用到的专门术语的定义；列出使用的参考资料。

（2）任务概述。叙述该系统开发的意图、应用目标、作用范围以及其他应说明的有关背景材料；说明用户类别和特点；列出进行系统开发工作的假定和约束条件。

（3）需求规定。对系统功能的规定，描述各功能的输入、输出及处理过程；对系统性能的规定，包括并发用户数、数据处理精度、时间特性、灵活性、输入输出要求、故障处理要求及可维护性、可补充性、易读性、可靠性、运行环境可转换性的特殊要求等。

（4）运行环境规定。硬件、软件、外部通信接口等。

（5）待确定问题的列表。

系统需求说明在整个系统开发过程中起着重要作用，特别是对系统功能需求和非功能需求的准确描述，是正确进行系统设计的基础。大量统计数据表明，系统 15%的错误起源于错误的需求分析，所以需要用户、分析人员和系统设计人员共同评审需求分析说明，从而决定其能否构成良好的系统设计基础。

例 10.2 和例 10.3 对教务系统的数据需求、功能需求以及数据流进行了详细的说明，对于非功能性需求可以进一步进行说明，例如系统并发用户数大于 25 个，页面响应时间不超过 5 s，系统第一次登录必须修改密码等。

10.4 系统设计

经过需求分析阶段的工作，系统需要“做什么”已经很明确了，接下来需要解决的是系统“怎么做”的问题。在需求分析的基础上，系统设计的过程要找出实现系统目标的合理方案，主要任务包括系统架构设计、数据库设计、系统功能结构设计、用户界面设计、处理过程设计等。系统设计的结果是“系统设计说明”，它是系统开发实现的基础。

10.4.1　数据库设计

系统分析掌握了用户对数据以及业务处理的需求，并采用数据流图和数据字典对实体、数据结构、数据项等进行了描述。在系统设计阶段将根据这些分析结果完成数据库设计。

数据库设计主要包括以下主要步骤。

（1）数据库概念设计。建立数据库概念结构，通常以 E-R 模型描述。

（2）数据库逻辑设计。将 E-R 模型转化为关系模式，并进行关系模式优化，形成数据库逻辑结构。

（3）数据库物理设计。以数据库逻辑结构为基础，结合 DBMS 的特性，定义数据存储结构和存取方法，实现数据库物理结构。

1．数据库概念结构设计

数据库概念结构设计的重点在于信息结构的设计，它将系统分析得到的数据需求抽象为信息结构即概念模型。数据库概念设计的主要描述工具是实体联系模型（即 E-R 模型）。以需求分析为基础，通常采用自底向上的方法进行数据库概念结构设计，即先定义每个局部应用的概念结构，然后按照一定的规则把它们集成起来，从而设计出系统的全局概念结构。按照这种方法，数据库概念结构的设计可按下面的步骤进行（如图 10.8 所示）。

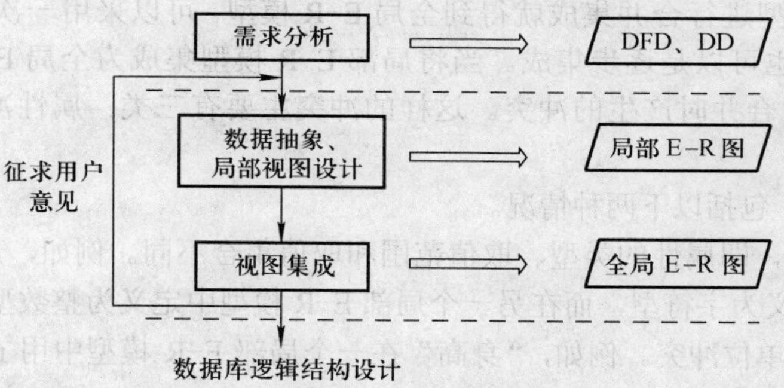

图 10.8　数据库概念结构设计步骤

1）设计局部 E-R 模型

局部 E-R 模型设计的主要步骤如下。

（1）确定实体。首先列出需求分析阶段确定的各个实体，一般它们都作为 E-R 图中的实体，另外分析各个数据存储是否也需要描述为实体。区分实体与属性的一般原则：第一，实体一般需要描述信息，而属性不需要；第二，多值的属性可考虑作为实体。例如，教师的职务是一个多值的属性，即一个教师可能担任多个职务。此时，职务可以考虑作为一个独立的实体；否则数据库关系中将会出现大量的空值。

（2）分析实体之间的联系。分析实体间存在的联系，并定义联系的类型，联系类型包括一对一联系、一对多联系和多对多联系。

（3）确定实体的属性和联系的属性。将数据字典中的所有数据元素都恰当地分配给各个实体和联系。

（4）定义各实体的主关键字。选定可以唯一标识一个实体成员的一个属性或属性组作为主关键字。

【例 10.5】 教务系统中的局部 E-R 图。

系统分析阶段获得的实体有“学生”、“教师”、“教务员”，如果定义“教务员”是教师的一个特殊实例，则“教务员”实体可不考虑。另外，数据存储“课程”、“优培生”、“班级”等也可定义为实体。经过分析，系统主要涉及以下实体：学生、班级、课程、教师、优培生，它们之间的联系如下。

（1）“学生”和“课程”之间是多对多联系，因为一名学生可以选修多门课程，一门课程也可以被多名学生选修。

（2）“班级”和“学生”之间是一对多联系，因为一个班级有多名学生，一名学生只能归属一个班级。

（3）“教师”和“课程”之间是一对多联系，因为一名教师可以教授多门课程，一门课程只能被一名教师教授。

（4）“优培生”和“学生”之间是一对一联系，因为一个优培生一定是一名学生，一名学生最多只能被选拔为优培生一次。

根据数据字典确定各个实体的属性，得到如图 10.9 所示的各局部 E-R 图。

2）设计全局 E-R 模型

将局部 E-R 模型进行合并集成就得到全局 E-R 模型。可以采用一次将所有 E-R 模型集成在一起的方式，也可以是逐步集成。当将局部 E-R 模型集成为全局 E-R 模型时，需要消除各局部 E-R 模型合并时产生的冲突。这样的冲突主要有三类：属性冲突、命名冲突和结构冲突。

（1）属性冲突，包括以下两种情况。

① 属性域冲突，即属性的类型、取值范围和取值集合不同。例如，属性“学号”在一个局部 E-R 模型中定义为字符型，而在另一个局部 E-R 模型中定义为整数型。

② 属性的取值单位冲突。例如，“身高”在一个局部 E-R 模型中用 m 为单位，而在另一个局部 E-R 模型中用 cm 为单位。

（2）命名冲突，分为同名异义和异名同义。

① 同名异义是指不同的实体或属性在不同的局部 E-R 模型中命名相同，但含义不同。

② 异名同义是指同一个实体或属性在不同的局部 E-R 模型中命名不同，但含义相同。

（3）结构冲突，包括以下两种情况。

① 同一对象在不同的应用中有不同的抽象。例如，“成绩”在某一局部 E-R 模型中作为实体，而在另一局部 E-R 模型中作为属性。通常这类冲突可以把实体转换为属性或者将属性转换为实体，但在转换的过程中需要仔细分析。

② 同一实体在不同的局部 E-R 模型中所包含的属性的个数不完全相同。解决这类冲突可以用各局部 E-R 模型中属性的并集作为该实体的属性。

【例 10.6】 教务系统中的全局 E-R 图。

对教务系统的各局部 E-R 模型合并后得到教务系统的全局 E-R 模型（如图 10.10 所示）。

3）对全局 E-R 模型进行优化

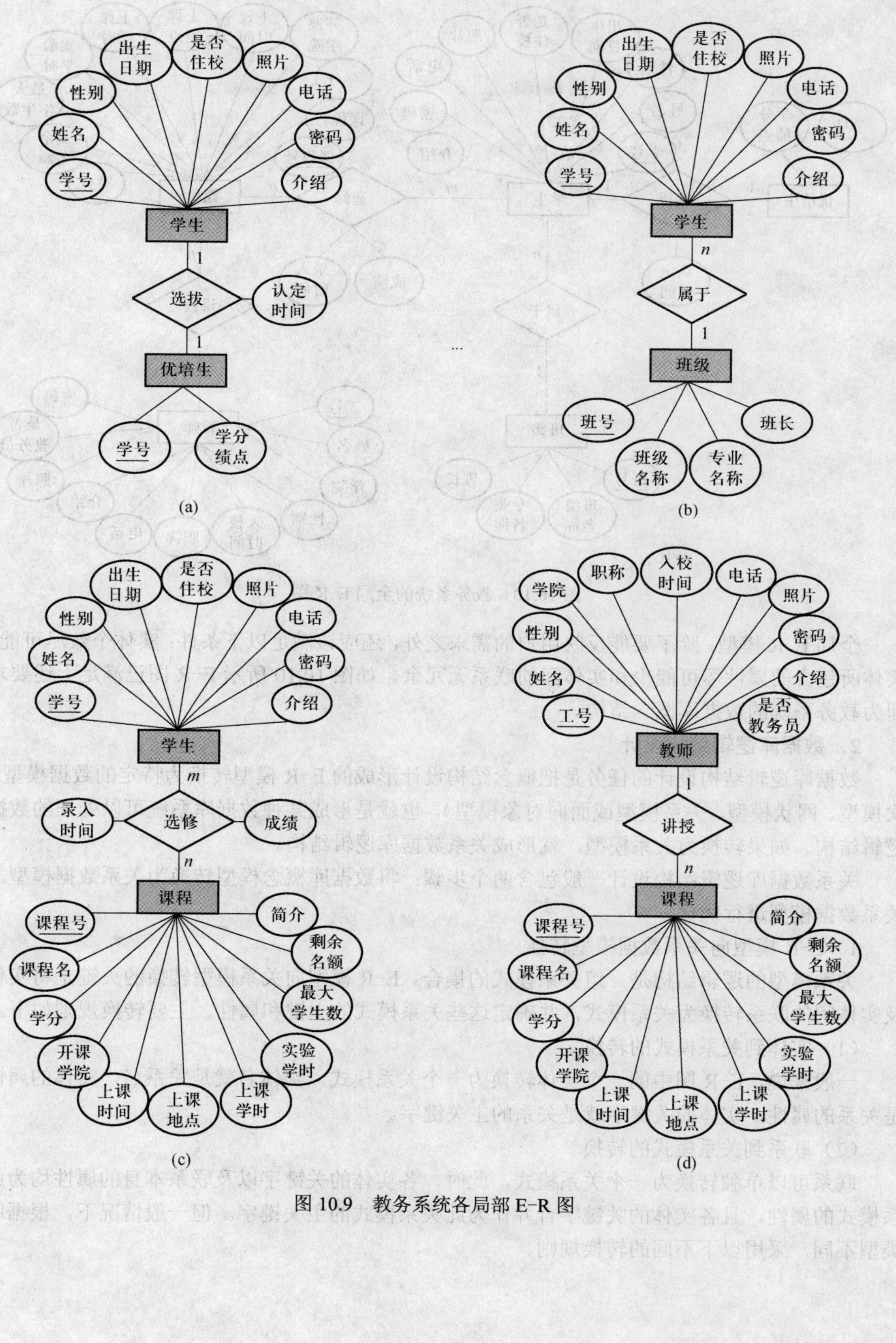

图 10.9 教务系统各局部 E-R 图

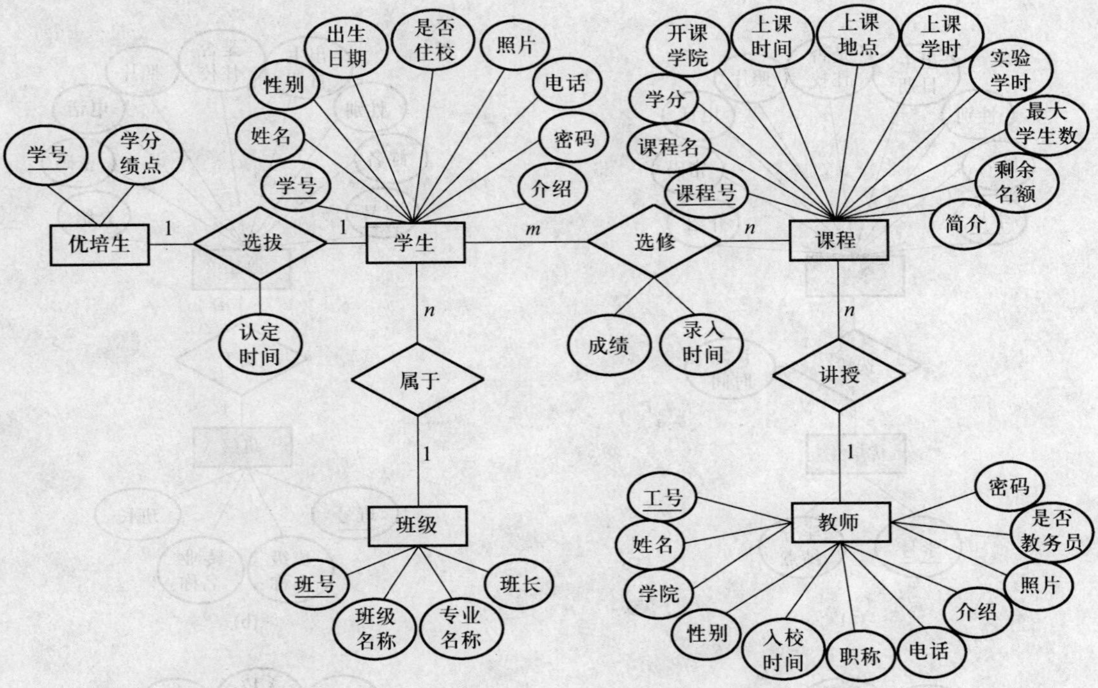

图 10.10 教务系统的全局 E-R 图

全局 E-R 模型，除了要能反映用户的需求之外，还应该满足以下条件：实体个数尽可能少、实体所包含的属性尽可能少和实体间的联系无冗余。如图 10.10 所示 E-R 图已满足上述要求，即为教务系统的数据库概念结构。

2．数据库逻辑结构设计

数据库逻辑结构设计的任务是把概念结构设计形成的 E-R 模型转换为特定的数据模型（层次模型、网状模型、关系模型或面向对象模型），也就是形成某种数据库系统可以处理的数据库逻辑结构。如果转换为关系模型，就形成关系数据库逻辑结构。

关系数据库逻辑结构设计一般包含两个步骤：将数据库概念模型转换为关系数据模型，对关系数据模型进行优化。

1）E-R 模型向关系数据模型转换

关系模型的逻辑结构是一组关系模式的集合。E-R 模型向关系模型转换的关键是将实体以及实体间的联系转换为关系模式，并确定这些关系模式的主键和属性。主要转换规则如下。

（1）实体到关系模式的转换

一般来说，E-R 图中的一个实体转换为一个关系模式，实体名就是关系名，实体的属性就是关系的属性，实体的关键字就是关系的主关键字。

（2）联系到关系模式的转换

联系可以单独转换为一个关系模式，此时，各实体的关键字以及联系本身的属性均为此关系模式的属性，且各实体的关键字合并作为此关系模式的主关键字。但一般情况下，根据联系类型不同，采用以下不同的转换规则。

① 实体间的一对一联系。

一般将联系与任意一端所对应的关系模式合并。联系本身的属性与任何一个实体的关键字一起合并到另一个实体对应的关系模式之中。

【例 10.7】 一对一联系向关系模式转换："学生"和"优培生"实体的联系。

图 10.11(a)中的"学生"和"优培生"E-R 模型转换为关系模式有两种方案（如图 10.11(b)所示）。进一步分析，可以发现，方案 1 优于方案 2，由于"优培生"只占学生的一小部分，所以方案 2 中学生关系模式中的"认定时间"数据项多数为空，浪费存储空间。

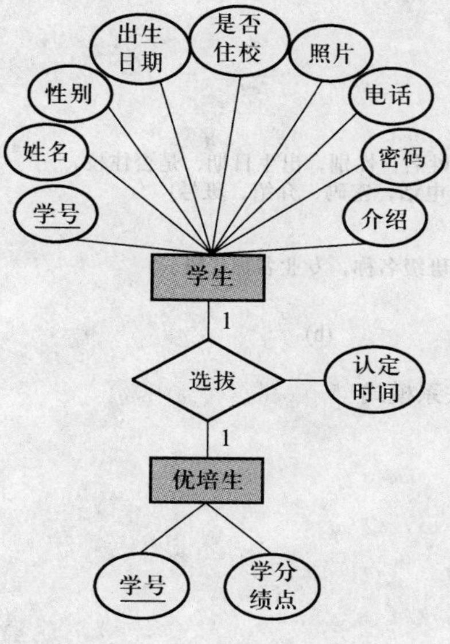

(a)

方案 1

学生（学号，姓名，性别，出生日期，是否住校，照片，电话，密码，介绍）

优培生 (学号，学分绩点，认定时间)

方案 2

学生（学号，姓名，性别，出生日期，是否住校，照片，电话，密码，介绍，认定时间)

优培生 (学号，学分绩点)

(b)

图 10.11　一对一联系转换为关系模式

② 实体间的一对多联系。

一般将联系与多端所对应的关系模式合并。将联系本身的属性与一端实体的关键字一起合并到多端实体所对应的关系模式之中。

【例 10.8】 一对多联系向关系模式转换："学生"和"班级"实体的联系。

将图 10.12(a)中 E-R 模型转换为关系模式如图 10.12(b)所示。

③ 实体间的多对多联系。

一个多对多联系必须转换为一个独立的关系模式。联系本身的属性以及两端实体的关键字都是此关系模式的属性，且关系模式的主关键字由两个实体的主关键字构成。

【例 10.9】 多对多联系向关系模式转换："学生"和"课程"实体的联系。

将图 10.13(a)中的模型转换为关系模式如图 10.13(b)所示，共包括三个关系模式"学生"、"课程"和"选修"。

（3）三个或三个以上实体间的一个多元联系可以转化为一个关系模式。与该多元联系相连的各个实体的主关键字以及联系本身的属性均转换为此关系模式的属性，而此关系模式的主关键字包含各个实体的关键字。

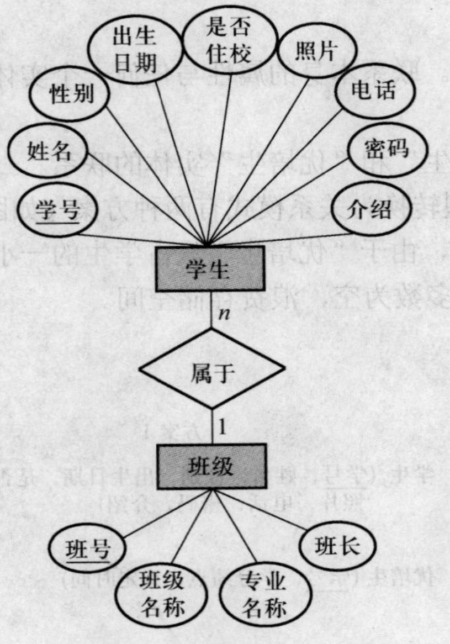

(a)

学生（学号，姓名，性别，出生日期，是否住校，
照片，电话，密码，介绍，班号）

班级（班号，班级名称，专业名称，班长）

(b)

图 10.12 一对多联系转换为关系模式

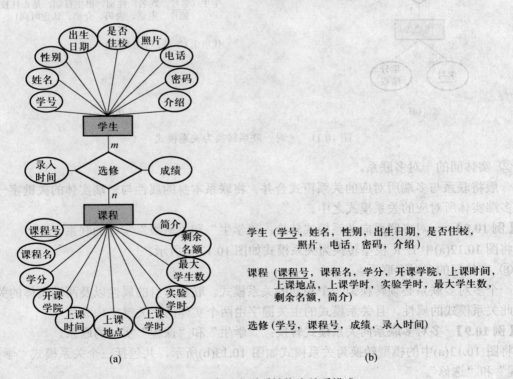

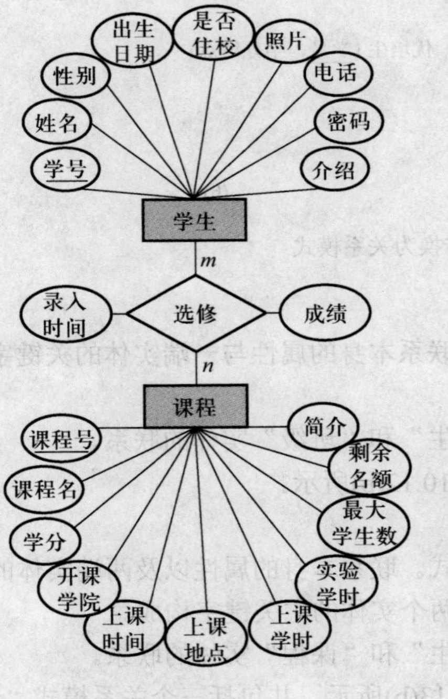

(a)

学生（学号，姓名，性别，出生日期，是否住校，
照片，电话，密码，介绍）

课程（课程号，课程名，学分，开课学院，上课时间，
上课地点，上课学时，实验学时，最大学生数，
剩余名额，简介）

选修（学号，课程号，成绩，录入时间）

(b)

图 10.13 多对多联系转换为关系模式

（4）具有相同主关键字的关系模式可以合并。但是否合并，取决于实际设计需求。

2）关系数据模型的优化

数据库逻辑结构设计的结果并不是唯一的，为了进一步提高数据库应用系统的性能，还应该根据应用的需要对逻辑数据模型进行适当地调整，这就是数据模型的优化。关系数据模型的优化通常以关系模式规范化理论为指导。

关系模式规范化理论包括一系列范式（Normal Forms，NF），高一级范式所需要的条件包含低一级范式所需要的条件，如一个关系模式需要符合第三范式，则其必须符合第一范式和第二范式。关系模式的规范化就是将一个低一级范式的关系模式，通过模式分解转换为高一级范式的过程。对于大部分关系数据库设计来说，符合第三范式就可以了。下面以一个关系模型的优化过程来介绍三个范式。

（1）第一范式（1NF）

如果关系模式中的每一分量都是不可分的，则其符合 1NF。1NF 是关系模式的最低要求。

图 10.14 中的表 R′ 有两点不符合 1NF 的要求：一是“姓名”字段有“姓”和“名”两个分量值，出现了表中有表的现象；二是每行记录在“课程名”等字段有多个值，例如“学号”为 1001 的学生有高等数学、大学物理、英语三门课程及相关信息，相应地开课教师、教师职称等也都有多个值。

将非 1NF 关系模式规范化为 1NF，必须对列中有分量的属性进行合并或分割，以保证每个字段都不可分；对行中存在的多数据值通过扩展主关键字进行记录分割，以唯一地标识一条记录。

【例 10.10】 将图 10.14 中的关系模式 R′ 规范化为 1NF 关系模式。

首先将“姓”和“名”属性合并为“姓名”属性，然后扩展关系模式的主键为（学号，课程名），得到关系模式 R（<u>学号</u>，姓名，<u>课程名</u>，学分，开课教师，教师职称，成绩）满足 1NF（如图 10.14 中的 R 所示），其中每一列和每一行都是不可分的。

（2）第二范式（2NF）

如果一个关系模式是 1NF，且所有非主键属性都完全依赖于主关键字，则其符合 2NF。

第二范式主要适用于有复合主键的关系模式，复合主键即由两个或多个属性组成的主关键字。主关键字是单属性且满足 1NF 的关系模式一定满足 2NF。

图 10.14 中，关系 R 的主关键字由“学号”和“课程名”属性组成，而非主键属性“开课教师”只依赖于复合主键的部分属性“课程名”。另外，“学分”也不完全依赖于主关键字，只依赖于“课程名”。因此，关系模式 R 不满足 2NF。

非 2NF 的关系模式会引起数据冗余、数据不一致、操作复杂等问题。例如，无法保证同一门课在不同记录中的“学分”相同；修改一门课的“学分”要修改所有相关记录；如要删除“学号”为 1004 学生的选课记录，则会丢失“哲学”课程的学分信息和开课教师信息。

将非 2NF 关系模式转化为符合 2NF 的关系模式，一般采用投影分解的方法，将其分解为两个或多个表，从而消除非主键属性对主关键字的部分依赖。分解过程如下。

第一步：用主键属性集合的每一个子集作为主关键字构成一个关系模式。

第二步：将每个属性分配给它所依赖的最小主关键字对应的关系模式中。

第三步：去掉只由主关键字的子集构成的关系模式。

【例 10.11】 将关系模式 R（<u>学号</u>，姓名，<u>课程名</u>，学分，开课教师，教师职称，成绩）分解为满足 2NF 的关系模式。

学号	姓名		课程名	学分	开课教师	教师职称	成绩
	姓	名					
1001	陈	佳迪	高等数学 大学物理 英语	4 3 4	张晓芸 马建军 李明	讲师 教授 副教授	90 80 85
1002	张	君悦	高等数学 英语	4 4	张晓芸 李明	讲师 副教授	78 86
1003	王	宵	数学分析	3.5	张晓芸	讲师	78
1004	林	豆豆	高等数学 哲学	4 2	张晓芸 王志民	讲师 副教授	45 60

R′

规范化为1NF

学号	姓名	课程名	学分	开课教师	教师职称	成绩
1001	陈佳迪	高等数学	4	张晓芸	讲师	90
1001	陈佳迪	大学物理	3	马建军	教授	80
1001	陈佳迪	英语	4	李明	副教授	85
1002	张君悦	高等数学	4	张晓芸	讲师	78
1002	张君悦	英语	4	李明	副教授	86
1003	王宵	数学分析	3.5	张晓芸	讲师	78
1004	林豆豆	高等数学	4	张晓芸	讲师	45
1004	林豆豆	哲学	2	王志民	副教授	60

R

规范化为2NF

课程名	学分	开课教师
高等数学	4	张晓芸
大学物理	3	马建军
英语	4	李明
数学分析	3.5	张晓芸
哲学	2	王志民

R21

开课教师	教师职称
张晓芸	讲师
马建军	教授
李明	副教授
张晓芸	讲师
王志民	副教授

R22

规范化为3NF

课程名	学分	开课教师	教师职称
高等数学	4	张晓芸	讲师
大学物理	3	马建军	教授
英语	4	李明	副教授
高等数学	4	张晓芸	讲师
英语	4	李明	副教授
数学分析	3.5	张晓芸	讲师
高等数学	4	张晓芸	讲师
哲学	2	王志民	副教授

R2

学号	姓名
1001	陈佳迪
1002	张君悦
1003	王宵
1004	林豆豆

R1

学号	课程名	成绩
1001	高等数学	90
1001	大学物理	80
1001	英语	85
1002	高等数学	78
1002	英语	86
1003	数学分析	78
1004	高等数学	45
1004	哲学	60

R3

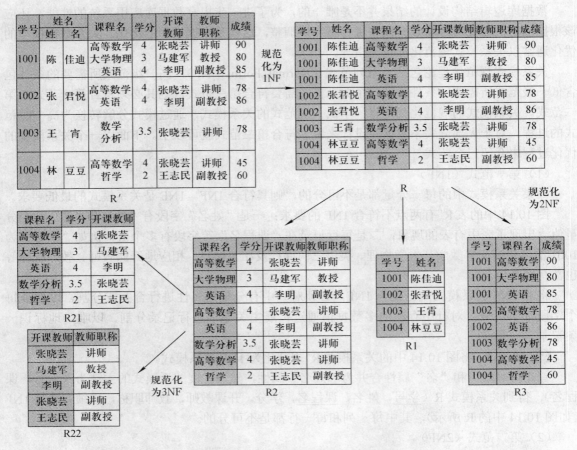

图 10.14 非 1NF 的表规范化为 3NF

投影分解过程如图 10.15 所示，得到三个满足 2NF 的关系模式：R1（学号，姓名）、R2（课程名，学分，开课教师，教师职称）、R3（学号，课程名，成绩）。

（3）第三范式（3NF）

如果一个关系模式满足 2NF，且表中任意非主键属性都不传递依赖于主关键字，则其符合 3NF。

图 10.14 中 R2（课程名，学分，开课教师，教师职称）是一个非 3NF 的表，原因是表中的非主键属性“教师职称”并不直接依赖主关键字“课程名”，而是依赖于非主键属性“开课教师”，“开课教师”又依赖于主关键字“课程名”，则说明该表存在非主键属性“教师职称”传递依赖于主关键字“课程名”。R1 和 R3 则不存在传递依赖，满足 3NF。

非 3NF 的关系模式也会出现数据冗余和操作异常等问题。例如，R2 中教师张晓芸开设多门课程，则表中就会出现多条记录，教师职称也要重复出现多次，造成数据的冗余；若要对教师职称中的数据进行修改，可能会出现修改复杂、产生数据不一致等问题。

将非 3NF 关系模式转化为符合 2NF 的关系模式，也是采用投影分解方法，将其分解为两个或多个表，从而消除非主键属性对主关键字的传递依赖。分解过程如下。

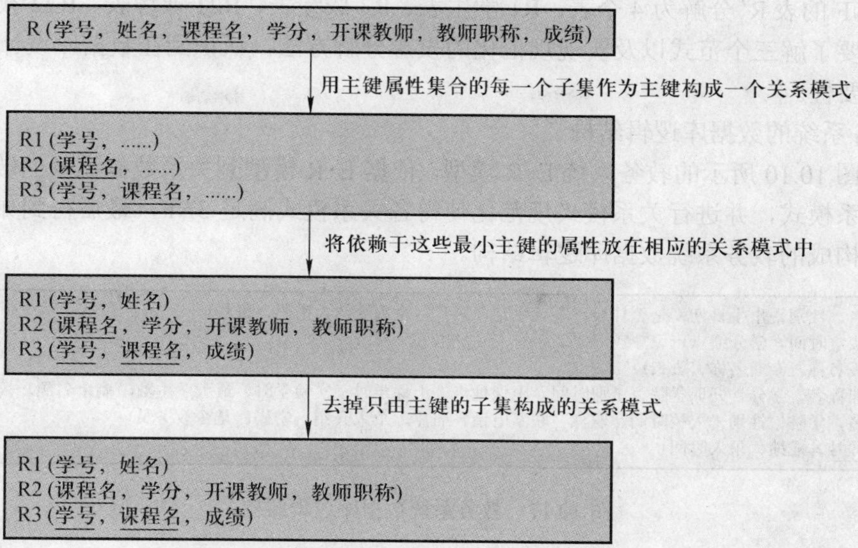

图 10.15　将非 2NF 关系模式转换为多个 2NF 关系模式的分解过程

第一步：对于不是主键属性的每个决定因子，从关系模式中删去依赖它的所有属性。

第二步：新建一个关系模式，其中包含原关系模式中所有依赖于该决定因子的属性。

第三步：将该决定因子作为新关系模式的属性，并设置其为主关键字。

【例 10.12】 将关系模式 R2（课程名，学分，开课教师，教师职称）分解为满足 3NF 的关系模式。

投影分解过程如图 10.16 所示，得到两个满足 3NF 的关系模式：R21（课程名，学分，开课教师）、R22（开课教师，教师职称）。

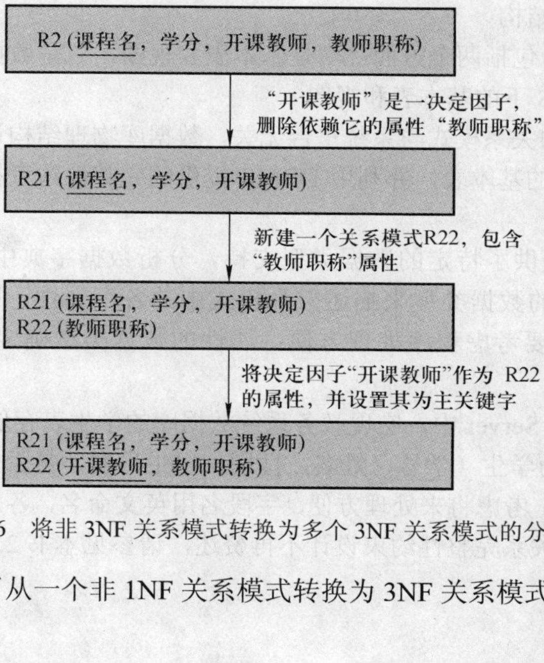

图 10.16　将非 3NF 关系模式转换为多个 3NF 关系模式的分解过程

上面通过实例介绍了从一个非 1NF 关系模式转换为 3NF 关系模式的过程，即把图 10.14 中的一个非 1NF 的表 R′分解为 4 个表：R1 学生表、R3 成绩表、R21 课程表、R22 教师表。通过该例，读者要了解三个范式以及实现规范化的投影分解方法，认识到在数据库设计中关系模式规范化的重要性。

3）教务系统的数据库逻辑结构

根据如图 10.10 所示的教务系统 E-R 模型，依据 E-R 模型到关系数据模型的转换规则，得到相应的关系模式，并进行关系模式规范化使得各关系模式满足 3NF，最后得到如图 10.17 所示关系模式构成的教务系统数据库逻辑结构。

学生(<u>学号</u>，姓名，性别，出生日期，是否住校，联系电话，照片，个人介绍，密码，班号)
优培生(<u>学号</u>，认定时间，学分绩点)
班级(<u>班号</u>，班级名称，专业名称，班长)
课程(<u>课程号</u>，课程名，学分，开课学院，上课时间，上课地点，上课学时，实验学时，最大学生数，剩余名额，教师工号，简介)
教师(<u>工号</u>，姓名，学院，性别，入校时间，职称，联系电话，照片，个人介绍，密码，是否教务员)
选课(<u>学号</u>，<u>课程号</u>，成绩，录入时间)

图 10.17　教务系统数据库逻辑结构

3．数据库物理结构设计

数据库物理结构设计是根据已经确定的数据库逻辑结构，利用选定的数据库管理系统提供的方法、技术，以较优的存储结构、数据存取方法设计出一个高效的、可实现的数据库。数据库物理结构依赖于给定的 DBMS 和计算机硬件系统。物理结构设计得好，可以使各事务的响应时间缩短、存储空间利用率提高、事务吞吐量增大。

在进行数据库物理结构设计时，首先要对经常使用的查询和经常更新数据的事务进行详细分析，获得物理结构设计所需的各种参数。其次，要充分了解所使用的 DBMS 内部的特征，特别是系统提供的存储结构和存取方法。

关系数据库物理结构设计通常包括以下 5 个方面的内容。

1）确定数据的存储结构

数据的存储结构设计包括两个方面：一是基本表和视图，二是数据库文件结构。

（1）设计特定 DBMS 下的基本表和视图

数据库逻辑结构中的关系模式与系统平台无关，数据库物理结构设计需要将其转换为所选定的 DBMS 平台可支持的基本表，并利用 DBMS 提供的完整性约束机制，在基本表上定义面向应用的业务规则。

每一种 DBMS 都提供了特定的数据类型支持，分析数据字典中对每个数据项的描述和取值说明，选取最合适的数据类型来描述关系模式中的各个属性，既要保证数据有效存储，又要避免空间浪费，还要考虑程序处理方便；属性的数据类型确定之后，设计关系完整性约束。

【例 10.13】　在 SQL Server 中，实现教务系统数据库的学生表存储结构设计。

学生表的关系模式为学生（<u>学号</u>，姓名，性别，出生日期，是否住校，班号，联系电话，照片，个人介绍，密码），考虑将来处理方便，字段名用英文命名，各属性的设计和数据类型选择说明如表 10.7 所示，关系完整性约束设计不再赘述，请参见本书 2.3 节和 3.5 节。

表 10.7　学生表的存储结构设计说明

字段名称	字段说明	类型定义	属性约束	数据类型定义说明
StudentCode	学号	char(4)	Primary Key	学号虽然由数字构成，但它由特定含义的一些位构成，最好使用字符型，而且由于一个学校的学号长度是固定的(例如 4 位)，如果不含有中文字符，使用 ANSI 字符集合，最合理的设计是定义为 char(4)
StudentName	学生姓名	nvarchar(20)	Not Null	由于长度不固定、且含有中文字符，适合用 Unicode 字符集，如果有少数民族学生名字较长(例如最长 20 字)，可以考虑设计为 nvarchar(20)
ClassCode	班号	char (2)	Not Null	因为是外关键字，与班级表中的班号设计相同，为 char(2)
Sex	性别	nchar (1)	Not Null "男"or"女"	取值为中文“男”或“女”，设计为 nchar(1)
Birthday	出生日期	smalldatetime		设计为 smalldatetime 即可，且存储空间小于 datetime
LiveInDorm	是否住校	bit	Default 1	取值为 0 或 1，设计为 bit，默认为 1，表示住校
Telephone	联系电话	varchar (40)		存放用“，”分隔的多个电话，长度不固定，为 varchar (40)
Photo	照片	varchar(50) 或 image		如果存放二进制表示的图像，则设计为 image，如果仅存放照片图像文件所在的路径，设计为 varchar(50)
Description	个人介绍	nvarchar(100)		是一段文本，也可设计为 Text。但如果选 C#作为开发语言，不要设计为 text，因为 C#不支持 Text 类型
PassWord	密码	nvarchar(16)		如果定义为 ANSI 字符的字符串，为安全起见，长度稍长些且不固定，设计为 varchar(16)

其他各表的设计结果见本书 2.4 节。视图设计参见本书 4.2 节。

（2）设计数据库文件结构

每种 DBMS 都提供一种或若干种数据库文件结构，例如堆、HASH、索引顺序存取方法、B+树等，一般由 DBMS 自动确定各数据库对象的文件结构。设计者也可根据应用系统的特点，为基本表和数据库选择合适的文件结构。

2）设计数据的存取路径

索引可以提供快速存取数据的存取路径，可以通过建立索引的方法来提高数据的查询速度。关于索引的说明参见本书 2.4 节和 3.6 节。本阶段主要工作是根据应用需求确定在关系的哪些属性或属性组上建立索引、哪些索引要设计为唯一索引、哪些索引设计为聚集索引等。

3）确定数据的存放位置

数据库有基本表、索引、日志、数据库备份等各种数据，各类数据在系统中作用不同，使用频率不同，应根据实际情况放在合适的物理介质上。

数据库备份、日志备份等文件由于只在故障恢复时才使用，而且数据量很大，可以考虑存放在磁带上或大容量磁盘上。应用数据、索引和日志使用频繁，要求响应时间短，必须放在支持直接存取的磁盘存储介质上。

如果计算机有多个磁盘，可以考虑将表和索引分别放在不同的磁盘上，在查询时，由于两个磁盘驱动器同时在工作，使物理读写速度加快。也可以将比较大的表根据时间、地点划分为不同块存放在多个磁盘上，以加快存取速度，这在多用户环境下特别有效。

4）确定系统配置

DBMS 产品一般都提供了一些系统配置变量、存储分配参数，供设计人员和 DBA 对数据库进行物理优化。初始情况下，系统为这些变量赋予了合理的默认值。但是这些值不一定适合每一种应用环境，在进行数据库物理设计时，需重新对这些变量赋值，以改善系统的性能。

系统配置变量很多，例如，同时使用数据库的用户数、同时打开的数据库对象数、内存分配参数、缓冲区分配参数、存储分配参数、物理块的大小，物理块装填因子、时间片大小、数据库的大小、锁的数目等。这些参数值影响存取时间和存储空间的分配，在物理设计时就要根据应用环境确定这些参数值，以使系统性能最佳。

5）数据库物理结构设计的评价

数据库物理结构设计过程中要对时间效率、空间效率、维护代价和各种用户要求进行权衡，其结果可能产生多种方案，数据库设计人员必须对这些方案进行细致的定量评价，从中选择一个较优的方案作为数据库的物理结构。

4．教务系统的数据库物理结构设计

采用关系数据库管理系统 SQL Server 2005 设计实现的教务系统数据库物理结构中基本表和索引的设计参见表 2.1～表 2.6，其他物理设计略。

10.4.2 系统架构设计

系统架构设计又称为系统总体结构设计，是在预定的开发项目范围内从总体上对组成系统的计算机各种硬件、软件、网络、数据存储、处理方法和安全性等进行技术设计。

每个信息系统都包括以下三部分：对数据进行存储和访问的数据库、处理相关业务逻辑的应用程序、用户使用系统的交互界面。从系统的观点来看，系统架构描述构成信息系统的各部分的分布和协作方式，也被称为“系统结构”、“计算模式”、“工作模式”等。随着计算机和网络技术的发展，先后产生了一系列系统架构，包括集中式主机模式、客户机/服务器模式、浏览器/服务器模式、P2P 模式、云计算模式等。

不同架构的信息系统具有各自的特点。根据系统分析确定的系统需求、综合考虑系统灵活性、成本效益、技术实现等因素选择系统架构，从而采用合适的开发技术实现系统。

1．集中式主机模式

集中式主机模式是计算机产生初期的计算模式，也是最基本的计算模式。它以单台计算机或围绕一个中央主机构成一个完整的计算环境，是一种“集中存储、集中计算”模式。采用这种模式所开发的信息系统，数据存储、计算处理任务一般全部由一台计算机完成，通常被称为单机版应用系统，不支持多用户访问（如图 10.18 所示）。例如基于文件数据组织方式（如文本文件、Excel 等）只能实现单机版系统。

这种系统结构简单，但数据和处理程序逻辑上是集中在一起的，数据本身没有服务能力。而且由于无法利用网络提供信息管理服务，大大限制了系统的应用能力。随着网络技术的普及，集中式主机模式的信息系统越来越少。

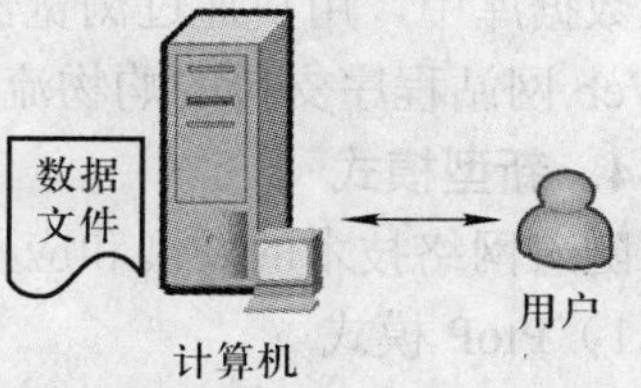

图 10.18　集中式主机模式的信息系统

2．客户机/服务器模式

客户机/服务器模式（Client/Server，C/S）是一种在局域网或专用网络环境下的“分布式计算”模式，一般采用“客户机”/“服务器”两层结构。在这种结构下，网络中的计算机扮演不同的角色：执行“服务请求”的计算机是客户机，接受“服务请求”并提供服务的计算机是服务器。一台计算机在不同的应用环境下可以担当不同的角色，也可以既是服务器又是客户机。

在客户机/服务器工作模式下的信息系统的典型结构如图 10.19 所示。数据库服务器提供共享数据的存储、查询、处理、管理等服务；客户机运行应用程序，支持用户交互；处理相关业务逻辑的应用程序可以运行在服务器，也可在客户机上，或分布在二者上。

系统基本工作流程如下：客户机程序将用户请求按照一定的格式发送到服务器；服务器接收并按照用户请求对所管理的数据实施操作，然后将操作的结果数据返回给提出请求的客户机；客户机可以进一步对返回结果进行处理，并将相关信息呈现给用户。

自助银行系统就是一个典型的 C/S 结构的信息系统，用户的账户数据集中存放在远程数据库中，每个 ATM 机上安装有支持自助业务的客户机程序，用户使用客户机程序通过专线网络访问银行账户，并按照系统业务流程提示完成业务活动。

3．浏览器/服务器模式

浏览器/服务器模式（Browser/Server，B/S）是一种面向 Internet 的“分布式计算”模式。一般采用“浏览器”/“Web 服务器”/“数据库服务器”三层结构（如图 10.20 所示）。客户端不需要安装专门的客户机程序，用户通过浏览器使用系统功能。

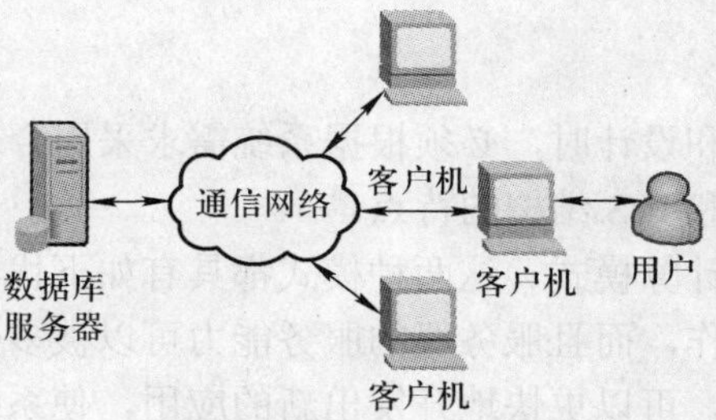

图 10.19　客户机/服务器模式的信息系统

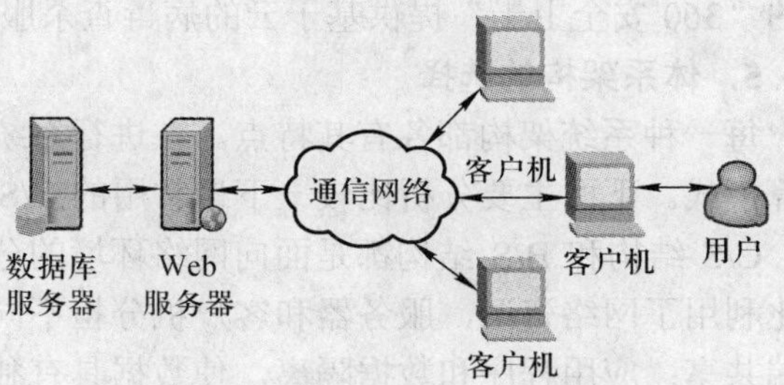

图 10.20　浏览器/服务器模式的信息系统

这种结构的核心是 Web 服务器，因为它运行着负责处理相关业务逻辑的应用程序，而作为客户端的浏览器主要负责用户交互。Web 服务器负责接收远程或本地的 HTTP 请求，然后向数据库服务器提出访问请求并获取相关的数据，然后把结果翻译成 HTML 文档传输给提出请求的浏览器。这种三层结构是由两层“客户机”/“服务器”结构扩展而来的，其中 Web 服务器和数据库服务器之间的关系也是“客户机/服务器”关系。

电子商务网站是一种典型的B/S结构的信息系统，用户的账户数据和商品数据集中存放在远程数据库中，用户通过浏览器在任何可以接入Internet的计算机上就可以访问Web网站，通过Web网站程序支持的购物流程完成商品浏览、订购、支付等一系列功能。

4．新型模式

随着网络技术的发展和应用需求的多样化，出现了一些新的系统模式。

1）PtoP模式

PtoP（Peer to Peer，PtoP或P2P）模式即对等网络结构。P2P模式取消了服务器的中心地位，系统内各个计算机可以通过数据交换直接共享计算机资源和服务。例如，流行的即时通信系统QQ、MSN等就是C/S模式与P2P模式的结合。用户使用QQ时，需要下载和安装QQ客户端程序，用户的账户信息存放在服务器的数据库中，用户需要登录服务器进行身份验证，查看好友状态，并且在服务器支持下发起和好友的连接；一旦通信连接建立，数据交流就是在两个计算机之间进行，不需要服务器支持。

2）云计算模式

云计算是一种基于Web的分布式计算，它可以将Internet上分布的大量计算机和服务器连接成虚拟资源，按照一定的规则协同运作，为用户按需提供各种IT服务。这些服务包括几个层次：把基础设施（网络、硬件、存储、数据库等）作为一种服务即IaaS（Infrastructure as a Service）；把开发平台（服务器平台或开发环境）作为一种服务即PaaS（Platform as a Service）；把软件（各种应用程序）等作为一种服务即SaaS（Software as a Service）。

云计算可以使用户省去服务器的投资、免除服务器管理，甚至可以直接购买信息系统服务。用户像接入电网获得电力一样来接入互联网获得各种IT服务，而不需要了解这些在云中的资源存在哪里、如何管理。组织机构可以租用云计算基础设施服务把数据库和服务器部署到云上，将现有信息系统迁移到云计算环境下，包括B/S或C/S模式都可以；可以购买开发和定制服务来开发信息系统；也可以直接租用信息系统服务。例如，亚马逊不仅是排名第一的云基础设施提供商，它还将一些企业内部应用如财务管理、商务流程管理等也逐步迁移到云计算平台。国内的“360安全卫士”提供基于云的病毒查杀服务。

5．体系架构的选择

每一种系统架构都各有其特点。在进行系统分析和设计时，必须根据系统需求采用合理的计算模式。下面主要分析比较一下最常用的C/S结构和B/S结构的特点。

C/S结构和B/S结构都是面向网络环境的分布式计算模式。这两种模式都具有如下优点：优化利用了网络资源，服务器和客户机分担不同的工作，而且服务器的服务能力可以被多个客户端共享；应用程序和数据隔离，使数据具有独立性，可以更快地开发出新的应用，使系统具有较好的可移植性和可维护性。

两种模式也各有其独特的特点和不足。

（1）C/S结构系统中的客户机必须安装专门开发的面向用户的客户端软件，很多处理功能在客户机上完成，其一般应用在局域网环境，具有很强的实时处理能力，适合于对数据库的实时处理和大批量的数据更新；由于必须安装客户机软件，系统相对封闭，这增强了它的安全性和保密性能，但也造成系统维护和升级困难，客户机软件如果有修改，所有客户机必须全部重新安装。另外，系统开放性差，一般是单项业务系统，程序依赖于底层网络，无法跨平台应用，也很难集成其他服务。

（2）B/S 结构系统简化了客户端，只需 Web 浏览器，不需要额外安装其他客户端软件，界面统一，简单易用；系统的维护和扩展变得更加轻松，只维护服务器端就可以了；由于其采用标准的 TCP/IP、HTTP，能够与遵循这些标准的信息系统及网络很好结合，具有开放性，同时保护了用户投资。对跨局域网环境或在广域网环境下的信息系统，可以实现数据集中存储，避免 C/S 模式下多个数据库服务器的数据同步问题，可以更好地保证数据安全性和一致性，提供更好实时性服务。但客户端的开放性增加了系统受攻击的风险，另外，客户端支持的功能开发在一定程度上受浏览器的限制。

C/S 结构适用于局域网应用、客户机数量不多、客户端处理复杂、对系统响应速度和安全性要求高的系统。B/S 结构适用于广域网或局域网应用、客户数量大且分散的系统。随着 Web 支持技术的发展，系统的安全性、浏览器端能支持的功能复杂性也逐步提高，B/S 结构目前已经成为主流的信息系统架构。

> **提示：**采用不同的系统架构，开发方法、开发工具和环境的选择会有差异，并且不同模式的程序不能直接转换。

许多信息系统在一个系统中同时存在两种甚至三种计算模式，即根据不同应用模块或子系统的特点选择该模块的系统架构模式，形成混合模式，可以兼取不同模式的优势。

【例 10.14】 教务系统架构设计及开发技术选择。

（1）系统架构

在教务系统中，主要包括三类用户：学生、教师和教务员，他们需要在校园网内访问系统，也需要在校外使用系统。因此，系统采用分布式 B/S 架构（如图 10.21 所示）。所有用户在入网机器上通过 Internet 浏览器访问信息中心的 Web 服务器，所有对数据库的访问通过 Web 服务器完成。

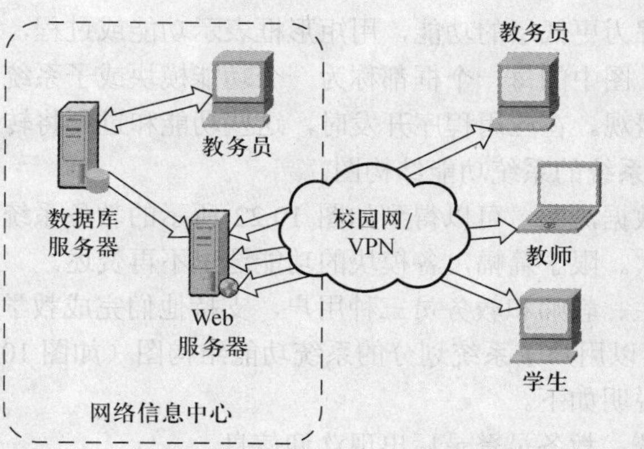

图 10.21　教务系统的系统架构

如果考虑到面向教务员的一些功能复杂的模块，比如排课涉及教室、教师、时间等多项资源限制，需要图形化交互、智能调度和复杂的冲突检测，设计为 C/S 结构更容易开发，而且由于用户量小，不会给维护带来太多麻烦，可将该模块设计为 C/S 结构。

也可以将一些临时信息比如未提交的学生成绩存储在客户端文件中，类似单主机模式，提交后再删除临时文件。

（2）开发技术和环境

系统前台开发工具：面向教务员、面向教师和学生的 B/S 应用程序均可采用 ASP.NET 开发平台，使用 C#语言开发。C/S 结构程序可以采用 VB.NET 或 C#语言开发。

数据库：采用 Microsoft SQL Server 开发版。

Web 服务器：采用 Microsoft Internet Information Services (Microsoft IIS)。

（3）网络和容灾设计

用户在校内使用校园网访问系统；为了安全起见，在公用网络上建立专用的虚拟专用网络（Virtual Private Network，VPN），校外用户通过 VPN 访问系统。

每个信息系统都必须提供容灾能力，在系统出现故障或遭到破坏时避免损失或将损失降到最小。主要从以下几方面考虑。

① 服务器配多个磁盘并采用 RAID 技术（独立磁盘冗余阵列），当一个磁盘出现故障时，数据不会损坏，提高系统可靠性。

② 制定系统及数据库备份方案，定期对数据库进行备份和异地转储，在系统出现故障时及时恢复。

10.4.3 系统功能结构设计

根据需求分析中的功能说明，从总体上对系统的软件结构进行设计，一般将系统划分为若干个子系统或模块，采用系统功能结构图对模块间的相互关系进行说明，也为下一步进行用户界面结构设计和各模块详细设计打下基础。

系统功能结构图是一种自顶向下描述业务功能和过程的方法，它采用结构化分析方法从系统的顶层功能逐层分解为更低层的功能，用矩形框表示功能或过程，并按照功能的从属关系将相关矩形框连接起来，图中的每一个框都称为一个功能模块或子系统。系统功能结构图提供了一个面向业务的系统概观。在应用程序开发时，这些功能和过程将转化为程序模块。

【例 10.15】 教务系统的系统功能结构图。

根据教务系统的数据流图，可以得到如图 10.22 所示的教务系统的系统功能结构图，该图将功能组织为 4 个层次。限于篇幅，各模块的功能这里不再赘述。

系统主要面向学生、教师和教务员三种用户，支持他们完成教学运行和管理的相关活动。根据图 10.22 可以画出以用户子系统划分的系统功能结构图（如图 10.23 所示）。

各模块功能简要说明如下。

（1）教务员子系统：教务员登录后出现欢迎信息。

① 教师信息维护。根据工号、姓名等信息进行教师的查询；添加、删除、修改教师信息，对教师信息的所有字段都可以修改；按照学院汇总生成学生名单；个人密码修改：当前密码、两次新密码输入验证后进行密码修改。

② 学生管理。根据学号、姓名、班级等信息进行学生信息的查询；添加、删除、修改学生信息，对学生信息的所有字段都可以修改；按照班级汇总生成学生名单。

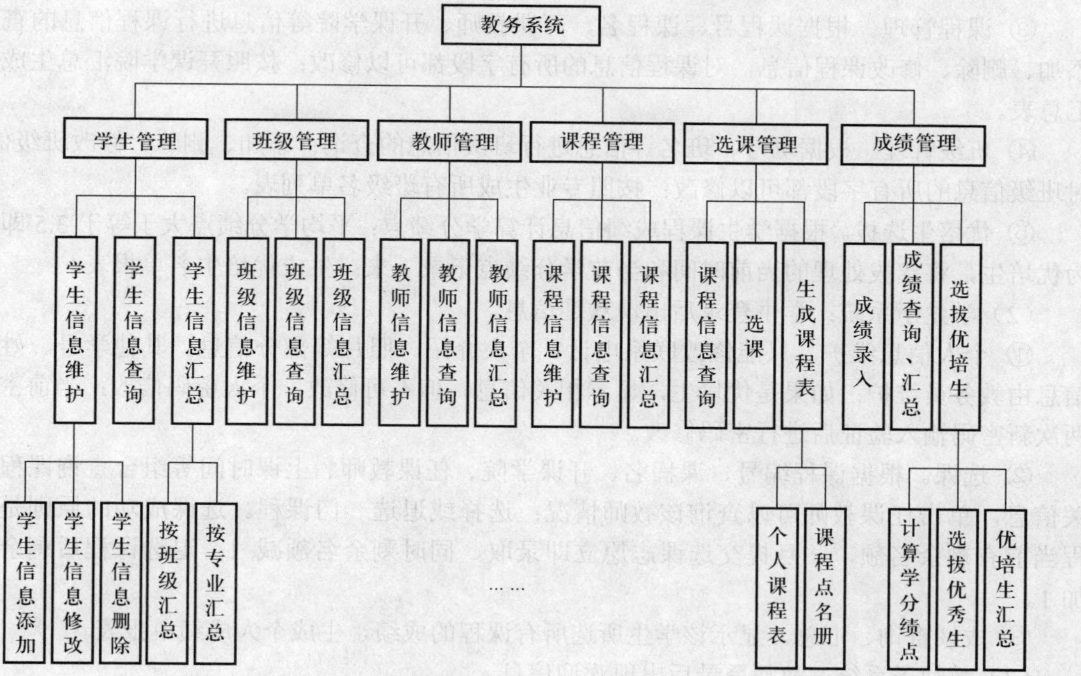

图 10.22　教务系统功能模块图

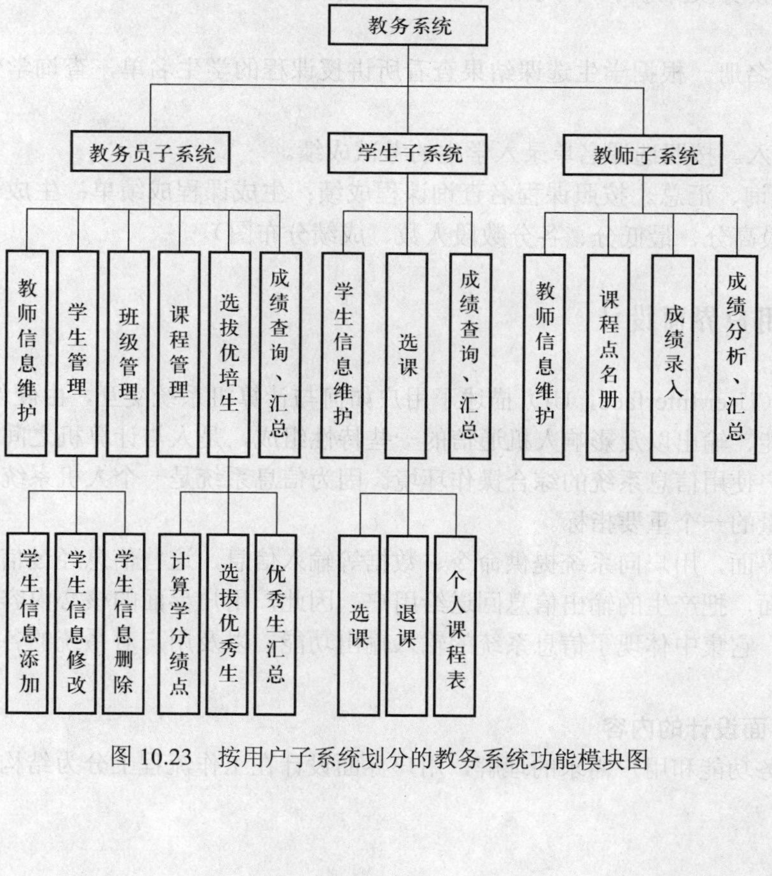

图 10.23　按用户子系统划分的教务系统功能模块图

③ 课程管理。根据课程号、课程名、开课教师、开课学院等信息进行课程信息的查询；添加、删除、修改课程信息，对课程信息的所有字段都可以修改；按照开课学院汇总生成课程汇总表。

④ 班级管理。根据班号、班名等信息进行班级信息的查询；添加、删除、修改班级信息，对班级信息的所有字段都可以修改；按照专业生成所有班级名单列表。

⑤ 优培生选拔。根据学生课程成绩信息计算学分绩点；平均学分绩点大于等于 3.5 即认定为优培生，将选拔处理的当前时间和当前学分绩点记录下来；生成优培生名单报表。

（2）学生子系统：学生登录后出现欢迎信息。

① 个人信息维护。只能修改联系电话、个人介绍、照片等部分信息，其他学号、姓名等信息由教务员维护；如果是优培生，显示相关信息，但不可修改；个人密码修改：当前密码、两次新密码输入验证后进行密码修改。

② 选课。根据课程编号、课程名、开课学院、任课教师、上课时间等组合查询课程及相关信息，单击任课教师可以查询该教师情况；选择或退选一门课程。选课成功的原则是该课程当前有剩余名额，一旦提交选课志愿立即录取，同时剩余名额减 1；退选课程后剩余名额加 1。

③ 成绩查询、汇总。显示该学生所选所有课程的成绩，生成个人成绩单报表。

（3）教师子系统：教师登录后出现欢迎信息。

① 个人信息维护。只能修改联系电话、个人介绍、照片等部分信息，其他教师工号、姓名等信息由教务员维护；个人密码修改：当前密码、两次新密码输入验证后进行密码修改。

② 课程点名册。根据学生选课结果查看所讲授课程的学生名单，查询学生个人信息；生成点名册报表。

③ 成绩录入。按照选课名单录入学生的考试成绩。

④ 成绩查询、汇总。按照课程名查询课程成绩；生成课程成绩单；生成课程成绩分析报告（平均分、最高分、最低分、各分数段人数、成绩分布图）。

10.4.4 用户界面设计

用户界面（User Interface，UI）描述了用户如何与计算机系统交互，由硬件、软件、界面、各种菜单、功能、输出以及影响人机通信的一些特性组成，是人与计算机之间传递、交换信息的接口，是用户使用信息系统的综合操作环境。因为信息系统是一个人机系统，所以用户界面是信息系统质量的一个重要指标。

通过用户界面，用户向系统提供命令、数据等输入信息，这些信息经过信息系统处理后，又通过用户界面，把产生的输出信息回送给用户。因此，用户界面的核心内容包括显示风格和用户操作方式，它集中体现了信息系统的输入输出功能，以及用户对系统的各个部件进行操作的控制功能。

1．用户界面设计的内容

基于对业务功能和用户需求的理解，用户界面设计在工作流程上分为结构设计、交互设计和视觉设计三个部分。

1）结构设计

结构设计是界面设计的骨架，可以根据系统功能结构图制定出系统的用户界面的总体结构。对于Web应用程序来说，包括版式设计、导航设计、菜单命令、功能布局和应用程序的交互特性等。

2）交互设计

为每个功能页面的输入/输出格式、窗体控件布局和交互信息进行设计，为屏幕显示和报表设计物理布局。

3）视觉设计

在结构设计和交互设计的基础上，参照目标群体的心理模型和任务目标进行视觉设计。包括色彩、字体、页面效果等。视觉设计要达到用户使用愉悦的目的。

2. 用户界面设计的原则

用户界面的基本设计原则是以用户为中心。要理解系统基本业务功能和用户需求，从用户角度思考，置界面于用户的控制之下，易用、美观和高效。最好的界面是那些用户甚至没有留意的界面，意思是它正是用户所希望的。具体要注意以下一般原则。

1）友好明确的人机交互

人机交互是指用户在使用系统时通过计算机与系统的交互对话。用户界面应该用统一的风格来构造菜单、命令输入、信息显示等功能；界面控件选取合理、布局整齐；能提供有意义的反馈；对任何破坏性操作要求提供确认；允许大多数操作能够返回；减少操作中需要记忆的信息量；尽量提高对话、动作和思维的效率；能容忍一定的错误；提供用户求助机制。

2）减少数据输入，保证数据质量

用户的大部分时间都花在选取命令、输入数据以及其他一些系统输入上。数据输入设计的主要目标是确保输入数据的质量、准确性和适时性。通常情况下，键盘仍是最主要的输入工具，因此，对于数据输入，需要尽量减少输入量，仅输入必要的数据，能从系统查找或计算获得的数据不要输入；保证信息显示与数据输入的一致性，能为输入工作提供帮助；使用数据验证来检查输入数据的有效性，主要是检查数据类型、数据范围和限制、输入顺序等，丢弃不满足指定条件的数据，提高数据质量。

3）数据输出

典型的数据输出有两类：屏幕显示和打印输出。

对于屏幕显示来说，用户界面显示的信息要完整、明确，最好具有智能；信息可以通过文字、图表、图像或者声音等多种方式显示；用户界面通常只显示与当前上下文相关的信息；可以使用一致的标记、标准的缩写和隐含的颜色来显示相关信息；能生成有意义的报错信息；能合理分布显示屏的布局。

对于打印输出来说，主要是指报表设计，可以针对业务的详细信息、统计汇总信息等设计报表、图表，对于标题、页眉页脚、细节显示区等详细设计，形成规范的可打印输出的报表，报表设计应该有用户的参与，并获得用户的认可。

【例 10.16】 教务系统的学生选课界面设计（如图 10.24 所示）。

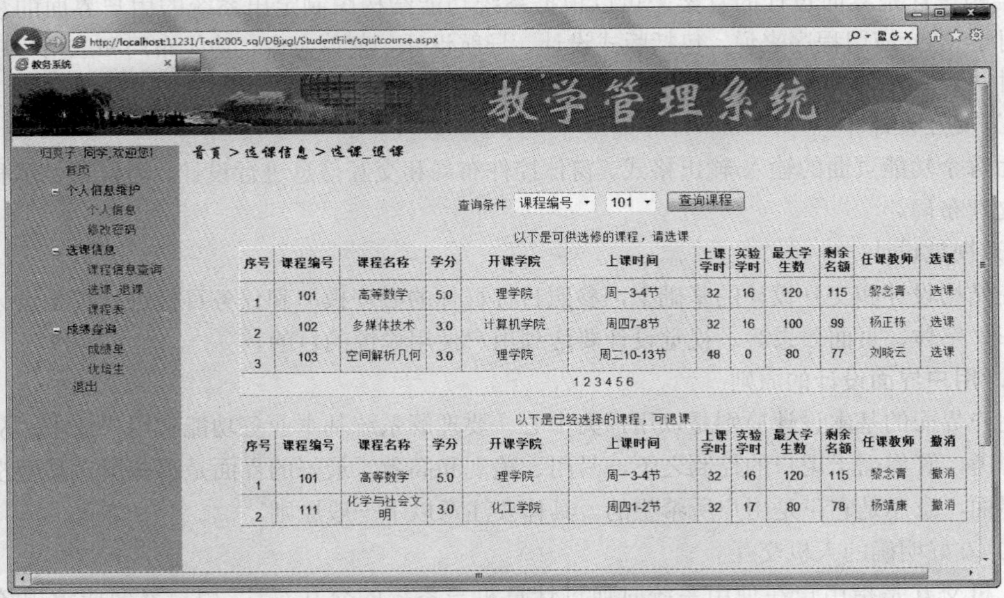

图 10.24 教务系统的学生选课页面

【例 10.17】 教务系统的选课班级点名册报表设计（如图 10.25 所示）。

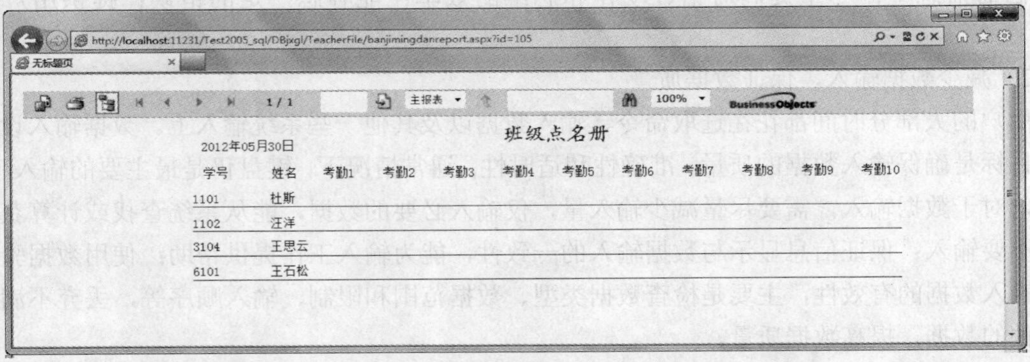

图 10.25 教务系统的班级点名册报表设计

10.4.5 处理过程设计

处理过程设计按照系统功能结构图中的各模块功能的要求，考虑系统开发环境与工具的特点，并结合界面设计，确定每个模块的计算机处理流程和相关数据存储需求，为系统实施中的编程与测试提供依据。可以使用语言描述，也可以使用流程图描述。

【例 10.18】 教务系统的学生选课流程图（如图 10.26 所示）。

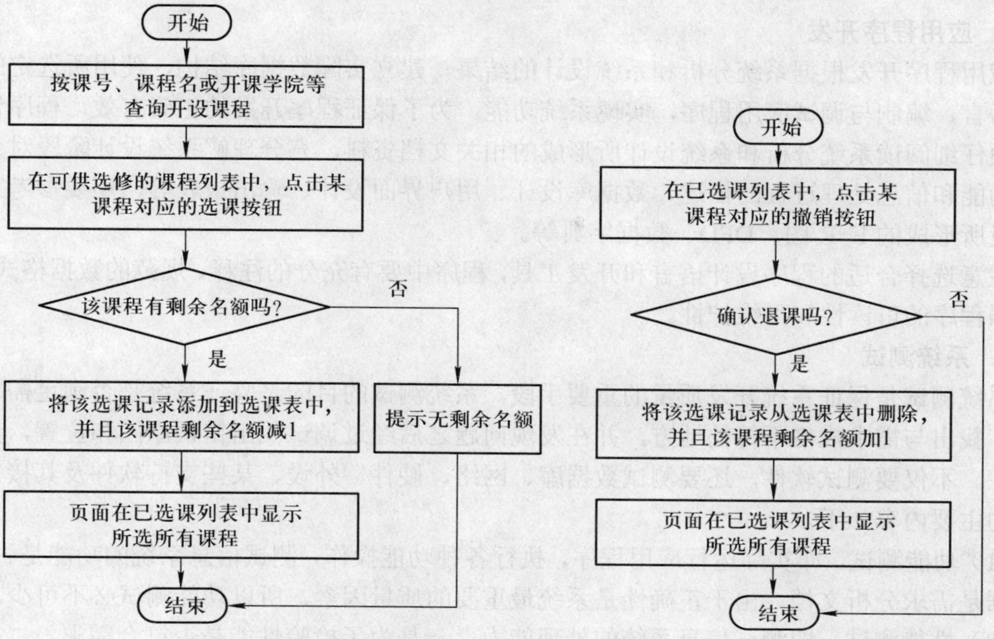

(a) 选课处理流程　　(b) 退课处理流程

图 10.26　学生选课处理过程的流程图

10.4.6　系统设计说明书

系统设计说明是对系统各主要技术方面设计的完整说明，是系统实施的基础和依据。因此它必须全面、准确和清楚地阐明系统的技术方案和在实施过程中所采取的技术手段、方法和技术标准以及相应的环境条件。按完成阶段和描述内容可分为概要设计和详细设计两类。

概要设计说明书又可称为系统设计说明书，主要包括系统架构设计、系统功能结构设计、模块划分、功能分配、数据库设计、交互页面的总体结构、风格设计和出错处理设计等，为系统详细设计提供基础。

以概要设计为基础，详细设计说明书对系统功能模块的每个窗口或页面布局、处理流程、实现算法、数据输入/输出等进行详细说明，作为应用程序开发的依据。

在系统设计过程中，要不断得到用户确认，以避免偏离既定的系统目标。

10.5　系统实施

在系统分析和系统设计完成后，就可以进入系统实施阶段。实施阶段将系统分析和设计的成果转化为可实际运行的系统，主要工作包括应用程序开发、系统测试、建立文档、系统安装和系统转换运行。系统实施将交付一个具有完整功能的文档化的可运行的信息系统。

1．应用程序开发

应用程序开发根据系统分析和系统设计的结果，建立实际数据库结构，使用所选定的程序设计语言，编制与调试应用程序，实现系统功能。为了保证程序开发的正确有效，程序设计人员必须仔细阅读系统分析和系统设计所形成的相关文档资料，充分理解系统设计阶段对系统各模块功能和信息处理过程的描述、数据库设计、用户界面设计、输出报表等，还要参考系统分析阶段所形成的E-R图、DFD、数据字典等。

注意选择合适的程序设计语言和开发工具，程序中要有充分的注释、规范的数据格式说明，以增强程序的可读性和可维护性。

2．系统测试

系统测试是保证系统开发质量的重要手段。系统测试的目的是验证系统是否满足需求规格定义，找出与需求规格不符的地方，并在发现问题之后经过调试找出错误原因和位置，然后进行改正。不仅要测试软件，还要测试数据库、网络、硬件、外设、某些支持软件及其接口等。测试的主要内容如下。

（1）功能测试。即实际运行应用程序，执行各种功能操作，测试信息系统的功能是否正确，其依据是需求分析文档。由于正确性是系统最重要的质量因素，所以功能测试必不可少。

（2）性能测试。即测试信息系统的处理能力，一是为了检验性能是否符合需求，二是为了得到某些性能数据供用户参考。主要包括并发能力测试、疲劳强度测试、大数据量测试和速度测试等。性能测试一般通过自动化测试工具模拟多种正常、峰值以及异常负载条件来对系统的各项性能指标进行测试。

其他还包括用户界面测试，即测试信息系统的易用性和视觉效果等；健壮性测试，即测试系统在异常情况下能否正常运行的能力，包括容错能力和恢复能力；安全性测试是测试系统防止非法入侵的能力；安装与卸载测试，即测试系统安装、卸载过程简明、正确等。

系统测试应遵循以下基本原则。

（1）系统测试工作应避免由开发者自己承担。

（2）测试数据既要包括正确的、合理的数据，也要测试无效或不合理的数据。

（3）不仅检验系统应该完成的功能，还要检查系统不该有的行为。

3．文档整理

在信息系统开发的整个过程中，都要使用文档来记录和描述系统需求、分析、设计、报告和说明，它们帮助技术人员、用户和管理者之间进行交流，是各阶段转入下一阶段工作的依据。在系统实施阶段，需要对整个系统文档进行整理和完善，形成随系统一同交付的文档。它们是今后系统运行和维护的依据。主要包括系统文档、程序文档、操作文档、用户文档等。

（1）程序文档为将来维护系统的程序员提供必要的资料描述，包括所有程序模块的输入/输出和处理逻辑，还包括系统设计阶段的各种过程描述、输入/输出设计等内容。

（2）系统文档描述系统功能及其实现方法，主要包括系统分析和系统设计阶段完成的系统需求说明、系统分析说明、系统设计说明等，在实施阶段，要复查和完善这些文档，保证其完整、准确地描述已实现的系统。

（3）操作文档描述系统管理规程，是给系统管理员提供的系统维护说明。

（4）用户文档是为系统使用者提供的用法说明，包括用户手册、联机帮助等。

为了使文档容易理解和便于交流，应尽可能采用标准化的文档模板撰写文档，可以参考国家标准《计算机软件产品开发文件编制指南》。

4．系统安装

信息系统的实际运行环境需要计算机网络以及一系列专门的硬件和软件的支持。系统安装包括以下过程。

（1）首先要建立系统运行环境。保证网络正常工作，安装和配置服务器，例如建立 RAID 磁盘冗余阵列、备份设备，安装操作系统、数据库管理系统、Web 服务程序等。

（2）在系统运行环境基础上安装应用系统。对于 B/S 架构系统，需要在数据库服务器上创建数据库、定义数据库用户并设置其访问权限，在 Web 服务器上安装 Web 网站程序；如果是 C/S 架构系统，还需要在用户的机器上安装客户端程序。

（3）数据转换。数据转换是指业务数据被加载到所开发的系统中。如果是新系统取代旧系统，需要将旧系统中的数据导出，转换为符合新系统的数据格式后导入新系统，如果新系统取代的是人工系统，所有数据都需要人工录入或从其他数据源导入。

5．系统转换

系统转换是指新系统替换手工工作或原有系统投入在线运行的过程。系统转换中涉及人员、设备、组织机构及职能的调整，有关资料和使用说明书的移交等。系统转换的最终结果是将系统控制权全部移交给用户。

系统转换方式主要有直接转换，即新系统直接替换原有系统，方式简单，但风险大；并行转换，即新、旧系统同时运行一段时间，费用较高但风险低；折中的方式是逐步转换，即新系统一部分一部分地替换旧系统，最终全部替换原有系统。

10.6　系统运行与维护

系统维护是系统生命周期的最后一个阶段，也是持续时间最长、付出代价最大的阶段。前面各阶段的细致工作，其中一个目的就是为了提高系统的可维护性，降低维护的代价。系统维护需要专业管理人员进行。该阶段主要包括以下 4 类维护工作。

（1）改正性维护：诊断和改正在使用过程中发现的系统错误。

（2）适应性维护：修改系统以适应环境变化。

（3）完善性维护：根据用户要求改进或扩充系统。

（4）预防性维护：修改系统为将来的维护活动预先做准备。

对于信息系统来说，除了保证系统正确运行，系统的安全性、数据备份和恢复的管理也非常重要，是系统维护的重要工作。

习题 10

1．简述生命周期法的基本思想、各阶段主要工作及优缺点。

2．简述原型法的基本工作流程和优缺点。

3．系统规划的重要意义是什么？

4．可行性分析包括哪几个方面？可行性报告的目的是什么？

5．简述结构化分析方法及其特点。

6．数据流图的作用是什么？有哪些组成部分？

7．数据字典的作用是什么？有哪些组成部分？

8．绘制自己所熟悉的一个信息系统的关联图和 0 层图。

9．针对第 8 题，绘制系统的功能结构图。

10．将局部 E-R 模型合并为全局 E-R 模型需要消除哪些冲突？

11．将 E-R 模型转换为关系数据模型的基本规则有哪些？

12．请将图 10.27 所示的两个 E-R 模型转换为对应的关系数据模型，并指出关系模式中相应的主键和外键。

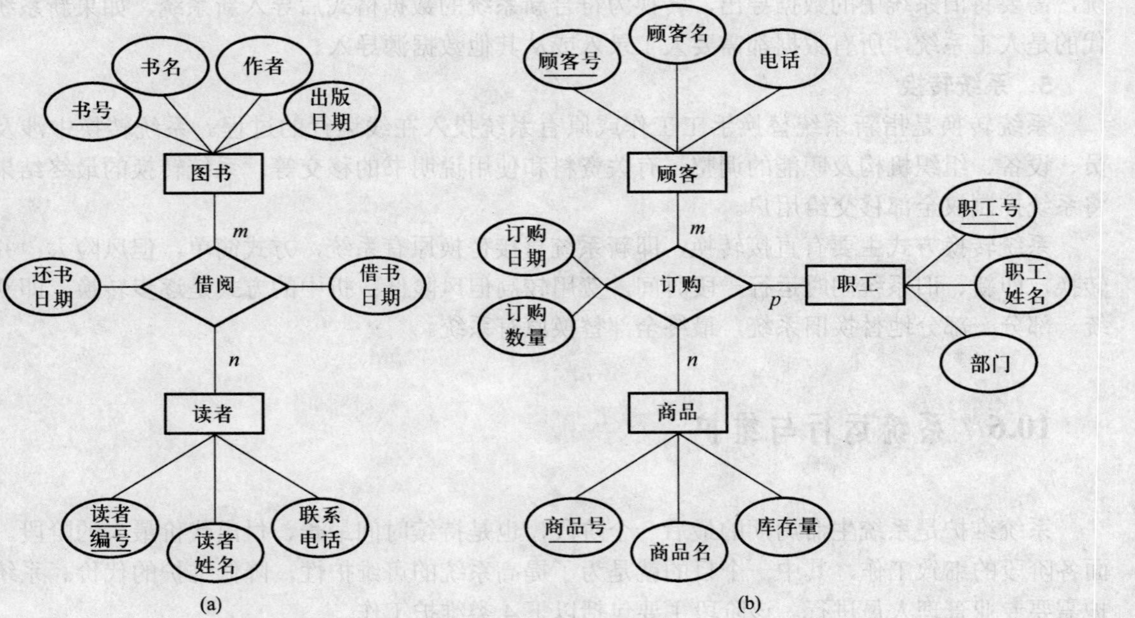

图 10.27 E-R 模型

13．关系模式规范化三个范式的基本要求是什么？

14．数据库物理结构设计包含哪些工作？

15．比较 B/S 架构系统和 C/S 架构系统的特点，描述自己熟悉的一个信息系统的系统架构。

16．用户界面设计包括哪些主要内容？

17．系统实施主要包括哪些工作？

18．系统运行维护主要包括哪些工作？

第11章 信息系统管理

信息系统管理是为有效地开发和利用信息资源以实现其目标而进行的一系列管理活动的集合。对于系统生命周期的各个阶段，有效的管理是成功的关键。

11.1 信息系统管理机构

随着信息化的深入，组织对信息系统的依赖程度越来越高。为保证信息系统的成功开发、实施和运行，一般组织都设有专门机构对信息系统进行管理，常见的管理机构有以下几种。

1. 信息化委员会或信息化领导小组

组织中直接领导与主持信息化工作的领导人称为信息主管（Chief Information Officer, CIO），往往是由高层决策人士如公司的副总经理来兼任。CIO 应该是既懂信息技术，又懂业务和管理，且身居高级行政管理职位的复合型人才。

信息化委员会（或信息化领导小组）由 CIO 负责牵头召集，组织的高层领导和各部门负责人均为成员。其职责是制定企业信息化的总方针和政策，组织和协调制定企业信息化的总体规划和分阶段的实施方案。

2. 信息主管部门

信息主管部门（通常被称为 IT 部）是信息化委员会的下设部门，负责整个组织的信息系统建设和运行维护。它有两种模式：一种是水平式，即把信息部门与其他部门并列置于组织最高管理层的领导之下；另一种是垂直式，即把信息部门置于整个管理层次的顶层，作为高层组织的直属部门。不论哪种形式，都必须保证组织全局性信息工作的开展。

3. 项目开发团队

针对特定的信息系统项目，需要成立专门的项目开发团队，成员包括项目负责人、系统分析员、系统设计员、系统管理员、程序员、文档管理员等，还需要包括组织中相关的管理人员和业务人员。

11.2 信息系统管理

11.2.1 信息系统开发管理

信息系统建设是一项复杂的系统工程，涉及面广，需要投入大量的人力、物力、财力、时间，对整个组织的改革与发展会产生很大的影响。因此，信息系统的建设过程可以使用项目管理的思想、方法进行控制。

1．信息系统开发策略

在系统分析阶段，需要确定信息系统的开发究竟由谁来完成。综合考虑企业的业务需求、现有软件产品和组织自身的信息技术力量，可选择以下开发策略。

1）资源内包

如果企业或组织的系统开发实力较强，或者有很多特殊的应用以及保密等原因，可选择由组织内部的信息技术专业人员来开发系统。采用资源内包方式容易满足组织的信息系统需求，维护和更新也比较容易。

2）资源自包

对于一些特殊的应用或者简单的应用，如果用户本身有能力实现系统，可以要求用户自行开发。这是一种简单、低成本但高效率的方式，能最好地利用信息资源和信息技术力量。

3）资源外包

组织将特定的信息系统开发工作按规定的期限、成本和服务水平委托给第三方完成。资源外包的主要形式有以下几种。

（1）购买软件包。选择购买现成的商品化应用软件包。例如薪资计算、会计总账或库存管理等。一般成本低、实施周期短、可靠性高，但只适合通用功能的系统。

（2）定制软件包。购买一个基本软件包，再根据业务需求，由供应商进行系统配置或系统修改，也可以由组织机构自己修改完善。该方式的优点是可以较快速满足需要，但后期的维护和升级等比较麻烦。

（3）委托开发。委托软件开发商开发完整的新系统。

由于信息技术的快速发展和信息系统的日益复杂，越来越多的组织选择资源外包方式开展信息系统建设，这样做的好处是可以充分利用其他组织的智力资源为自己服务，而且由于专业组织拥有更强的技术队伍和更多的经验，往往会提供更好的服务。现在的资源外包提供商除了提供系统开发外，还提供系统运行、管理甚至硬件托管、应用服务等所有涉及信息系统的工作，为组织提供了便利。

信息系统的开发管理方式和开发方法的选择是彼此相关的。例如，选择了资源内包，则通常采用系统生命周期法。如果选择了资源自包，那么最常采用的方法是原型法。

2．信息系统开发项目管理

信息系统开发是一种结构化解决问题的过程，它包括一连串的活动：系统规划、系统分析、系统设计、系统实施、系统运行及维护。项目管理要贯穿在各个阶段，主要内容如下。

（1）项目范围管理。为实现项目的目标，对项目的工作内容进行控制的管理过程。包括范围的界定、规划和调整等。

（2）项目时间管理。为确保项目最终按时完成的一系列管理过程。包括具体活动界定、活动排序、时间估计、进度安排及时间控制等工作。

（3）项目成本管理。为保证完成项目的实际成本、费用不超过预算成本、费用的管理过程。包括资源的配置，成本、费用的预算以及费用的控制等工作。

（4）项目质量管理。为确保项目达到客户所规定的质量要求所实施的一系列管理过程。包括质量规划，质量控制和质量保证等。

（5）人力资源管理。为保证所有项目相关人的能力和积极性都得到最有效地发挥和利用所做的一系列管理措施。包括组织的规划、人员的选聘和项目团队建设等一系列工作。

（6）项目沟通管理。为确保项目信息的合理收集和传输所需要实施的一系列措施，包括沟通规划、信息传输和进度报告等。

（7）项目风险管理。涉及项目可能遇到的各种不确定因素。包括风险识别、风险量化、制订对策和风险控制等。

（8）项目采购管理。为从组织之外获得所需资源或服务所采取的一系列管理措施。包括采购计划、采购与征购、资源的选择以及合同的管理等项目工作。

11.2.2 信息系统运行维护管理

信息系统运行管理就是在信息系统进入使用阶段后对信息系统的运行进行监测和控制，记录其运行状态，对信息系统进行必要的完善、修改和补充，使信息系统充分地发挥其功能。它需要专门的信息部门和信息技术人员负责。从管理上主要做好以下工作。

1．提高数据的准确性与合理性

要制定规范化的“工作规程”，做好数据输入人员的合理分工，保证数据的收集、输入、处理的准确性，在数据准确性的基础上，进一步保证数据的合理性。

2．建立完善的岗位制度

根据企业的实际情况建立完善的系统运行内部制度，建立岗位责任制。系统岗位分为直接管理、操作、维护系统及计算机软、硬件人员等，在保证数据安全的前提下交叉设置岗位。

3．建立各种操作管理制度

建立操作管理制度，明确规定操作人员对系统的操作工作内容和权限，对操作密码严格管理，杜绝未经授权人员操作软件、预防未经审核的各种原始凭证输入系统；操作人员离开机房前，要执行相应的退出命令；根据本单位的情况，由专人保管必要的上机操作日记，记录操作人、操作时间、操作内容、故障情况等内容。

4．建立计算机硬件、软件制度

经常对有关设备进行保养，保证机房设备和计算机正常运行；确保系统数据和系统软件的安全保密，防止对数据和软件的非法修改和删除。对系统软件更换、修改、升级和硬件设备进行更换时，要有一定的审批手续，并由有关人员进行监督，以保证系统数据的连续和安全；健全硬件和软件的定时维护措施和有关防治计算机病毒、黑客等入侵的措施。

5. 建立系统档案管理制度

通过档案管理制度的建立，实现对系统数据档案的管理，并由专人负责；做好系统数据的防磁、防火、防潮和防尘等工作；对重要的系统档案进行双备份，并存放在不同的地点；对磁性介质档案的定期检查与复制，防止磁性介质的损坏而使系统数据丢失；同时对系统开发设计有关的档案资料也要进行保管。

11.2.3 信息系统安全管理

在《计算机信息系统安全保护条例》中，将信息系统安全解释为“保障计算机及其相关的和配套的设备、设施（含网络）的安全以及运行环境的安全，保障信息的安全，保障计算机功能的正常发挥，以维护计算机信息系统的安全运行。”它包括四个方面的基本概念，即信息安全、计算机安全、网络安全和通信安全。

1. 信息系统的安全隐患

信息系统是一个开放的系统，在任何时间和任何地点向目标用户提供信息服务。信息系统的开放性和数据资源的共享性使其面临着多种威胁和攻击。信息系统的安全性也越来越成为信息系统管理的重要问题。信息系统的安全隐患主要如下。

（1）管理缺陷。若缺乏安全管理的观念，没有从管理制度、人员和技术上建立相应的安全防范机制管理，极易造成信息损失。

（2）系统“漏洞”。由于信息系统的软、硬件存在安全漏洞，使非法人员入侵或破坏。

（3）计算机病毒。计算机病毒会影响或破坏信息系统的安全运行。

（4）黑客攻击。黑客分为政治性黑客、技术性黑客和牟利性黑客三种。世界上有大约几十万个黑客网站，攻击的方法和手段有几千种，黑客攻击会对信息系统造成不可忽视的破坏。

2. 信息系统安全的策略与措施

信息系统安全可以从法规保护、行政管理、人员教育和技术措施等几方面来进行保障。

（1）法规保护。通过法律法规来明确用户和系统维护人员应履行的权利与义务，保护合法的信息活动，惩处信息活动中的违法行为。

（2）技术规范。包括技术标准和技术规程，如计算机安全标准、网络安全标准、操作系统安全标准、数据和信息安全标准等。

（3）行政管理。建立安全组织机构和安全管理制度，以维护信息系统的安全。

（4）人员教育。对信息系统相关人员进行有关安全、信息保密、职业道德和法律教育。

（5）技术措施。对系统资源划分安全等级、采用必要的安全技术。技术措施是信息系统安全的重要保障，从数据、软件、网络、运行、反病毒等各方面予以保护。

3. 信息系统安全技术

信息安全的结构层次包括物理安全、安全控制和安全服务。确保信息安全的关键技术较多，主要包括密码技术、防火墙技术、病毒防治技术、身份鉴别技术、访问控制技术、备份与恢复技术和数据库安全技术等。

（1）密码技术。较成熟的技术有数字签名、认证技术、信息伪装。

（2）防火墙技术。当企业内部网络连接到 Internet 上时，为防止非法入侵、确保企业内部网络安全，可在企业内部网络和外部网络之间设置一个防火墙，实施网络之间的安全访问控制，确保企业内部网络的安全。

（3）病毒防治技术。包括防病毒、检测病毒和消毒技术。

（4）身份鉴别技术。包括个人识别码及密码、电子卡证件、指纹、掌形、虹膜等生物特征识别技术等。

（5）访问控制技术。包括入网控制、权限控制、目录级控制以及属性控制等多种手段。

（6）备份与恢复技术。包括备份/恢复技术、双机热备份技术、异地数据中心等。

（7）数据库安全技术。包括数据库中的身份认证、存取控制、审计、数据加密等技术。

11.3 信息系统的相关法律、道德问题

1. 信息系统的相关法律

通过国家制定的信息系统的相关法律法规以及信息系统的技术标准和技术规范，规范和制约信息系统的开发与利用。目前我国相关的法规建设主要有计算机软件、Internet 利用、信息系统安全、信息系统应用、知识产权等方面的法律法规。

1）知识产权法

随着知识产权概念的不断变化，传统的知识产权制度也在不断地发展，因而知识产权法律也适用于信息产权。知识产权法是国家法律体系中综合调整公民、法人或法人单位相互之间在创造、使用、转让智力成果过程中形成的社会关系的法律法规的总和。包括专利法、商标法、著作权法和制止不正当竞争法等法规。

2）信息技术条例

主要包含信息技术发展条例、信息技术评估条例、计算机技术发展条例、信息技术标准化条例、信息技术与设备进出口管理条例、电子技术发展条例、无线电频谱管理条例等。

3）信息产业法律

信息产业法律包含信息机构组织法、信息产业投资法、信息产业评估条例、企业单位信息机构管理条例、信息人员管理条例、信息产业投资管理条例。

4）信息安全法律

信息安全法律包含商业秘密保护法、保密法、科学技术保密条例、信息系统安全法、网络信息安全法等。信息安全立法包括信息安全法、互联网络法、电子信息犯罪法、电子信息出版法、电子信息教育法、电子信息进出口法、电子签名法等。

此外，《中华人民共和国刑法》对计算机犯罪主要形式的认定进行了如下规定。

（1）违反国家规定，侵入国家事务、国防建设、尖端科学技术领域的计算机信息系统。

（2）违反国家规定，对计算机信息系统功能进行删除、修改、增加、干扰，造成计算机信息系统不能正常运行。

（3）违反国家规定，对计算机信息系统中存储、处理或者传输的数据和应用程序进行删除、修改、增加的操作。

（4）故意制作、传播计算机病毒等破坏性程序，影响计算机系统正常运行。

（5）利用计算机实施金融诈骗、盗窃、贪污、挪用公款、窃取国家秘密或者其他犯罪的。

2．信息系统的相关道德问题

信息技术产品具有许多新特征，如知识密度大、复制方便、窃取容易、便于篡改等。加上其应用日益广泛，所带来的社会效应与传统产品截然不同，出现了一系列新的社会伦理道德问题，如侵犯个人隐私权、侵犯知识产权、非法存取信息、信息责任归属、信息技术的非法使用、信息的授权等。这些问题用传统的社会伦理法则难以定义、解释和调解，相应的法律法规又相对滞后。这需要每个个人和组织担负信息道德义务。

在当前条件下，信息技术伦理道德至少包括以下几个方面的内容和要求：具有高度的社会责任感；尊重知识和知识产权；独立、自主和合作精神；形成自我保护和尊重他人的思想；形成资源共享、公平使用的信息意识；注重收集、发送信息的可靠性、可信性，并承担信息责任；加强人本意识；坚决与计算机犯罪作斗争并相互监督。

习题 11

1．信息管理的组织机构有哪些？

2．信息系统项目开发团队由哪些人员构成？

3．什么是资源外包？什么情况下选择这种开发策略？

4．信息系统项目管理有哪些内容？

5．信息系统的运行维护管理需要做好哪些工作？

6．信息系统有哪些安全隐患？

7．查找资料了解常用的信息系统安全技术。

8．简述公民应该具有什么样的信息技术伦理道德。

附　　录

附录 A　MS Visio 2007 使用简介

MS Visio 是微软 Office 套装里的一个产品，它支持以可视化方法绘制各种设计图、表，简单易用。它提供了丰富的图形元素和图形框架，涉及领域包括软件和数据库、流程图、平面布置、工业控制、商务等。使用 Visio 可方便地绘制本书涉及的各种图表，并可将图表以对象的形式插入到 Word 文档中，也可以直接在 Visio 中选择图形复制到 Word 文档中。

MS Visio 图表种类虽多，但创建的基本步骤相似：选择并打开一个模板；拖动放置并布局形状；向形状中添加说明文本；使用连接线连接形状。下面通过几个例子简单介绍 Visio 的使用方法。在实际绘图中，画法并不唯一，可以灵活使用各种绘图元素。

1．E-R 图的绘制

【例 A.1】 绘制“学生—选课”E-R 图。

（1）启动 Visio，在“模板类别”下选择“常规”，双击“基本框图”或者单击“创建”按钮（如图 A.1 所示），进入“绘图”窗口。

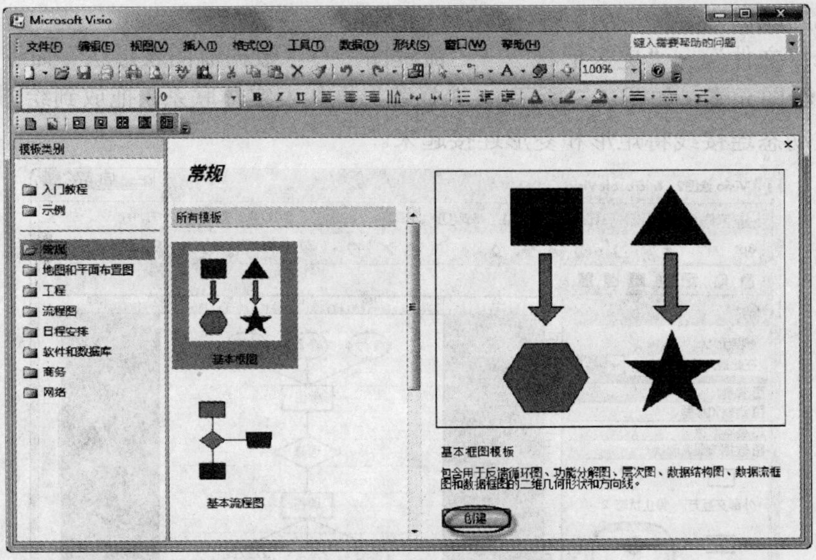

图 A.1　选择并打开一个模板

（2）在“绘图”窗口中（如图 A.2 所示）列出“基本形状”绘图元素，可将矩形、椭圆绘图元素拖放到绘图区。单击相应的形状，可输入实体或属性名称，输入完毕后，单击绘图页的空白区域或按 Esc 键。使用“格式”→“文本”命令或工具栏菜单可进一步设置文本的字体、大小和颜色等。

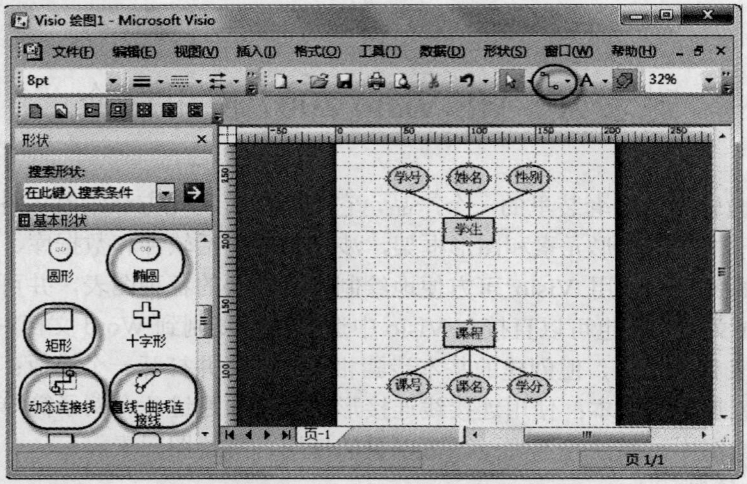

图 A.2 使用“基本形状”绘制实体

（3）使用绘图元素中的“直线—曲线”连接线或“动态连接线”绘图元素将矩形和椭圆连接起来（也可使用工具栏中的菜单），右击连接线，选择“直线连接线(G)”命令，可将折线或曲线设置为无向线段。

（4）选择“文件”→“更多形状”→“流程图”→“数据流图表形状”命令，出现“数据流图表形状”绘图元素（如图 A.3 所示），选择菱形框代表实体联系，拖放到绘图区，并输入联系名称，拖放动态连接线将矩形和菱形连接起来。

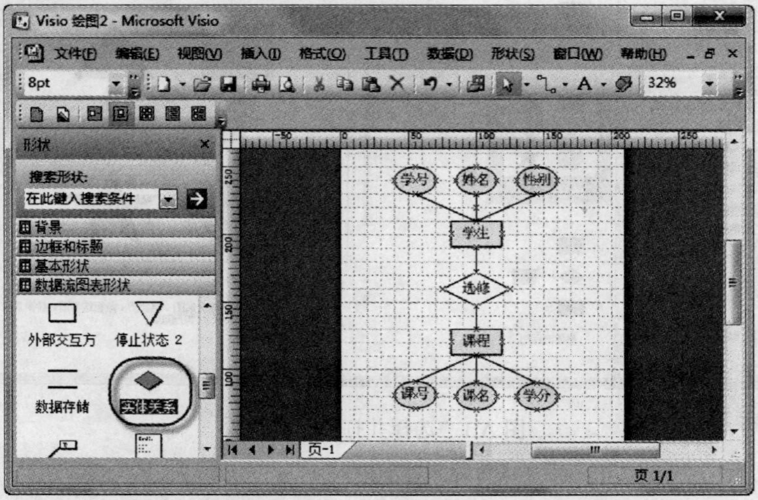

图 A.3 使用“数据流图表形状”绘制实体联系

（5）E-R 图绘制完成，选择“文件”→“保存”命令可为其命名并保存。

由于绘制 E-R 图的图形元素在不同的模板类别下，为今后使用方便，可将创建的 E-R 图存为模具，即选择“文件”→“另存为”命令，选保存类型为“模具”并命名文件。以后新建 E-R 图前，使用“文件”→“形状”→“打开模具”命令，可直接使用“文档模具”中的图元。

2. 数据流图的绘制

【例 A.2】 绘制“学生—选课”部分数据流图。

（1）选择“文件”→“新建”命令，在“模板类别”下，选择“流程图”→“数据流图表”，“绘图”窗口中出现“数据流图表形状”绘图元素（如图 A.4 所示）。选择圆形框代表数据流程，双粗体横线代表数据存储拖放到绘图区，并填写有关说明文本。

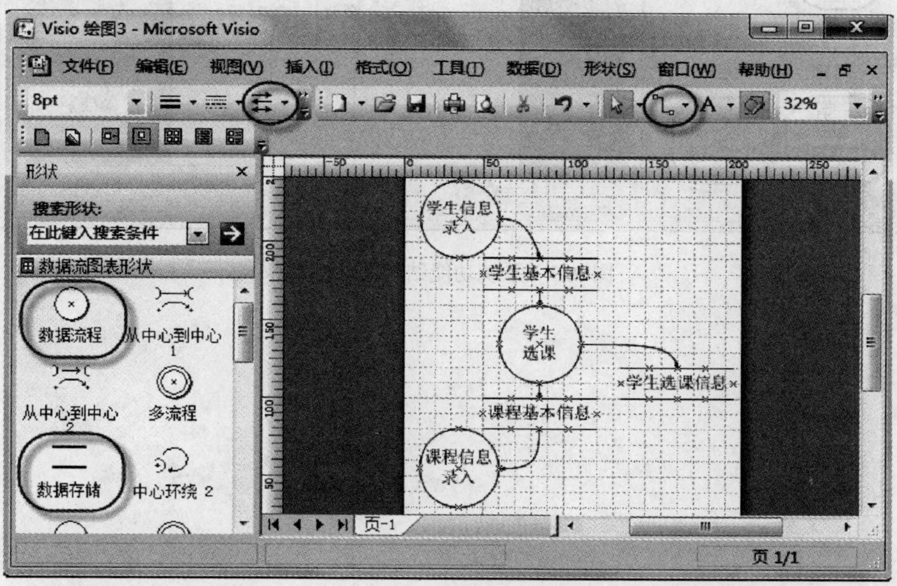

图 A.4 数据流图的绘制

（2）使用“直线—曲线连接线”或“动态连接线”将数据进程和数据存储连接起来并设置箭头。选择“视图”→“工具栏”→“绘图”命令可在工具栏中显示设置箭头的快捷菜单。

（3）绘制完成，选择“文件”→“另存为”命令命名并保存。

3. 软件功能结构图的绘制

【例 A.3】 绘制“教务系统”系统功能结构图。

（1）选择“文件”→“新建”→“基本框图”，“绘图”窗口中出现“基本形状”绘图元素（如图 A.5 所示）。选择矩形框代表功能模块，拖放到绘图区并输入相关功能说明，可通过“文字方向”按钮 更改矩形框中文本的输入方向。

（2）使用“直线—曲线连接线”或“动态连接线”绘图元素将矩形连接成需要的层次结构。

（3）绘制完成，选择“文件”→“另存为”命令可为其命名并保存。

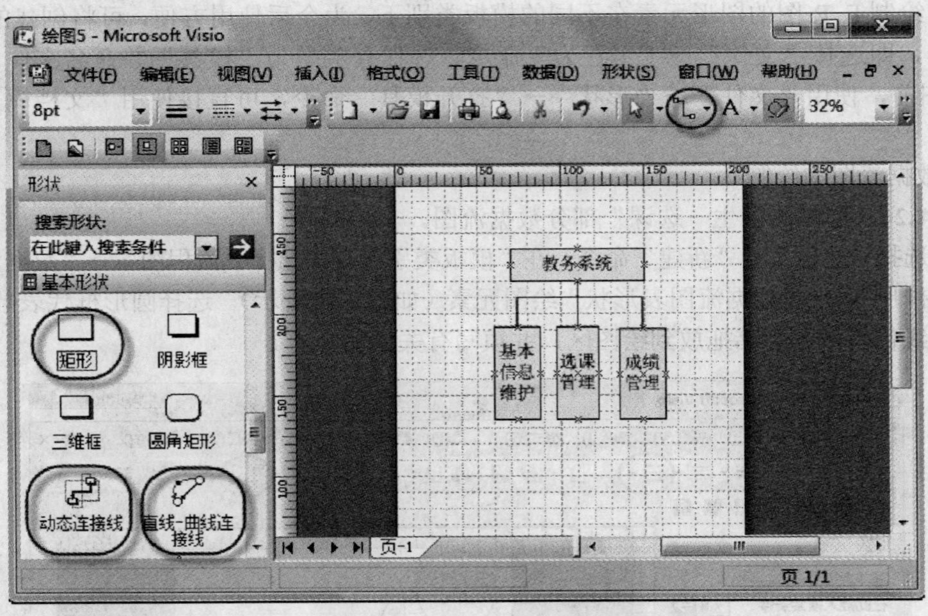

图 A.5　系统功能结构图的绘制

附录B　Visual C#.NET程序语言简介

C#语言源于C语言家族，是一种语句简洁、类型安全的面向对象的编程语言。C#语言是.NET Framework支持的主要语言之一，广泛用于开发Web应用程序。

一、Visual C#.NET语言简介

书写规则

C#语法结构严谨，书写时要遵循以下规则。

（1）代码中严格区分大小写。

（2）一条语句占一行，每条语句用“;”结束。

（3）在代码中加入注释的方法是在要注释的内容前加一个“//”；或者在注释内容开始处加“/*”，结束位置加“*/”。

二、数据类型和变量

1．数据类型

在 C#语言中，每个变量和对象都必须声明类型。C#中的数据类型主要分为两类：值类型和引用类型。值类型是指能够直接赋值的变量类型，包括简单类型、结构类型和枚举类型。

（1）简单类型：包括数值类型（整数、浮点数）、布尔类型和字符类型（如表B.1所示）。

表B.1　常用数据类型

名称		说　明	范　围
整数	sbyte	8位有符号整数	–128～127
	short	16位有符号整数	–32 768～32 767
	int	32位有符号整数	-2^{31}～$2^{31}-1$
	long	64位有符号整数	-2^{63}～$2^{63}-1$
	byte	8位无符号整数	0～255
	ushort	16位无符号整数	0～65 535
	uint	32位无符号整数	0～$2^{32}-1$
	ulong	64位无符号整数	0～$2^{64}-1$
浮点数	float	32位单精度浮点数	$\pm1.5\times10^{-45}$～$\pm3.4\times10^{38}$
	double	64位双精度浮点数	$\pm5.0\times10^{-324}$～$\pm1.7\times10^{308}$
	decimal	128位高精度十进制数表示法	$\pm1.0\times10^{-28}$～$\pm7.9\times10^{28}$
布尔	bool	布尔类型	true或false
字符	char	字符类型	表示一个16位的（Unicode）字符
字符串	string	字符串	

在字符类型中，为了表示一些特殊符号，使用“\”引导转义字符（如表B.2所示）。

表 B.2 常用转义字符

转义字符	含 义	转义字符	含 义	转义字符	含 义
\'	一个单引号	\0	一个空字符	\f	换页
\"	一个双引号	\a	警告符号	\n	换行
\\	一个反斜杠	\b	退格	\r	回车换行

（2）结构类型：用“struct 结构类型名{...}”形式声明的用户自定义类型。例如，声明一个结构类型 student。

```
struct student                  //student 为结构类型名
{
public int code;                //学号
public string name;             //姓名
}
student st;                     //st 为 student 类型的变量
```

引用方式为 st.code, st.name。

（3）枚举类型：用“enum 枚举类型名{...}”形式声明的用户自定义类型。例如，声明一个枚举类型 season。

```
enum season {Sprin, Summer, Autumn, Winter}
```

引用方式为 season.Autumn，其值为 2。枚举第一个成员值为 0，后面依次加 1。

2．标识符

标识符定义变量名的第一个字符必须是字母、下划线（“_”）或@。注意不要使用 C#的关键字，不含有标点符号、空格等字符。标识符严格区分大小写，例如，“ABC”和“abc”被视为不同的表示符。

3．变量

变量是程序运行期间，其值可变的量。变量在使用前必须声明。变量的声明格式为：

```
变量类型  变量名;
```

可以在声明变量时，直接给变量赋值。例如

```
int i;             //声明一个整型变量 i
i=100;             //i 赋值为 100
float a =3.15;     //声明一个单精度浮点类型变量 a，赋值为 3.15
```

4．常量

常量是程序运行期间其值不可变的量。常量有两种形式：字面常量和符号常量。字面常量是表示某种数据类型的常量，例如，1.23、true、"Hello"等。符号常量是用标识符表示的常量，常量的命名规则一般采用大写字母。符号常量的声明格式如下：

```
const 变量类型  常量名  =  要赋的值;
```

例如

```
const double PI = 3.14159;          //声明常量 PI(圆周率)为 3.14159
```

5．类型转换

类型转换是指在赋值语句或运算表达式中，兼容的数据类型之间相互转换。

（1）隐式转换

隐式转换只允许发生在从小的值范围的类型到大的值范围的类型转换，转换后的数值大小不受影响，然而，从 int、uint 或 long 到 float 的转换以及从 long 到 double 的转换的精度可能会降低。例如

```
int a = 123;          //int 型变量 a
long b = a;          //隐式类型转换：int 到 long
```

（2）显式转换

显式转换又称为强制转换。显式转换通过调用转换运算符实现。引用类型之间的强制转换操作不会更改原来变量的类型；它只会更改正引用变量的类型。例如

```
long a = 123;          //long 型变量 a
int b= (int)a;          //将 a 的值强制转换为 int 后赋值给 b
```

三、运算符和表达式

1．运算符

C#运算符包括算术运算符、赋值运算符和关系运算符等。

（1）算术运算符：包括+、–、*、/、%。其中，%为整除求余数，例如 5%2，结果为 1。

（2）关系运算符：包括==、!=、<、>、<=、>=等二元运算符，运算结果为布尔值。

（3）逻辑运算符：包括一元运算!（非）、&（与）、–>（或）、^（异或）、&&（条件与）、–>–>（条件或）等二元运算符，运算结果为布尔值。

（4）字符运算：用“+”拼接字符串。如 string str1 = "计算" + "机"，结果为"计算机"。

（5）位移运算符：包括<<（左位移）、>>（右位移）分别执行整数的左位移和右位移。

（6）赋值运算符：=运算符将其右侧表达式计算结果赋值给左侧变量。另外，+=、–+、*=、/=、%=、–>=、^=、>>=、<<=是复合赋值运算符，例如 x + = 1，等价于 x = x + 1。

（7）递增递减运算符：++（递增运算）对操作数进行加 1 运算，如 i++等价于 i = i + 1；--（递减操作）对操作数进行减 1 运算，如 i-- 等价于 i = i – 1。

（8）条件运算符：?:是一个三元运算符，如 y=(x!=0)?0:1，如果 x 不等于 0，把 0 赋给 y；否则将 1 赋给 y。

2．表达式

表达式由操作数（变量、常量、函数）、运算符和圆括号按一定规则组成。表达式通过运算后产生运算结果，运算结果的类型由操作数和运算符共同决定。

四、程序结构语句

C# 程序中语句执行的顺序包括 4 种基本控制结构：顺序结构、选择结构、循环结构和异常处理逻辑结构。

1．顺序结构

程序中语句执行的基本顺序按各语句出现位置的先后次序执行，称为顺序结构。使用{…}可将多条语句构成一个语句块。

2．选择结构

选择结构可以根据条件来控制代码的执行分支，也叫分支结构。

1）if 语句

if 语句根据条件表达式的值，执行后面的语句。有几种格式（如表 B.3 所示）。

表 B.3　if 语句语法格式及举例

格　式	语　法	举　例
单分支	if (条件表达式) 语句/语句块;	if (mark >= 60) grade = "通过";

双分支	if (条件表达式)
	　语句/语句块 1;
	else
	　语句/语句块 2;
		if (mark >= 60)
		　grade = "通过";
		else
		　grade = "未通过";

多分支	if (条件表达式 1)
	　语句/语句块 2;
	else if (条件表达式 2)
	　语句/语句块 2;
	[…
	else if (条件表达式 n)
	　语句/语句块 n;
	[else
	　　语句/语句块 n+1;]]
		if (mark >= 90)
		　grade = "优";
		else if (mark >= 80)
		　grade = "良";
		else if (mark >= 70)
		　grade = "中";
		else if (mark >= 60)
		　grade = "及格";
		else
		　grade = "不及格";

2）switch 语句

当有多个分支时，使用 switch 语句比用 if 语句简单。switch 语句将控制表达式的值传递给其体内的一个 case 语句与常量表达式的值匹配，来决定处理哪个分支（如表 B.4 所示）。

表 B.4　switch 语句语法格式及举例

格　式	语　法	举　例

多分支	switch(控制表达式)
	{
	　case 常量表达式 1:
	　　语句序列 1;
	　　break;
	　case 常量表达式 2:
	　　语句序列 2;
	　　break;
	　　…
	　case 常量表达式 n:
	　　语句序列 n;
	　　break;
	　default:
	　　语句序列 n+1;
	　　break;
	}
	//常量表达式结果必须是整型、字符、字符串
		switch (mark/10)
		{
		　case 9:
		　　grade = "优";
		　　break;
		　case 8:
		　　grade = "良";
		　　break;
		　case 7:
		　　grade = "中";
		　　break;
		　case 6:
		　　grade = "及格";
		　　break;
		　default:
		　　grade = "不及格";
		　　break;
		}

3．循环结构

循环结构是指在指定条件下，多次重复执行一个语句块的结构。重复执行的语句块被称为循环体。C#提供了 4 种循环语句：for、while、do…while 和 foreach。这些语句各有其使用特点（如表 B.5 所示）。

表 B.5 各种循环语句语法格式及举例

格式	语法	举例

for
循环
	for (循环变量初值; 循环执行条件; 循环变量的增减)
	{
	　循环体语句序列;
	}
	//for 语句一般用于已知循环次数的情况
		int sum=0;
		int i;
		for(i=1; i<=100; i++)
		{
		　sum += i;
		}

while
循环
	while(条件表达式)
	{
	　循环体语句序列;
	}
	　// while 语句预判条件，按不同条件执行循环体零次或多次
		i = 1; sum = 0;　// 赋初值
		while (i <= 100)
		{
		　sum += i;
		　i++;　//调整循环变量
		}

do…while
循环
	do
	{
	　循环体语句序列;
	} while(条件表达式);
	// do…while 语句后判条件，按不同条件执行循环体一次或
	　//多次
		i = 1; sum = 0;　// 赋初值
		do
		{
		　sum += i;
		　i++;　//调整循环变量
		} while (i <= 100);

foreach
循环
	foreach(类型名称 变量名称 in 数组或集合名称)
	{
	　循环体语句序列;
	}
	//foreach 语句用于对数组或集合中的每个元素执行一次循
	//环体
		int sum = 0;
		int[] myArray = new int[5] {10, 20, 30, 40, 50};　//数组
		foreach(int item in myArray)
		　sum = sum + item;

for 循环语句是计数型循环语句，一般用于已知循环次数的情况；while 语句预判条件，按不同条件执行循环体零次或多次；do…while 语句后判条件，按不同条件执行循环体一次或多次；foreach 语句用于对数组或集合中的每个元素执行一次循环体。

4．错误和异常处理

异常是指程序运行时发生的错误。例如零除、下标越界、数据库访问失败等。异常处理就是捕获错误，并处理因错误而产生的异常。常用 try 语句捕获和处理异常（如表 B.6 所示）。

表 B.6 try 语句语法格式及举例

格式	语法	举例

try
语句
	try
	　{
	　// 可能引发异常的语句
	　}
	catch (异常类型 异常变量)
	　{
		int n=0;
		try
		{
		　int m=100/n;
		}
		catch(DivideByZeroException)

续表

格　式	语　法	举　例

try
语句
	// 在异常发生时执行的代码
	}
	finally
	{
	// 异常处理之后的代码，如释放资源等
	}
		{
		Response.Write("除数为零！
		");
		}
		finally
		{
		Response.Write("除数不能为零！
		");
		}

五、数组

数组是相同类型的数据按一定的顺序排列在一起构成的一种数据类型。数组元素可以是任何数据类型（简单类型或引用类型）。

数组必须先声明。因为数组类型为引用类型，数组变量的声明只是为数组实例的引用留出空间。数组在声明后必须实例化才能使用。数组实例在运行时使用 new 运算符动态创建（实例化）。还可以通过{}初始化数组的元素。

1．数组的声明

数组根据其下标维数，可分为一维数组和多维数组，以一维数组为例，其声明、实例化和初始化的一般形式为：

```
类型[] 数组变量名;                                      //声明一维数组
数组变量名 =new 数组类型[数组元素的个数];               //创建（实例化）数组
数组变量名 =new 数组类型[]{元素 0, 元素 1, …, 元素 n–1};  //创建并初始化数组
类型[] 数组变量名={元素 0, 元素 1, …, 元素 n–1};          //声明并初始化（创建）数组
```

多维数组在声明时根据维数增加多个[]表示维度。

例如

```
int[] a1, a2;                      //声明整型数组 a1，a2
a1 = new int[10];                  //创建一个可以存储 10 个整数的数组 a1
a2 = new int[]{1,2,3,4,5};         //创建并初始化整数数组 a2，初始元素为 1、2、3、4、5
int[] a3 = new int[10];            //声明和实例化有 10 个元素的整数数组 a3
int a4 = {1,2,3}                   //声明并初始化数组 a4，初始元素为 1、2、3
a5 = new int[2][3];
a6 = new int[][]{{1,2,3},{4,5,6}};
```

2．数组的访问操作

一般通过数组下标（或称索引）来访问数组中的数据元素。其基本形式为：

```
数组变量名[下标] = <表达式>;          //写入数组元素
变量名 = 数组变量名[下标];            //读取数组元素
```

例如

```
int[] a1 = new int[3];
a1[0] = 1;
a1[1] = 2;
```

```
a1[2] = 3;
```

六、类和对象

C#是一种面向对象的程序设计语言。类（class）是面向对象程序设计的核心，是创建对象的模板，在程序中使用很多.NET Framework 类库中定义的类，也可以自定义类。

1．类

类是一种数据结构，可以将数据和作用在数据上的行为进行封装，形成一种对现实世界的抽象描述。类可以包含数据成员（常量和字段）、函数成员（方法、属性、事件、索引器、运算符、实例构造函数、静态构造函数和析构函数）以及嵌套类型。例如文本框 TextBox 是一个类，封装了属性、方法和事件等可供编程使用。当向窗体中添加一个文本框控件时，就创建了一个实例对象。

1）类的属性

属性是对象的特性描述，既可以为属性赋值，也可以读取属性值。

2）类的方法

方法是封装在类内部的一系列语句的代码块。在类中声明时，需要说明访问级别、返回值、方法名称、参数等。

2．对象

类是抽象的，要使用类定义的功能，就必须实例化类，即创建类的对象。可以使用 new 运算符创建类的实例对象，通过调用对象的方法进行各种操作，实现应用程序的不同功能。

创建对象的基本语法为：

```
类名 对象名 =new 类名([参数表]);
```

3．命名空间

为了有效地组织程序中的类型并保证其唯一性，.NET 引入了命名空间（NameSpace）的概念，从而最大限度地避免了类型重名错误。命名空间呈层次结构，可通过完全限定方式访问类（例如 System.Data）。如果频繁使用某命名空间，可在程序开始时使用 using 命令引用该命名空间（例如 using System.Data），则通过非限定方式直接引用该命名空间中的类。

4．类和对象的使用举例

【例 B.1】 定义一个圆类，并计算圆的面积。

（1）定义类 Circle。

```
class Circle
{
    const double PI=3.14159;                 //定义类的属性 PI，PI 表示圆周率
    public float r;                          //定义类的公有属性 r，r 表示圆的半径，public 是修饰符
    public double getArea()                  //定义类的公有方法 getArea()，public 是修饰符
    {
        return PI * r * r;
    }
}
```

（2）创建类的对象，使用类的属性和方法，完成圆的面积的计算。

```
protected void Button1_Click(object sender, EventArgs e)
{
    Circle A = new Circle();            //创建 Circle 的实例对象 A
    A.r = 4;                            //为 A 的属性半径 r 赋值
    Response.Write(A.getArea());        //调用 A 的 getArea()方法计算圆的面积
}
```

本例中 r 是公有成员变量，所以外部程序可以直接访问。如果 r 是使用 private 修饰的私有成员变量，则无法被直接访问，可以通过定义公有变量，然后使用 set 访问器设置 r 属性值，使用 get 访问器返回 r 属性值，没有设置 set 语句的属性是只读属性。

【例 B.2】 修改例 B.1，使用私有成员变量计算圆的面积，并且使用自定义命名空间来组织类。

（1）定义类 Circle。

```
using System;
using System.Data;
using System.Configuration;
using System.Web;
using System.Web.Security;
using System.Web.UI;
using System.Web.UI.WebControls;
using System.Web.UI.WebControls.WebParts;
using System.Web.UI.HtmlControls;
using Cal;                              //引用命名空间 Cal
namespace Cal                           //定义命名空间 Cal
{
  class Circle
    {
        const double PI = 3.14159;      //定义类的属性 PI
        private float r;                //定义类的私有属性 r，r 表示圆的半径
        public float R                  //定义类的公有属性 R，R 表示圆的半径
        {
            get { return r; }           //获取半径 r 值
            set { r = value; }          //设置半径 r 值，value 是隐式参数，表示输入值
        }
        public double getArea()         //定义类的公有方法 getArea()
        {
            return PI * r * r;
        }
    }
```

```
}
```

(2) 创建类的对象，使用类的属性和方法，完成圆的面积的计算。

```
public partial class _Default : System.Web.UI.Page
{
    protected void Button1_Click(object sender, EventArgs e)
    {
        Cal.Circle A = new Cal.Circle();          //创建 Circle 的实例对象 A 创建对象
        A.R= 4;                                   //为 A 的属性半径 R 赋值
        Response.Write(A.getArea());              //调用 A 的 getArea()方法计算圆的面积
    }
}
```

如果在程序开始时使用了 using Cal 语句，则 Cal.Circle 前的 Cal 可以省略。

5．常用类库

程序设计往往涉及数值、日期、字符串、网络等各种运算处理。为了方便程序设计中各种数据类型的处理，提高程序设计的效率，.NET Framework 提供了丰富的类库。

1）数学函数

System.Math 类为各种通用数学函数提供常数和静态方法。Math 类包含两个公共属性（E 和 PI，对应于自然对数的底和圆周率）和若干静态方法。常用静态方法如表 B.7 所示。

表 B.7　Math 类常用的静态方法

名　称	说　明	实　例	结　果
Abs(数值)	绝对值	Math.Abs(−8.99)	8.99
Sqrt(数值)	平方根	Math.Sqrt(9)	3
Max(数值 1，数值 2)	最大值	Math.Max(−5, −8)	−5
Min(数值 1，数值 2)	最小值	Math.Min(5,8)	5
Pow(底数,指数)	求幂	Math.Pow(−5,2)	25
Exp(指数)	以 e 为底的幂	Math.Exp(3)	20.085 536 923 187 7
Log(数值)	以 e 为底的自然对数	Math.Log(10)	2.302 585 092 994 05
Log(数值,底数)	以指定底数为底的对数	Math.Log(27,3)	3
Log10(数值)	以 10 为底的自然对数	Math.Log10(100)	2
Sin(弧度)	指定角度的正弦值	Math.Sin(0)	0
Cos(弧度)	指定角度的余弦值	Math.Cos(0)	1
Asin(数值)	返回正弦值为指定数字的角度（以弧度为单位）	Math.Asin(0.5)*180/Math.PI	30
Acos(数值)	返回余弦值为指定数字的角度（以弧度为单位）	Math.Acos(0.5)*180/Math.PI	60
Tan(弧度)	指定角度的正切值	Math.Tan(0)	0

续表

名　称	说　明	实　例	结　果
Sign(数值)	返回数值的符号：>0，返回 1；=0，返回 0；数值<0，返回−1	Math.Sign(−6.7)	−1
Truncate(数值)	计算一个小数或双精度浮点数的整数部分	Math.Truncate(99.99f) Math.Truncate(−99.99d)	99 −99
Round(数值) Round(数值，返回值中的小数位数)	将小数或双精度浮点数舍入到最接近的整数或指定的小数位数	Math.Round(4.6) Math.Round(3.46, 1) Math.Round(3.54, 0)	5 3.5 4
Ceiling(数值)	返回大于或等于指定小数或双精度浮点数的最小整数	Math.Ceiling(1.1) Math.Ceiling(−1.1)	2 −1
Floor(数值)	返回小于或等于指定小数或双精度浮点数的最大整数	Math.Floor(1.1) Math.Floor(−1.1)	1 −2

2）Random 类和随机函数

Random 类提供了产生伪随机数的方法。可以使用如下代码声明一个随机对象。

```
Random myRandom = new Random();
int r = myRandom.Next(10);            //0~9（包括 0 和 9）之间的随机整数
```

3）日期和时间处理

System.DateTime 类可以表示和处理日期。DateTime 类有以下属性：Year、Month、Day、Hour、Minute、Second、DayOfWeek 分别对应日期的年、月、日、时、分、秒、星期，值为整数。

DateTime 提供了获得日期值的方法如下。

```
DateTime dt1 = DateTime.Now;                        //获取系统当前时间
DateTime dt2 = DateTime.Today;                      //获取系统当前日期
DateTime dt3 = new DateTime(2011,6,15,9,31,16);     //2011/6/15 9:31:16
```

另外，DateTime 还提供了一些支持日期运算的方法，如 dt1.AddYears(3);表示日期值的年份上加 3。类似地，有 AddMonths(int)、AddDays(int)、AddHours(int)、AddMinutes(int)、AddSeconds(int)等。

4）字符串处理

使用 System.String 和 System.Text.StringBuilder，可以动态构造自定义字符串，执行许多基本字符串操作，如从字节数组创建新字符串，比较字符串的值和修改现有的字符串等。常用字符串函数如表 B.8 所示，其中实例所使用的变量为 string s1 = "ABcdEFg"。

表 B.8　常用字符串操作方法

名　称	说　明	实　例	结　果
Length	字符串长度	s1.Length	10
Trim(s)	清除字符串 s 前后的空格	s1.Trim()	"ABcdEFg"
ToUpper(s)	将 s 转换为大写	s1. ToUpper (s)	"ABCDEFG"
ToLower(s)	将 s 转换为小写	s1.ToLower()	"abcdefg"
Replace(s1,s2)	将子串 s1 替换为 s2	s1.Replace("cd","mn")	"ABmnEFg"
Substring(m,n)	截子串，m 为起始位，n 为长度	S1.Substring(0,3)	"AB"

附录C　上海市高等学校计算机等级考试（三级）《信息系统与数据库技术》考试大纲

（2012年修订）

一、考试性质

上海市高等学校计算机等级考试是上海市教育委员会组织的全市高校统一的教学考试，是检测和评价高校计算机应用基础知识教学水平和教学质量的重要依据之一。该项考试旨在规范和加强上海高校的计算机教学工作，提高学生的计算机应用能力。考试对象主要是上海高等学校学生，考试每年举行一次，当年的十月下旬、十一月上旬的星期六或星期日。凡考试成绩达到合格者或优秀者，由上海市教育委员会发给相应的证书。

本考试由上海市教育委员会统一领导，聘请有关专家组成考试委员会，委托上海市教育考试院组织。

二、考试目标

上海市高等学校计算机等级考试（三级）主要考核高等学校各学科类别的在校学生和毕业生所具有的计算机综合应用能力。本考试面向信息社会的需求，跟踪计算机最新应用技术，考试科目围绕其主要应用方向，考试内容从相关基本理论知识到综合应用实践，理论与实践密切结合。要求学生具有基本的计算机应用系统的分析、设计和开发组织能力，并且培养学生学习计算机新技术的能力，为学生在各自专业中的计算机应用和所从事领域的信息化工作实践需要奠定基础。

“信息系统与数据库技术”考核考生对计算机信息系统的系统分析、系统设计、系统开发与系统管理的综合能力。考试内容包括：信息系统基本概念、系统分析、设计、开发与管理方法；关系数据库的基本知识；SQL语言的使用；信息系统应用程序的开发。

三、考试细则

1．考试时间：150分钟。

2．考试方式：基于网络环境的无纸化上机考试。

3．考试环境：

- 上海市高校计算机等级考试通用平台。
- 数据库管理系统：SQL Server、Access或SQL Anywhere任选一项。
- 数据库应用程序开发：ASP.NET、ASP、VB.NET、Visual Basic、C#、PowerBuilder中任选一项。

4．试卷总分：100分，包括基本理论知识题（选择题和填空题）30分和综合应用实践题（操作题）70分。

四、试卷结构

考题类别		内容	题型	分值
基本理论知识	单选题 多选题 填空题	信息系统的基本概念	选择题 填空题	4
		信息系统的分析、设计与管理	选择题 填空题	6
		关系数据库基本原理	选择题 填空题	15
		关系数据库管理系统	选择题 填空题	5
综合应用实践	数据库管理系统应用	数据库的创建和使用 SQL 语句的使用 数据库维护与管理	操作题	40
	应用程序开发	数据库应用程序开发、调试	编程题	15
	系统设计文档编写	信息系统分析与设计	文档编写	15
总分				100

五、考试内容和要求

（一）考试内容

1. 信息系统基本概念

1）信息系统的基本概念

- 数据与信息
- 信息资源
- 信息系统的组成、功能和作用

2）信息系统的类型

- 事务处理系统（OLTP）、管理信息系统
- 分析处理系统（OLAP）、决策支持系统
- 知识处理系统、专家系统
- 各种职能信息系统：企业计算系统、电子商务系统、电子政务系统、地理信息系统等

2. 信息系统的分析与设计

1）信息系统开发方法

- 系统生命周期法
- 原型法

2）系统规划

- 系统规划
- 可行性分析

3）系统分析

- 结构化分析方法
- 需求建模技术：数据流图、数据字典、判定表和判定树

4）系统设计

- 数据库设计：数据库概念结构设计 E-R 模型，数据库逻辑结构设计（E-R 模型转化为

关系模型、关系模式的规范化），数据库物理结构设计（存储设计、索引设计）

- 系统架构设计：集中式主机模式、客户机/服务器模式、浏览器/服务器模式
- 系统功能结构设计：系统功能结构图
- 用户界面设计：设计内容、设计原则
- 处理过程设计：业务处理过程流程图

5）系统实施

- 系统实施过程：程序开发、系统测试、文档整理、系统安装、系统转换

6）系统运行与维护

3．信息系统的管理

1）信息系统管理的组织与人员

2）信息系统的管理

- 开发管理：资源内包、资源自包、资源外包
- 运行维护管理：管理内容、注意事项
- 安全管理：安全隐患、主要安全技术

3）信息系统的安全、法律、道德问题

4．关系数据库基本原理

1）数据模型

- 概念模型：实体、属性、关键字、联系
- 数据模型：数据结构、数据操作、数据完整性约束

2）关系数据模型

- 基本概念：关系，表，元组（记录），属性（字段），域，关键字，索引
- 表间关系：主表和外表，主关键字和外关键字
- 表间关系类型：一对一关系、一对多关系、多对多关系
- 关系模型的数据完整性约束：域完整性、实体完整性、参照完整性
- 关系代数中的关系运算：并、差、交，选择运算、投影运算、连接运算

3）数据库的三级模式结构

- 模式、内模式、外模式

4）数据库新技术：分布式数据库、并行数据库、多媒体数据库、面向对象数据库、数据仓库和数据挖掘、Web数据库

5．结构化查询语言SQL

1）SQL语言的功能和特点

- 数据定义语言（DDL）：Create Table、Drop Table、Create Index、Drop Index
- 数据操纵语言（DML）：Select、Insert、Delete、Update
- 数据控制语言（DCL）

2）有关SQL变量、运算符、常用函数

3）SQL控制语句流程：Begin…End、IF…Else、Case、While、Return

6．关系数据库管理系统

1）关系数据库管理系统（DBMS）的基本功能

2）DBMS 的使用

- 常用管理工具的使用
- 数据库的创建：数据库、关系表、数据库关系图
- 常用数据库对象的创建和使用：查询、视图、存储过程和触发器
- SQL 语言的使用
- 数据库保护与管理：事务、并发控制、备份/恢复、导入/导出、完整性控制、安全性控制

7．信息系统的开发技术

1）常用的信息系统开发平台与工具

2）信息系统设计文档：包括信息系统分析与设计过程中编写的文档内容，主要包括：需求说明、数据流图、数据字典、判定表或判定树、E-R 图、视图集成、E-R 模型转化为关系模型、关系模式、关系模式规范化、关系表设计、数据完整性约束设计、数据库关系图、数据库存储设计、索引设计、系统功能结构图、业务处理过程流程图、用户界面设计等。

3）采用开发工具实现信息系统应用程序

- 数据库访问技术 ADO 或 ADO.NET
- 数据库的基本应用：数据查询和更新（插入、删除、修改）
- 存储过程调用
- 事务处理过程
- 使用常用窗口界面对象、菜单等实现友好的用户交互应用界面
- 数据报表和数据图表
- 使用相关开发工具实现应用程序的常用技术

8．上机操作

1）掌握计算机的基本操作。

2）掌握数据库管理系统基本操作和数据库管理方法。

3）掌握信息系统和数据库设计的基本方法和设计文档的编写。

4）掌握使用一种高级程序设计语言开发信息系统应用程序的基本技术、编程和调试方法。

5）掌握与考试内容相关知识的上机实践应用。

（二）考试能力要求

1．掌握信息系统的基本概念、应用和工作模式。

2．了解信息系统的项目组织、开发过程、开发方法以及系统运行维护方法，具有基本的信息系统的项目组织和管理能力。

3．掌握信息系统分析与设计方法，具有信息系统的分析和设计能力。

4．掌握关系数据库的基本概念和原理，深入理解关系数据模型；掌握关系数据库的设计方法和设计原则，具有基本的关系数据库设计能力。

5．掌握并熟练使用结构化查询语言（SQL）。

6．掌握关系数据库管理系统的使用方法，具有创建、管理和维护数据库的能力。

7．了解信息系统的实现技术，具有使用程序设计语言和开发工具实现信息系统应用程序的能力。

8．具有信息系统和数据库技术的综合应用能力。

六、几点说明

（一）适用对象：财经、理工、文史哲法教、医学、农林等类学生。

（二）建议学时数：32～64 学时。

（三）教学和实验环境建议：

1．硬件

- 局域网和性能较高的计算机。
- 联机广播教学环境或多媒体投影教室。

2．软件

1）可选数据库管理系统：

- MS SQL Server 2005 中文版
- MS Access 2007 中文版
- SQL Anywhere 11

2）可选程序设计环境：

- ASP.NET：Visual Studio 2005 中文版。
- ASP：安装 Microsoft Internet Information Server 5.0 及以上作为 Web 服务器，Internet Explorer 6.0 及以上版本作为浏览器，安装 Dreamweaver CS4 中文版等作为 Web 页面设计工具。
- VB.NET 语言：Visual Studio 2005 中文版。
- C#语言：Visual Studio 2005 中文版。
- VB 语言：Visual Basic 6.0 中文版。
- PowerBuilder：PowerBuilder 11.5 英文版；安装 SQL Anywhere 11。

3）系统开发文档制作工具：MS Word 2003 以上、MS Visio 2003 以上中文版。

（四）参考教材

- 《信息系统与数据库技术》（第 2 版）（上海市教育委员会组编，刘晓强主编），高等教育出版社，2012 年。
- 《信息系统与数据库技术实验指导与习题解析》（第 2 版）（上海市教育委员会组编，刘晓强主编），高等教育出版社，2012 年。

（五）先修课程：任意一种高级程序设计语言。

参 考 文 献

[1] 李广建．Web 信息系统导论[M]．北京：高等教育出版社，2008.

[2] 刘晓强．信息系统与数据库技术[M]．北京：机械工业出版社，2008.

[3] 史济民，顾春华，郑红．软件工程——原理、方法与应用[M]．3 版．北京：高等教育出版社，2009.

[4] Shelly G B, Cashman T J, Rosenblatt H J．系统分析与设计教程[M]．北京：机械工业出版社，2010.

[5] 孙福权，王晓煜，吴迪，等．ERP 实用教程[M]．北京：人民邮电出版社，2009.

[6] 甘仞初．信息系统分析设计与管理[M]．北京：高等教育出版社，2009.

[7] Maciaszek L A．需求分析与系统设计[M]．3 版．北京：机械工业出版社，2009.

[8] 濮晓金，刘文，师晓民．信息管理学[M]．北京：机械工业出版社，2007.

[9] Date C J．SQL 与关系数据库理论[M]．北京：清华大学出版社，2010.

[10] 施伯乐，丁宝康，汪卫．数据库系统教程[M]．3 版．北京：高等教育出版社，2008.

[11] 王珊，萨师煊．数据库系统概论[M]．北京：高等教育出版社，2006.

[12] Elmasri R, Navathe S B．数据库系统基础高级篇[M]．5 版．北京：人民邮电出版社，2008.

[13] Connolly T M, Begg C E．数据库设计教程[M]．2 版．北京：机械工业出版社，2005.

[14] 程云志，张凡，崔翔．数据库原理与 SQL Server 2005 应用教程[M]．北京：机械工业出版社，2008.

[15] 陈伟．SQL Server 2005 数据库应用与开发教程[M]．北京：清华大学出版社，2007.

[16] 韩海雯，吕辉，张广新，等．Web 程序设计——ASP.NET[M]．北京：人民邮电出版社，2008.

[17] 段克奇．ASP.NET 基础教程[M]．北京：清华大学出版社，2009.

[18] 王东明，葛武滇．Visual C# .NET 程序设计与应用开发[M]．北京：清华大学出版社，2008.

[19] 杨学全，刘辉，张少轩．Visual C# .NET Web 应用程序设计[M]．北京：电子工业出版社，2007.

[20] 罗福强．Web 应用程序实用教程[M]．北京：清华大学出版社，2010.